INVENTAIRE CRITIQUE
DES
LETTRES HISTORIQUES
DES CROISADES

PAR LE

COMTE RIANT

I-II.

768 - 1100

PARIS

ERNEST LEROUX

28, RUE BONAPARTE

1880

 INVENTAIRE

DES

LETTRES HISTORIQUES DES CROISADES

EXTRAIT

DES

ARCHIVES DE L'ORIENT LATIN

PUBLIÉES SOUS LE PATRONAGE

DE LA

SOCIÉTÉ DE L'ORIENT LATIN

Tome I, 1881, pp. 1-224.

INVENTAIRE CRITIQUE

DES

LETTRES HISTORIQUES

DES CROISADES

PAR LE

Comte RIANT

I-II.

768 - 1100

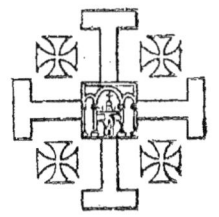

PARIS

ERNEST LEROUX

28, RUE BONAPARTE

1880

Tiré à 120 exemplaires

N° 67
Bibliothèque nationale

TABLE

			Pag.
Introduction			1
Première Partie — Avant les croisades — 768-1093			9
I	768-775	**Jean, patriarche de Jérusalem, Constantin V Copronyme et Léon IV Khazare à Charlemagne.	»
II	878	**Constantin V et Léon IV au même.	10
III	» 879	Jean VIII aux évêques du royaume de Louis II [le Bègue, roi de France?]	22
IV-X	881 (avril-octobre)	Hélie III, patriarche de Jérusalem, [à Chales-le-Gros, empereur et] à tous les rois de la race de Charlemagne.	26
V	800	Alcuin à Georges, patriarche de Jérusalem.	29
VI	809	Thomas, patriarche de Jérusalem, au pape Léon III.	»
VII	879 (2 mai)	Jean VIII à Théodose, patriarche de Jérusalem.	»
VIII	v. 900	Encyclique d'Hélie III, patriarche de Jérusalem, aux clergé et fidèles d'Occident	»
IX	900-903	Encyclique de Benoît IV	»
X	v. 1000	Encyclique d'Arsénius, patriarche de Jérusalem	»
XI	999-1003	*L'Église de Jérusalem à l'Église Romaine.	31
XII	1009	*Les Juifs d'Orléans au calife Hakem Biamrillah	38
XIII	1011 (print.)	**Les villes d'Italie à Sergius IV	39
XIV	» (été)	**Sergius IV à tous les rois catholiques, aux archevêques, évêques, ducs, marquis et comtes.	40
XV	1054	*Foucher, archichapelain de l'Empire et vidame d'Arras, à l'empereur Henri III.	47
XVI	1055	**Faux concile de Tours	»
XVII	1056 (com. de déc.)	Victor II à Théodora, impératrice d'Orient.	50
XVIII	1064 (print.)	Siegfried, archevêque de Mayence, à Alexandre II	53
XIX	» (août)	Le prévôt de Passau à Günther, évêque de Bamberg	54

			Pag.
XX	1065 (print.)	Günther, évêque de Bamberg, à ses diocésains	54
XXI	» (aut.)	Meinhard, écolâtre de Bamberg, à un ami habitant ce diocèse.	»
XXII	1074 (2 février)	Grégoire VII à Guillaume I, comte de Bourgogne	56
XXIII	» (1ᵉʳ mars)	Grégoire VII à tous ceux qui veulent défendre la foi.	57
XXIV	1074 (10 sept.)	Grégoire VII à Guillaume VI, comte de Poitiers	»
XXV	» (7 déc.)	Grégoire VII à Henri IV, empereur d'Allemagne	58
XXVI	» (16 décembre)	Grégoire VII aux fidèles de Sᵗ Pierre au delà des Monts	»
XXVII	»? (décembre ?)	*Grégoire VII à la comtesse Mathilde.	59
XXVIII	1079	**Grégoire VII et Henri IV à Svinimir, kral de Croatie	66
XXIX	»	Les mêmes au même.	»
XXX	1089 (1 juillet)	Urbain II à Bérenger, comte de Barcelone, à Ermengaud, comte d'Urgel, à Bernard, comte de Besalu, et à tous les évêques, vicomtes et nobles des provinces de Tarragone et de Barcelone	68
XXXI	1093 (print.)	**Alexis I Comnène, empereur d'Orient, à Robert I le Frison, comte de Flandres et à toutes les églises de l'Occident	71

SECONDE PARTIE — Iᵉ CROISADE — 1094-1100 91

XXXII	1094 (janv)	**Concile de Guastalla	»
XXXIII	»	**Siméon, patriarche, et les fidèles de Jérusalem à Urbain II et aux princes de l'Occident	92
XXXIV	»	**Gérard, abbé de S. Trond, à Godefroy de Bouillon	100
XXXV	» (aut.) / 1095 (janv.)	Alexis Comnène à Urbain II et aux fidèles de l'Occident	101
XXXVI	» (1-7 mars)	*[Concile de Plaisance]	105
XXXIVI-XLII	» (15 août, 18 nov.)	Convocation au concile de Clermont	107

XXXVII	1095 (15 août)	Encyclique d'Urbain II aux métropolitains	»
XXXVIII	»	»	Lettres spéciales du même à certains évêques	»
XXXIX	»	(sept.)	Invitation des métropolitains aux évêques	»
XL	»	»	Invitation des évêques aux dignitaires ecclésiastiques et feudataires de leurs diocèses respectifs.	»
XLI	»	(1-13 nov.)	Lettres d'Urbain II pour assurer la liberté des évêques se rendant au concile	»
XLII	»	(nov.)	Lettre d'excuses des évêques qui ne purent s'y rendre	»

			Pag.
XLIII	1095 (30 nov.).	Lettres synodales du concile de Clermont	109
XLIV	»	(23-31 déc.)	[Concile de Limoges] . . . »
XLV	»		**Lettre céleste colportée par Pierre l'Hermite 110
XLVI	»	(com.t de déc.)	Les Juifs de France aux Juifs des villes du Rhin 111
XLVII	1096 (com.t de janv.)	Les Juifs de Mayence aux Juifs de France . . . . . »
XLVIII	»	(janv.)	*Les princes croisés [et Urbain II?] à Alexis Comnène . . . 112
XLIX	»	(6-12 févr.)	Urbain II aux princes de Flandres et à leurs sujets 113
L	»	(16-22 mars)	[Concile de Tours] 116
LI	»	(mai)	*Alexis Comnène à Urbain II . 117
LII	»	(v. le 1er juin)	Coloman, roi de Hongrie, à Gottschalk et à ses compagnons . . »
LIII	»	(6-14 juillet)	[Concile de Nîmes] 119
LIV	»	(6-14 juillet)	Urbain II aux Génois . . . »
LV	»	(avril-août)	Correspondance entre les différents princes croisés avant leur départ pour la Terre Sainte . . . 120
LVI	»	(v. août)	Hugues-le-Maîné à Alexis Comnène . »
LVII	»	(19 sept.)	Urbain II aux habitants de Bologne . 121
LVIII	»	(v. le 15 oct.)	Godefroy de Bouillon à Coloman, roi de Hongrie 122
LIX	»	(v. le 15 oct.)	Réponse de Coloman à Godefroy de Bouillon . . . . . »
LX	»	(oct.)	*Oderisio I de' Marsi, cardinal diacre du titre de Ste Agathe, abbé du Mont Cassin, à Alexis Comnène . . 123
LXI-LXII	»	(octobre?)	Alexis Comnène au duc Jean Comnène, gouverneur de Durazzo et à l'amiral Nicolas Mavrokatakalon . »
LXIII	»	(v. le 15 nov.)	Alexis Comnène à Godefroy de Bouillon. 124
LXIV	»	(25 décembre)	**Urbain II à Alexis Comnène. . »
LXV	»	(fin de déc.)	Bohémond à Godefroy de Bouillon . 127
LXVI	»	(v. le 31 déc.)	Réponse de Godefroy de Bouillon à Bohémond 128
LXVII	»	(fin de déc.)	*Urbain II à Bernard de Sédirac archevêque de Tolède . . »
LXVIII	»		**Laurent, évêque de Milko en Moldavie, aux prêtres des Szecklers de Keczd (Kezdo) Orbou (Orbai) et Scepus (Sepsi) 131
LXIX	»		**Le sultan des Turcs à Urbain II . 134
LXX	1097 (janvier)		*[Concile de Latran] 135
LXXI	»	»	*Alexis I Comnène au cardinal Oderisio I de' Marsi, abbé du Mont Cassin 136
LXXII	»	(janvier)	Alexis Comnène à Bohémond . . 141

				Pag.
LXXIII	1097	»	Alexis Comnène à Raimond de S. Gilles	141
LXXIV	»	(fin mai)	Étienne, comte de Blois et de Chartres, à Adèle d'Angleterre, sa femme	142
LXXV	»	(v. le 12 juin)	Les princes croisés à Afdhal, vizir du calife Mustaali du Caire.	146
LXXVI-LXXVII	»	(v. le 12 juin)	[Les princes croisés?] à Thoros, prince d'Édesse et à Constantin, fils de Roupên	147
LXXVII-LXXXVI	»	{ 14 mai / 20 juin }	Lettres relatives à la reddition de Nicée.	148
	LXXVIII		Kilidje-Arslan aux Nicéens	»
	LXXIX		Alexis I aux mêmes	»
	LXXX		Butumite aux mêmes	»
	LXXXI		Kilidje-Arslan aux mêmes	»
	LXXXII		Les Nicéens aux croisés	»
	LXXXIII		Les mêmes à Alexis	»
	LXXXIV		Butumite à Tatice	»
	LXXXV		Les croisés à Alexis	»
	LXXXVI		Alexis aux croisés	»
LXXXVII	»	(19-27 juin)	Étienne, comte de Blois et de Chartres, à Adèle d'Angleterre, sa femme	150
LXXXVIII	»	(juillet)	**Bohémond à son frère Roger Bursa.	151
LXXXIX	»	(août)	Alexis I Comnène au cardinal Oderisio de' Marsi, abbé du Mont Cassin	»
XC	»	(fin sept.)	*[Siméon], patriarche grec de Jérusalem, et Adhémarde Monteil, évêque du Puy, aux fidèles du Nord	152
XCI	»	(mil. d'oct.)	[Siméon], patriarche grec de Jérusalem, les évêques grecs de Syrie, et les évêques latins de l'armée des croisés à l'Église d'Occident	155
XCII	»	(apr. le 8 oct.)	Charte de Clémence, comtesse de Flandres	159
XCIII	»	(com.' de nov.)	**Bohémond à Roger	160
XCIV	»	(nov.)	Oderisio I de' Marsi, abbé du Mont Cassin à Alexis Comnène	»
XCV	»	(nov.)	Thoros, prince d'Édesse [aux croisés et] à Baudouin	161
XCVI	»	(décembre)	Afdhal, visir du calife d'Égypte, aux croisés	162
XCVII	1098	(v. le 10 fév.)	Anselme, comte de Ribemont, à Manassès II de Châtillon, archevêque de Reims	164
XCVIII	»	(févr. v. le 15)	Yaghi Sihân, émir d'Antioche, à Kerbogha, prince de Mossoul	167
XCIX	»	(mil. de mars)	Pouvoirs donnés par les princes croisés aux envoyés qu'ils adressent à Afdhal, visir du calife d'Égypte	168
C	»	(29 mars)	Étienne, comte de Blois et de Chartres, à Adèle d'Angleterre, sa femme	»

				Pag.
CI	»	(1 ou 2 juin)	Alexis I Comnène au cardinal Oderisio I de' Marsi, abbé du Mont Cassin.	169
CII	{1097/1098}	{21 octobre / 3 juin}	Les princes croisés à Dokâk, prince de Damas	171
CIII	»	(4 juin)	**Bohémond à Roger Bursa .	172
CIV	»	(5-13 juin)	Kerbogha, prince de Mossoul, à Mosthadher-Billah, calife de Bagdad, et au sultan Barkarjok	»
CV	»	(v. le 15 juin?)	Alexis Comnène à Afdhal . .	174
CVI	»	(30 juin)	**Tancrède à Roger Bursa .	175
CVII	»	(com.t de juillet)	Bohémond, Raimond de S. Gilles, Godefroy de Bouillon, et Hugues-le-Maîné à tous les fidèles . . .	»
CVIII	»	»	Robert de Flandres à Clémence sa femme	177
CIX	»	(juillet)	Les princes croisés à Alexis . .	»
CX	»	»	Anselme, comte de Ribemont, à Manassès II de Châtillon, archev. de Reims	178
CXI	»	(août)	Oderisio I de' Marsi, abbé du Mont Cassin, à Alexis Comnène .	180
CXII	»	»	Oderisio I de' Marsi, abbé du Mont Cassin, à Godefroy de Bouillon et à Bohémond	»
CXIII	»	(septembre)	Omar, émir de Hazart (Azâz) à Godefroyde Bouillon . . .	181
CXIV	»	(11 septembre)	Bohémond, Raimond de S. Gilles, Godefroy de Bouillon, Robert de Normandie, Robert de Flandres et Eustache de Boulogne à Urbain II.	»
CXV	»	(sept.)	Godefroy de Bouillon à Omar, émir d'Azâz	183
CXVI	»	(3-11 oct.)	Le clergé et le peuple de Lucques à tous les fidèles. . . .	184
CXVII	»	»	[Concile de Bari]	186
CXVIII	»	(apr. le 1er juillet)	*Baudouin du Bourg à Manassès II de Châtillon, archevêque de Reims	187
CXIX	»	(oct.-décembre).	Pleins pouvoirs donnés par Urbain II au cardinal Daimbert . .	188
CXX	1099	(com.t de janv.)	Raimond de St Gilles convoque Godefroy de Bouillon, Bohémond et les autres princes restés à Antioche à une conférence à Rugia . .	»
CXXI	»	(janv.)	Alexis I Comnène aux princes croisés.	189
CXXII	»	»	Alexis Comnène à Raimond de S. Gilles.	»
CXXIII	»	(15 janv.)	Abu Salem Morschad, émir de Césarée-sur-l'Oronte, à ses sujets	191
CXXIV	»	(v. le 15 mars)	Raimond de S. Gilles à Godefroy de Bouillon et à Robert de Flandres, occupés au siége de Gibel (Gabala).	»

				Pag.
CXXV	»	(v. le 10 avril)	Les princes croisés à Alexis Comnène.	192
CXXVI	»	(24-30 avril)	[Concile de Rome]	
CXXVII	»	(avril)	Afdhal aux croisés	193
CXXVIII	»	(janv.-mai)	[Soumissions des émirs de Syrie sur le passage des croisés]	194
CXXIX	»	(janv., 14 mai)	Urbain II à Anselme de Buis (Borisio) archevêque, et aux habitants de Milan.	195
CXXX	»	(28 mai)	L'émir d'Acre à l'émir de Césarée de Palestine	»
CXXXI-CXXXV	»	(com.ᵗ juillet)	** Correspondance des Hiérosolymitains assiégés:	196
		CXXXI··	Les Hiérosolymitains aux émirs de Tyr et de Damas et au sultan de Perse	»
		CXXXII··	Lettres substituées par les croisés aux précédentes	»
		CXXXIII··	Réponse des émirs aux Hiérosolymitains	»
		CXXXIV··	Lettres substituées par les croisés à cette réponse	»
		CXXXV··	Circulaire des Hiérosolymitains à tous les prince de l'Islam	»
CXXXVI	»	(com.ᵗ de juillet)	** Florie à Godefroy de Bouillon	197
CXXXVII	»	(fin de juillet)	** Godefroy de Bouillon à Bohémond.	»
CXXXVIII	»	(com.ᵗ d'août)	Godefroy de Bouillon, avoué du S. Sépulcre, [au clergé de l'Occident?] et en particulier à Manassès II de Châtillon, archevêque de Reims.	198
CXXXIX	»	»	Arnoul de Rohes, patriarche de Jérusalem, au clergé de l'Occident?] et en particulier à Manassès II de Châtillon, archevêque de Reims.	»
CXL	»	»	* Défi d'Afdhal à Godefroy de Bouillon.	199
CXLI	»	»	** Godefroy de Bouillon aux princes croisés	»
CXLII	»	(fin d'août)	* Raimond de S. Gilles empêche les habitants d'Ascalon de se rendre à Godefroy de Bouillon	200
CXLIII	»	(fin d'août)	** Tancrède à Roger Bursa	»
CXLIV	»	(septembre)	Le cardinal-légat Daimbert archevêque de Pise, les évêques latins de Terre Sainte, Godefroy de Bouillon, avoué du S. Sépulcre, et Raimond de S. Gilles, au pape	201
CXLV	»	(v. le 1 nov.)	Henri Contarini, évêque de Torcello, et Jean Michiel, chefs de la flotte vénitienne, à Godefroy de Bouillon, Raimond de S. Gilles, Bohémond et Arnoul de Rohes, patriarche de Jérusalem	204
CXLVI	»	(déc.?)	Pascal II aux archevêques, évêques et abbés de France	205
CXLVII	»	(fin de déc.)	Manassès II de Châtillon, archevêque de Reims, à Lambert, évêque d'Arras.	206
CXLVIII	»	(29 décemb.?)	Pascal II à Alphonse VI, roi de Castille.	207

Table.

			Pag.
CXLIX	1100 (vers janvier)	Alphonse VI, roi de Castille à Pascal II.	208
CL	»	»	Pierre II, évêque de Lugo, Alphonse II, évêque de Tuy, Gonzalo, évêque de Mondoñedo et le clergé de Compostelle à Pascal II. . . .	»
CLI	»	(janvier)	Hugues de Romans, archevêque de Lyon à Pascal II	209
CLII	»	(com.' de févr.)	Godefroy de Bouillon à Henri Contarini, évêque de Torcello, et Jean Michiel, chef de la flotte vénitienne.	210
CLIII	»	(février)	Pascal II à Hugues de Romans, archevêque de Lyon	»
CLIV	»	(4 mai)	Pascal II aux croisés	211
CLV	»	(printemps)	[Synode d'Anse]	212
CLVI	»	(fin de juillet)	Le cardinal Daimbert de Pise, patriarche de Jérusalem, à Bohémond, prince d'Antioche	213
CLVII	»	(août-septembre	Baudouin du Bourg à Manassès II de Châtillon, archevêque de Reims .	»
CLVIII	»	(1ᵉʳ avr., 24 sept.)	Charte de Baudri, évêque de Tournay.	216
CLIX	»	(14 octobre)	Pascal II à Alphonse VI, roi de Castille.	217
CLX	»	»	Pascal II à Pierre II, évêque de Lugo, à Alphonse II évêque de Tuy, à Gonzalo, évêque de Mondoñedo, et au clergé de Compostelle . .	218
CLXI	{ » (14 août) 1101 » }		Pascal II aux consuls de Pise . .	»

APPENDICE 221

I	1096 (6-12 févr.)	Urbain II aux princes de Flandres et à leurs sujets.	»
II	1097 (fin de sept.)	Siméon, patriarche grec de Jérusalem, aux fidèles du Nord . . .	222
III	1098 (v. le 10 fév.)	Anselme, comte de Ribemont, à Manassès II de Châtillon, archevêque de Reims.	»
IV	» (3-11 oct.)	Le clergé et le peuple de Lucques à tous les fidèles . . .	224

INDEX 227

I	Auteurs des lettres	»
II	Destinataires des lettres	229
III	Incipit » »	231
IV	Explicit » »	233

ADDITIONS 235

INTRODUCTION

'HISTOIRE littéraire des croisades est encore à faire, et ce travail considérable, qui doit naturellement précéder l'histoire proprement dite, ne saurait être utilement entrepris, avant qu'une autre élaboration préparatoire ne soit, sinon menée à bonne fin, du moins suffisamment avancée: je veux parler de la réunion des matériaux à soumettre à la critique; et là même on se heurte à des difficultés que j'ai énumérées ailleurs [1], et qui ont, jusqu'à présent, découragé la plupart des érudits. Perdus dans des manuscrits incomplètement examinés, ou dans des recueils considérables, le plus souvent étrangers à nos études spéciales, ces matériaux échappent aux recherches les plus consciencieuses, si bien qu'ils ont paru à la Société de l'Orient latin devoir exiger un travail général de dépouillement de tous les dépôts publics accessibles de l'Europe, et de toutes les collections historiques imprimées de quelque importance.

---

[1] *Exuviæ sacræ CP.* (Genevæ. 1877, 2 v. in-8°). præf., I, pp. xiij et s.

Mais avant que ce dépouillement ne soit achevé, est-il possible de prendre une classe restreinte de ces matériaux et de constater au moins l'état de nos connaissances à leur endroit, de façon à déblayer partiellement le terrain sur quelques points plus abordables et plus circonscrits ? C'est ce que j'ai tenté de faire, dans la présente étude, pour les *lettres historiques relatives aux croisades*.

Mais ici j'ai besoin de définir d'une façon parfaitement nette ce que j'entends sous ce titre.

En premier lieu, le mot CROISADE désignera toujours, pour moi, *la guerre religieuse proprement dite, provoquée par l'octroi solennel de privilèges ecclésiastiques, et entreprise pour le recouvrement direct ou indirect des Lieux Saints* — chaque croisade étant comprise entre le concile ou la résolution pontificale qui en ordonne la prédication, et le retour en Occident des contingents de la Croix. Je ne considèrerai les expéditions secondaires et isolées, comprises entre deux grandes croisades, que comme des pèlerinages armés, qu'on sera d'ailleurs toujours libre de rattacher chronologiquement à l'un des grands mouvements provoqués par la voix de l'Église. Quant à l'histoire intérieure des états latins d'Orient et des Ordres militaires dans leurs rapports avec leurs voisins Infidèles, elle doit être et sera nettement distinguée et *exclue* de l'histoire des croisades proprement dite.

Ce premier point établi, je définirai par LETTRES HISTORIQUES relatives à une croisade donnée, les documents épistolaires *narratifs*, propres à éclairer l'histoire de cette croisade, documents que je séparerai absolument — et cela quelque généralement reçu que soit l'usage contraire — de toutes les pièces *diplomatiques* ou *administratives*, nées des circonstances diverses, dont chaque expédition est forcément entourée : il y a là une étude tout aussi intéressante, mais entièrement différente à faire. Quelques textes, il est vrai, pourront offrir un caractère mixte, et présenter une certaine difficulté de classement — certaines bulles de papes, par exemple ; il vaudra mieux alors les faire entrer simultanément dans les deux séries, en prévenant, dans chaque cas particulier, le lecteur de cette mesure d'ailleurs tout à fait exceptionnelle.

Les croisades ont évidemment donné naissance à un très-grand nombre de ces *lettres historiques*; disons tout de suite que la plupart d'entre elles ont été fondues, sans qu'on puisse les en isoler, dans les récits des témoins oculaires de ces évènements [2], et que beaucoup d'autres sont perdues : mais celles-ci même ne doivent point être négligées, et il est utile, — ne fût-ce que dans l'intérêt de recher-

---

[2] Comme l'auteur anonyme des *Gesta Francorum* pour la 1re croisade, celui des *Gesta obsid. Damiatæ* pour la Ve, Thaddée de Naples pour la prise d'Acre en 1291 ; v. *Exuviæ CP.*, I, lxxiij, Thadd. Neap., ed. Riant, p. xij.

ches ultérieures, et bien que ces recherches donnent rarement, même en cas de succès, tout ce qu'elles semblaient promettre — il est utile, dis-je, de signaler les mentions qu'ont pu en faire les chroniqueurs.

D'autres nous ont été transmises, soit en substance, soit plus ou moins remaniées, par les historiens successifs des croisades ; il y a lieu d'examiner jusqu'où a été poussé ce remaniement, et de classer régulièrement ces textes intercalaires, presque toujours acceptés de confiance, et traduits littéralement par les historiens modernes des croisades. Ce classement ne sera pas toujours facile, faute de pouvoir, pour chaque chroniqueur, déterminer, par la comparaison entre une pièce intégrale connue et le texte qu'il en aura pu donner, le degré d'altération qu'il a coutume de faire subir aux documents qu'il insère.

Enfin d'autres, et c'est malheureusement le petit nombre, nous sont parvenues sous leur forme originale ; ce sont en général les documents les plus précieux de l'histoire des croisades ; car ils ont joué en leur temps le rôle de nos dépêches et de nos bulletins militaires d'aujourd'hui, et nous transmettent l'impression fidèle que durent faire les évènements eux-mêmes sur ceux qui en avaient été les acteurs [3] ; ils ont joui souvent, à l'époque de leur rédaction, d'un retentissement exceptionnel en Europe [4] ; enfin ils ont servi d'*Urschrift* à plusieurs des chroniques contemporaines ou postérieures.

Il convient donc, par une raison analogue à celle qui tend à assigner au-dessus des écrivains classiques une place d'honneur aux textes épigraphiques, dans l'étude de l'antiquité ; il convient, dis-je, de donner à ces documents épistolaires, pour l'histoire des croisades, le pas sur les chroniques proprement dites, qu'ont pu venir altérer des remaniements plus ou moins intéressés.

Mais ici nous nous trouvons en présence d'une étude délicate et souvent dangereuse ; un certain nombre de ces pièces sont, en effet, suspectes, et l'examen minutieux de ces dernières est à la fois plus nécessaire et plus difficile que celui des lettres parfaitement légitimes. C'est ainsi que certains documents empruntés à des recueils épistolaires, même très-anciens, devront être l'objet d'une attention sévère — ces recueils, jusqu'à présent considérés comme des collections historiques de premier ordre, devant, dans plus d'un cas,

---

3 C'est ce que dit excellemment M. Taine dans la préface de ses *Origines de la France contemp. — La révolution*, I, p. 1. « Le témoignage le plus » digne de foi sera toujours celui du témoin oculaire, » surtout lorsque ce témoin est homme honorable, » attentif et intelligent, lorsqu'il rédige sur place, » à l'instant et sous la dictée des faits eux-mêmes... » Plus un document se rapproche de ce type, plus » il mérite confiance et fournit des matériaux supé- » rieurs ».

4 Voir plus loin le n. CXVI : un récit assez insignifiant d'un bourgeois de Lucques est envoyé officiellement par le clergé de la ville à la chrétienté entière.

être ramenés au rang plus modeste de simples manuels de rhétorique épistolaire, rédigés à l'aide de matériaux plus ou moins authentiques par les maîtres de certaines écoles monastiques [5].

D'autres documents, acceptés pourtant de nos jours comme légitimes, devront être rendus à leurs véritables auteurs, faussaires du temps de la Renaissance, qui ont mis tous leurs soins, soit à amplifier, sous forme épistolaire, les mentions de documents véritables, mais perdus, qu'ils avaient trouvées dans les chroniqueurs, soit à fabriquer de toutes pièces des lettres plus ou moins vraisemblables.

Notre examen devra donc s'étendre aux catégories suivantes:

 A. Lettres authentiques.
 B. » remaniées ⎫
 C. » abrégées   ⎬ par les chroniqueurs
 D. » mentionnées ⎭ du Moyen-Age.
 E. » fabriquées à une époque ancienne.
 F. »   »   au XVIe siècle.

Pour une semblable étude, la confection d'un simple catalogue bibliographique aurait été utile, mais insuffisante. Une histoire littéraire proprement dite, avec examen de la valeur intrinsèque des documents, comparés aux autres sources historiques, me paraît prématurée, dans l'état où se trouve encore la publication de ces sources.

Je me suis arrêté à un système mixte, qui comprendra pour chaque lettre, 1° une cote détaillée de *date*, de *lieu*, de *contenu*, d'*incipit* et d'*explicit*; 2° une bibliographie, indiquant les *manuscrits* (d'après les catalogues imprimés des grandes bibliothèques), les *éditions* [6] et les principales *récensions* [7]; 3° une notice, destinée à déterminer pour chaque pièce :

   la *date* exacte,
   le *lieu de rédaction*,
   le *degré d'authenticité*,

ce dernier point étant discuté avec détails pour les documents, jusqu'ici acceptés par tous, et que je me trouve amené à rejeter au nombre des pièces fausses ou douteuses. Quelques lettres inédites pourront

---

[5] Sur un recueil de ce genre, voir la curieuse dissertation de M. B. Stehle, *Ueber ein Hildesheimer Formelbuch*, (Sigmaringen, 1878, in-8.°).

[6] Beaucoup de ces pièces ont été publiées, soit dans Baronius, soit dans les collections des Conciles : il était difficile et en même temps peu utile de donner les renvois aux nombreuses éditions de ces deux ouvrages : je me suis contenté d'indiquer, pour le premier, l'édition princeps et l'édition de Lucques, pour le second, les éditions de Labbe et de Mansi.

[7] J'ai entendu par *récension* un compte-rendu critique, et non une simple mention bibliographique, comme celles des dictionnaires des deux derniers siècles (Oudin, Cave, Jöcher, Fabricius, Struve), qui n'indiquent *jamais* rien de plus que ce que je donne moi-même.

aussi donner lieu à un examen sortant un peu de ces limites rigoureuses.

Ce sera donc plus qu'une bibliographie, et moins qu'une histoire littéraire, quelque chose comme un *apparatus*, suffisant pour guider, soit les critiques, soit les historiens proprement dits.

Sera-t-il complet ? et comprendra-t-il tout ce que les manuscrits actuellement existant ont dû nous transmettre sur la matière ? certainement non. Il aurait fallu pour atteindre ce but, avoir terminé, au préalable, le dépouillement dont je parlais tout à l'heure, et avoir en particulier compulsé (sans parler des feuillets de garde des manuscrits et des appendices des grandes chroniques), tous les recueils épistolaires, tous les *dictamina*, qui foisonnent dans nos bibliothèques ; et ce travail est à peine commencé.

La présente étude n'aura donc la prétention que d'offrir le bilan exact de nos connaissances sur la matière, bilan limité, pour le moment, à la période antérieure aux croisades, et à la première de ces guerres saintes, mais que j'espère pouvoir étendre plus tard jusques et y compris la cinquième — l'état actuel de la publication des lettres des papes, après Honorius III, ne permettant pas de pousser utilement ces investigations au delà de 1227.

Je suppose, bien entendu, le lecteur au courant des traits principaux, des dates et des personnages les plus importants des deux époques dont je vais m'occuper.

Dans l'histoire des évènements subséquents, les pièces originales deviendront de plus en plus nombreuses, de moins en moins discutables : ici le nombre des simples mentions de lettres perdues ou remaniées l'emportera de beaucoup sur celui des documents parvenus jusqu'à nous dans leur intégrité.

Si j'applique aux 161 numéros de l'inventaire que j'ai dressé pour ces deux premières parties, la classification que je viens de faire, je trouve 81 pièces et 80 mentions, se répartissant ainsi [8] :

41 pièces authentiques, dont 4 inédites,
9 remaniées
6 abrégées } par les chroniqueurs contemporains,
54 simplement mentionnées [9]

---

[8] A part les mentions de quelques lettres juives, grecques, arabes, ou arméniennes, toutes les autres paraissent avoir été originairement rédigées en langue latine. J'avoue n'avoir trouvé aucun témoignage qui me permette de penser, avec M. Paulin Paris, (*Préface à Guillaume de Tyr*, p. iij), que des lettres françaises aient été envoyées de Nicée, d'Antioche, ou de Jérusalem.

[9] Ces mentions auraient pu être beaucoup plus nombreuses ; car, pour ne citer qu'un exemple, la cor-

7 douteuses,
8 fabriquées au temps de la croisade,
10   »   au XVIe siècle,
26 mentionnées par les chroniqueurs, mais inadmissibles.

Les lettres simplement mentionnées n'ont été l'objet que de notices très-courtes; plusieurs fois même j'ai dû en réunir un certain nombre sous une seule rubrique, tandis que je me suis étendu longuement sur les pièces suspectes [10]; j'avais même consacré à l'une de celles-ci, qui soulevait des questions très-complexes, une véritable dissertation que j'ai dû publier séparément [11], comme dépassant, d'une façon exagérée, l'étendue moyenne des notices dont les autres documents étaient l'objet.

Comme limite chronologique supérieure, j'ai cru devoir remonter très-haut — la plupart des historiens des croisades ayant attaché une importance considérable à des documents, antérieurs souvent de plusieurs siècles à l'expédition de 1096-1099, documents dans lesquels ils voyaient, sans hésiter, les signes précurseurs des guerres saintes. L'étude de ces pièces m'aura amené, au contraire, à trouver qu'elles n'avaient, le plus souvent, aucun rapport avec le grand mouvement de la fin du XIe siècle.

D'autre part je me suis arrêté à l'année 1101 qui marque, à mon avis, la fin de la grande croisade: les prédications parties de Clermont ont eu évidemment un retentissement et des effets beaucoup plus prolongés, et l'on peut dire que l'écho s'en affaiblissait à peine, lorsqu'elles furent reprises par les puissantes voix d'Eugène III et de s. Bernard. Je pense cependant qu'avec les désastres de 1101, la période active de la première croisade a été close, et que les documents qui contiennent les exhortations de Pascal II pour hâter

---

respondance entre les divers chefs de la croisade, lorsqu'ils n'étaient point réunis, a dû être considérable; je n'ai cependant regardé comme ayant pu réellement exister que les lettres, désignées expressément dans les chroniques par les mots : litteræ, epistola, scriptum. C'est ainsi que beaucoup de documents, qui paraissent avoir accompagné les nombreuses ambassades dont parlent les chroniqueurs, ont dû être négligés, parce que la certitude que ces messages n'avaient point conservé la forme orale, ne m'a pas semblé suffisante ; j'en citerai ici quelques-uns :

1096 *Alexis à Pierre l'Hermite* (Wilh. Tyr., l. I. c. 22, Alb. Aq., l. I, c. 14, [*Hist. occ. des cr.*, I, 56, IV, 282-283]).
1097 » *à ses alliés Infidèles* (Ann. C., l. X, c. 9, éd. de P. p. 294, éd. de Bonn, II, p. 47, *H. gr. des Cr.*, I, p. 219).

1097 *Alexis à Godefroy de Bouillon* (Wilh. Tyr., l. II, c. 7, Alb. Aq., l. II, c. 11, 12, [*Hist. occ. des Cr.*, I, 79, IV, 306, 307]).
 » *Godefroy de Bouillon à Alexis*   (Ibid.)
 » *Manassès de Reims à Anselme de Ribemont* (*Epist. I Anselmi*, plus loin App. n. I.)
1098 *Kerbogha aux princes croisés* (Matth. d'Ed., *Hist. arm. des crois.*, I, p. 48).
1099 *Afdhal aux habitants de Jérusalem* (Alb. Aq., l. VI, c. 14, H. occ. des cr., IV, 474).

10 Les pièces ou mentions douteuses ont été marquées d'un, et les fausses de deux astérisques.

11 En préface à l'édition que j'ai donnée de cette lettre (*Epistola Alexij I ad Robertum I com. Flandriæ*, Genevæ, 1879, in 8°); j'en ai seulement reproduit ici (n. XXXI) les conclusions.

le départ des retardataires, auxquels étaient réservé, en Asie Mineure, un si triste sort, sont les derniers que comportât cette partie de mon sujet [12].

J'ai d'ailleurs et intentionnellement mis de côté :

1° toutes les pièces relatives à l'histoire intérieure des nouveaux états latins de Syrie, pendant la courte période qui s'étend de l'élection de Godefroy de Bouillon (23 juillet 1099) à la fin de l'année 1100 [13].

2° celles qui, de date postérieure [14] à 1100, font pourtant quelque allusion à la croisade.

3° et enfin quelques lettres, dépourvues d'ailleurs de date aussi bien que de valeur historique, et qu'on a voulu à tort rattacher à cette expédition [15].

Par contre, à l'exemple de Jaffé, dans ses *Regesta Pontificum*, j'ai consacré un numéro spécial à chacun des conciles ou synodes, où la question de la croisade avait pu être agitée — la convocation de ces assemblées et la publication de leurs actes ayant dû certainement (quelque soit à cet égard le silence des chroniqueurs) donner naissance à des documents épistolaires historiques. J'ai cru devoir également relever les lettres ou mentions de lettres, pour la plupart fabuleuses, que nous offrent les poèmes français de la 1re croisade.

---

12 La croisade de 1100-1101, terminée par la défaite d'Eregli n'a donné naissance à aucune lettre qui soit parvenue jusqu'à nous, et je n'ai trouvé dans les chroniqueurs qu'une seule mention de documents relatifs à cette expédition — celle, très-suspecte, que Guibert de Nogent (l. VII, c. 23, *Hist. occ. des cr.*, IV, 243) fait d'une lettre adressée à Kilidje-Arslan par Alexis en juin 1101, pour lui livrer l'armée du comte Guillaume VII de Poitiers. Cf. Ekkehardus, *Hieros.*, ed. Hagenmeyer, p. 240; Wilh. Tyr., l. X. c. 13 (*H. occ. des cr.*, I, 417); Roger de Wendower, II, 173; Matth. Paris, ed. Luard, II, 125.

13 Par exemple les lettres des émirs d'Ascalon, de Césarée et d'Acre à Godefroy (1100, print.), dans Alb. d'Aix, l. VII c. 13, (*Hist. occ. des cr.*, IV, 515); — de Baudouin d'Édesse à Baudouin du Bourg, (sept. 1100), citées dans Albert d'Aix, l. VII, c. 31 (*H. occ. des cr.*, IV, 527) — et bien entendu aussi les lettres postérieures, comme celle de la reine Arda à Tancrède (1101), d. Foucher de Ch., l. II, c. 14, (*Ibid.*, III, 396), et de Tancrède à Bohémond (1104), d. Alb. d'Aix, l. IX, c. 43, (*Ibid.*, IV, 617).

14 Ainsi celle de Pascal II à Robert II de Flandres (23 janv. 1103), (*R. des h. de la Fr.*, XV, 25, Jaffé 4433), où le pape félicite ce prince de son heureux retour; — une lettre, insignifiante du reste, d'Yves de Chartres au patriarche Daimbert, non datée, mais évidemment postérieure à 1100 (*Ivonis Carn. Epist.* 93, d. Migne, *Patr. lat.*, CLXII, 113; cf. *Epist.* 125, c. 137); — deux autres du même à Pascal II (*Ep.* 135, 173, c. 144, 176); — une lettre (1124-1134)

de Geoffroi de Vendôme à Eudes, abbé de Marmoutier, relative à l'interdiction qu'Urbain II aurait fait aux religieux de prendre la croix (Goffridus Vindoc., *Epist.*, l. IV, ep. 21, [Migne, *Patr. lat.*, CLVII, 162]) — une lettre d'Alexis à Bohémond, avec la réponse de ce dernier (1103), citées en extraits par Anne Comnène, (l. XI, c. 9, éd. de Paris, 332-333, éd. de B., II, 111-112, *H. gr. des cr.*, I, 74-75), et placées à tort par Darras (*Hist. de l'Église*, XXIV, 233) en 1099.

15 Ainsi trois lettres de s. Anselme de Cantorbéry relatives aux vœux de Terre-Sainte (*Anselmi Cant. Epist.*, l. III, ep. 33, 66, 130, [Migne, *Patrol. lat.*, CLIX, 64, 104, 165]); — une lettre adressée par Hildebert, év. du Mans, à la comtesse Adèle, femme d'Étienne de Blois, pendant l'une des croisades de son mari (Hildeberti *Epist.* l. I, ep. 3, dans Migne, *Patr. lat.* CLXXI, 144; cf. l. I. ep. 5, 15, *Ibid.*, 148, 181) — une autre d'Yves de Chartres au même Étienne de Blois (Ivon. Carn. *Epist.* 86, d. Migne, *Patr. lat.*, CLXII, 107; cf. 455). Une raison différente m'a fait rejeter les lettres de Zimiscès (974) à Aschod, roi d'Arménie, à Léon, gouverneur de Daron et au docteur Léonce, insérées dans la *Chronique* de Mathieu d'Édesse (*Hist. arm. des Cr.*, I, 13-21) et les mentions de documents analogues, relatifs aux guerres de Byzance contre les Sarrasins avant les croisades — ces guerres n'ayant jamais eu, à mon sens, le caractère de cosmopolitisme religieux, qui constitue l'une des conditions nécessaires d'une croisade proprement dite.

Enfin j'ai publié en appendice le texte des quatre seules pièces inédites que j'aie rencontrées dans le cours de mon travail [16].

---

[16] Je dois déclarer ici quelle aide précieuse j'ai trouvée dans l'excellente édition d'Ekkehard d'Aura, publiée il y a deux ans (Tübingen, 1877, in-8º; cf. Kugler, d. l'*Hist. Zeitschr.*, 1877, II, 483-485) par M. Henri Hagenmeyer : on ne saurait trop faire connaître ce livre. Par l'abondance et l'exactitude minutieuse des renseignements qu'il renferme, il constitue un véritable manuel de l'histoire de la 1re croisade. L'auteur lui-même a bien voulu, sur plusieurs points de la présente étude, me prêter, avec autant d'obligeance que de désintéressement littéraire, le concours de sa patiente érudition ; il m'a communiqué également en manuscrit l'important travail qu'il vient de publier sur Pierre l'Hermite. (*Peter d. Eremite*, Leipzig, Harassowitz, 1879, 402 pp. in-8º) — travail dont je n'ai pu profiter qu'avec discrétion, le présent mémoire ayant été rédigé et ayant dû paraître avant le livre de M. Hagenmeyer.

PREMIÈRE PARTIE.

AVANT LES CROISADES
768-1093.

I.

** 768-775   Constantinople.

Jean, patriarche de Jérusalem, Constantin V Copronyme et Léon IV Khazare, son fils, empereurs, à Charlemagne : le sollicitent de venir coopérer à la délivrance des Lieux-Saints.

[Inc.: « Servus servorum Dei, Johannes. . . . Favoralis apostolica . . . . » — Expl.: « . . . sine fine beatus ».

A.

Dans la *Relatio quomodo Carolus Magnus attulerit clavum.*

Manuscrits : 1. *Braine*, Bibl. Jardel, (m. s. XIV, in-f.), (perdu) [1] ; — 2. *Montpellier*, Bibl. de la Fac. de Méd., 280 (Bouhier, Bourbonne) (m. s. XII, 8.º) f. 2 [2] ; — 3. *Paris*, Bibl. nat., lat. 12710, (S. Germ. 1085), (m. s. XII), f. 2 a ; — 4. *Paris*, Carmes (perdu) ; — 5. *Paris*, Notre-Dame (perdu) ; — 6. *S. Denis* (perdu) ; — 7. *Vienne*, Bibl. Imp. 3398 (H. pr. 450), (ch. s. XVI), f. 1.

Édition : Doublet, *Hist. de l'abbaye de S. Denys*, (P. 1625, in-4.º). p. 1206, (cod. 6).

B.

Dans le *Liber de sanctitate beati Karoli*, (composé en 1165) l. II, c. 1.

Manuscrits : 8. *Aix-la-Chapelle*, N.-Dame, (m. s. XV) ; — 9. *Ibid.*, Archives (ch. s. XV) ; — 10. *Berne*, n. 260 (m. s. XIII, in-f.), f. 224 ; — 11. *Korsendonck* 3 ? ; — 12. *Paris*, B. nat., lat. 4895 A (Colb. 2042) (m. s. XIII, f.º), f. 129 a ; — 13. *Paris*, B. nat., lat. 5380 (ch. s. XVI) f. 25-26 ; — 14. *Paris*, B. nat.,

---

[1] Les manuscrits 1, 4, 5, avaient été consultés par l'abbé Lebeuf en 1754 ; v. *Hist. de l'Acad. des Inscr.* XXI, 148-140. Les n. 5 et 6, étaient plus anciens que ceux que nous possédons aujourd'hui ; le n. 1, qui provenait de l'abbaye de S. Ived de Braine, a été longuement décrit par La Curne de S.te Palaye dans les *Mém. de l'Ac. des Inscr.*, VII, 280-286.

[2] V. Lelong, *Bibl. hist. de la Fr.*, n. 16206', IV p. 386, et l'*Hist. litt. de la Fr.*, XVIII, 520.

[3] Dès 1644, les Bollandistes (*AA. SS.*, Jan. II, 875-876) avaient publié le prologue général, et les rubriques des livres I-III, d'après ce manuscrit, aujourd'hui perdu, s'il n'est pas le même que le n. 9.

lat. 6187, (m. s. XIII, in 8.°), f. 18-19; — 15. *Paris*, B. nat., lat. 8865, (m. s. XIII), f. 195 *a*; — 16. *Paris*, B. nat., lat. 17656 (N.-Dame) (m. s. XII, 4.°) f. 124; — 17. *Paris*, B. nat., N. acq. l. 264, (m. s. XII, 8.°), f. 77; — 18. *Paris*, B. S.te Genev., LI1 (m. s. XIII, in-8.°) f. 20-21; — 19. *Vienne*, B. Imp. 527 5 (II. pr. 666), (m. s. XIV, 4.°), f. 19 r.°; — 20. *Vienne*, B. Imp. 4372 (Theol. 258), (ch. s. XIV, in-4°), f. 119 *a* [6].

ÉDITION: *Vita sancti Karoli*, ed. Kæntzeler, Ruremondæ, 1874, (*Pub. de la soc. hist. et arch. de Limbourg*, t. XI, 8.°) pp. 48-50; (cod. 8-9).

VERSION *française en vers*: a) Girard d'Amiens, *Charlemagne*, (c. 1325), (Paris, Bibl. nat., fr. 778, (m. s. XIV), f. 122 *a*.

VERSIONS *françaises en prose*, dans: b) *Version française de la Relatio*, réd. en 1314, (Modène, Bibl. Est., XI B. 21, m. s. XV, f. 1, et Paris, Bibl. nat., fr. 2457, ch. s. XVI, f. 3); — c) D. Aubert, *Les conq. de Charlemagne* (1458), (Bruxelles, B. roy. 9066, m. s. XV, f.°, f. 126 *a*); — d), *Chron. de S. Denys*, (1461), l. III, c. 4, (*R. des hist. de la Fr.*, V, 269); — e) *Fierabras*, l. I, p. III, c. 1, (Genève, 1478, f.°), f. 16.

ABRÉGÉ *français en vers*, dans: f) Philippe Mouskes, *Chronique*, (v. 1240), v. 10136-10162, (éd. Reiffenberg, I, 395).

MENTIONS: 1) Helinandus, *Chron.* l. XLIV, (Tissier, *Bibl. Cist.*, VII, 103); — 2) Vincent. Bellov., *Spec. hist.*, l. XXIV, c. 4, ed. Duac., p. 963; — 3) *Croisade de Charlem.*, (s. XIII), (Moland, *Orig. litt. de la Fr.* p. 386); — 4) *Chroniques de Tournay* (Philippe Mouskes, éd. Reiffenberg, I, 473); — 5) *Karl Meinet*, éd. Keller, p. 504; — 6) And. Dandulus, *Chron.*, l. VII, c. 12, n. 19, (Muratori, *SS. RR. Ital.*, XII, 146); — 7.) Mamerot, *Passaiges d'Outremer*, f. 9 *a*; — 8.) Le Huen, *Croisées des rois chr.* (Lyon, 1517, f.°) p. vij; — 9.) A. Regnault, *Discours du voy. d'Outremer*, (P. 1573, in-4.°), p. 216.

RÉCENSION: Cointius, *Ann. eccles. Francorum*, VI, 727].

(Voir le numéro suivant).

II.

** 768-775   Constantinople.

Constantin V Copronyme et Léon IV Khazare, son fils, empereurs, à Charlemagne: même objet que la précédente.

[INC.: « Aias Anna .... Constantinus imperator .... Cum has litteras ....; — EXPL.: « .... Domini precepta secundum ».

Mêmes MANUSCRITS, ÉDITIONS [1], VERSIONS [2] et RÉCENSION que la précédente.

VERSION *flamande abrégée* en vers, dans: Jean de Klerk, *Brabantsche Yeesten*, l. II, c. 22, v. 1916-1948, (éd. Willems, I, p. 136-137).

MENTIONS: 1. Guido de Bazochiis, *Chronogr.*, l. V (Pertz, *Mon. G. SS.*, XXIII, 721); — 2-5) Helinandus, Vinc. Bellov., *Crois. de Charlem.*, *Karl Meinet*, *ll. cc.*; — 6) Marinus Sanutus, *Secr. fid. Crucis*, l. III, p. III, c. 6 (Bongars, II, 127); — 7-8. Le Huen, Mamerot, *l. c.*; — 9. *Voy. de Charlem.* (Paris, Bibl. Nat., fr. 834) f. 15.; — 10. A. Regnault, *l. c.*].

J'aurais voulu commencer ce travail par deux pièces moins notoirement fausses et intrinsèquement moins insignifiantes que les deux lettres dont la bibliographie précède. Il m'était impossible, cependant,

---

4 Ce manuscrit diffère des autres copies du *Liber*; il ne fait peut-être qu'un avec le n. 5.

5 C'est sur ce manuscrit qu'en 1669, Lambecius (*Commentarii de bibl. Vindobonensi*, II, 329 et s.), publia les prologues et les rubriques des livres I-III.

6 Le manuscrit 4173 de Cheltenham, signalé dans la *Bibl. de l'É. des Ch.* (1879, p. 460, n. 1) comme renfermant le *Liber de sancti. b. Karoli* ne contient en réalité qu'un Eginhard.

1 Dans le *Liber de s. b. Kar.*, cette seconde lettre occupe les c. 5 et 6 du livre II, pp. 50-52.

2 Excepté (*e*) (*Fierabras*) et (*f*) (Ph. Mouskes).

de les négliger, sans paraître incomplet: à Charlemagne, en effet, pour le Moyen-Age tout entier et une partie de la Renaissance, commençaient les croisades, et la prétendue expédition en Orient du grand empereur avait toujours été, depuis le XIIIe siècle [3], comptée comme la première des guerres saintes. D'ailleurs, les deux documents dont je vais m'occuper, examinés en eux-mêmes et séparément de la légende dont ils font partie, seront peut-être de nature à éclairer quelques-uns des problèmes que soulève cette légende.

Ce n'est pas que j'aie l'intention d'aborder ici, à mon tour, l'étude approfondie d'une question, qui a, dès le siècle dernier [4], donné lieu à de nombreux travaux, et qui, de nos jours, a éveillé l'attention de plusieurs érudits [5]. Au moment même où j'écris, un homme beaucoup plus autorisé que moi, M. Gaston Paris, qui a déjà, dans plusieurs de ses publications, déblayé le terrain de cette intéressante étude [6], se prépare à en épuiser la matière dans un travail définitif, auquel je ne puis mieux faire que de renvoyer d'avance le lecteur.

Je me contenterai ici d'exposer rapidement l'état de la question, et de montrer ensuite quel rôle peuvent y jouer les deux documents que j'ai à étudier.

Il paraît acquis à l'histoire qu'à la suite des rapports incontestables que Charlemagne eut avec l'Orient tant byzantin [7] qu'arabe [8], des

---

[3] « Guido expeditionem istam Francorum in Turcos vocat *secundam*, quia Carolus Magnus fecit *primam* » (Albericus, *Chron.*, ad. ann. 1096, [Pertz, *Mon. G., SS.*, XXIII, 803]). Seulement le *Guido*, cité ici par Albéric, n'est pas Gui de Bazoches, dans le manuscrit duquel j'ai vainement cherché cette phrase.

[4] Foncemagne, *Examen de la tradit. touch. le voy. de Charlem. à Jérusalem* (*Hist. de l'Acad. des Inscr.* XXI, 1754, pp. 148-156); Abbé Lebeuf, *Examen crit. de trois histoires fabul. dont Charlem. est le sujet* (*Ibid.*, pp. 138-140).

[5] Wilken, *Ueb. d. Zug K. d. Gr. nach Paläst.* (*Gesch. der Kr.*, I., Anh. pp. 3 et s.); Am. Duval, *Chans. du voy. de Ch. à Jér.* (*Hist. litt. de la Fr.*, XVIII, pp. 704-714); Fr. Michel, *Préface à Charlemagne* (Lond., 1836, 12°) pp. j-cxv; P. Paris, *Chans. du voy. de Ch. à Jér.* (*Jahrb. f. roman. Lit.*, I, 198-211); L. Gautier, *Epopées franc.*, II 260-282; J. Lair, *Mém. sur deux chron. latines* (*Bibl. de l'É. des Ch.*, 1874, pp. 545 et s.); Storm, *Sagukredsene om Karl d. St.* (Krist., 1874, 12°) pp. 228 et s.; Koschwitz, *Ueb. d. Chans. du voy. de Charl. à Irlm*, (*Roman. Studien*, I, vi, pp. 7-10 et II, pp. 1 et s.); Idem, *Uberlief. und Spr. d. Chans. du voy. de Ch. à Jérus.* (Heilbronn, 1876, 12°); Idem, *VI Bearbeitungen v. Karls d, G. Reise* (Heilbr., 1879, 12°); Idem, *Karls d. Gr. Reize nach Irlm* (Heilbr., 1880, 12°) pp. 1 45.

[6] Gast. Paris: *Hist. poét. de Charlem.* (P., 1865, 8°) pp. 53 et s., 337-343; *La Karlamagnúss Saga* (*Bibl. de l'É. des Ch.*, XXV, 102 et s.); *Compte-r. de la dissert. de M. Koschwitz* (*Romania*, IV, 1874, 505-507);

La Chans. du pèl. de Charlem. à Jér. (*Ac. des Inscr., Séance publ.* 1877) pp. 108-133; enfin, *La chanson du pèler. de Charlem.* (*Romania*, IX, 1880, pp. 1-52) qu'il a bien voulu me communiquer en bonnes feuilles.

[7] Voir E. Venediger, *Vers. einer Darleg. d. Beziehungen Karls, d. Gr. zum Byz. Reich* (Halle, 1872, 8°) où cette question est traitée à fonds. Au XIIe siècle, on croyait que l'empire d'Orient avait été offert à Charlemagne; voir Helinandus, *Chronicon*, l. XLV. (Tissier, *Bibl. Cisterc.*, VII, 103), répété par Albéric (Pertz, *Mon. G., SS.*, XXIII, 721) et surtout le curieux passage de Siméon de Durham (*Hist. reg. Angl.*, [*Mon. hist. Brit.*, I, p. 673]) répété par Roger de Wendower (*Flores hist.*, I 267), M. Paris (*Hist. maj.*, ed. Luard, I 368) et Matth. de Westminster (*Flores histor.*, L. 1570, p. 294); cf. Pauli, *K. d. Gr. im North. Annalen* (*Forsch. z. d. d. G.*, XII, 164).

[8] Dès le temps de Pépin (765-768) des ambassades avaient été échangées entre la France et les califes d'Orient (Fredegar, *Chron. contin.*, IV, [*R. des hist.*, *de Fr.* V, 8]). Charlemagne en envoya au moins trois auprès d'Haroun al-Raschid: en 797, Lautfrid, Sigismond et Isaac (Einbartus, *Ann.* ad ann. 801 [Pertz, *Mon. G., SS.*, I, 189]; cf. Monach. Sangall., *De K. M.*, l. II, c. 9 [*Ibid.*, II, 752] et Wilh. Tyr., *Hist. b. s.*, l, I c. 3, [*R. des hist. occ. des cr.*, I, 13-14]); — en 799, Zacharie (Einh. *Ann.* [Pertz, I, p. 187; cf. 257, 352, 562]; *Vita Karoli*, c. 16, [*Ibid.*, I, p. 451]); — en 803, Radbert (Einh. *Ann.*, [*Ibid.* p. 190]). De son côté, Haroun en envoya aussi au moins trois à Charlemagne: la première, avant 800

présents qu'il en reçut, des ambassades qu'il y envoya, il se forma peu à peu une double légende où l'empereur figura, tantôt comme pèlerin et tantôt comme croisé.

Nées probablement à des époques très-voisines, ces deux traditions, du *voyage pacifique* et de *l'expédition armée* de Charlemagne en Terre Sainte, se développèrent parallèlement, tantôt se succédant, tantôt se confondant, pour se séparer de nouveau, et fleurir enfin toutes deux ensemble pendant le XV⁰ et la première moitié du XVI⁰ siècle⁹.

La légende du pèlerinage ne nous intéresse point ici, et je ne fais que la signaler, en renvoyant à l'excellente analyse qu'en a donnée M. Léon Gautier [10]. A celle de la croisade appartiennent au contraire nos deux lettres: elle est distincte de la première. Elle a dû avoir pour origines en premier lieu, une certaine extension donnée aux exploits *convertisseurs* de Charlemagne contre les païens de l'Europe orientale [11], en second lieu, une confusion facile à faire entre

---

(Mon. Sangall., *De K. M.*, l. II, c. 9 [Pertz, *Mon. G., SS.*, II, p. 753]);—en 802, l'ambassade qui amena l'éléphant (Einh. *Ann.*, (*Ibid.*, I. 189, cf. I, 123, 563, V 101, VI 163, 336, 564, XXII, 223]; *Liber de succ. s. Hildulphi* [*Ibid.*, IV, 588]); — en 807, Abdallah, chargé d'offrir l'horloge (Einh. *Ann.*, [*Ibid.* I, 194; cf. I, 353, II, 224, V, 101,, VI, 566]). Ces rapports diplomatiques survécurent à Charlemagne; car nous voyons, en 831, une ambassade du calife arriver en France (*Vita Hludow. c.* 46, [Pertz, *Mon. G. SS.*, II, 634]; *Ann. Bertin.* [*Ibid.*, I, 424]).

9 Voir plus loin p. 16 n. 25.

10 *Epopées françaises*, 1ᵉ éd. II, 26⁷ ᵢ.52: dans sa seconde édition (III, pp. 270-308), dont il a bien voulu me communiquer les bonnes feuilles, M. Gautier a beaucoup augmenté l'*apparatus* bibliographique, qui rendait déjà la première si précieuse. Voici les principaux textes qui mentionnent le pèlerinage, rangés par ordre chronologique: le premier est le célèbre passage de la chronique de Benoît de S. André, signalé dès 1824 par Pertz (*Archiv*, V, 149) et publié par lui dans les *Mon. G. SS.* (III, 710-711); puis apparaît, à la fin du XIᵉ siècle, le poème français, *la Chanson du voy. de Charlemagne à Jérusalem* (éd. Fr. Michel, Lond. 1836, 12⁰, et Koschwitz, Heilbronn, 1880, 12⁰). Mais la légende ne se trahit d'abord dans les chroniques que par de simples allusions, dans les *Gesta Franc.*, l'*Historia b. sacri*, Robert-le-Moine (*H. occ. des Cr.*, III, 11, 121, 174, 732), les *Gesta epp. Mettensium* (Pertz, *Mon. G., SS.*, X, 538), Hugues de Fleury (*Vita s. Sacerdotis, AA. SS. Boll.*, Mai, II 17), Pierre Diacre, l. IV, c. II, (Pertz, *Mon. G., SS.*, VII, p. 765), le Pseudo-Turpin, c. 21 (éd. Ciampi, p. 58), un *Sermo ad Iherosol.* (v. 1147); que j'ai publié à la suite de l'*Epist. Alexii Comneni*, p. 47, Pierre Comestor (*Hist. scholastica*, c. 6). Ce n'est qu'à la fin du XIIᵉ s. que la légende envahit l'histoire, avec Godefroi de Viterbe (Pertz, *Mon. G., SS.*, XXII, 219, 222-3), deux chroniques de Charroux (Besly, *Hist. de Poit.*, 156, 159)

et plus tard Jean d'Outremeuse (*Ly myror des hist.* l. II, t. III, p. 80); auparavant avaient apparu les remaniements ou versions du poème, et entre autres la *Karlamagnúss Saga* (l, I, c. 49-50, l. VII, éd. Unger, pp. 43, 466-483), une version galloise, trois remaniements français en prose, et deux poèmes scandinaves, récemment publiés par M. Koschwitz (VI *Bearbeitungen v. K. d. Gr. Reise*, (Heilbronn, 1879, 12⁰). Je dois dire que dans quelques-uns de textes qui représentent Charlemagne comme ayant accompli *pacifiquement* son pèlerinage à Jérusalem, on nous le montre accompagné d'une suite aussi nombreuse qu'une armée, et, une fois revenu à Constantinople, aidant l'empereur à combattre les Sarrasins. Bien que cette suite fût sans armes, et que ces combats aient eu lieu *ailleurs qu'en Terre Sainte*, c'est évidemment là qu'est la transition entre les deux formes de la légende (Voir plus loin p. 16, n. 25).

11 C'est cette idée qu'exprime, à la fin du XIᵉ siècle, Jocundus, l'auteur de la *Translatio s. Servatii*: « Hoc pius attendens Karolus, mori pro patria, mori » pro ecclesia non timuit; ideo terram circuit uni- » versam, et quos Deo repugnare invenit, repugna- » bat, et quos Christo subdere non potuit verbo, sub- » didit ferro » (Pertz, *Mon. G., SS.*, XII, 96). De là naquit le culte qui fut rendu plus tard à Charlemagne; la séquence de l'ancien office de sa fête (28 janv.) le célèbre ainsi:

» Hic est Christi miles fortis;
» Hic invictæ dux cohortis.
» Decem sternit millia ».
. . . .
» Infideles hic convertit,
» Fana, Deos hic evertit,
» Et confringit idola ».

[*Offic. de s. Karolo* (Canisius, *Ant. lect.*, ed. Basnage, III, II, 208].

les Sarrasins d'Espagne [12] ou de la Méditerranée [13], et ceux de la Palestine, en troisième lieu enfin, l'idée que Charlemagne n'avait pu s'emparer que les armes à la main, soit des reliques insignes [14] dont il enrichit plusieurs des sanctuaires de son empire, soit du patronage très-réel que lui-même [15], et, après lui, ses successeurs [16], exercèrent sur les Saints Lieux; tandis qu'en réalité, trésors pieux et droits de protection, n'avaient été obtenus que par voie diplomatique. Enfin à cette triple altération de faits historiquement vrais, a pu se joindre postérieurement l'influence de certains écrivains mystiques [17],

[12] J'ai parlé ailleurs de cette confusion entre deux *Hispania*, toutes deux sièges de califats (*Epist. Alex. Comn.*, praef., p. xxiv, n. 4); cf. Röhricht, *Pilgerf. v. d. Kr.* p. 340, et *Beitr. z. G. d. l Kr.* II, p, 15., et plus loin n. XXXV, n. 23.

[13] Les Sarrasins de la Méditerranée, à part quelques brigandages en Corse et en Sardaigne (806-810, 812) (Wenrich, *Res ab Arab. in Ital. gestis*, p. 56, 57; Martini, *St. delle invas. degli Arabi in Sardegna*, pp. 91-98), à Ischia et à Lampedouse (812) (Leo III, *Epist. ad K. M.*, 26 aug. 812 et 11 novemb. 813 [Jaffé, *Mon. Karol.*, 322-328]) brigandages aussitôt réprimés par l'empereur (Einh. *Ann.*, ad. ann. 807, 812; Astron., *Vita Hlud. imp.*, c. 14 [Pertz, *Mon. G. SS.* I, 199, II, 614]) paraissent s'être tenus tranquilles sous le règne de Charlemagne. Mais il n'en fut pas de même pendant le reste du IXᵉ siècle, sous les autres Carolingiens; (voir Wenrich, *Op. cit.*, pp. 59-60, 64 et s.). Aussi est-ce à Charles-le-Chauve et non à Charlemagne que, dès 1158, une chronique angevine (*Liber de comp. castri Ambasiæ*, [*Chr. d'Anjou* I, 88]) répétée au XIIIᵉ siècle, par Richard de Cluni (*R. des h. de la Fr.*, VI, 258), croit devoir attribuer une croisade contre les Infidèles. Cf. *Chron. d'Anjou*, I, 31, 186; Wilh. Malmesb., *Gesta regum Anglorum* I, 199; *Chron. breve S. Mart. Turon.*, (*R. des hist. de la Fr.*, VIII, 310); Petrus Bechini, *Chron.*, (Salmon, *Chr. de Touraine*, p. 45); Sugerii *Opera*, éd. Lecoy de la Marche, p. 35; Ptolemæus Lucens., *Hist. eccl.*, l. XVI, c. 15 (Muratori, *SS. RR. Ital.*, XI, 1016), et plus loin n. 25 à la fin.

[14] On sait combien d'églises, au Moyen-Age, se plaisaient, à tort ou à raison, à faire remonter à Charlemagne l'origine de leurs trésors les plus précieux : je ne nommerai ici qu'Aix-la-Chapelle, Corbie, S. Denis, Compiègne, Charroux, Sarlat, Chartres et Reichenau, dont on regardait formellement les reliques comme rapportées de Jérusalem par l'empereur. Voir mon *Mém. sur les dépouilles de CP.* (*Mém. de la soc. des Ant. de Fr.*, XXXVI, pp. 11 et 176).

[15] Ce patronage est historiquement incontestable : l'une des deux ambassades envoyées par Charlemagne à Haroun (celle de 797 ou celle de 799; voir plus haut p. 11, n. 8) était chargée de demander ce patronage au calife, *et l'obtint*. (Einhardus, *Vita Kar. c. 16*, [Pertz, *M. G., SS.*, II, 451]; Poeta Saxo, v. 90-91, [*Ibid.*, I, p. 257]; Mon. Sangall!., *De K. M.*, l. II, c. 9, [*Ibid.*, II, p. 752]; Bened. S. Andreæ Chron. [*Ibid.*, III, 711]; *Liber s. Hildulphi* [*Ibid.*, IV, 88]; Hugo Floriac., *Hist. eccl.*, (Pertz, *M. G.*,

SS., IX, 361). Ce fut en signe d'investiture de ce patronage qu'il reçut en 800, du patriarche de Jérusalem, le *vexillum* et les clefs du S. Sépulcre (Einh. *Ann.*, *Chron. Moissiac.*, Regino, Annal. Saxo, *Annal. Altah. maj.* [Pertz, *M. G., SS.*, I, 187 305, 562, IV, 564, XX, 783]; Simeon Dunelm., *Hist. de gest. reg. Augl.* [*Mon. hist. Brit.* I, 673]; *Liber de sanctit. b. Kar.* l. 1, c. 5, ed. Kœntzeler p. 21). Voir plus loin, p. 18, nᵒ 33. C'est sans preuves, et par simple esprit de parti, que les historiens grecs modernes le révoquent en doute; v. Palamas, Ἱεροσολυμιας, 1862, 8ᵒ, p. 105.

[16] La continuation du protectorat par les successeurs de Charlemagne est également hors de doute : Louis-le-Débonnaire en couvrit les frais par un impôt d'un denier par chaque manse relevant de la couronne (Mon. Sangall., *De K. M.*, l. II, c. 9, [Pertz, *M. G., SS.*, II, 753]) et nous avons encore le nom d'un des visiteurs qu'il y envoya : le moine Raganaire (*Mirac. s. Benedicti*, l. I, c. 38, éd. Certain, p. 81). Aussi, jusqu'à la fin du IXᵉ s. les SS. Lieux jouirent-ils d'une paix suffisante, comme le témoigne le passage suivant d'une lettre du patriarche Théodose, à Ignace de C. P. - lettre apportée au VIIIᵉ concile œcuménique en 869, par Hélie, syncelle du patriarcat: « Multam benevolentiam ostenbentes (Saraceni) in nos, licentiam nobis præbentes ædificandi ecclesias nostras, et tenendi sine prohibitione mores nostros, iuste agentes, et in nullo nobis iniuriam vel violentiam inferentes ». (*Epist. Theodosii ad Ignatium*, [Mansi, *Concilia*, XVI, 26, cf.314]). Le récit de Bernard-le-Moine (870) (*Itinera Hieros. latina*, I, pp. 314) amène à la même conclusion : ce protectorat ne cessa qu'au milieu du IXᵉ s. En 947, nous voyons Constantin Porphyrogénète envoyer des présents au patriarche (Niccetas clericus, *Epist. ad Const. Porphyr.*, d. Chrysanthes, Ἡ Ἁγία Γῆ, ed. Hierotheus Thabor., Moschæ, 1837, in-4ᵒ, pp. 51-56). En 1021, à la suite d'un traité entre Michel IV et le sultan d'Égypte, Daher (Cedrenus, ed. Bonn., 515, 521, Zonaras, l. XVII, c. 15. ed. Par., II, p. 23) il fut transporté aux empereurs de C. P., qui l'exercèrent jusqu'à la prise de Jérusalem par les Turcs (1070-1078).

[17] Je fais ici allusion à la prophétie employée par s. Adson, abbé de Montiérender (954) à des oracles populaires plus anciens, comme le pseudo-Méthodius, (IXᵉ s.) (Basil. 1497, f. Cvij), la Sibylle de Bède, (Migne, *Patr. lat.*, XC, 1184). « Quidam doctores nostri dicunt quod unus ex regibus Francorum, Romanum imperium ex integro tenebit, qui

pleins d'ardeur à grandir la majesté impériale, et qui, dans leur verve oratoire, rangèrent, dès le Xe siècle, parmi les œuvres réservées au glaive victorieux des successeurs de Charlemagne, la délivrance du tombeau du Christ.

Pourtant tout cela aurait pu ne pas aboutir à la fabrication d'un récit formel, aussi circonstancié que celui qui eut cours, pendant tout le Moyen-Age, sur les exploits de Charlemagne en Terre Sainte: et (comme l'a très-bien fait observer M. Gaston Paris) vers le dernier quart du XIe siècle, on était encore si loin de cette fabrication, qu'un poète, racontant le séjour de Charlemagne à Jérusalem, nous le montre promettant au patriarche d'aller combattre les Infidèles....... en Espagne [18]. Ce n'est qu'à la fin même du XIe siècle, et, pour préciser davantage, sous le pontificat d'Urbain II, que la narration, telle qu'elle nous est parvenue, a dû enfin être composée.

J'aurai, dans le cours de ce travail, l'occasion de revenir plusieurs fois sur cette date, que je crois devoir assigner au véritable commencement des croisades. C'est seulement à la suite, 1° de l'occupation violente des Saints Lieux par les Turcs (1070-1084) et des plaintes qu'un régime intolérable, succédant brusquement en Terre Sainte à l'ancien protectorat français ou byzantin [19], provoquèrent dans la chrétienté tout entière [20], 2.° de la conquête inattendue de l'Espagne par les Almoravides [21], — que l'idée d'une croisade, telle que nous la concevons aujourd'hui, entra dans les projets du S. Siège. J'ajouterai d'ailleurs que cette idée, grâce à l'énergie du pape qui occupait alors la chaire de S. Pierre, prit *immédiatement* des développements considérables.

» in novissimo tempore erit, et ipse erit maximus et » omnium regum ultimus: qui, postquam regnum » suum feliciter gubernaverit, ad ultimum Jeroso- » limam veniet, et in Monte Oliveti sceptrum et » coronam deponet ». (Adso, *De vita Antichristi* [Migne, *Patr. lat.*, CI, 1295]), Cf. Zetschwitz, *Vom Röm. Kaisertum d. Nation*, Lpz., 1877, pp. 8, 43-44 158-160. Plus tard vinrent, (v. 1000) Alboin de Gorze-(*De Antichristo*, éd. Hoss, d. Haupt, *Z. f. d. Alt.*, 1853, X, 269), (v. 1050) d'autres oracles sibyllins (Pertz, *M. G., SS.*, XXII, 376), et (1061) les rêveries de Benzon d'Albano sur une expédition future d'Henri IV en Orient (Benzo Alb., *Paneg. Henrici IV*, 1. I c. 19, 1. V c. 6 [Pertz, *Mon. G., SS.*, XI, 606, 652]).

18 *Chans. du Voy. de Jér.*, v. 230, éd. Koschwitz, p. 56: ce n'est pas non plus en Terre Sainte, comme je l'ai fait remarquer plus haut (p. 12, n. 10), mais auprès de Constantinople que la *Karlamagnúss Saga* (l. I, c. 50, p. 43) version norraine d'un poème français perdu, et d'autres textes, ou parallèles ou dérivés, font combattre Charlemagne contre les Infidèles. Ce point a une grande importance; car c'est le principal argument de M. G. Paris (*Séance de l'Acad. des Inscr.*, 1877, pp. 119-120) pour prouver que la *Chanson du v. d Jér.* est antérieure à la 1re croisade. M. Léon Gautier, dans la nouvelle édition de ses *Epopées fr.* (III, 271), cherchant à faire descendre la date de rédaction jusqu'à 1125, réfute cet argument de M. G. Paris, en alléguant que la *Chanson* représente la Terre Sainte, comme absolument débarrassée des Infidèles et n'ayant naturellement pas besoin de l'intervention impériale, et que cette peinture, vraie après la 1re croisade, ne le serait plus, à la fin du XIe s. Il me semble, en premier lieu, qu'un trouvère, composant vers 1075, a pu, quoique sachant fort bien que la T. S. était *hic et nunc* aux mains des Infidèles, supposer que *du temps de son héros*, il en était autrement: en second lieu, l'observation de M. L. Gautier prouverait seulement qu'il convient de placer la date de rédaction entre les années 1063-1070, époque où, grâce aux libéralités de Constantin XI Ducas, les chrétiens occupèrent *seuls* un quart (fermé de murs) de la Ste Cité, — quart où ils vivaient sous l'administration autonome du patriarche.

19 Voir plus haut p. 13, n. 15.

20 Sur ces plaintes, voir ma préface à l'*Epist. Alex.*, pp. xxxvj-xxxviij.

21 Voir *Ibid.*, pp. xxiv-xxv.

Un des moyens employés pour arriver rapidement au résultat souhaité, fut la rédaction, puis la propagation d'écrits de tout genre, destinés à échauffer l'enthousiasme populaire : nous aurons plus loin à étudier plusieurs de ces pièces *excitatoires*. Je suis convaincu que la légende de la croisade carolingienne fut du nombre [22] : créer un précédent, et le placer sous le patronage du nom auguste de Charlemagne, n'était-ce pas, en effet, un des meilleurs moyens à employer pour éveiller l'émulation des fidèles ?

C'est alors qu'avec les souvenirs altérés des conversions opérées à main armée par l'empereur, des campagnes qu'il avait faites contre les Maures, des rapports qu'il avait entretenus avec la Terre Sainte, on n'eut pas de peine à bâtir la narration latine, où se trouvent nos deux lettres [23]. Cette narration est le premier [24] monument d'une longue série de textes, à travers lesquels la légende, tantôt amplifiée et tantôt abrégée, mais sans cesse remaniée et altérée, persiste durant tout le Moyen-Age [25] pour ne disparaître qu'après

---

[22] Je dois avouer que je m'écarte ici de l'opinion de l'abbé Lebeuf (*H. de l'Acad. des Inscr.*, XXI, 139), adoptée par M. G. Paris (*H. poét. de Charlem.* p. 56). D'après cette opinion, qui s'appuie surtout sur ce que « l'auteur de la légende latine s'exprime comme » un homme qui voyait célébrer les IV Temps du » quatrième mois dans la IIe semaine de juin, usage » qui ne fut universellement changé en Occident que » sous Grégoire VII (✝ 1085), » cette légende aurait été rédigée vers 1075. Rien n'est moins précis, à mon sens, que ce synchronisme, le changement des IV Temps n'ayant été rendu définitif que par un canon du concile de Plaisance en 1095 (Bernoldus *Chron.* [Pertz, *M. G. SS.*, V, 461]).

[23] Charlemagne ne fut pas le seul dont la légende s'empara pour en faire un précurseur des croisades ; Constantin obtint la même faveur (Pseudo-Beda, *Homiliæ*, l. III, h. 93, [Migne, *Patr. lat.*, XCIV, 494]).

[24] Je dis le *premier monument* : car l'on ne peut donner ce nom à deux mots des *Annales Elnonenses minores* : « Karolus .... qui acquisivit regnum usque « Hierosolymis » (Pertz, *Mon. G. SS.*, V, 18), d'autant plus que rien n'indique que ces annales, bien que s'arrêtant en 1061, n'aient pas été rédigées plus tard. Il y a bien aussi, dans la partie des *Grandes Annales d'Altaich*, rédigée en 1033, un texte qui pourrait paraître renfermer implicitement l'idée de croisade. Racontant la remise à Charlemagne des présents offerts en 800 par l'église de Jérusalem, elles ajoutent que les envoyés « omnia Karolo patefece- » runt, ad liberandum populum christianum » (Pertz, *M. G. SS.*, XX, 783). Je crois que cette expression obscure veut dire seulement, « pour exciter Charle- » magne à délivrer les chrétiens [de Jérusalem de » l'administration persane en les prenant sous son » propre protectorat] ».

[25] Voici la liste des différents textes qui mentionnent la croisade de Charlemagne à partir de 1100 : j'ai marqué d'un astérisque ceux qui n'y four-

nissent qu'une simple allusion ; - (v. 1102) * Robertus Monachus, l. I, c. 1, (*H. occ. des Cr.*, III, 728) ; - (v. 1115) * Ekkeh. Uraug., *Hieros.*, XI, 2, éd. Hagenm., p. 120) ; - (1165) *Liber de sanctit. b. Karoli*, l. II, c. 1-24 (Par., B. nat., lat. 4895 A, ff. 128 et s.) ; - (v. 1190) * *Descr. sanctuarii CP.* (*Exuviæ CP.*, II, 217) ; - (v. 1200) Guido de Bazochiis, *Chronographia*, l. V, (Par., B. nat., lat. 4998, f. 56 a), copié (1240) par Albericus (*Chronicon*, [Pertz, *Mon. Germ. SS.*, XXII, 721, 804, 941]) ; - (v. 1204) Helinandus, *Chronicon* (Tissier, *Biblioth. Cisterc.*, VII, 103) ; - (1240) Philippe Mouskes, v. 10022-11301, (éd. Reiffenberg, I, pp. 390-436) ; - (v. 1250) Vincentius Bellovacensis, *Speculum histor.*, l. XXIV, c. 4, ed. Duac. p. 963 ; - (v. 1277) Martinus Polonus, *Supputationes* (Pertz, *Mon. Germ. SS.*, XXII, 461) ; - (1290) Jacobus de Acquis, *Chronicon imaginis mundi* (Mon. hist. patriæ, III, 1501 et s.) qui parle de deux croisades de Charlemagne ; - (XIII s.) *Croisade de Charlem.* (Par., Arsen. 283 ; Moland, *Origines litt. de la Fr.*, pp. 386-394) ; - (XIII s.) *Vitrail de Chartres* n°s 2-7 (Vétault, *Hist. de Charlem.*, 546) ; - (XIII s.) *Chronique de Tournai* (Ph. Mouskes, éd. Reiffenberg, I, 473) ; - (v. 1300) Ricobaldus Ferrar., *Hist. univers.* (Eccard, *Corpus hist. M. Æ.*, I, 1154, 127 ; 3- (1313) Ptolemæus Lucensis, *Hist. eccles.*, l. XV, c. 3 (Muratori, *SS. RR. Ital.*, XI, 988) ; - (v. 1314) *Version française de la Relatio* (Modène, Bibl. Est., XI, B. 21, m. s. XV, f. 1-5, et Paris, B. nat., fr. 2457, ch. s. XVI, f. 1-32) ; - (v. 1320) Jean de Klerk, *Brabantsche Yeesten*, l. II, c. 22-25, v. 1885-2265, éd. Willems, I, pp. 135-149 ; - (v. 1325) *Karl Meinet*, éd. Keller, pp. 504-519 ; - (v. 1325) *Girard d'Amiens* (Par., Bibl. nat., fr. 778, m. s. XIV, ff. 121-124) ; - (v. 1330) Marinus Sanutus, *Secreta fid. crucis*, l. III, p. III, c. 6 (Bongars, II, 127) ; - (1339) And. Dandulus, *Chronicon*, l. VII, c. 18, n. 19-21, (Muratori, *SS. RR. Ital.*, XII, 146) ; - (1340) Lewpuldus Bebenburgensis, *De zelo*

1573[26], et non sans jeter encore une dernière lueur en plein XVIIe siècle, sous des plumes moins éclairées que naïves[27].

German. principum (Schardius, *De jurisdictione imperij*, p. 488); – (v. 1350) *Officinm s. Karoli Gerundense*, lect. VIII (Par., B. nat., lat. 5610, f. 10 b.); – (v. 1380) Jean d'Outremeuse, *Ly Myror des Hist.*, l. II, t. III, p. 12 – (XIV s.) *Conquestes de Charlemainne* (Par., Bibl. nat., fr. 834, m. s. XIV, ff. 15 et s.); – (c. 1400) Aymericus de Peyraco, *Chron. Moissiac.* (Par., B. nat., lat. 4991 A f. 127, 128); – (1450)* Petrus de Andlo, *De imperio Romano*, l. I, c. 13 (Argent. 1603, f°) f. 61; – (v. 1450) Jean Mansel, *Fleurs des histoires*, (Par., Bibl. nat., fr. 299, m. s. XV, (ff. 246 b et s.); – (1451) * Ant. Astesanus, *Epistolæ her.*, l. III, (*Histor. de Paris*, I, 536); – (1452) * Theodoricus Pauli, *Liber bellorum Domini* (*AA. SS. Boll.*, Mai, III, xxxiv); – (1454) Séb. Mamerot, *Les passaiges d'oultremer*, c. 1-5, ff. viij-xix; – (1458) David Aubert, *Les conquestes de Charlem*, (Bruxelles, Bibl. roy., 9066, ff. 126 a et s.); – (1461) *Chroniques de S. Denys*, l. III, c. 4 (*Rec. des hist. de la Fr.*, V 265 et s.); – (c. 1460) Donatus Acciaiolus, *Vita Caroli* (Mencken, *SS. RR. G.*, I, 813); – (1474) * W. Rolewinck, *Fascic. temporum* (Pistorius-Struve, *SS. RR. Germ.*, II, 524); – (1478) *Fierabras*, l. I, p. III, c. 1-3 (Genève, 1478, f°) ff. 16-18; – (v. 1480) John Capgrave, *Chr. of England*, ed. Hingeston, pp. 105-106; – (1484) *Van Kayser Carolo* (réimprimé d'après le *Passionael* de Lübeck, 1484, dans Karl v. Bredow, *Karl. d. Grosse*, Altona, 1814, 8°) pp. 100-103 (version de Sanudo) - (1492) Seb. Brandt, *De or. et convers. bon. regum* I, f. ij; – (1496) * Wolfg. Aytinger, *Tractatus super Methodium* (Methodius, *Revelationes*, ed. Seb. Brandt, Basil. 1497, 4°, f. e iiij r°); – (XV s.) *Roman des IX Preux*, l. III, c. 20 (Par., Bibl. nat., fr. 12598, ch. s. XVIII, ff. 251 et s.); – (XV s.) *Chronique de France* (Par., B. nat., fr. 5003, f. 109-110); – (XV s.) *Epilogus gestorum K. M*, (Par. B. nat., lat. 18337, f. 4); – (XV s.) *Keiser Karlamagnuss Krönicke* (cf. L. Gautier, *Ep. fr.*, II, 268); (XV s.) - *Roland et Ferragus* (cf. G. Paris, *Hist. poët. de Charlem.*, p. 156); – (v. 1510) Worperus Tyaerda, *Chron. Frisiæ*, l. II, c. 11, p. 44; – (1517) Nicole le Huen, *Croysées des rois et princes chrestiens*, (à la suite de la version fr. de Bernard de Breydenbach, Lyon 1517, in-f°, p. vij); – (1523) *Rosier historial des gr. chr. de Fr.*, (P., 1523, f°), II, f. IX a,; – (1573) *Voyage de M. s. Charlemag. en la T. S.* (Anth. Regnault, *Disc. du voyage d'Outremer*, Lyon, 1573, 4°, pp. 212-245); – (1576) * Fr. Maurolycus, *Martyr. s. Rom. ecclesiæ*, pp. 8-9. On remarquera que ces textes comblent en partie les lacunes chronologiques que laisse la liste des témoignages relatifs au pèlerinage (plus haut p. 12 n. 10), comme si les légendes s'étaient alternées. La légende du pèlerinage pacifique serait donc née la première, mais restée très-longtemps dans le milieu populaire, sans que les chroniqueurs osassent s'en emparer. Celle de la croisade, rédigée *plus tard* comme excitatoire à la 1re croisade, serait passée *plus tôt* dans les chroniques. Il y a un petit fait qui pourrait servir à déterminer les dates respectives de l'entrée dans l'histoire de chacune d'entre elles. En 911, au siège de Chartres par Rollon, figure une relique célèbre, la *Camisia S. Mariæ*. Les premiers chroniqueurs qui en parlent à cette occasion, se taisent sur son origine. [*Fragm. hist. Franciæ* (v. 900) (R. des II. de la Fr., VIII, 302) Dudon de S. Quentin (1002), le *Vetus Aganon Carnotense* (1088), Hugues de Fleury (1108), Guill. de Jumièges (v. 1137), Orderic Vital (1142)]. Mais, vers cette dernière date, Pierre Béchin et les *Gesta consul. Andeg.* ajoutent au récit des précédents que la *Camisia* a été rapportée par Charles-le-Chauve (pour Charlemagne) *de Byzantio* (voir n. 13). Or cette origine *byzantine* des reliques carolingiennes est un des traits qui distinguent la légende de la croisade de celle du pèlerinage, où les reliques sont présentées comme rapportées de Jérusalem. Guillaume de Malmesbury (1142), le *Chron. breve S. Martini* (v. 1150), le *Liber de comp. castri Ambasiæ* (1154), répètent les *Gesta cons. Andeg.* Mais là la légende du pèlerinage reprend le dessus, et entre dans l'histoire avec Roger de Wendower (*Flores hist.*, I, 314) (1233) qui substitue les mots *de Ierosolymis*, aux mots *de Byzantio*. Il est répété par Matthieu Paris (éd. Luard, I, 439) (1259) et Matthieu de Westminster (p. 354) (1377). — 1142 est donc la date approximative où la légende de la croisade pénètre dans les chroniques, et 1220, celle où elle en disparait pour faire place à la légende du pèlerinage, qui domine à son tour pendant le XIIIe siècle. Au XIVe, la légende de la croisade reprend le dessus; mais au XVe toutes deux ont cours simultanément. J'avoue que cette hypothèse ne repose pas sur un fondement très-solide, et en particulier, elle ne tient pas compte de la *chanson* perdue, dont la *Karlamagnüss Saga*, l. I, c. 49-50 (éd. Unger, p. 43) nous a conservé les restes, et qui assigne C. P. et non Jérusalem comme point de départ aux reliques; d'après M. G. Paris (*Romania*, 1880, p. 83) cette chanson aurait précédé la légende latine de la croisade.

26 Je dois dire que, bien avant Anth. Regnault et Mavrolico, la légende de Charlemagne avait disparu des histoires sérieuses; ni Paul Émile de Vérone, ni Flavio Biondo ne la mentionnent. Sans parler d'une phrase ajoutée, au XIIIe siècle, à Guillaume de Tyr, par le traducteur anonyme de ce dernier (*Eracles*, l. I, c. 3, *Hist. occ. des Cr.*, I, p. 15, éd. P. Paris, I, p. 7) — phrase, qui, bien qu'assez obscure, donnerait à penser que ce traducteur ne croyait pas à la croisade carolingienne — dès 1460, Donato Acciajuoli la révoque en doute (*Vita K. M.* [Mencken, *SS. RR. G.*, I, 813]). C'est Robert Gaguin (*Compend. super Francorum gestis*, l. IV, [P. 1500, in-f°] f. 27 b) qui me parait avoir cherché le premier à la réfuter, et après lui, Aventinus (1522) (*Ann. Boiorum*, Ingolst. 1554, p. 356) et J. Herold (*Contin. belli sacri*, l. I, c. 17 [Bas., 1549, f°] p. 46).

27 L. Osiander, *Hist. ecclesiastica* (Tubing., 1605, 4.°) VIII. 123; Doublet, *Hist. de S. Denys*, pp. 1205 et s.

C'est presque en tête de la narration, dont je viens de parler, que figurent les deux lettres dont j'ai à m'occuper. Le patriarche de Jérusalem, chassé de son siège par les Infidèles s'est réfugié à Constantinople auprès des deux empereurs associés, Constantin V Copronyme et Léon IV Khazare, son fils. Sur la renommée du roi des Francs, les deux empereurs et le patriarche se décident à lui envoyer une double ambassade, composée de quatre personnages. Les deux premiers, Jean, prêtre de Naplouse, et David, archiprêtre de Jérusalem, doivent remettre à Charlemagne une épitre adressée à la fois par le patriarche, par Constantin et par Léon. Les deux autres, Isaac et Samuel, juifs, sont porteurs d'une lettre autographe de Constantin, écrivant en son propre nom et au nom de son fils. Le premier de ces documents n'offre qu'une peinture assez banale des malheurs de l'église de Jérusalem et de son chef; c'est à peine si un appel timide au secours de Charlemagne s'y fait jour: on suppose (ce que confirme du reste la suite de la narration) que le tableau des malheurs de la Ville Sainte suffira pour provoquer la pitié et amener l'intervention du monarque occidental. L'autre pièce est d'un genre tout différent: le langage des empereurs est hautain; ils n'ont besoin d'aucun secours: Constantin a toujours été victorieux des Infidèles et les a chassés deux et trois fois de Jérusalem. S'il écrit à Charlemagne, c'est qu'il y a été contraint par un personnage céleste, dont il raconte l'apparition.

Je n'ai pas besoin de dire que tout est absolument faux dans ces deux lettres: pour la forme, rien n'y rappelle, même de loin, le style des chancelleries d'Orient; pour le fonds, il suffit d'abord de remarquer que les patriarches, contemporains de Charlemagne, ont été: Théodore I (v. 754-771), Eusèbe (v. 771-786), Hélie II (v. 786-796), Georges (796-806) et Thomas Tamrik (806-826)[28], et qu'aucun ne s'est appelé Jean; puis jamais Constantin Copronyme[29], pas plus que le prédécesseur ou le successeur de ce prince, n'ont pris ou repris Jérusalem, qui, d'autre part, à cette époque, n'a jamais eu à subir les infortunes dont se plaignent les lettres. J'ajouterai que le rédacteur de ces deux documents a usé d'une insigne maladresse en les fabriquant: il nous présente, en effet, le second comme un autographe impérial, et prend soin de nous en donner le texte et la traduction latine: or ce texte n'est pas grec, c'est de l'hébreu cor-

---

[28] Seul le nom (Isaac) de l'un des porteurs de nos lettres se retrouve dans les chroniques contemporaines, en la personne du juif Isaac, qui fit partie de la première ambassade (797) envoyée en Orient par Charlemagne; v. plus haut p. 11, n. 8.

[29] Les seules expéditions armées de Byzance sur la Syrie, voisines de cette époque, sont une petite campagne de Constantin V dans le nord de cette contrée, (Hist. miscell., l. XXIV, c. 15, ed. Eyssenhart, p. 535, Theophanes ad ann. 6237, ed. B., I, 650), et une reconnaissance, envoyée par Nicéphore en 805, et qui échoua misérablement (Theophanes ad ann. 6297, ed. Bonn., I, 716).

rompu, mal transcrit et partant inintelligible [30]. Le rédacteur de la pièce se sera adressé, pour avoir du grec, à quelque juif d'Orient, qui l'aura impudemment trompé.

Mais cette maladresse éclate encore davantage dans la date que le faussaire a dû chercher à donner aux documents qu'il fabriquait [31], date si absurde qu'elle avait déjà sauté aux yeux des chroniqueurs du Moyen-Age, sans pourtant les leur ouvrir sur l'authenticité de la légende [32]. Charlemagne a commencé à régner en 768, et Constantin V est mort en 775 : c'est donc entre ces deux époques que la lettre devrait se placer. Mais, d'autre part, le contexte représente Charlemagne comme déjà empereur, et même comme un vieillard d'un âge avancé, ce qui nous reporte aux dernières années de son règne et en plein IX° siècle, plus de trente ans après la mort de Constantin.

Il n'y aurait vraiment donc pas lieu de s'arrêter davantage à discuter nos deux pièces, si elles ne méritaient d'être envisagées à deux points de vue particuliers : d'abord quant au rôle qu'elles ont pu jouer dans la formation de la légende, puis quant aux rapports qu'elles offrent avec deux documents analogues, rédigés au temps de la première croisade et que j'aurai à étudier plus loin.

Examinons le premier point.

Il est hors de doute que Charlemagne a reçu, non point un, mais plusieurs messages de l'église de Jérusalem [33] : on peut même dire qu'une fois en possession du protectorat des Lieux Saints, les soins de ce protectorat et probablement aussi la fondation des établissements de divers genre, qu'il créa dans la Ville-Sainte [34], durent né-

---

[30] Je dois dire que cet hébreu manque dans le meilleur des manuscrits, celui de Montpellier.

[31] Cette date a été étudiée avec détails par le P. Lecointe (*Ann. eccles. Francorum*, VI, 727 et s.).

[32] Hélinand (*Chron.*, Tissier, *Bibl. cist.*, VII, 103), la place aussitôt après l'avènement de Charlemagne à l'empire, en supposant que les empereurs byzantins avaient chacun un double nom ; Gui de Bazoches change tout simplement *Constantin* en *Nicéphore* (Alb. *Chron.* [Pertz, *M. G. SS.*, XXIII, 721]). C'est également cette date qui, au XV° s., éveille les soupçons d'Acciajuoli (*Vita K. M.* [Mencken SS. RR. Germ., I, 815]). Si le rédacteur de la légende avait su éviter cet anachronisme, il est certain qu'elle eût joui d'une autorité et d'une durée encore plus grandes.

[33] En 799, envoi par le patriarche de Jérusalem d'un moine porteur de reliques (Einh. *Ann.*, ad ann. 799, Regino, Einhardus Fuld. *Ann.*, Poeta Saxo, v. 555-563 [Pertz, *M. G. SS.*, I, 186, 257, 352, cf. 562]) - En 800, envoi de deux moines, l'un du Mont des Oliviers, l'autre de S. Sabas (Einh. *Ann.*, ad. ann. 800, Regino, *Chron.*, *Chron. Moissiac.*, *Liber de* succ. b, *Hildulphi*, c. 3, Herimannus Augiensis, Annal. Saxo, *Ann. Altah. maj.*[Pertz, *Mon. G. SS.*, I, 187, 305, 564. IV 88, V 101. VI 564. XX 783]. l'ita

s. *Guill. Gelbou.* [*Rec. des hist. de Fr.*, V, 474] ; Ord. Vit. l. I, c. 3 [éd. Le Prév., III, 8] ; Simeon Dunelm. *De gest. reg. Angl.* [*Mon. hist. Brit.*, I, 673] ; Roger. de Wendower, *Flores hist.*, I, 267 ; Matth. Westm. *Flores hist.*, p. 294 ; Helinandus, *Chron.* [Tissier, *Bibl. cist.*, VII, 103] ; Vinc. Bellov., *Spec. hist.*, l. XXIV, c. 4, (ed. Duac., p. 963) ; - En 803 nouvel envoi de deux moines (peut-être les mêmes que les précédents (?) (*Ann. S. Maximini Trev.* [*Comptes r. de la comm. r. d'hist. de Belg.* VIII, 167]. - En 807, envoi de Georges, abbé du Mont des Oliviers et du moine Félix (*Epist. monachorum Montis Oliv.* ad *Leonem III.* [Jaffé, *Mon. Carol.*, pp. 382-383] ; Einhardus, *Ann.*, Regino, Einhardus Fuld., *Annal.* Xantenses [Pertz, *Mon. G. SS.*, I, 194, 353, II, 224] ; *Chronica Carrof.* I, [Besly, *Hist. des comtes de Poit.*, 151]). - En 809, envoi d'Agamus et de Roculphus, moines du Mont des Oliviers (Leo III, *Epist. ad Kar. M.* [Jaffé, *Mon. Carol.*, p. 386] ; Einhardus, *Ann.* [Pertz, *M. G. SS.*, I, 196]). - Ambassades sous Louis-le-Débonnaire (Mon. Sangall., *De Kar. M.* l. II, c. 9, (Pertz, *M. G. SS.*, II, 753).

[34] Ces établissements paraissent avoir consisté en un hospice, une église, un couvent, une bibliothèque et un marché (Bernardus Mon., *Itiner.* [*Itin. Hieros. lat.*, I. 304] répété par Guillaume de Malmesbury

cessiter et nécessitèrent, en effet, une correspondance régulière entre les deux chancelleries impériale et patriarcale [35]. J'en dirai de même de Constantinople ; quelqu'ait été la nature des relations successives, tantôt pacifiques et tantôt hostiles, que Charlemagne entretint avec la cour de Byzance [36], il est certain que ces relations donnèrent lieu, de part et d'autre, à l'envoi de missives souvent importantes, et qui durent être gardées avec soin.

Enfin, il faut tenir compte d'un personnage qui remplit de ses aventures remuantes plus de vingt années du règne de Charlemagne, qui parait l'avoir fatigué de ses lettres, qui se faisait passer ou passa tout au moins pour patriarche de Jérusalem, et qui, ayant fait plus d'une fois, à cette époque, le voyage de Constantinople en Occident, pouvait offrir aux traditions un lien naturel entre les relations byzantines et les relations syriennes de Charlemagne ; je veux parler de Fortunat, patriarche de Grado, dont la vie, extrêmement accidentée, vint se terminer obscurément au fond du cloître de Moyenmoutier [37].

Lorsque l'on voulut réunir en corps les traditions flottantes relatives aux rapports de Charlemagne avec l'Orient, il est probable

(*Gesta reg. Anglorum*, l. IV, c. 367, ed. Engl. hist. soc. p. 562) ; Druthmarus Corbeiensis, *Expos. in Matth.* [Migne, *Patr. lat.*, CVI, c. 1486] ; *Commemoratorium de casis Dei* (*Itinera Hieros. lat.* I, pp. 301-305]). L'ensemble de ces établissements aurait porté le nom de *Latinie* (Chaus. du *Voy. de Ch. à Jér.* v. 208, éd. Koschwitz, p. 55).

[35] Dès 765, Pépin parait avoir envoyé une ambassade en T. S. (voir Lacroix, *Catal. epp. Cadurcensium* p. 60, et plus haut p. 11, n. 8), et les trois ambassades envoyées vers le calife (v. *Ibid.*) durent passer par Jérusalem — fait certain pour Zacharie (799), après 800, et jusqu'à la fin du règne, des envoyés durent porter chaque année les aumônes impériales en Terre Sainte (Car. M., *Capitul. Aquisgr.* (810) c. 17 [Pertz, *M. G., Leges*, 1, 163] ; Einhardus, *Vita Karoli*, c. 27, [Pertz, *Mon. G. SS.*, II, 457] répété par Sigebert de Gembloux [*Ibid.*, VI, 335], par Hugues, de S. Victor [*Exceptiones alleg.*, l. X, c. 8, Migne, *Patr. lat.* CLXXVII, 282], par le *Liber de sanct. b. Kar.* l. I, c. 19, ed. Kaentzeler. p. 44, et par Raoul de Dicet [*Abbreviat. chron.*, éd. Stubbs, I, 127] ; Poeta Saxo, v. 498-503 [Pertz, *M. G. SS.*, I, 257] ; Wilh. Tyrius, *Hist. b. sacri*, l. I, c. 3. [R. des hist. occ. des cr., I, 14] ; Ægidius Paris., *Karolinus* l. III, (Par., B. nat.. lat. 6191), f. 25 r° ; Lewpold, Bebenb., *De zelo German. principum*, c. 12 [Schardius, *De iuridictione imp.*, p. 488]) ; Aymericus de Peyraco, *Stromathens de gestis K. M.* (Par., B. nat., lat. 5944) f. 30. — En 808, Alcuin envoie une lettre au patr. de Jérusalem (Alcuinus, *Epist.* CXXIV, [Jaffé, *Mon. Alcuin.*, 581-583]. Ces envois continuèrent avec Louis-le-Débonnaire ; voir plus haut p. 13, n. 16.

[36] Voir la diss. (citée plus haut p. 7, n. 11), de Venediger, Muralt, *Chronogr. byzantine*, I, pp. 363-

403 et Cointius, *Annal. eccl. Fr.*, t. VI et VII pass. Il ne serait même pas impossible qu'à la suite de la campagne victorieuse qu'Haroun al - Raschid fit en Asie Mineure du vivant de son père Mahdi (778-779), un message exposant les périls de l'empire fût venu de Constantinople à Rome pour être transmis à Charlemagne : en tous cas Adrien I l'informa de ces victoires des Infidèles (Hadrianus I, *Epist.* 76, 781-783 [Jaffé, *Mon. Carol.*, 230-231]).

[37] *Liber de succ. b. Hildulphi* (1016) c. 3 [Pertz, *Mon. G. SS.* IV, 88). D. Papebroch, acceptant un témoignage aussi ancien, a cherché (*AA. SS.* Boll., *Mai.* III, xl) à faire de ce Fortunat un syncelle du patriarche de Jérusalem. En réalité, Fortunat était patriarche de Grado, et apparut en France pour la première fois en 803 : « Venit quoque Fortunatus, » patriarca de Græcis, afferens secum... duas portas « eburneas » (Einh. *Ann.*, ad ann. 803 [Pertz, *M. G. SS.*, I, 191]), texte qui est peut être la source de la légende de Moyenmoutier. En 815, il revient encore en France, puis va à Constantinople en 821, reparait à Rouen en 824, et meurt l'année suivante à Moyenmoutier. Sur ce personnage, qui mériterait une étude spéciale voir : Leo III, *Epist.* (Jaffé, *Mon. Karol.*, 321-322, Ughelli, *Ital. sacra*, V, 1094); Karol. Magnus, *Diplom.* (13 aug. 803) (Ughelli, V, 1095); Frotharius, *Epist. III ad Hludov.* (Migne, *Patr. lat.* CVI, 865]; Fortunatus, *Testamentum* (Ughelli, V, 1101-1 02); Einh. *Ann.* (Pertz, *M. G. SS.*, I, 191, 208, 212); Joh. Diac., *Chron. Venet.*, *Chron. Gradense* (*Ibid.*, VII, 13-16, 47); Richer. Senon., *Chron.* l. II, c. 6 (Dachery, *Spicil.*, III, 614); And, Dand., *Chron.*, l. VII, c. XIV, n. 25, 26, c. XV, n. 4, 14, l. VIII, c. I, n. 22-23, 36 (Muratori, *SS. RR. Ital.*, XII, pp. 152-154, 157, 165, 168). Les éditeurs du *R. des hist. de la Fr.* (V, 351). le P. Le Cointe (*Annal.*

qu'on avait encore sous les yeux, sinon les originaux des correspondances dont je viens de parler, du moins les mentions que nous en ont laissées les chroniqueurs, et surtout la légende de ce Fortunat, telle qu'au commencement du onzième siècle l'avait façonnée l'annaliste anonyme de Moyenmoutier. De là à fabriquer, avec ces éléments, des pièces analogues, au moins par le titre ou l'apparence, aux lettres véritables, il n'y avait qu'un pas, qui fut vite franchi. Le premier chapitre de la légende était trouvé: le reste vint de soi.

Je passe maintenant au second point — à la parenté qu'offrent nos deux lettres avec deux documents analogues, appartenant à l'histoire de la première croisade: je veux parler de la fausse lettre d'Alexis Comnène à Robert, comte de Flandres [38] (1093) et d'une encyclique du patriarche grec de Jérusalem aux fidèles d'Occident [39] (1097). Ces deux pièces, comme les nôtres, accompagnent, dans les manuscrits, un autre récit de croisade, le plus populaire peut-être de ceux qu'ait provoqué la première des guerres saintes: l'*Historia Hierosolymitana* de Robert-le-Moine. Sans parler de mots qui paraissent être communs [40] à nos deux pièces et à l'*Epistola Alexij*, il serait extraordinaire que le fait de deux récits de croisade, précédés chacun d'une lettre patriarcale et d'une lettre impériale, fût un simple effet du hasard. On aurait pu même être tenté, en présence de cette coïncidence singulière, de se demander si la *Relation* de la croisade de Charlemagne, *Relation* à la rédaction de laquelle il est assez malaisé d'assigner une date précise [41], n'aurait pas été faite sur le modèle de l'*Historia* de Robert et de ses deux lettres, et par conséquent après cette dernière. Je dois dire tout de suite que cette hypothèse est absolument insoutenable: la *Relation*, en effet, bien que rédigée dans un but d'*excitation populaire*, n'en affecte pas moins en même temps la forme d'un simple récit de translation de reliques [42], et revêt les caractères spéciaux de ce genre de littérature [43]: elle s'éloigne donc

---

eccl. Francorum, VI, 817, VII, 59, 74, 142, 167, 350, 491, 568, 701 et 736), et surtout Belhomme, *Historia Mediani Monasterii* [Argent. 1724, 4°] pp 154-165), ont parlé avec détails de Fortunat. Le Quien (*Oriens christ.*, III, 323-342) a fait de grands efforts pour concilier l'opinion de Papebroch et celle du P. Le Cointe, en dédoublant le personnage de Fortunat; il me parait s'être égaré. L'existence simultanée de deux Fortunat, tous deux patriarches ou se faisant passer pour tels, tous deux en correspondance avec Charlemagne, ne ferait d'ailleurs que donner plus de solidité à l'hypothèse que j'émets ici.

38 Plus loin n° XXXI: voir la préface à l'édition que j'en ai donnée (*Epist. Alex. Comn.*, Genève, 1879, 80); je n'ai fait là qu'effleurer la question que je traite ici, et que je n'avais pu encore examiner à loisir.

39 Plus loin n° XCI; v. *Epist. Alex. Comn.* pp. lx, lxix et s.

40 Les emprunts de l'*Epist. Alexij* à nos deux lettres, surtout à la première, ne sont littéraux que dans deux phrases (pp. 18 et 20 de celle-là); mais l'on peut dire que le style des deux documents est presque le même, et que des idées analogues s'y retrouvent.

41 Voir plus haut p. 15, n. 22.

42 Comme le *Sermo ad Iherosolimitas* dont j'ai parlé plus haut, et qui fut composé pour la prédication de la IIe croisade. Sur le rôle des reliques d'Orient comme *excitatoire* des croisades voir : *Epist. Alex.*, praef. xxxv, lxxv; *Innoc. III et Phil. de S.*, p. 76; *Mém. sur les d. rel. de CP*, p. 14; *Exuv. sacr. CP.* I, p. xl.

43 Voir ma préface aux *Exuv. sacrae C. P.* passim, et surtout pp. lxxj et suiv.

complètement de la forme adoptée par Robert. De plus les lettres, dans la *Relation*, font bien corps avec le récit, dont elles forment partie intégrante, tandis que celles de l'*Historia* n'y sont qu'annexées, sans que Robert y fasse, dans sa chronique, aucune allusion.

L'*Historia* de Robert a donc été rédigée postérieurement à la *Relation*; elle était d'abord privée de ses lettres annexes; puis, soit l'auteur lui-même, soit les copistes de son œuvre, pour donner à celle-ci la noble apparence du récit le plus connu de la croisade du grand empereur, ont voulu coudre à l'*Historia* deux pièces portant le même titre que nos lettres. Ils avaient sous la main une lettre patriarcale : ils s'en servirent sans la modifier [44]; ils y joignirent ensuite une lettre impériale, qu'ils fabriquèrent de toutes pièces, en empruntant aux nôtres leur style et jusqu'à quelques-unes de leurs expressions [45], et y insérant une liste de reliques qui rappelait celle de la *Relation* [46]. Quant à la vision qu'offre la seconde de nos lettres, elle passa (ainsi que nous le verrons plus loin), mais par un autre chemin, dans les récits généraux de la première croisade, et vint contribuer à la formation de la légende de Pierre l'Hermite [47].

Je terminerai en disant quelques mots des remaniements et versions auxquels nos deux lettres ont donné lieu, et dont j'ai indiqué seulement la bibliographie. La légende, tout entière, ayant passé en 1165 dans une *Vie de Charlemagne*, composée à l'occasion de la pseudo-canonisation de ce prince par l'antipape Pascal III [48], nos deux lettres sont insérées sans changements dans cette *Vie*. Nous retrouvons plus tard des extraits de la première dans Hélinand, Vincent de Beauvais et André Dandolo, et de la seconde dans Gui de Bazoches et Sanudo. La version en vers français de Girard d'Amiens n'est qu'une paraphrase des deux lettres : celle de Mouskes un simple extrait de la première. Les versions en prose française sont plus fidèles; mais aucune ne cherche à reproduire ou à traduire la partie hébraïque de la lettre impériale : — partie dont on devait ignorer la nature exacte.

---

[44] Cette lettre n'offre que le titre qui la rapproche des nôtres : elle n'est pas d'ailleurs aussi suspecte que celle d'Alexis : voir plus loin n° XCI.

[45] Cette question est du reste extrêmement obscure. L'une des deux phrases où se retrouvent des mots communs « et quod maius est » (*Epist. Al.*, p. 20) est considérée par M. G. Paris (*R. critique*, 1879, II, p. 383, v. plus loin n. XXXI) comme interpolée dans la lettre d'Alexis. En ce cas, celle-ci aurait pu n'avoir, avant cette interpolation, aucun rapport avec les nôtres. L'interpolateur l'aurait, comme celle du patriarche, prise toute faite pour la joindre à l'*Hist. hieros.* de Robert-le-Moine, et ne l'aurait interpolée que pour la faire ressembler à nos deux documents (??).

[46] *Liber de sanct.*, l. II, c. 21, éd. Kœntzeler, p. 68; *Epist. Alex.*, p. 17. J'ai comparé avec soin ces deux listes de reliques et celles que donnent la *Chanson du Voy. de Ch.* (v. 175-190, p. 8-9) et ses remaniements (Koschwitz, VI *Bearbeitungen*, pp. 5, 43, 75); cette comparaison ne m'a pas fourni les résultats que j'en attendais. Les deux listes n'ont que deux reliques communes : la s. Couronne et un s. Clou; il faut en conclure que l'auteur de l'*Epist. Alex.* a seulement emprunté à la légende l'*idée* de l'insertion d'une liste de reliques, mais a ensuite reproduit servilement un catalogue tout fait, d'où il n'a même pas osé retrancher ces deux objets, qui, suivant la légende, avaient été transportés à Aix-la-Chapelle par Charlemagne, mais qu'au temps de la 1re croisade, l'on savait parfaitement, exister encore à C. P.

[47] Voir plus loin n° XXXIII.

[48] Voir Lambecius, *Comment. de Bibl. Vindob.*, II, 529; G. Paris, *Hist. poét. de Charlem.*, 56 n., 59-60.

III.

876-882 (?) ?

Jean VIII aux évêques du royaume de Louis [II-le-Bègue, roi de France (?)] : répondant à leur demande, leur déclare que les guerriers morts en combattant contre les païens et les Infidèles sont assurés de leur salut.

[INC.: « Omnibus reverendissimis , . . Quia veneranda . . . ». — EXPL.: « . . . in Christo bene valere ».

MANUSCRIT: 1. *Rome*, Arch. du Vatic., Reg. I (m. s. XI) f. 62 b, c. 1.

ÉDITIONS: A. *Epistolæ decretales summorum pontificum*, ed. Anton. de Aquino et Ant. Caraffa, Joh. VIII, n.º 144 (Romæ, 1591, in-fol.), III, p. 385-386 (397-398), [cod. 1]; — B. Labbe, *Concilia*, IX, 99 [éd. A]; — C. Mansi, *Concilia*, XVII, 104 [éd. A]; — D. Fejer, *Cod. Hung. diplom.*, I, 197 [éd. B]; — E. Migne, *Patrol. lat.*, CXXVI, c. 816, [éd. B]. — (Ep. nº 151; Jaffé nº 2435).

RÉCENSIONS: 1. Dupin, *Histoire des controverses et des matières ecclés. au IX siècle* (Paris, 1694), VII, p. 629; — 2. Fabricius, *Bibl. græca*, 1 ed., XI, 547].

Avant d'étudier cette lettre, j'ai besoin de revenir à la définition que j'ai donnée plus haut [1] du mot de *croisade*, et de rappeler que la croisade véritable doit avoir le double caractère d'une *guerre sainte*, prêchée au nom de l'Église, et d'une *expédition armée en vue du recouvrement des Lieux-Saints* : faute de l'un de ces éléments essentiels, on n'a plus, tantôt qu'une guerre religieuse, tantôt qu'une expédition laïque en Palestine : les campagnes des Francs contre les Arabes d'Aquitaine ou d'Espagne, celle de Phocas et de Zimiscès en Syrie sont un exemple du second cas, celle des Pisans contre Tunis en 1086 [2], bien que faite « sub vexillo Petri », rentre dans le premier.

Sans cette distinction rigoureuse, on serait amené à étendre dans des proportions illimitées l'histoire des croisades, qui deviendrait ainsi l'histoire des guerres de religion, ou plutôt celle du Moyen-Age tout entier; et l'on devrait, avant tout, y comprendre le pontificat de Jean VIII, qui ne fut qu'une lutte incessante contre les Sarrasins, devenus les maîtres de la Méditerranée. Dans ce système, la lettre dont je vais parler, et dont personne, je crois, n'a encore fait usage, aurait une importance capitale : car c'est la première fois [3] que serait

---

[1] Voir plus haut p. 2.

[2] Voir Sybel, *Geschichte d. I Kreuzz.*, 219, et plus loin nº XVII.

[3] Il suffit de comparer la lettre de Jean VIII avec celle qu'Adrien I, en 778, écrit à Charlemagne, au moment du départ de ce prince pour la guerre d'Espagne (Hadrianus I, *Epist.* 62 et 63, [Jaffé, *Mon. Carol.* 201-204]). Le pape, qui prend pourtant l'intérêt le plus vif aux affaires de Charlemagne, n'y fait pas la moindre allusion au caractère sacré que pourraient revêtir les combats de ce prince contre les Sarrasins. Je dois dire cependant qu'un fragment d'une lettre de Léon IV, appelant vers 848 les Francs au secours de Rome, menacée par les Sarrasins, paraît avoir, trente ans avant Jean VIII, formulé une doctrine analogue : « Novit enim Omnipotens, si » quilibet vestrum morietur, quod pro veritate fidei » et salvatione patriæ ac defensione christianorum » mortuus est, et ideo ab eo præmium cæleste con- » sequetur ». (*Fragm. epist. Leonis IV ad Francorum exercitum* [Gratiani *Decret.*, XXIII, q. 8, c. 9, d. Mansi *Concilia*, XIV, 888]). Il ne s'agit pas encore là, il est vrai, de justification, *ipso facto*, par la mort à l'ennemi, mais seulement d'une récompense céleste, terme beaucoup plus vague. Cependant une pièce relative à la sépulture de ces mêmes Francs, morts en défendant Rome, laisse à penser qu'on les regardait déjà comme des martyrs, et la guerre contre les Sarrasins comme une guerre sainte : « contra inimicos Domini « bella Domini decertando mortui sunt ». (*Cod. Vaticanus* 2954, f. 301 a).

partie de la chaire de s. Pierre la déclaration formelle, « que les vic-
» times de la guerre sainte sont des martyrs, et que leur sang, versé
» les armes à la main, entraîne la rémission de leurs péchés ». Deux
cents ans avant la première croisade, c'est plus que ne promet le
deuxième canon du concile de Clermont [4] : on y voit apparaître le mot
d'*indulgence* qui jouera plus tard un si grand rôle dans les guerres
saintes d'Orient.

Jean VIII, qui était obligé de combattre en personne les ennemis
de la Foi, campés aux portes de Rome [5], dont les appels inces-
sants aux secours de la France et de l'Allemagne remplissent la vo-
lumineuse correspondance [6], qui, enfin, venait d'être obligé de conclure avec les Sarrasins un humiliant traité, par lequel il consentait à
leur payer un énorme tribut [7], était venu en France pour solliciter aide
en hommes et en argent. Avant d'appuyer ses demandes, les évêques
français s'étaient enquis auprès de lui des récompenses spirituelles
que l'Église pouvait assurer à ceux qui avaient combattu ou qui iraient
combattre pour elle : la question à cette époque ne se résolvait pas
d'elle-même : car l'Église d'Orient, qui avait centralisé à Constantinople
tous les souvenirs matériels de la Passion, et s'était ainsi comme
désintéressée des Lieux Saints, se refusait (interprétant d'une façon
judaïque, un canon de s. Basile [8]), à considérer comme des martyrs
les soldats tués en combattant les Sarrasins [9], et partant, à voir
dans la guerre faite à ces derniers, une *guerre sainte*, pouvant motiver l'octroi de privilèges religieux.

Jean VIII, au contraire, qui comprenait avec quelle libéralité il

---

[4] Les évêques avaient demandé : « Utrum hi qui » pro defensione sanctæ Dei ecclesiæ, et pro statu » christianæ religionis ac reipublicæ in bello nuper » occiderunt, aut de reliquo pro ea re casuri sunt, in- » dulgentiam possint consequi delictorum ». Jean VIII leur répond : « quoniam illi, qui cum pietate catho- » licæ religionis in belli certamine cadunt, requies » eos æternæ vitæ suscipiet », tandis que le concile de Clermont ne promettait officiellement que la remise de la peine dûe à cause du péché, et non l'ab- solution du péché lui-même : « Quicumque, pro sola » devotione, non pro honoris vel pecuniæ adeptione » ad liberandam ecclesiam Dei Ierusalem profectus » fuerit, iter illud pro omni pœnitentia reputetur ». (*Concil. Clarom. decreta*, canon II, (Migne, *Patr. lat.* CLXII, 717). Je dois dire pourtant que, pendant les croisades, le clergé latin considéra toujours comme *sauvés ipso facto* les croisés tombés les armes à la main, en combattant contre les Infidèles. Il se- rait facile d'apporter à l'appui de cette assertion des textes nombreux. Voir du reste : Gratianus, *Decret.*, p. II, XXIII, q. 15, c. 46, ed. Tauchnitz, p. 816 ; Ivo Carnot., *Panormia*, l. VIII, c. 30 (Migne, *Patr. lat.*, CLXI, 1311) ; J. Gretserus, *Tomus tertius s. Crucis*, l. II, c. 4, pp. 1927-1930 ; *AA. SS. Boll.*, Febr. I, 717.

Je reviendrai plus loin (n° XXXV) sur les résultats que cette différence de doctrine entre les Latins et les Grecs eut sur l'attitude de ces derniers pendant les croisades.

[5] De crainte d'un coup de main des Sarrasins, Grégoire IV avait dû, en 833, fortifier Ostie (Anast. Bibl., *Vita Greg. IV*, [Muratori, *SS. RR. Ital.*, III, 225-226]), et, en 852, Léon IV avait dû faire de même pour Rome (Flodoard., *De gestis pontif. Rom.*, [Mabillon, *AA. SS. Ord. s. Ben.*, III, 11, p. 592 ; cf. p. 589]).

[6] V. Jaffé, *Reg. pont.* n°ˢ 2251, 2264, 2272, 2276-2279, 2303-2304, 2306, 2316, 2325-2327, 2348 2366, 2443, 2456, 2462-2465, 2476, 2490, 2501, 2520, 2533-2535, 2542, 2546, 2581, 2591, 2607 et surtout 2291 et 2548.

[7] *Epist. Joh. VIII*, 89, ad Carolomannum, ann. 878, (Mansi, *Concilia*, XVII, 78 ; Jaffé, 2366 ; cf. 2291).

[8] *Epist. s. Basilii*, l. II, ep. 188, can. 13, éd. Migne, II, c. 1259.

[9] En 963, s. Polyeucte força Nicéphore Phocas à rapporter une novelle, qui déclarait martyrs les soldats morts en Syrie (Cedrenus, éd. de B., II, p. 367, Zonaras l. XVI, éd. de P., II, 25).

fallait, dans un péril aussi pressant, ouvrir les trésors spirituels de l'Église, répond aux évêques de France, en affirmant sans hésitation, et avec une autorité qui ne laisse place à aucune discussion, la doctrine contraire à celle des Grecs.

Si donc, comme je viens de le dire, il n'était pas indispensable de resserrer dans des limites étroites, la définition du mot de croisade, la lettre qui m'occupe devrait tenir la première place en tête de cette longue liste d'épitres pontificales qui provoqueront et accompagneront toutes les guerres saintes d'Orient.

Je viens de raisonner dans l'hypothèse que l'authenticité de ce document était incontestable et que la date en était certaine: je dois cependant faire quelques observations sur ces deux points:

Les lettres de Jean VIII paraissent avoir été publiées pour la première fois, en 1591, par Antoine Caraffa et Antoine d'Aquin [10]: il n'est pas certain que cette publication ait été faite d'après le registre de Jean VIII, conservé encore aujourd'hui aux Archives du Vatican, où il porte le n.° 1, comme le plus ancien de ces précieux recueils de lettres pontificales [11]. Ce registre a passé pour être autographe [12]: ce n'est en réalité qu'une copie, exécutée au XIe siècle et au Mont Cassin, de lettres appartenant aux six dernières années du pontificat de Jean VIII [13], lettres dépourvues en général d'autre mention de date que la formule, — inexacte, étant donnée la confusion chronologique dans laquelle elles sont rangées — de « *datum ut supra* », et n'offrant certainement pas l'authenticité indiscutable que présentent les registres officiels, de papes postérieurs, registres rédigés par des scribes contemporains [14].

Notre document n'offre donc pas les caractères inattaquables de légitimité, que revêtent, par exemple, les lettres d'Innocent III. Je dois dire cependant qu'il ne diffère, ni comme style, ni comme forme, des autres lettres de Jean VIII; jusqu'à nouvel avis, je le considérerai donc comme authentique.

---

10 Potthast (*Bibl. med. Ævi*, I, 294) cite une édition des lettres de Jean VIII, de Rome, 1519. Cette édition ne se trouve dans aucune des grandes bibliothèques de France ou d'Italie. Je pense qu'il aura confondu avec celle d'Antoine d'Aquin, et mis 1519 au lieu de 1591.

11 L'ordre des lettres est différent dans le registre et dans l'édition, qui offre, en outre, de nombreuses variantes de texte. Il est probable qu'Antoine d'Aquin s'est servi d'une copie analogue à celle qui est conservée aujourd'hui à côté du registre, et qui, beaucoup plus fidèle que l'édition, paraît avoir été exécutée sous Paul V (1605-1621).

12 Voir en particulier Boczeck (*Cod. dipl. Moraviæ*, I, 39-40); recevant des copies, qui portaient: « *ex apographo* », il avait lu: « *ex autographo* ». Cette confusion a fait croire plus tard à l'existence simultanée de deux registres de Jean VIII, l'un autographe, l'autre écrit au XIe siècle. M. Blumberger a consacré une mémoire à établir cette existence (*Sitzungsber. der Wien. Akad. d. Wiss.*, Ph.-hist. Cl., XVII, 1855 pp. 1 - 9): je viens d'arriver à constater qu'il s'est absolument trompé et qu'il n'existe qu'un seul et unique registre, écrit sur celui au XIe siècle; la collection originale était écrite sur papyrus, « *tomi* » *carticii* ». (Deusdedit, *Coll. canonum*, éd. Martinucci, p. 315).

13 Voir Pertz, *Archiv*, V, 32. Aucune n'appartient aux quatre premières, dont on vient de retrouver 55 lettres dans un manuscrit de Londres; voir le très-intéressant travail de M. Ewald, *Die Pabstbriefe der Britt. Sammlung*, (*Neues Archiv*, V, pp. 295 et s.).

14 Plusieurs passent pour notoirement fausses, en particulier les lettres 94 et 95: voir Nat. Alexander, *Select. histor. eccl.* (P., 1681, 8°) p. 70-71; Fr. Pagi, *Breviar. hist.*, II, 146; Dupin, *N. bibl. des aut. eccl.*, VII, 626, 651.

Mais même en supposant ce point acquis, la date, le lieu de rédaction, la personnalité des destinataires, sont d'autre part, très-difficiles à déterminer. La lettre, qui occupe, dans l'édition d'Antoine d'Aquin, le n.º 144 de la collection (151 du manuscrit), se termine, aussi bien que celles qui la précèdent dans Antoine d'Aquin, par la mention « *datum ut supra* », formule évidemment erronée, puisque certaines de ces lettres sont antérieures, et certaines postérieures au séjour du pape à Pavie (déc. 878)[15]. Tout au plus pourrait-on la rapprocher de la lettre 142 (148 du manuscrit) qui a été évidemment écrite le 24 novembre 878, à Turin[16]; mais ce n'est là qu'une simple hypothèse[17]. Fejer, par une distraction singulière[18], a cru qu'elle suivait une lettre du 10 juin de la même année, et lui a assigné cette dernière date. Dupin la place en 877-878[19] et Jaffé en 878-879.

Je sais bien que dans le manuscrit du Vatican[20], de petites rubriques, omises à tort par les compilateurs des *Conciles*, divisent les lettres de Jean VIII en indictions, la première (indiction X, 1 sept. 876-1 sept. 877) comprenant les lettres 1 à 60; la seconde (indiction XI, 1 sept. 877-1 sept. 878), comprenant les lettres 61 et suivantes, et ainsi de suite; en sorte que notre document, occupant le n.º 144, devrait être classé dans la XIe indiction, soit entre le 1 septembre 877 et le 1 septembre 878.

Mais ce classement même, si primitif qu'il soit, n'est pas exact; et Jaffé a dû, avec raison, n'en tenir qu'assez peu de compte, et faire passer d'une indiction à l'autre un grand nombre de lettres.

J'ai donc, dans le doute, cru devoir adopter des limites chronologiques plus larges, s'étendant de l'avènement de Louis-le-Germanique à l'année 882, qui marque à la fois la mort de ce prince et celle de Jean VIII.

Quant aux destinataires, il faut opter entre les évêques de France

---

15 V. Jaffé, *Reg.* n. 2415-2427; dans le manuscrit la première lettre datée avant la nôtre est le nº 112 (éd. 99) 10 juin 878, Jaffé 2378.

16 *Ibid.* n. 2415. (Mansi, *Conc.* XVII, 103). La première lettre datée après la nôtre porte dans le manuscrit le nº 162 (éd. 153), 5 mars 879, Jaffé 2446.

17 Cette hypothèse offre l'inconvénient suivant : en novembre 878, le pape revenait de France. Or il venait d'y tenir le concile de Troyes, dont les actes ne font aucune allusion au sujet de notre lettre, sujet qui y aurait dû naturellement trouver place ; et de plus l'on s'expliquerait difficilement que les évêques de France eussent choisi, pour adresser à Jean VIII une consultation écrite, et ce dernier pour leur répondre, le lendemain même de leurs délibérations communes.

18 Fejer a pris dans Labbe les lettres de Jean VIII qu'il publie; Labbe avait reproduit, pour la nôtre, le *dat. ut supra* d'Ant. d'Aquin. Fejer, sans s'arrêter à la lettre 111 (Jaffé 2399) dont Labbe ne donne que le titre sans la date (30 août 878) est remonté jusqu'à la lettre 99 (Jaffé 2378) qui est datée du 10 juin. Le hasard l'avait du reste assez bien servi; car il était tombé, grâce à cette méprise, sur la première lettre datée avant la nôtre dans le manuscrit; v. plus haut, n. 15.

19 Dupin, *N. bibl. des aut. eccl.*, VII, 623.

20 Ant. d'Aquin ne donne qu'une de ces rubriques, après la lettre 60 (t. III, p. 337); le manuscrit (f. 93) en donne une autre : « Ind. XIII » après la lettre 230; quant à celle dont parle M. Ewald (p. 296), et qui précéderait la lettre 188, elle n'est ni dans le manuscrit, ni dans Ant. d'Aquin.

(du royaume de Louis-le-Bègue, 877 [couronné sept 878]-879), ou de Saxe (du royaume de Louis-le-Germanique, 876-882). Je pencherais pour les premiers parce que, dans d'autres lettres certainement adressées aux seconds, le pape ajoute toujours aux mots « *regno Hludowici* » l'épithète « *regis Baioariæ* », et que c'est d'ailleurs de la France, plus immédiatement exposée aux attaques des Sarrasins, qu'il a de préférence sollicité et reçu des secours contre ces derniers.

IV-X.

881 (avril-octobre)   Jérusalem.

Hélie III, patriarche de Jérusalem [à Charles-le-Gros, empereur], à tous les rois de la race de Charlemagne, et au clergé d'Occident: leur recommande les moines Gisbert et Reinard qu'il envoie recueillir des subsides, destinés à dégréver les biens de l'Église de Jérusalem, que la reconstruction de nombreux sanctuaires avait contraint de charger d'hypothèques.

[INC.: « Omnibus magnificentissimis . . . . Tribulationes multas « . . . . ». — EXPL.: « . . . . quandoque perducat. Amen ».

MANUSCRIT: 1. Paris, B. nat. lat. 11884 (Résidu S.t Germ. 816, provenant de S. Remi de Reims) m. s. X, ff. 2 *b* - 7 *a*.

ÉDITIONS: A. D'Achery, *Spicilegium*, 1er édit., II, 372 [cod. 1]; - B. *AA. SS. Boll.*, 1re éd., Mai, III, p. xlij [éd. A]; — C. D'Achery, *Spicil.*, 2e éd., III, 363 [éd. A]; — D. *Rec. des hist. de la Fr.*, IX, 294 [éd. A.]; — E. *AA. SS. Boll.*, 2e éd., Mai, III, xlj [éd. A.].

VERSIONS *françaises*: a). Le Quien, *Oriens chr.* III, 461-462; — b). Michaud, *Bibl. des cr.*, I, 443 (fragm.); — c) Peyré, *Hist. de la* 1re *crois.* II, 447-450.

RÉCENSIONS: 1. Michaud, *l. c.*; — 2. Peyré, I, 13 et III, 447; — 3. Hergenröther, *Photius*, II, 440].

Voilà une lettre dont le caractère me paraît avoir été absolument méconnu par Michaud et par la plupart de ceux qui s'en sont servis après lui, et y ont vu, comme lui, un document politique, demandant l'intervention de l'Occident en faveur de Jérusalem, tandis qu'en réalité la Ville Sainte, comme nous l'avons vu plus haut, jouissait alors d'une paix relative sous le protectorat éloigné des successeurs de Charlemagne [1], et que, dans l'espèce, le patriarche n'avait entendu délivrer qu'une sorte de cédule, destinée à accréditer, auprès des fidèles de l'Europe, deux moines quêteurs, chargés d'y recueillir des aumônes: il suffit de lire cette pièce, sans parti pris, pour se convaincre du caractère que je crois devoir lui assigner.

---

[1] Voir plus haut n. II, et surtout p. 13, n. 16, la lettre où Théodose, prédécesseur d'Hélie, vante, onze ans plus tôt, les bienfaits du régime sous lequel vivaient alors les chrétiens.

J'ajouterai qu'elle n'est point un témoignage isolé des relations que Jérusalem entretint, d'une façon presque continue, avec l'Occident avant les croisades, et qu'elle a comme sa place marquée dans l'histoire de ces relations.

Bien avant que la Ville Sainte eût été saccagée par les Perses, puis occupée par les Musulmans, — et sans parler des rapports que l'Occident entretenait et entretint toujours avec la Palestine, jusqu'au temps des croisades, par l'intermédiaire des pèlerins latins [2] — les patriarches de Jérusalem, en communion avec Rome, échangeaient avec les papes une correspondance suivie [3], et étaient l'objet aussi bien de la sollicitude spirituelle que de la libéralité temporelle de ces derniers.

Dès la fin du VIᵉ siècle, s. Grégoire-le-Grand envoyait un certain

---

[2] Voir la *Series chronol. itinerum Hieros. bellis sacris anter.*, au tome II des *Itinera Hieros. latina.*

[3] Voici (outre ceux que je cite dans les notes suivantes) les principaux témoignages qui établissent la continuité des rapports de l'église de Jérusalem avec l'Église d'Occident avant les croisades,

A. *De l'Église d'Occident à l'église de Jérusalem.*

342   Lettre de s. Jules I (Jaffé, 31).
(400-401)   — d'Anastase I (Jaffé, 81).
417   — d'Innocent I (Jaffé, 120).
430 (11 août.) Lettre de Célestin I, (Jaffé, 156).
453 (15 juin,) — de Léon I (Jaffé, 277-278).
454 (4 sept.) — de Léon I (Jaffé, 291).
457 (sept.) — de Léon I (Jaffé, 302).
591 (févr. et juin)— de Grégoire I (Jaffé, 728).
597 (nov.,) — de Grégoire I (Jaffé, 1127).
601 (févr. et juin)— de Grégoire I (Jaffé, 1396).
603 (mars) — de Grégoire I (Jaffé, 1515).
879 (2 mai) — de Jean VIII (Jaffé, 2462).

B. *De l'église de Jérusalem à l'Église d'Occident.*

342. Évêques de Syrie venus au synode de Rome. (Mansi, *Conc.*, II, 1228).
350. Ermites de Palestine s'établissant à Assise (O. Spader, *De indulg. Port.*, cité d. les *AA. SS. Boll.*, Oct. II, 813).
387. Relique de la V. Croix envoyée par le patr. Jean à s. Paulin (S. Paulinus, *Epist.* XXXI ad Severum, [Migne. *Patr. lat.*, LXI, 326]).
453. Envoi à Léon I, d'André, prêtre, et de Pierre diacre (Jaffé 291).
501-514. Lettre des évêques d'Asie au pape Symmaque (Labbe, *Conc.*, IV, 1304).
518. Envoyés (*Angeli*) du patr. de Jérusalem en Angleterre (*Vita s. David Menev.*, [*AA. SS. Boll.*, Mart., I, 44]).
519. Un prêtre de Jérusalem apporte à s. Avit un fragment de la V. Croix (S. Avitus, *Epist.* XVIII, XXIII, [Migne, *Patr. lat.*, LIX, 276, 284]).
585. Syriens établis en France (Greg. Turon., *Hist. Franc.*, l. VII, c. 31, l. VIII, c. 1, l. X. c. 24-26.

éd. Guadet, II, pp. 43, 70, 256, 261; Labbe, *Conc.*, V, 1020).
596. Exhilarat et Sabinien sont envoyés de Jérusalem à Rome (Jaffé, n. 1110).
600. Isaac, patr. de Jér., écrit à s. Grég.-le-G. (Jaffé, n. 1396).
603. Philippe, prêtre de Jér., écrit au même (Jaffé, n. 1515).
615. Syriens établis à Orléans (*Vita s. Columbani*, [Mabillon, *AA. SS. ord. s. Ben.*, II, 22]).
634. Lettre synodale de Sophronius, patr. de Jér. (Baronius, *Ann.*, éd. Mansi, XI, 274).
649. Étienne, év. de Dor, est envoyé *pour la 3ᵉ fois* à Rome (Steph. Dor., *Libellus*, [Mansi, *Conc.* X, 891-902]).
807. Lettre de l'abbé du Mont des Oliviers à Léon III (Jaffé, *Mon. Carol.*, 382-383).
809. Lettre de Thomas, patr. de Jér., à Léon III, (Leo III, *Epist. ad Kar. M.* (Jaffé, *Mon. Karol.*, 386).
834. Envoi par Basile, patr. de Jér., d'une ambassade à Rome (Dositheus, *Hist. patriarcharum Hieros.* (Bucarest, 1715, f°, en grec) p. 692.
840. Gens de Terre Sainte envoyés en Angleterre, (Haymo Halb., *Homil. sup. Evang.*, 67, [Migne, *Patr. lat.* CXVIII, 420]).
868. Clercs de Jérusalem reçus par Adrien II (*Liber Pontif.*, éd. Vignol., III, 229).
878. Théodose, David et Sabas sont envoyés à Jean VIII, par Théodose, patr. de Jérusalem, [Jaffé, 2462].
932. Lettre du patr. de Jér. lue au concile d'Erfurth (*Quellen zur Bair. Gesch.*, 1, 416).
995. Ambassade d'Oreste, patr. de Jér., à Jean XV, (Leo, abb. S. Bonif., *Epist. ad reges Franc.*, Pertz, M. G., *SS.*, III, 689).

Une union semblable de Rome et d'Antioche peut être déduite des lettres que Jaffé (*Reg. Pont.*), signale n.ᵒˢ 102-107, 156, 169, 171, 246, 261, 272, 303, 512, 710, 728-729, 993, 994, 1105, 1112, 1209, 2029, 2493, 3287, et qui s'échelonnent de l'année 415 à l'année 1054. Voir aussi Cotelerius *Mon. eccl. Graecae*, II, 108-158; *AA. SS. Boll.*, Jul., IV, 130; Thomas Spalatinus, *Hist. Salon.*, c. 16. (Lucius, *De regno Dalmatiae*, 322).

abbé Probus pour construire un hospice à Jérusalem et y répandre d'abondantes aumônes [4]; en 600 (1ᵉʳ sept.) le Sinaï avait part à ces largesses [5]. En 652, Martin I accueillait des « serviteurs de Dieu » envoyés de Terre Sainte pour solliciter sa charité [6].

Nous avons vu plus haut quelles furent les relations de Charlemagne avec la Ville Sainte, et quelles aumônes celle-ci recevait de ce prince et de ses successeurs [7].

A la fin du IXᵉ siècle, c'est Rome [8] et l'Angleterre [9] dont les dons affluent en Terre Sainte: au commencement du XIᵉ, les rois de Hongrie [10], et au milieu du même siècle, les marchands d'Amalfi [11] fondent des hospices dans la Ville Sainte.

Dès cette époque, l'église, aussi bien que les sanctuaires latins de Jérusalem [12], avait des biens en France, biens que le S.ᵗ Siège se chargeait d'administrer; il en était de même du Sinaï [13]. Des moines étaient envoyés périodiquement d'Orient, pour percevoir ces revenus et en même temps recueillir les aumônes des fidèles [14]: ils étaient munis, comme le Gisbert et le Reinard députés par Hélie III, de pouvoirs en règle. D'autres, à la suite de malheurs personnels, recevaient du patriarche de Jérusalem de véritables lettres de crédit, leur assurant accueil auprès de leurs frères d'Occident [15].

---

[4] Paulus Diac., *Vita Greg.* I, c. 3; Johannes Diac. *Vita Greg.* I, l. II, c. 2, (*AA. SS. Boll.*, Mart., II, 132, 148), cf. 158, 156, et *Epist. Greg.* I, l. XI, ep. 28, l. XIII, ep. 29 (Mansi, *Concilia*, X, 358; Jaffé 1515).

[5] *Epist. Greg.* I, l. XI, ep. 1 et 2 (Mansi, X, 240, et 395; Jaffé, 1350 et 1351); cf. *AA. SS. Boll.*, l. c.

[6] *Epist. Martini* I ad Theodorum, spudeum S. Sophiæ (Mansi, *Concilia*, X, 849).

[7] Voir plus haut les témoignages cités p. 19, n. 34, et surtout Mon. Sangall., *De Karolo Magno*, l. II, c. 9, (Pertz, *M. Germ., SS.*, II, 753).

[8] *Epist. Joh. VIII*, 170 (Migne, *Patr. lat.*, CXXVI, c. 829).

[9] Envois d'Alfred-le-Grand (Roger de Wendower, *Flores hist.*, éd. Coxe, I, 154) probablement par l'intermédiaire de Sighelm, plus tard évêque de Shereborne (Florent. Wig., *Chron.*, ad ann. 883, éd. Thorpe, I, 98-99); cf. Abulféda, trad. Reinaud, I, lix. n. 4, W. Germann, *Die Kirche der Thomaschristen*, pp. 156-158, et plus loin n. 20 Suivant. Hugues de Flavigny (Pertz, *Mon. Germ., SS.*, VIII, 393), Richard II, duc de Normandie, aurait envoyé au S. Sépulcre 1000 livres d'or en 1026, et, avant lui, suivant Raoul Glaber (*Hist. de la France*, X, p. 10) Richard I et Guillaume y auraient adressé des aumônes.

[10] *Vitæ s. Stephani* (Pertz, *Mon. Germ., SS.*, XI, pp. 227 et 235); cf. *AA. SS. Boll.*, Sept. 1, 533. En 1075-1077, Geysa I, renouvelle ces fondations (*Epist. Urbani IV*, 1262, [Potthast, *Reg.* 18446]).

[11] En 1063-1070; v. Aymé, *Chron.*, p. 231; Wilh. Tyr., l. XVIII, c. 4-5 (*Hist. occ. des Crois.* I, pp. 822-825); Sanutus, l. III, p. VIII, c. 3 (Bongars II, 178).

[12] Entre autres des terres en Italie (Martène, *Thes. anecd.*, I, 347), le S. Sépulcre de Neuvy (Corrèze), (*Epist. Greg. VII*, VI, 40, éd. Jaffé, p. 378), le prieuré de Mauriac, (*Charte de 1053*, d. Martène *Thes. Anecd.* I, 176), et probablement des biens tenus en commun avec l'abbaye de Conques (*Cartul. de Conques*, n.ᵒˢ 329, 392, 419, 575, pp. 257, 290, 309, 405). Ces possessions ont dû être considérables, et il ne serait pas impossible que quelques-unes de celles qu'énumère, dans des actes échelonnés de 1128 à 1146, le *Cartulaire du S. Sépulcre* (n. 16, 18, 20, 23, éd. Rozière, pp. 18-27, 29, 32, 36-41), remontassent à la même époque. Plus tard (fin du XIᵉ s.), il y eut aussi, en Occident, des hospices latins de Jérusalem, et, en particulier, à celui où naquit l'Ordre de S. Jean; trois de ces donations portent les dates de 1083, 1084, 1085; v. Saige, *De l'ancienneté de l'Hosp. de S. Jean.* (*Bibl. de l'É. des ch.*, 1863, XXV, p. 552 et s.).

[13] Le Sinaï avait des biens en Normandie (Eberwinus, *Vita s. Simeonis*, c. 3, ([Pertz, *M. G., SS.*, VIII, p. 210]; Hugo Flaviniac., *Chron.* [*Ibid.*, p. 399]; cf. Albericus, *Chron.* [*Ibid.*, XXIII, p. 783]).

[14] Martinus I, *Epist.* (653, sept-déc.), (Mansi, *Conc.* X, 850); Alcuinus, *Epist.* 128, citée plus loin n. V; *Vita s. Symeonis*, l. c.; Concil. Lemovicense 1031, (Mansi, *Concilia*, XIX, 517); *Vita s. Macarii Antiocheni* (*AA. SS. Boll.*, Apr. I, 864); ce dernier vient mourir en 1012, à S. Bavon de Gand.

[15] V. ci-après, n. X, la lettre d'Arsénius pour s. Siméon-l'Arménien.

Dans tout ce mouvement, pour ainsi dire, financier, auquel donnaient lieu les rapports mutuels de Jérusalem et de l'Occident, il n'est pas une seule fois question d'une intervention quelconque demandée à l'Europe catholique ou promise par elle.

Les lettres auxquelles ont pu donner lieu ces rapports, n'ont donc rien à voir à l'histoire des croisades, et n'en sont même point les documents avant-coureurs : je signalerai cependant ici les principales :

V. c. 800. — *Alcuin à Georges, patriarche de Jérusalem : l'exhorte à supporter les persécutions des Infidèles.*

[INC.: « Benedictus Deus . . . . ». — EXPL. « . . . . Jesu Christi in æternum ».

MANUSCRITS: 1. *Paris*, B. nat., lat. 2826 (m. s. IX, 4º), ff. 136*b*,-137*b*; — 2. Paris, B. nat., lat. 17448 (Nav. 5) (m. s. X, fº), f. 112.

ÉDITIONS: A. Alcuinus, *Opera*, éd. Froben, p. 245 [cod. 1]; — B. Migne, *Patr. lat.*, C, 359 [éd. A]; — C. Jaffé, *Mon. Carolina*, pp. 581-582 [codd. 1-2].

VI. 809. — *Thomas, patriarche de Jérusalem, au pape Léon III : le prie de recommander à Charlemagne Agamus et Roculphus, moines latins qu'il envoie en ambassade.*

[Mentionnée dans une lettre de Léon III à Charlemagne, (809) (Baluz., *Miscell.*, 1ᵉʳ éd., VII; 17, 2ᵉ éd., II, 84; Jaffé, *Mon. Carol.*, p. 386)].

VII. c. 879 (2 mai). — *Jean VIII à Théodose, patriarche de Jérusalem : s'excuse d'avoir retenu les envoyés de ce dernier, Théodose, David et Sabas, moines qu'il charge d'aumônes pour Jérusalem.*

[INC.: « Johannes . . . . Notum esse . . . . » — EXPL.: « . . . carissime frater ».

ÉDITIONS: A. *Epist. decr. summorum pont.*, ed. Ant. de Aquino, III, 411; — B. *AA. SS. Boll.*, 1ᵉʳ éd., Mai, VII, p. 699; — C. Labbe, *Concilia*, IX, c. 111; — D. Mansi, *Concilia*, XVII, 116; — E. Migne, *Patr. lat.*, CXXVI, 829; — F. *AA. SS. Boll.*, 2ᵉ éd., Mai, VII, 688 [Jaffé, nº 2462].

VIII. c. 900. — *Encyclique d'Hélie III, patriarche de Jérusalem aux clergé et fidèles d'Occident : leur recommande Malacène, évêque d'Amasie, en Asie Mineure, qui va en Europe quêter pour le rachat de ses moines, faits prisonniers par les Turcs de la Caspienne.*

[INC.: « Tempus adjutorij . . . . » EXPL.: « . . . mihi fecistis . . . . omnibus vobis. Amen ».

MANUSCRIT : Laon, (perdu).

ÉDITIONS: A. Mabillon, *Vet. anal.*, 1ʳᵉ éd., III, 434; — B. *Ibid.*, 2ᵉ éd., 428; — C. *AA. SS. Boll.*, 1ʳᵉ éd., Mai, VII, 700; — D. *Ibid.*, 2ᵉ éd., Mai, VII, 688].

IX. 900-903. — *Encyclique de Benoît IV, recommandant le même personnage.*

[INC.: « Benedictus . . . . Sanctitati . . . . » EXPL.: « . . exinde habebitis ».

MANUSCRIT: *Laon* (perdu).

ÉDITIONS: Les mêmes que la précédente, et dans Migne, *Patr. lat.*, CXXXII, 43; — (Jaffé, n.º 2711)] [16].

X. v. 1000. — *Encyclique d'Arsénius, patriarche de Jérusalem, recommandant aux fidèles d'Orient et d'Occident s. Siméon l'Arménien.*

[(Document que mentionne un récit contemporain (la *Vita s. Simeonis*), mais dont il ne reste qu'un texte falsifié) [17].

---

[16] Vers. française d. Darras, *Hist. de l'Église*, XIX, 305.

[17] V. *AA. SS. Boll.*, Jul., VI, 324. et Le Quien (*Oriens christ.*, III, 483-486) qui s'efforce d'établir que cet Arsénius a écrit deux lettres à s. Siméon, celle que je mentionne et une autre postérieure.

INC.: « In nomine Domini . . . . Ego Arsenius . . . . Precor autem . . . . ». — EXPL.: « . . . . pereat in æternum ».

ÉDITIONS: A. Arnoldus Wion, *Lignum vitæ* (Venet., 1595, 4°) II, 236-237; — B. Ippol. Donesmundo, *Stor. eccl. di Mantua* (1612) p. 187; — C. Bened. Bacchini, *St. di Polirone* (1694), I, p. 20; — D. *AA. SS. Boll.*, 1ʳᵉ éd., Mai III, xliv-xlv; — E. *Ibid.*, 1ʳᵉ éd., Jul., VI, 321; — F. Mabillon, *AA. SS. ord. S. Ben.* s. VI, 1, 167-168; — G. Le Quien, *Oriens chr.*, III, 483-484; — H. *AA. SS. Boll.*, 2ᵉ éd., Mai., III, xliv; — K. *Ibid.*, 2ᵉ éd., Jul., VI, 321] [18].

La lettre d'Hélie est donc une pièce tout-à-fait voisine de celles que je viens d'énumérer, et je ne m'arrêterai pas sur toutes les questions qu'elle pourrait soulever; je me contenterai de dire que, malgré certaines exagérations [19], elle semble authentique ou du moins rédigée à une époque très-ancienne, puisque nous en avons un manuscrit du Xᵉ siècle, et qu'avant 893, elle parait avoir circulé en Angleterre, où l'aurait lue l'historien Asser [20]; les détails qu'elle donne sur l'administration des biens de l'église de Jérusalem n'ont rien que d'admissible; car, déjà, pour un motif analogue, Justinien avait, en 636, autorisé la vente d'une partie de ces biens [21].

Elle ne parait pas, d'autre part, avoir été traduite du grec; elle est probablement l'œuvre même des moines latins qui l'apportaient. Quant à la date que je lui ai assignée, elle résulte de l'intitulé que porte la pièce [22] dans le manuscrit, d'après lequel D'Achery l'a publiée; sans cette indication, qui a peut-être été ajoutée par un copiste, on serait tenté de reporter le document à la même année que les encycliques du même Hélie et de Benoît IV pour l'évêque d'Amasie; car il serait assez rationnel de supposer que les deux moines Gisbert et Reinard accompagnaient Malacène en France, et que c'est ainsi que nous sont

18 J'aurais pu encore grossir cette liste, si j'avais voulu y comprendre toutes les lettres relatives aux pèlerinages effectués avant les croisades, comme une lettre de Poppo, archevêque de Trèves à Benoit IX (v. 1038) relative à son propre pèlerinage et à celui de s. Siméon-le-reclus (Migne, *Patr. lat.*, CXLI, 1368-1369), la bulle par laquelle Benoit IX autorise le culte de ce même s. Siméon (déc. 1041) (*Ibid.*, 1360-1362), et surtout les nombreux passeports ou lettres de recommandation que mentionnent les chroniques. Toutes ces pièces, d'ailleurs plus administratives qu'historiques, seront énumérées avec soin au tome II des *Itinera Hieros. latina*. Je rappellerai seulement ici, d'abord deux formules de passeports, *Tracturia de itinere peragendo* (fin du VIIᵉ s., [Rozière, *Formules*, n.° 667, II, p. 939] et IXᵉ s., [Rozière, n.° 676, II, p. 949]; cf. Jaffé, *Monum. Bamberg.*, 23); — puis la lettre de recommandation, adressée (847-863) par Théotgaud, archev. de Trèves à Charles-le-Chauve en faveur du prêtre Hegilo, partant pour les Lieux Saints (Labbe, *Concil.*, VIII, 1896); — les passeports que Bernard-le-Moine (870) sollicite et obtient de l'émir de Bari, du gouverneur d'Alexandrie et d'Ahmed ibn-Touloun, sultan d'Égypte (Bernardus Mon., *Itiner.*, c. 3, 6, 7 [*Itin. Hieros. lat.*, I, 310-312]); — enfin les lettres de recommandation que, suivant les *Gesta consulum Audegav.* (Chr. d'Anjou I, 101), Foulques Nerra, comte d'Anjou, aurait reçues, en 1011, du pape Sergius IV pour les empereurs associés Basile II et Constantin VIII.

19 Ainsi le prince musulman, dont la lettre annonce la conversion, ne pouvait être tout au plus que quelque émir, commandant à Jérusalem.

20 « Nam etiam de Jerosolima ab Elia patriarca » epistolas et dona illi [Ælfredo] diversa directa vi- » dimus et legimus ». (Asserus, *De rebus gest. Ælfr.*, [*Mon. hist. Brit*, I, 492]). Le texte d'Asser porte « *Abel patr.* », mauvaise lecture pour « *ab El. patr.* »; mais Siméon de Durham a bien lu: « *ab Elia* »: il semble ajouter que la lettre provoqua l'envoi en Terre Sainte des aumônes d'Alfred-le-Grand: « Sancta quoque Loca » qualiter ditavit ornamentis et regalibus donis quis » enumeret ? ». (Simeon Dunelm., ad ann. 887, éd. Surtees Soc., I, p. 60).

21 Justinianus, *Novella* XL, (536, 18 mai) (*Corpus juris civ.*, éd. Godefroy, V, 249-250).

22 « Epistola quam misit Helias, patriarcha Æliæ, » ad Karolum Juniorem imperatorem (couronné en » mars 881) anno Domini DCCCLXXXI, indict. xiiij (24 sept.) ». Hélie parait d'ailleurs avoir succédé à Théodose en 880; (Eutychius Alex., *Annales*, éd. Pococke, II, 471; Elmacin, *Hist. saracen.* II, 15); voir *AA. SS. Boll.*, Mai, III, xlj et VII, 688: Le Quien, *Oriens Chr.*, III, 460-463.

parvenus ensemble les trois documents. On peut d'ailleurs concilier cette hypothèse avec celle que fournit l'intitulé donné par le manuscrit, en regardant la date de 881, indict. XIV (qui va de Pâques, 23 avril, au 24 sept. 881) comme celle de l'expédition de la lettre, qui n'aurait été remise qu'entre 900 jul. et 903 déc., époque du pontificat de Benoît IV.

XI.

* 999 mai - 1003 mai   ?

L'église de Jérusalem à l'église Romaine: implore ses conseils et son aide.

[INC.: « Ea quæ est Hierosolymis .... Cum bene vigeas ..... » — EXPL,: « ..... ut secum regnando vivas ».

MANUSCRITS: 1. *Leyde*, Voss 54 (m. s. XI), f. 57; — 2. *Paris*, N. Lefebvre, Mis du Sault (perdu); var. dans Baluze, 129, f. 80b-81a; — 3. *Paris*, Papire Masson (perdu, peut-être le même que 2); — 4. *Rome*, Bibl. Vallicell., G. 94. (ch. s. XVII, copie de 2) f. 90 v.

ÉDITIONS: A. Baronius, *Annales*, ad. ann. 1003, 1re éd., XI, 15 [cod. 2]; — B. Gerbertus, *Epistolæ*, éd. J. Masson (1611, in-4º), ep. 28, p. 10 [cod. 3]; — C. Du Chesne, *SS. RR. Gall.*, II, 794 [cod. 3]; — D. *Bibl. magna patrum* (1618), X, p. 618, [éd. B]; — E. Bzovius, *Sylvester II* (Rom., 1628, 4º), p. 115 [éd. A]; — F. *Bibliotheca patrum* (P. 1644), III, pp. 700-701 [éd. D]; — G. *Maxima bibl. veterum patrum* (1677), XVI, 672 [éd. D]; — H. Muratori, *SS. RR. Ital.*, III, 1, 400 [éd. A]; — I. Baronius, *Annales*, éd. Mansi, XV, 429 [éd. A]; — J. *Recueil des hist. de la Fr.*, X, 426 [éd. C]; — K. Hock, *Gerbert* (P. 1842, 8º), p. 354 [éd. C]; — L. Migne, *Patr. lat.*, CXXXIX, 208 [éd. B]; — M. Olleris, *Œuvres de Gerbert*, p. 149 [éd. B, cod. 1]; — N. Watterich, *Vitæ pontificum*, I, 696 [éd. B], — (manque dans Jaffé).

VERSIONS *françaises modernes*: *a*) Michaud, *Hist. des cr.*, 1re, éd. VI, p. 659; — *b*) Sismondi, *Hist. des Français*, IV, 120 (fr.) — *c*) Id.. *Bibl. des cr.*, II, 467-468; — *d*) Peyré, II, 450-451; — *e*) Sobrino, *Hist. de la Terre Sainte* (P., 1858, 8º) I, 447; — *f*) Rohrbacher, *Hist. univ. de l'Église*, XIII, 354; — *g*) Gabourd, *Hist. de Fr.*, IV, 359; — *h*) Jager, *Hist. de l'église de France*, XIX, 98; — *i*) E. de Barthélemy, *Gerbert* (P. 1866, in 12º), 136-137; — *j*) Lausser, *Gerbert* (Aurillac, 1866, 8º) 327-328; — *k*) Olleris, clxxvj (fr.); — *l*) Darras, *Hist. de l'Église*, XX, 372; — *m*) Quéant, *Gerbert* (P., 1868, 12º), 254-255.

VERSION *allemande moderne*: Gfrörer, *Gregorius VII*, V, 937.

RÉCENSIONS: 1) Mabillon, *Ann. Ord. S. Bened.*, IV, 39; — 2) H. litt. de la Fr., IV, 570; — 3) Schroeck, *Christ. Kircheng.*, XXII (1796), p. 319; — 4) Michaud, *Bibl. des cr.*, II, 468, 491; — 5) Wilken, G. d. Kreuzz., I, 28; — 6) Hock, *Gerbert* (Wien, 1837, 8º), 135; — 7) Contzen, *Die Geschichtschreiber der sächs. Kaiserzeit*, 180; — 8) Sybel, G. d. 1. Kreuzz., 540, 541; — 9) Rohrbacher, *l. c.*; — 10) Olleris, pp. clxxvj, cciv, 561; — 11) Peyré, I, 22; — 12) Lausser, *l. c.*; — 13) Darras, *l. c.*; — 14) Hartung, d. les *Forsch. z. d. D. Gesch.* (1877), XVII, 391-393.]

Cette lettre où Silvestre II (Gerbert), parlant au nom de l'église de Jérusalem, implore les secours *armés* de l'Occident latin, est le premier des documents que l'on soit généralement convenu de rattacher à l'histoire des croisades, comme précurseurs des prédications des papes de la fin du XIe et du XIIe siècles. On peut même dire que c'est en même temps le plus célèbre de tous; car il en est bien peu qui aient eu les honneurs d'une attention aussi minutieuse, et, dans certains cas, d'une admiration aussi peu contenue; et pourtant c'est très-probablement un simple exercice de rhétorique, très-postérieur au grand pape dont il porte le nom, et qui n'a qu'un rapport bien éloigné avec l'histoire des croisades.

En 1605, Baronius le publie pour la première fois : malgré d'assez nombreuses éditions, il traverse presque inaperçu le XVII° siècle ; c'est seulement en 1725 que Muratori, réimprimant les commentaires, ajoutés par Constantin Cajétan à son édition de la *Vie de Gélase II* par Pandulphe d'Alatri [1], l'insère, sans prévenir le lecteur, dans ces commentaires, et en fait ainsi comme le point culminant d'un panégyrique enthousiaste des Pisans. Muratori tombe, en 1742, sous les yeux de Dom Rivet, au moment où celui-ci rédigeait l'article *Gerbert*, au tome VI de l'*Histoire littéraire* de la France. D. Rivet ne lit les notes à la *Vie de Gélase* qu'avec inattention, et transforme l'éloge fait par Cajétan des services rendus par les Pisans à l'Église, en une croisade armée, que ces derniers, provoqués par le document en question, dirigent avec succès contre la Terre Sainte [2]. En 1767, les continuateurs de Dom Bouquet répètent Dom Rivet [3]. Enfin Michaud, qui ne manque jamais de ramasser partout les erreurs historiques qu'il rencontre, pour se les approprier en les aggravant, raconte avec détails l'expédition inventée par Dom Rivet [4], en y ajoutant, d'abord, un faux pèlerinage de Silvestre II en Terre Sainte, puis en donnant pour compagnon aux Pisans, Boson, roi d'Arles, héros d'une autre croisade fabuleuse [5].

Michaud faisait autorité il y a cinquante ans ; tous les historiens, et même les plus justement estimés, tant en France qu'en Allemagne

---

1 Pandulphus Aletrinus, *Vita Gelasii II*, ed. Constant. Cajetanus Romæ, 1638), in-4°) ; ce sont les notes de la page 88 que Muratori a ainsi interpolées.

2 « Sa lettre fit tant d'impression sur le cœur des » Pisans, qu'ils se mirent aussitôt en mer pour satis- » faire aux intentions du tendre pontife, et furent » ainsi les premiers croisés, comme Silvestre le premier » prédicateur de la croisade ». (*Hist. litt. de la France*, VI, p. 570) ; en réalité, loin d'aller combattre les Sarrasins en Orient, les Pisans, avaient, à cette époque, fort à faire pour se défendre des attaques des Infidèles de la Méditerranée qui saccagèrent Pise en 1005 et 1012. (Bern. Marangon., *Ann. Pisani*, [Pertz, *M. G. SS.*, XIX, 288]).

3 *R. des hist. de la Fr.* X, 426.

4 Il faut citer ici Michaud *in extenso*, pour montrer quel aplomb il apporte dans ses bévues historiques : « Gerbert, archevêque de Ravenne, devenu pape » sous le nom de Silvestre II, avait vu les maux » des fidèles, dans un pèlerinage qu'il fit à Jérusa- » lem (!) A son retour, il excita les peuples de l'Oc- » cident à prendre les armes contre les Sarrasins. » Dans ses exhortations, il faisait parler Jérusalem » elle-même, qui déplorait ses malheurs, et con- » jurait ses enfans, les chrétiens, de venir briser ses » fers. Les peuples furent émus des plaintes, et des » gémissements de Sion. Les Pisans, les Génois, et » le roi d'Arles, Boson, entreprirent une expédition » maritime contre les Sarrasins, et firent une incursion » jusque sur les côtes de Syrie ». (Michaud, *Hist. des crois.*, 1re éd., 1811 I., 42-43). « Nous nous » croirions plus voisins de la vérité, en attribuant » la première idée des croisades à ce Gerbert, qui, » après avoir gouverné avec gloire l'église de Reims, » fut élevé au trône de saint Pierre sous le nom » de Silvestre II (995), (sic, pour 999). . . Gerbert » avait visité la Terre Sainte » à Jérusalem » dans un temps où les fidèles étaient livrés plus » que jamais à la persécution des barbares, dans un » temps où l'entière profanation des Lieux-Saints » (sic) attristait les peuples de l'Occident. L'illustre » pèlerin ne fut point insensible aux maux de ses » frères ; le spectacle de tant d'infortunes frappa » son imagination, et la douleur lui inspira une pièce » éloquente, dans laquelle l'Église de Jérusalem elle- » même demandait le secours des guerriers d'Europe » pour repousser les ennemis du Christ , . . . CE » PRÉCIEUX MONUMENT NOUS PARAIT RÉSUMER TOUTE LA » PENSÉE DES CROISADES . . . , L'histoire nous au- » torise à avancer que ce pontife a été le premier » interprète d'un sentiment, qui, de son temps, était » déjà universel, et qui aurait produit tout son effet » sous Grégoire VII, et peut-être même sous Sil- » vestre II, s'il se fût rencontré alors un Pierre » l'Ermite ou quelque circonstance qui en eût pro- » voqué l'explosion ». (Idem, *Bibl. des cr.*, II [1829], 491).

5 Pour cette croisade, voir plus loin n. XVI.

et en Angleterre [6] le suivirent religieusement, quelques-uns exagérant encore l'enthousiasme que lui avait inspiré notre lettre. Les plus timorés n'arrivent, comme Wilken [7], qu'à contester la légitimité de la forme du document, tout en en acceptant les résultats, ou, comme M. de Sybel [8], qu'à nier ces résultats eux-mêmes, en affirmant « que toute » suspicion de la légitimité de la pièce manque encore de preuves [9] ».

Ce n'est que tout récemment qu'un jeune érudit de l'école de Tubingue, M. de Hartung [10] a pris à parti cette vieille assertion d'une croisade de Silvestre II, et lui a porté les premiers coups d'une main cruelle, mais sûre; les arguments de M. Hartung sont presque tous des arguments *a priori*. Voici les principaux :

« La pièce est rédigée dans des termes vagues et emphatiques, qui supposent l'idée de croisade déjà répandue dans le milieu pour lequel la lettre est écrite — fait qui n'est pas historiquement admissible. Elle ne formule nettement qu'un point : la possibilité de grouper contre les Musulmans d'Orient toutes les forces de l'Occident; or cette possibilité, qui ne se réalisera qu'à la fin du XIe siècle, n'existait pas à la fin du Xe, et un homme aussi mêlé que l'était Silvestre II à la politique de son temps, n'aurait pas laissé passer une semblable erreur dans une pièce officielle. Si l'on se contente, au contraire, de l'hypothèse que le pape n'a pas voulu écrire une lettre officielle et s'est borné à se livrer à une sorte d'épanchement platonique de ses sentiments à l'endroit de Jérusalem, l'étude la moins approfondie du caractère de Silvestre II empêche encore de l'admettre : ce pape n'était rien moins qu'un enthousiaste. Au temps de son court pontificat, c'était un vieillard d'un sens achevé, mûri par l'âge et l'expérience, mais infirme et peu disposé aux entreprises héroïques. Sa situation personnelle n'avait d'ailleurs rien de très-assuré; loin de penser à mener l'Europe, il eut sans cesse besoin lui-même d'aide et de secours temporels. Rien, enfin, ni dans l'histoire contemporaine, ni dans le reste de la correspondance du pape, ne vient faire une allusion, même

---

[6] Il serait impossible, et surtout inutile, de donner la liste de tous ces écrivains : voici (sans compter ceux dont j'ai indiqués plus haut les versions et les recensions, et dont quelques-uns, comme Darras et Lausser, se livrent aux commentaires les plus extraordinaires) quelques noms que j'ai notés : en France; Michelet, *Hist. de Fr.*, II, 218, L. Paulet, *Rech. sur Pierre l'Hermite*, (1856, 8.o), p. 211, 228; en Italie, C. Cantù, *Hist. des Italiens*, tr. Lacombe, IV, 392, (qui place en 1011 (*sic*) les prédications de Silvestre II); en Angleterre, Millmann, *Hist. of the lat. christianity*, III, 228, Robinson, *Hist. of the Christ. church*, IV, 47; en Allemagne, Raumer, *Gesch. der Hohenst.*, I, 28, Höfler, *Die deutschen Päbste*, I, 78, Neander, *Allg. Gesch. der christ. Rel.*, IV, 211.

Gieseler, *Lehrb. d. Kircheng.*, II, 37, Gfrörer, *Kircheng.*, III, 1550, et *Greg. VII*, IV, 213, V, 937; Giesebrecht, *D. d. Kaiserzeit*, I, 728, Gregorovius, *G, der St. Rom*, III, 504, Baxmann, *Politik der Päbste*, II, 166, Alzog, *Handb. d. univ. Kircheng.* I, 514, Werner, *Gerbert von Aurillac* (Wien, 1878), 107.

[7] Wilken, *G. der Kr.*, I, 28.

[8] Sybel, *G. der I Kr.*, 540-541.

[9] « Der Zweifel wenigstens an der Aechtheit des » uns erhaltenen Aufsatzes entbehrt bis jetzt jedes » positiven Beweises ». (Sybel, *l. c.*).

[10] D. J. Hartung, *Zur Vorgesch. des I Kr.* (*Forsch. zu d. d. Gesch.* 1877, XVII, 391-393); M. Röhricht (*Beitr. z. d. G. der Kr.*, 1878, II, 14), a suivi cette nouvelle doctrine.

lointaine, donner une ombre de probabilité au projet emphatiquement énoncé par la lettre ».

J'avoue cependant que M. Hartung, si ingénieuses que paraissent ses déductions, ne répond pas à l'assertion nettement formulée par Sybel, et n'apporte aucune preuve directe de l'illégitimité de notre document: peut-être serai-je plus heureux.

Je l'examinerai d'abord comme lui au point de vue extrinsèque; ce qui a, en général, induit en erreur les historiens à l'endroit des pièces analogues à la nôtre, c'est l'ignorance à peu près absolue où l'on se trouvait, où l'on se trouve peut-être encore, de ce qui touche l'histoire de la Terre Sainte avant les croisades. En dehors de quatre ou cinq faits éclatants, répétés à l'envi par les chroniqueurs: prise de Jérusalem par les Perses, par Héraclius, par Omar, destruction et reconstruction du S. Sépulcre, invasion des Turcs, le reste des annales de Jérusalem avant 1096, paraissait plongé dans une obscurité à peu près complète; et l'on admettait généralement que de 635, date de l'occupation d'Omar, jusqu'en 1096, l'histoire des chrétiens de Palestine n'avait été qu'un long martyre, martyre, dont l'écho prolongé à travers quatre siècles et demi, avait fini par déterminer les croisades; dans un semblable système, la lettre attribuée à Silvestre II et les autres documents de même nature n'avaient rien que de parfaitement admissible, et l'on comprend qu'en fait ils aient pu être acceptés sans conteste.

Malheureusement rien n'est plus faux que l'idée que l'on se faisait de l'état des Saints Lieux sous la domination arabe pendant le VIIIe, le IXe, le Xe et le commencement du XIe siècle. Il faudrait un volume considérable pour exposer quelle fut, à cette époque, la véritable situation des chrétiens de Terre Sainte: je n'essaierai donc point de le faire ici. Je constaterai seulement que, pendant les années voisines de la date ou des dates qu'on a assignées à notre document, les Saints Lieux continuaient à jouir d'une paix relative, ainsi qu'en font foi de nombreux pèlerinages qui eurent lieu alors sans accidents [11]; puis

---

[11] V. 982. St Jean de Parme qui y alla 6 fois (*AA. SS. Boll.*, Mai. V, 179) — v. 985. Léon, frère d'Aligerne, abbé du Mt Cassin (Pertz, *M. G. SS.*, VII, 63) — 986-988. Jean de Bénévent et deux autres moines du Mt Cassin, avec le comte Malefred et son fils (*Ibid.* VII, 636, 642). — 987. Thorwald Kôdransson et Stefnir Thorgilsson, islandais (*Thorwalds saga*, éd. Arn.-M., pp. 334-337). — v. 990. Des pèlerins en troupe (*AA. SS. B.*, Jul., IV, 281). — v. 990. Poppon, abbé de Stavelot et ses compagnons (Pertz, *M. G. SS.*, XI, 295).— 997. Frédéric, comte de Verdun (*Ibid.*, IV, 49). — v. 1000. Emmerad, moine d'Auzy (*AA. SS. B.*, Apr., II, 770); Makko de Constance (Pertz, *M. G. SS.*, XX, 635), s. Siméon l'Arménien (*AA. SS. B.*, Jul., VI, 327), et de nombreux pèlerins de Géorgie (Cousi. Porph., *De adm. Imp.*, ed. B., p. 199). — v. 1001. Le père de S. Gérard de Hongrie (*AA. SS. B.*, Sept., VI, 722). — 1002. Un moine de Tours (*R. des h. de la Fr.*, X, 282). — 1002-1003. Foulques Nerra, comte d'Anjou (Rad. Glaber, l. II, c. 4 [*R. des hist. de la Fr.* X, 15]). — 1003. Un ermite de Bamberg (Pertz, *M. G. SS.*, IX, 59), Gui, ermite en Brabant (*AA. SS. B.*, Sept., IV, 43) et Olaf I Tryggvason, roi de Norvège (*Fornmanna Sögur*, III, 32-34, X, 370). — 1004. Gauzlin, abbé de Fleury (*Neues Archiv. f. ält. d. G.*, III, 353); — 1005, Roger, abbé de Figeac (Mabillon, *Ann. ord. S. Ben.*, s. IV, p. 170) et de nombreux pèlerins scandinaves (Riant, *Scand. en T. S.*, pp. 117-118). Lors même d'ailleurs que certains de ces pè-

les fondations de Charlemagne [12], entretenues par Alfred-le-Grand [13], étaient encore en pleine prospérité, et voyaient même s'augmenter leurs richesses immobilières [14], tandis que celles de s. Étienne allaient encore accroître dans la Ville Sainte l'influence latine [15]. C'était le temps où la route du Danube, récemment ouverte aux voyageurs latins, allait multiplier les expéditions pacifiques au tombeau du Christ [16]. Les chrétiens de Palestine, retombés un instant, à la suite des campagnes de Zimiscès et de Phocas (968, 974-975) sous la domination grecque [17], avaient peut-être eu à souffrir momentanément (977) de la réoccupation du pays par les Égyptiens [18], mais plusieurs années s'étaient écoulées depuis, et la tranquillité régnait de nouveau à Jérusalem.

En 995, le patriarche Oreste envoie une ambassade à Jean XV, à propos de certaines questions de rite ou de discipline; de demandes de secours, pas un mot [19].

Plus tard, il est vrai, en 1010, le caprice d'un prince aliéné amène subitement la démolition du S. Sépulcre [20], dont la reconstruction, en présence des clameurs du monde chrétien tout entier, est d'ailleurs autorisée quelques années après [21]. Mais ce fait n'est qu'un accident; il est du reste postérieur de plusieurs années à la date la plus récente assignée à notre lettre.

En 996, Hakem, le futur destructeur du saint tombeau, vient de monter sur le trône; il n'a pas encore perdu la raison; c'est un prince jeune, né d'une mère chrétienne [22] et qui ne s'occupe qu'à poursuivre les infracteurs du Koran [23].

Rien en Orient, absolument rien, n'avait donc pu motiver l'envoi

---

lerinages offrent des récits de mauvais traitements reçus de Musulmans, il ne faut pas oublier que les Latins ne distinguaient pas les Bédouins nomades (qui, de tout temps, depuis la domination Romaine jusqu'à nos jours, ont infesté les routes de la Palestine) des habitants réguliers des villes, enclins, dans leur propre intérêt, à favoriser plutôt qu'à empêcher les pèlerinages. La grande expédition allemande de 1064, cernée à Ramla par les nomades, n'est délivrée que par l'intervention de la garnison égyptienne de Jérusalem. (Voir les *Itinera Hieros. latina*, II, *Series chron. peregr.*, ad ann. 1064).

12 Voir plus haut, p. 18, n. 34.
13 *Ibid.*, p. 28, n. 9.
14 En 993 (29 oct.) Hugues, marquis de Toscane, et sa femme Juliette, font donation de biens considérables au S. Sépulcre et au monastère de Ste Marie Latine à Jérusalem (*Charte de S. Victor de Marseille*, d. Martène, *Ampl. Coll.*, I, 347-348).
15 Voir plus haut, p. 28, n. 10.
16 « Tunc temporis ceperunt pene universi, qui » de *Italia et Galliis ad Sepulchrum Domini Hiero-* » *solymis* ire cupiebant, consuetum iter, quod erat » per fretum maris, omittere, atque per hujus regis

» [Stephani] patriam transitum habere. Ille vero tu- » tissimam omnibus constituit viam . . . . . . cujus » rei gratia provocata INNUMERABILIS MULTITUDO tam » nobilium quam vulgi populi, *Hierosolymam abie-* » *runt* » (Radulphus Glaber, *Chron.* l. III, c. 1. [*Mon. G. SS.*, VII, 62]; cf. *Hist. eccles. Magdeb.*, centuria XI, p. 310).

17 *Lettres de* J. Zimiscès, d. Matthieu d'Edesse (*Rec. des hist. arm. des crois.* I, pp. 16-19).

18 Ibn el-Athir, Hèg. 367, (cité d. Weil, *Gesch. der Khal.*, III, 28).

19 Leo, abb. S. Bonifacii, *Epist. ad regem Fr.* (Pertz, *M. G. SS.*, III, 689).

20 Rad. Glaber, l. III, c. 7 (*Rec. des hist. de la Fr.*, X, 34); *Chr. de S. Mart. de Limoges*, p. 6, Willh. Godell. (*R. des hist. de la Fr.* X, 262); Willh. Tyr. l. I, c. 4 (*R. des hist. occ. des cr.* I, 16); Abulfarage, Mudgir-Eddin, Cedrenus, Zonaras, Makrizi &.

21 En 1021 (Cedrenus, éd. de B., 515, 521; Zonaras, l. XVII, éd. de Par., II, 15). et plus loin, p. 52, n. 9.
22 Elle était la sœur du patriarche Oreste.
23 Makrizi, *Vie de Hakem*, (Silv. de Sacy, *Chrestom. arabe*, I, p. 98).

par le pape d'une lettre semblable à la nôtre: et la « *famosa clades* » dont elle semble parler comme d'un fait récent, n'existe que dans l'imagination du rédacteur du document.

Reste l'Occident, où l'on a voulu chercher ce qu'il était impossible de trouver en Orient: suivant Gregorovius[24], c'est la crainte de la fin du monde, le fameux millénaire qui a inspiré la lettre du pape; Silvestre II a eu l'idée singulière de pousser les fidèles vers le lieu futur du jugement dernier: mais pas un mot de la lettre ne fait allusion à cette crainte ou à cette idée, qui ne se trahit, du reste, dans aucun passage des œuvres volumineuses de Gerbert. Il faut tenir compte d'ailleurs de la légende, rapportée par Benno, et que Michaud a si plaisamment transformée en un pèlerinage de Gerbert en Terre Sainte[25]; l'esprit familier du pape lui avait promis qu'il ne mourrait qu'après avoir célébré la messe à Jérusalem: la prédiction se réalise à Rome même, dans la basilique Sessorienne, dont Silvestre II ignorait le surnom de *Jérusalem*[26]. Cette légende, rapportée par un écrivain du XIe siècle, doit avoir reposé sur un fondement de vérité: or le nom de Jérusalem y est associé à celui de Silvestre II, d'une façon qui rend bien difficile à admettre l'idée mystique de Gregorovius. Je pense donc qu'il convient de ne pas s'arrêter davantage à discuter cette dernière.

Je n'attacherai pas plus d'importance au motif que donne Gfrörer[27] à notre lettre: le désir que pouvait avoir Silvestre II de se débarrasser du trop plein des forces militaires de l'Occident: ce qui pourra être vrai pour Urbain II l'était-il déjà pour Silvestre II? et, même en ce cas, le pape avait-il le pouvoir de réaliser ce désir prématuré? il suffit de poser ces deux questions pour y répondre.

Je préfère revenir à la lettre elle-même et l'examiner au point de vue intrinsèque: inutile de faire remarquer qu'elle a été rédigée en dehors de toute forme régulière et qu'elle n'émane d'aucune chancellerie; elle est absolument dépourvue, et d'indication chronologique précise, et même de tout synchronisme, qui permette de la placer à une date plutôt qu'à une autre: aussi chaque éditeur l'a-t-il rangée à sa guise, dans la correspondance de Gerbert, depuis 986 jusqu'à 1003[28].

Peut-on au moins tirer quelque lumière des manuscrits qui nous l'ont conservée? Il paraît y avoir eu autrefois en France, un certain nombre[29] de recueils des lettres de Gerbert: il n'y en a plus un seul

---

24 Gregorovius, *Gesch. d. St. Rom*, III, 504.
25 Voir plus haut, p. 32, n. 4.
26 Benno, *Vita Hildebr.* l. II (Goldast., *Apolog. Heurici IV*, p. 11); Wilh. Malmesb., *Gesta reg. Angl.* (Pertz, *M. G. SS.*, X, 464); Walterus Mapes, *De nugis cur.*, ed. Wright, p. 175.
27 Gfrörer, *Kircheng.*, III. 1550, Greg. *VII*, IV, 212.

28 Baronius en 1003, Mabillon (*Ann. ord. S. B.* IV, 39) en 986, et Dom Rivet en 999.
29 Je dis *un certain nombre*: car rien n'est moins évident que le chiffre de sept donné par M. Olleris (*Préf.* p. v). Rien ne dit en effet que Vignier ait eu entre les mains un manuscrit différent de celui de Nicolas Le Febvre, marquis du Sault ; c'est ce

aujourd'hui [30]; et, dans le reste de l'Europe, on ne compte plus qu'un seul manuscrit ancien de ce genre (manuscrit sur lequel je vais revenir), tandis que quelques copies modernes représentent seules, plus ou moins correctement, les manuscrits perdus. Malgré cet état de choses regrettable, il est permis d'établir par induction que ces derniers ne constituaient qu'une seule et même famille, et se réduisaient même peut-être originairement à un seul recueil, divisé en deux séries [31] - ces deux séries comprenant, l'une, les 159 lettres publiées en 1611 par Jean le Masson, l'autre les 56 lettres ajoutées en 1636 par Du Chesne.

Le seul manuscrit ancien qui nous reste, celui du fonds de Vossius, à Leyde, forme, au contraire, à lui seul une famille toute différente; il embrasse à la fois les deux séries, mais retranche de l'une trente et de l'autre quatre lettres, la plupart politiques, pour ne conserver que ce que j'appellerai les lettres *rhétoriques*.

Or notre document se retrouve à la fois dans les deux familles, où il occupe la même place, le n° XXVIII de la première série, entre une lettre à Willigise, archevêque de Mayence [32], et une lettre écrite au nom d'Adalbéron, archevêque de Reims [33]. Il peut donc être considéré comme ayant réellement fait partie, *du moins au XI* siècle*, époque de la confection du manuscrit de Leyde, de la collection des lettres de Gerbert.

On serait porté alors naturellement à se demander pourquoi, tout en abandonnant les beaux commentaires qu'on en tirait pour l'histoire des futures croisades, on ne le regarderait point comme une production personnelle de Gerbert, un exercice de rhétorique écrit par passe-temps, au moment où, revenu d'Italie après sa fuite de Bobbio, il avait tout le loisir de se livrer à de semblables occupations [34]. Il n'aurait fait allusion par les mots *famosa clades* qu'à la prise de

---

dernier manuscrit qui a servi à Baronius et à Baluze. Je serais porté à croire que Jean le Masson n'a connu non plus que celui-ci, qui aurait, entre 1605 et 1611, passé de la bibliothèque de N. Le Febvre dans celle de Papire le Masson, frère de Jean. Seulement ce dernier n'a pas su le lire suffisamment; de là, les variantes nombreuses relevées par Baluze, et qui toutes peuvent s'expliquer par de mauvaises lectures. Du Chesne n'a eu de manuscrit nouveau que pour les lettres additionnelles; enfin, je ne sais où M. Olleris (dont le travail sur ce point, comme sur beaucoup d'autres, atteint le dernier degré de la confusion) a pris que Baluze ait eu entre les mains un recueil appartenant à Pithou.

30 Plusieurs lettres isolées se trouvent dans des manuscrits du Supplément latin de la Bibl. Nat^le; mais elle ne possède aucun recueil.

31 L'une, donnée par le manuscrit Le Febvre (159 lettres) dont le codex Vallicellanus G. 94, est la copie, envoyée à Baronius: l'autre, contenant les 56 lettres additionnelles, communiquées à Du Chesne par le P. Sirmond, d'après un manuscrit du collège de Clermont: cette dernière est représentée par deux copies modernes: le Cheltenham 1718 (anc. Clermont 513), et le Barberini XXXII, 67 (anc. 118).

32 N. 27 des manuscrits, 28 d'Olleris, p. 15.

33 N. 29 des manuscrits, 105 d'Olleris, p. 59: au lieu de respecter l'ordre des manuscrits et des précédents éditeurs, M. Olleris a cherché à ranger les lettres chronologiquement; ce travail, fait à la légère, n'a abouti qu'à un bouleversement pur et simple, et à une édition de l'usage le plus incommode; il faut aller, pour chaque lettre, chercher à la fin du volume, et sans l'aide d'aucun renvoi, les raisons (?) qui ont déterminé le classement de la pièce.

34 Voir Olleris, pp. lxxxj, 503. C'est la date assignée par la plupart des éditeurs à la lettre qui précède la nôtre dans les manuscrits. Voir Willmans, d. les *Jahrbücher d. d. Reichs*, II, II, 141.

Jérusalem par Omar, et n'aurait eu d'ailleurs en vue aucun résultat pratique quelconque?

Cette hypothèse modeste aurait pu être provisoirement adoptée: mais elle provoquait plusieurs objections; la plus importante se pouvait tirer du titre singulier dont la pièce est ornée: « *Ex persona Hierusalem* »; cette formule apocalyptique serait unique dans la correspondance de Gerbert; en outre le style du document n'a aucun rapport avec celui des œuvres authentiques de Silvestre II.

Ce sont ces objections, qui, jointes aux considérations d'un autre ordre que j'ai développées plus haut, ont amené M. de Hartung à penser — et je serais disposé à me ranger à son avis — que notre lettre est encore une pièce excitatoire, fabriquée un peu avant la première croisade et sous l'impression causée par les persécutions des Turcs en Palestine. Le copiste ignorant qui, à la fin du XIe siècle, l'aurait introduite dans le recueil des *Epistolæ Gerberti*, savait qu'au commencement de ce siècle, le S. Sépulcre avait été démoli; peu ferré sur la chronologie d'une époque *déjà ancienne* pour ses souvenirs, il aurait cru que le pape contemporain du vandalisme de Hakem était Silvestre II, et ne trouvant rien, dans les œuvres de ce pape, qui eût trait à un évènement aussi cruel pour la chrétienté, il aurait voulu compléter la partie *rhétorique* de ces œuvres, en y insérant, comme protestation, une pièce, qui est tout empreinte des idées et porte bien la marque du style qui avait cours dans les années immédiatement antérieures aux croisades: la légende rapportée par Benno et où le nom de Jérusalem est associé à la mémoire de Gerbert, aurait pu ne point être étrangère à la fabrication.

Comme le faussaire a dû, dans cette hypothèse, supposer que la lettre émanait de Silvestre II et non de Gerbert, avant son élection au pontificat, j'ai assigné pour date au document, le temps même de ce pontificat (999-1003).

XII.

* 1010   Orléans.

Les Juifs d'Orléans au calife Hakem Biamrillah: lui annoncent le départ d'Occident d'une expédition préparée en vue de la délivrance des Lieux Saints.

[Mentionnée par Adhémar de Chabanais [1], et Raoul Glaber [2]].

[1] « Judæi occidentales EPISTOLAS miserunt in Orien- » tem, accusantes Christianos, mandantes exercitus » Occidentalium super Sarracenos orientales com- » motos esse » (Adhemarus, *Chronicon* [Pertz, *Mon. Germ. SS.*, IV, 137]). Voir Hartung (*Z. Vorgesch. d. Kreuzz.*, d. les *Forsch. z. d. d. Gesch.* XVII, 390) qui pense qu'Adhémar de Chabanais tenait ce conte de s. Siméon l'Hermite, avec lequel il dut se rencontrer à la cour de Guillaume de Poitiers, quand s. Siméon s'y arrêta en arrivant d'Orient : (*Vita s. Simeon.*, [Pertz, *M. G. SS.* VIII, p. 210]).

[2] « [Judæi Aurelianenses] corruperunt quendam, » data pecunia, videlicet girovagum sub peregrino » habitu, nomine Robertum, fugitivum utique ser-

Cette lettre, œuvre des Juifs d'Orléans, aurait été apportée à Hakem, par un mendiant, ancien serf de l'abbaye de Moustier, près d'Auxerre, qui l'avait cachée dans un bâton. Elle aurait provoqué l'ordre donné par le calife, le 27 septembre 1010, de détruire le S. Sépulcre. Bien que Raoul Glaber nous raconte en détail le supplice auquel fut condamné, à son retour, l'émissaire des Juifs, il ne convient de voir dans cette histoire (qu'Adhémar de Chabanais, vingt ans avant Raoul, ne rapporte que beaucoup plus sommairement, et que contredisent les témoignages byzantins et orientaux), qu'une de ces légendes populaires dont fourmillent les chroniqueurs de cette époque.

Si je m'y arrête un instant, c'est que c'est à propos de cette anecdote, qu'apparait, *pour la première fois*, au milieu du XIe s. (Adhémar, 1030, et Raoul, vers 1050), l'idée que l'on pût, sinon prendre vengeance *à main armée* des insultes subies par les chrétiens de Jérusalem, du moins occuper militairement les Lieux Saints.

Je sais bien que cette idée n'est présentée par Adhémar et Raoul que comme une calomnie des Juifs – calomnie dont le colporteur est jugé digne du dernier supplice et le subit. Cependant c'est là le premier symptôme historique du grand mouvement de 1096, et, à ce titre, les témoignages des deux chroniqueurs ont à mes yeux, une importance de premier ordre.

XIII.

** 1011 *(print.)*

Les habitants de Gênes, de Venise et d'autres cités maritimes de l'Italie à Sergius IV: ils ont appris la destruction du S. Sépulcre par le calife Hakem, et préparent des armements maritimes pour aller venger l'insulte faite au nom chrétien.

[Mentionnée dans la pièce suivante] [1].

» vum B. Mariæ Melerensis cenobij, quem accipientes,
» caute miserunt ad principem Babylonis, cum hebraïcis caracteribus scriptis EPISTOLIS, pictaciolis
» ferri baculo insertis, ne quo casu potuissent ab eo
» divelli; qui egressus detulit LITERAS predicto principi, refertas dolo et nequitia, et quoniam, nisi
» celerius domum christianorum venerabilem subverteret, sciret se in proximum, Christianis regnum illius occupantibus, omni penitus dignitate
» carere » (Rad. Glaber, l. III, c. 7, [*R. des Hist. de la Fr.* X, 34]). Hugues de Flaviguy mentionne le fait sans parler de la lettre, « Igitur, anno ab
» Inc. Dom. 1028, templum Sepulchri Domini funditus eversum est, iussu principis Babilonie, faciente

» Judæorum nequitia ». (Hugo Flav., *Chron.*, [Pertz, *Mon. G. SS.*, VIII, 399]); cf. *Commem. abb. S. Marcialis*, [*Chroniq. de Limoges*, p. 67]). En 932, les Juifs de Jérusalem passaient en Occident pour avoir excité les Musulmans contre les chrétiens de cette ville (*Acta concilii Erford.*, d. les *Quellen z. bair. Gesch.*, I, 410).

1 « Notum vobis facimus quia multum populo que
» sunt de civitate secus littus maris posite, iam in-
» venimus fidelissimos ; nobis suam direxerunt EPIS-
» TOLAM quia . . . . se preparant (ut) transmarino
» littori s'exhibere queant ». (*Epist. Sergii IV*, d. la *Bibl. de l'É. des Ch.*, XVIII, 1857, 251).

XIV.

** 1011 (printemps - 29 sept.)   Latran.

Sergius IV à tous les rois catholiques, aux archevêques, évêques et aux ducs, marquis et comtes: leur annonce la destruction récente du S. Sépulcre et l'armement, dans toutes les villes maritimes de l'Italie, d'une expédition, à la tête de laquelle il se prépare à aller délivrer les Lieux Saints; les exhorte à venir le rejoindre, ou à exécuter le ban pontifical en versant des subsides aux mains de l'évêque Jean, commis à cet effet.

[INC.: « Sergius . . . . Cum nos precioso . . . . » — EXPL. « . . . referre valeamus ».

MANUSCRIT: 1. *Paris*, Bibl. nat., Chartes de Baluze, 380, Bulles, n° 2 (XI s.).

ÉDITIONS: A. par M. Jules Lair, dans la *Bibl. de l'École des Chartes*, IVe série, t. III (XVIII), 1856-1857, pp. 249-253 [cod. 1]; — B. Migne, *Patrol. latina*, CXXXIX, 1498-1502 [éd. A].

VERSIONS *françaises*: a) Peyré, *Hist. de la 1.re Croisade*, I, 22 (fragm.); — b) Idem, Ibid., II, 452-455.

VERSION *italienne*: Guarmani, *Gl' Italiani in T. S.* (Bologna, 1872, in-8°), pp. 11-12.

RÉCENSIONS: 1) J. Lair, *l. c.*; — 2) Peyré, I, 23, II 451; — 3) Baxmann, *Politik der Päpste*, II, 180; — 4) Hartung (J.), *Z. Vorgesch. des I. Kr. (Forschungen z. d. d. Geschichte*, 1877, XVII, pp. 393-396)].

Cette pièce, découverte par Nicolas Foucault dans les archives de l'abbaye de Moissac et envoyée par lui à Colbert le 9 décembre 1682 [1], a été retrouvée dans le fonds de Baluze à la Bibliothèque Nationale de Paris, par M. Jules Lair; cet érudit l'a publiée en 1857 comme un document parfaitement authentique, auquel il a assigné la date de 1010. Bien que, depuis cette publication, les questions relatives aux origines des croisades n'aient pas donné lieu à des travaux nombreux et surtout importants, cependant tous les auteurs qui, de près ou de loin, ont touché à ces évènements, se sont empressés de s'emparer de ce document, de le traduire et de le mettre encore plus en relief que ne l'avait fait le premier éditeur [2].

Ce n'est que récemment que M. de Hartung, dans l'article dont j'ai parlé plus haut [3] à propos de la lettre de Silvestre II, a associé celle de Sergius IV aux doutes légitimes que lui avaient inspirés la première.

L'argumentation à l'aide de laquelle M. de Hartung arrive à prouver la fausseté du document mis au jour par M. Lair, est absolument irréfutable; je n'aurai qu'à la résumer en y ajoutant quelques considérations nouvelles.

C'est bien d'abord de Sergius IV et non de Sergius I (687-701),

---

[1] *Mémoires de Nic. Foucault*, éd. F. Baudry (P., 1862, 4°) p. 79; cf. p. cxx.
[2] V. ci-dessus les *Récensions*, et Röhricht. *Pilgerf.*
v. d. Kr. p. 341, et *Beitr. z. Gesch. d. Kr.*, II, p. 3.
[3] Hartung, *l. c.* et plus haut pp. 33-34.

de Sergius II (844-847), ou de Sergius III (904-911), que la pièce est censée émaner : elle roule en effet sur la destruction toute récente du S. Sépulcre, évènement contemporain de Sergius IV, et très-postérieur aux trois homonymes de ce dernier.

Ce n'est point un original ; c'est une soi-disant copie figurée : mais l'écriture, chose singulière, en est *plus ancienne* que le temps de Sergius IV. Au bas est grossièrement dessinée une *rota* portant un chrisma, au centre de deux cercles concentriques, entre lesquels on lit [4] :

† SERGII PEAPAE

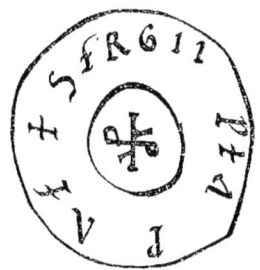

Or l'on sait que Léon IX (1048-1054) fut le premier pape qui termina ses lettres par un *signum* spécial [5], et que jamais, d'ailleurs, ces *signa* pontificaux n'affectèrent l'apparence de celui qui termine notre pièce.

Le protocole est étrange : il énumère les fidèles, tant ecclésiastiques que laïques, dans un ordre et avec une minutie tout-à-fait inusités à l'époque où la lettre est censée écrite : le salut final est insolite : il ne se retrouve pas dans les autres pièces émanées de Sergius IV [6].

Le style n'est point celui de la chancellerie pontificale, qui, en 1010, se servait d'un latin régulier : les barbarismes, dont la lettre fourmille, ne sont pas des fautes de copiste ; ce sont les erreurs d'un rédacteur qui ignorait les règles les plus élémentaires de la déclinaison et de la conjugaison latines ; le pape y parle, dans la même phrase, à la première personne du singulier et à la première du pluriel [7] : plusieurs passages sont très-obscurs : une expression même : « *bannum pontificale perficere* » n'offre aucun sens précis [8].

---

4 En 1879, je l'ai examinée avec M. de Hartung à son passage à Paris ; c'est le résultat de cet examen commun que je donne ici.

5 Mabillon, *De re Diplom.* 445 ; *AA. SS. Boll.*, Mai, VII, 193.

6 « Valete, Valete, ubique semperque in Domino » — Les bulles authentiques portent, comme pour les autres papes antérieurs à Léon IX : « Bene valete » :

voir les copies des n.os 3033-3037 de Jaffé, faites d'après le cartulaire de Ripoll (P. Bibl. Nat., Baluze 107, f. 300 et. s.) et le dessin que donne Muratori (*SS. RR. Ital.*, I, II, pl. 5, n° xx).

7 « Ab oculis meis auferam, qui nunquam legi- » mus » (p. 250).

8 Sur le sens du mot *Bannum* (puissance judiciaire), à cette époque, voir Waitz, *D. Verfassungsg*, IV, 136.

A ne le considérer qu'intrinsèquement le document est donc tout à fait suspect: un examen, même rapide, du contenu, change ces soupçons en certitude.

Je ne parlerai que pour mémoire du ton général de la lettre, où le pape semble considérer comme très-naturelle, — au temps même où les discordes de l'Europe féodale allaient nécessiter (988) l'établissement de la trêve de Dieu [9], — l'union immédiate de tous les Latins, sur un ordre parti du S. Siège: ce n'était pas malheureusement ainsi que pouvaient parler les papes du commencement du XIe siècle, à peine sortis d'une lutte séculaire, soutenue aux portes même de Rome contre les Sarrasins. Je n'insisterai pas non plus sur ce fait, que, paraissant s'exprimer au nom de l'Église, Sergius IV n'accompagne d'aucune promesse de privilèges spirituels la guerre sainte qu'il proclame: la pièce contient des impossibilités plus frappantes. Elle est soi-disant envoyée l'année même où le S. Sépulcre vient d'être détruit [10]: « la nouvelle de cette catastrophe s'est depuis longtemps ré-
» pandue en Italie: les cités maritimes ont commencé des armements
» considérables et en ont informé le pape par une missive [11] ».

Or le S. Sépulcre à été détruit le 27 septembre 1010 [12]; la lettre aurait donc été rédigée avant la fin de cette année, c'est-à-dire avant Pâques (25 mars) 1011; six mois auraient suffi, en ce temps de communications si lentes, pour la propagation de la nouvelle, les armements des marines italiennes et la prise en considération par le pape de la nécessité d'une guerre sainte: c'est un délai dont il est bien difficile d'admettre la brièveté.

Passons à ces préparatifs: la lettre y fait prendre part l'Italie en corps [13], l'Italie alors divisée à l'infini et à moitié grecque ou sarrasine; elle nomme expressément Gênes et Venise, Gênes qui avait été, en 935, absolument ruinée par les Sarrasins [14], Venise qui déjà (comme elle le fera pendant tout le Moyen-Age), concluait avec ceux-ci des traités de commerce [15]. Elle omet Pise, la cité la plus puissante de l'Italie à

---

9 On peut faire remonter les origines de la trêve de Dieu à la fin du Xe siècle (*Charte de Soucilauge*, 993, d. Du Cange, *Gloss. med. Lat.*, VI, 658). Les conciles y travaillèrent pendant toute la première moitié du XIe s. (V. *Hist. litt. de la Fr.* VII, 8, et Sémichon, *La Paix et la Trêve de Dieu* (P. 1857, 8o), pp. 1-109. Elle ne fut définitivement établie qu'en 1041 (*R. des Hist. de la Fr.*, X, 59, XI, 516), et, vers 1070, Alexandre II la traitait encore de « *noviter inventa* » (*Epist. Alexandri II*, d. le *N. Archiv*, V, 331).

10 « In isto anno » (p. 251).

11 V. le n[o] précédent.

12 M. Lair (p. 249) cherche à prouver que cette destruction eut lieu en 1009; M. de Muralt (*Chron. Byz.*, I, pp. 582-583) fixe la même date; l'archimandrite Grèg. Palamas (*Hierosolymias*, Irlm. 1861, 8o, p. 421-422) s'efforce d'établir celle de 1008. Mais M. Hartung (p. 393) me paraît prouver d'une façon lumineuse qu'il faut revenir à la date de 1010, donnée par Pagi; c'est d'ailleurs celle que fournit Makrizi (*Vie de Hakem*, d. Silv. de Sacy, *Chrestom. arabe*, I p. 109); et l'on ne doit pas oublier que Makrizi, iman de la mosquée de Hakem au Caire, devait être très-bien renseigné sur ce calife.

13 « Cuncti Italie pariter » (p. 251).

14 Amari, *St. d. Musulm.*, II, 181; cf. Heyd, *Gesch. d. Levantehandels*, I, 134.

15 And. Dandulus, l. IX, c. 1, n. 1, (Muratori, *SS. RR. Ital.*, XII, 223); Joh. Diaconus (Pertz, *Mon. Germ. SS.*, VII, 29): Amalfi était dans le même cas (Heyd, I, 110-111).

cette époque, et celle qui se mêlait de plus près aux guerres locales contre les Sarrasins des îles de la Méditerranée [16]. D'autre part elle évalue à mille vaisseaux la force des armements en voie d'exécution, nombre absurde, quand on songe que les Infidèles dominaient alors si absolument la mer que les pèlerinages en Terre Sainte avaient dû prendre la route de la Hongrie [17], et que la flotte du doge Pietro Orseolo ne comptait que six vaisseaux, en 997, dans la campagne victorieuse de Dalmatie [18].

Quant à l'évêque Jean, légat de Sergius IV, et qui doit porter la lettre dans tout l'Occident catholique, nous ne le retrouvons pas dans l'entourage connu du Pape.

Si nous ajoutons à toutes ces impossibilités matérielles, le silence complet que tous les chroniqueurs contemporains [19] (et en particulier Raoul Glaber, si bien informé des évènements de Terre Sainte, si plein de renseignements à l'endroit de la destruction du S. Sépulcre) gardent sur un fait aussi considérable que l'armement de mille vaisseaux italiens, et l'envoi en Occident d'un légat porteur d'une encyclique prêchant la guerre sainte, — nous serons forcément amenés à conclure que cette encyclique est apocryphe.

Reste à déterminer, comment, quand, et dans quel but elle a été fabriquée.

Le faussaire n'a pas eu sous les yeux une bulle de Sergius IV : d'abord ces pièces ont dû être fort rares [20]; puis, comme je viens de le dire tout à l'heure, l'écriture, peu nette d'ailleurs, a un caractère plus ancien que le temps de Sergius IV; le faussaire a donc voulu se rapprocher d'une pièce antérieure, portant le nom d'un Sergius;

---

16 *Chron. Pis.* (Muratori, VI, 108) Bern. Marangone (Pertz, *Mon. Germ., SS.*, XIX, 238); cf. Heyd, I, 135.

17 Rad. Glaber, l. III, c. 1 (*Mon. G., SS.*, VII, 62).

18 Joh. Diaconus (Pertz, *Mon. Germ., SS.*, VII, 29).

19 Ce silence a embarrassé M. Lair, qui, malgré des recherches consciencieuses, n'est arrivé à trouver, en fait de croisades contemporaines de Sergius IV, que les deux erreurs de Michaud (*Hist. des cr.* I, 42) enregistrant la fausse croisade d'un faux roi d'Arles, Boson, et la prétendue expédition des Pisans, dont j'ai parlé plus haut, p. 32. Je signalerai, dans le même genre, le passage suivant de Platina, où cet historien (qui, peut-être, avait entre les mains une copie de notre lettre) attribue à Sergius IV une sorte de coalition italienne contre les Sarrasins, coalition qui aboutit, du vivant de ce pape (!), à la conquête de la Sicile par les Normands, revenant d'une expédition à Jérusalem, au nombre de *40 mille* (!) (les 40 pèlerins normands de 1016 de Leo Marsic., d. Pertz, *M. G., SS.*, VII, 652, et Aymé, pp. 17, 20). « Interea vero huius consilio et monitionibus, prin-
» cipes Italie, composito foedere, consilia ineunt pellendi Saracenos ex Sicilia, idque moliri paribus
» animis et copiis instituunt. Erant tunc in Italia,
» Tancredi, magni Normandiæ ducis filii plerique,
» quorum de numero Gulielmus, cognomento Ferrebach, tanti animi fuit ut, assumpto in societatem
» expeditionis Malocho, Michaelis Catalaici, Constantinopolitani imperatoris copiarum duce, Saracenos
» e Sicilia brevi expulerit, adjuvantibus etiam Campano et Salernitano principibus. Verum, cum postea
» Malochus predam maligne divideret, Gulielmus dissimulandum esse ad tempus ratus, in Italiam rediens,
» cum quadraginta millibus Normannorum militum,
» qui tum ab expeditione Hierosolymitana redierant,
» Apuliam Grecis obtemperantem occupat » (Platina, *Vit. Pontificum*, Ven., 1479, in-fo, f. 41). Voir aussi la fausse croisade à laquelle prend part à la fin du Xe siècle le père de s. Gérard de Hongrie (*Legenda s. Gerardi*, d. Endlicher, *RR. Hung. mon. Arpadiana*, p. 265).

20 Il ne nous en est parvenu que 16 (Jaffé, nos 3030-3045) pour un règne de trois ans.

je crois que cette pièce était tout simplement analogue à la fausse bulle sur papyrus de Sergius I, conservée à S.te Bénigne de Dijon[21]. Voici comment j'arrive à cette conclusion: si le *signum* informe qui termine notre lettre n'a rien de commun avec les *signa* pontificaux connus, il me semble, au contraire, avoir la prétention de reproduire une empreinte de bulle: j'ai donc pensé que le copiste avait peut être imité une bulle papale au nom de Sergius. J'ai recherché ces bulles: il n'y en a plus *aucune* d'appendue à une pièce provenant de l'un des quatre papes: mais j'en ai encore trouvé deux isolées: elles sont au British Museum (*Seal*, XXXVIII, 3 et 4); le n.° 4, dont le chevalier Aquari, de Rome, possède un double, doit être sans conteste attribuée à Sergius I; il porte:

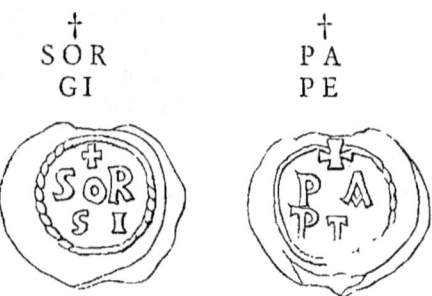

l'autre (n.° 3) est un faux plomb semblable à ceux de Dijon, auxquels je vais revenir.

En dessin, je n'ai trouvé que quatre figures de bulles, et qui peuvent être rapportées à Sergius II ou à Sergius III; l'une porte[22]:

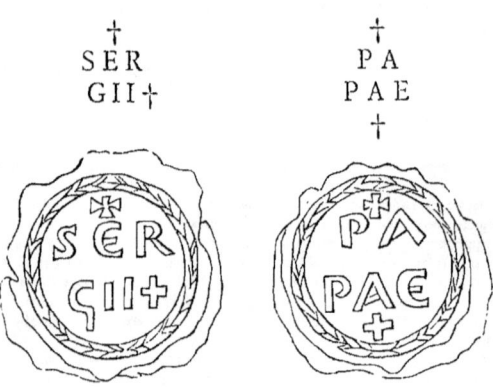

---

[21] V. Cointius, *Ann. eccl. Franc.*, IV, 336; Jaffé *Reg. Pontif.* p. 941, n°s 293-294; Delisle, *Notice sur un papyrus de L. Ashburnam (B. de l'É. des Ch.* VIe s.), III, 1867, pp. 455-466), et *Mél. de paléogr.* (P., 1880, 8°) pp. 37-52.

[22] Muratori, *Antiq. Ital.*, III, 131.

la seconde [23] :

la troisième [24] :

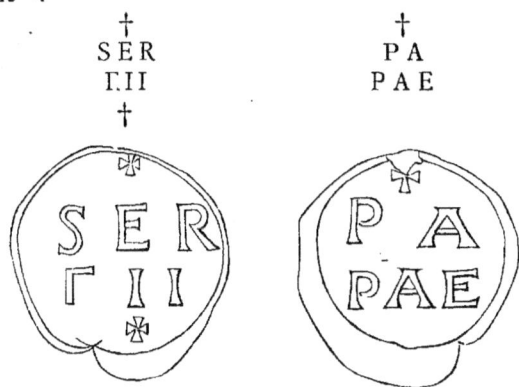

enfin la quatrième [25] :

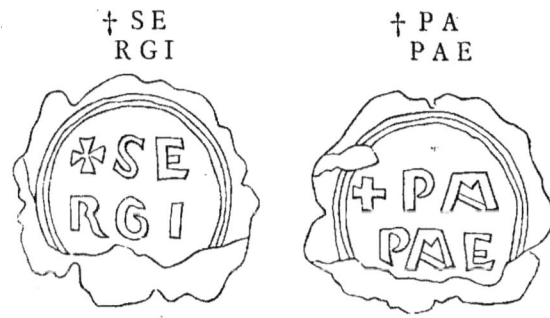

23 Ficoroni, *I piombi antichi* (Rom., 1740, in-f°) p. 73, pl. XXIV, n° 2 ; Ficoroni, qui l'a empruntée à Ciacconius, l'attribue à Sergius I.
24 Idem, *Ibid.* pl. XXIV, n° 3. Ficoroni en cite encore une autre où le nom de Sergius est en grec; mais qui ne paraît pas être une bulle papale.
25 Muratori, *Antiq. Ital.*, III, 132.

Celle de Sergius IV devait ressembler, au contraire, aux plombs des pontifes voisins de son règne, plombs dont la face portait le nom dans une légende circulaire, au centre de laquelle se trouvait une roue ou un fleuron [26].

Reste la pièce n° 3 de Londres, semblable à celle que Mabillon [27] a publiée, et qui pendait au faux papyrus de Ste Bénigne : ici, nous retrouvons le modèle du grossier dessin de notre faussaire, un *chrisma* central, et, autour, SERGII, précédé d'une croix.

Seulement, comme cet artiste inhabile prétendait probablement faire un *signum* complet, il a ajouté après SERGII la légende du revers du plomb qu'il avait sous les yeux — légende que, par une confusion assez explicable, il a lue: PEAPAE. Dans cette hypothèse, le caractère trop ancien de son écriture s'explique naturellement: ayant devant lui une pièce fabriquée pour être attribuée à Sergius I (687-701), mais dont il ignorait la date exacte, voulant d'autre part en faire une autre pour Sergius IV, il a dû tâcher de se rapprocher de son modèle et vieillir son écriture : seulement il a dépassé la mesure; ce qui prouve, par contre, qu'il opérait à une époque déjà assez éloignée de ce dernier pape, pour que l'on eût déjà oublié quelle était l'apparence de l'écriture pontificale de l'an 1009.

Si l'on rapproche cette dernière conclusion de ce fait que le faussaire a cru nécessaire de terminer sa pièce par un *signum*, usage dont Léon IX (1048-1054) nous offre, comme je l'ai dit plus haut, le premier exemple, on sera amené à penser que la fabrication a dû être de très-peu antérieure à la première croisade.

C'est au moment où commence à fermenter en Occident l'idée d'une intervention armée, destinée à délivrer les Lieux Saints de l'occupation récente, mais insupportable des Turcs, que cet exercice oratoire, de la même façon que la lettre de Silvestre II, et, peut-être la légende latine de Charlemagne [28], a été composée par quelque moine

---

26 Jean XV (1012) (Muratori *Op. c.*, p. 134) — Grégoire V (996) (Mabillon, *De re dipl.*, p. 207) — Benoît VIII (1024), (*Ibid.*, p. 216).

27 *De re diplom.*, 437; N. *traité de diplom.*, V, 141.
28 Voir plus haut pp. 15, 38.

inconnu. Ce moine, ayant lu dans quelque chronique [29] le récit de la destruction du S. Sépulcre, en 1010, aura voulu, à l'exemple de l'auteur de la lettre de Silvestre II, mais avec plus d'exactitude chronologique, attribuer au pape, contemporain du vandalisme de Hakem, une protestation vigoureuse, telle qu'Urbain II lui-même en eût adressé une, en pareil cas, à l'univers catholique.

Enfin je pense que cette fabrication, comme celle des pièces précédentes et de plusieurs autres que j'aurai à discuter plus loin [30], avait pour objet d'exciter le zèle des fidèles, au moment des prédications de 1095, en leur remettant sous les yeux une des principales catastrophes dont la Terre Sainte avait été le théâtre, et en créant, à l'aide de ces antiques projets de croisade, des précédents lointains et pleins d'autorité, pour ceux dont le grand pape poursuivait ou allait poursuivre l'exécution.

Dans les données fournies par la pièce elle-même, elle est censée écrite quelques mois après la destruction du S. Sépulcre, et avant qu'une année eût passé sur cet évènement, c'est à dire en 1011 (printemps — 29 septembre).

XV.

* 1054 . Arras.

Foucher, archichapelain de l'Empire et vidame d'Arras, à l'empereur Henri III: prend congé de lui au moment de partir pour la Terre Sainte avec s. Lietbert, évêque de Cambrai et d'Arras.

[INC.: « Dimidio animæ . . . . Cum enim redeo . . . ; — EXPL.: . . . .eius agat ».

MANUSCRIT: *Hanovre*, Bibl. roy., n° 671 (ch. s. XVI, in-f°)., p. III, n° 55.

ÉDITION: Sudendorf, *Registrum* (Berlin, 1854), III, n° 6, pp. 12-13].

(Voir plus loin le n° XXI).

XVI.

** 1055

[*Faux concile de Tours*].

Le retentissement extraordinaire qu'eurent les hauts faits de la 1re croisade pendant toute la durée du Moyen-Age, a exposé les chroniqueurs postérieurs à la tentation de rattacher à cet évènement,

---

[29] Et probablement la chronique même d'Adhémar, dont le récit touchant les Juifs d'Orléans (voir plus haut n° XII) a pu lui suggérer l'idée de cette intervention armée de l'Occident.

[30] Voir plus loin n°s XXXI, XXXIII, XLV, XC.

soit comme acteurs, soit au moins comme précurseurs, les personnages dont ils s'occupaient.

C'est ainsi que, sans parler des fausses croisades de Constantin et de Charlemagne [1] et des inventions romanesques analogues [2], nous voyons, dès le commencement du XII° siècle, Orderic Vital mettre dans la bouche de Robert Guiscard mourant (1085), un projet de croisade en Terre Sainte — projet auquel ce prince ne dut jamais songer [3].

C'est ainsi également qu'Henri IV passait au XIII° siècle pour avoir conquis Jérusalem et fondé l'ordre du Temple [4], Henri III, au XV° pour avoir délivré le S. Sépulcre [5], et au XIV°, le père de s. Gérard de Hongrie, pour avoir pris part à une croisade de la fin du X° siècle [6]. Enfin au XVI°, et peut-être auparavant, une expédition en Palestine, dont les héros étaient tous des membres de la maison de Coucy, fut fabriquée en l'honneur de cette illustre race, et placée en 1080 par un historien sans scrupules [7], tandis qu'en Provence on forgeait tout à la fois une croisade de l'an mil, et le héros de cette aventure, le faux Boson, roi d'Arles [8], dont j'ai dit un mot plus haut et que Michaud s'est empressé de ressusciter [9].

Mais le plus curieux de ces essais de mystification, et le seul dont j'aie à m'occuper ici, parce qu'il mentionne un faux concile et

---

1 Voir plus haut n° II, passim et surtout, p. 15, n. 23.

2 Ainsi le *Renaud de Montauban* (pp. 403-418), fait assister son héros à un fabuleux siège de Jérusalem. M. Longnon (*Les IV fils Aymon*, d. la R. des Q. hist., 1879, I, p. 178) prouve qu'il faudrait placer cette aventure en 746. Je remarquerai, en passant, qu'en cette année même, Jérusalem se révolta, à l'instigation de Constantin V, qui vint jusqu'en Palestine, et qu'elle fut assiégée et prise par le calife Merwan. (*Hist. miscella*, l. XXIV, c. 15, éd. Eyssenhardt, pp. 535-536; Theophanes, ad ann. 6237 éd. de B., I, p. 650). A *Renaud de Montauban*, on pourrait en ajouter vingt autres : je me borne à mentionner Roland (*Entrée en Espagne*, f. 273: cf. Léon Gautier, *Epop. Franc.*, II, 360) et les Douze Pairs (*Simon de Pouille*, f. 143 a; cf. Gautier, II, 291) et à rappeler tout ce que les Sagas norraines nous offrent en ce genre (cf. Riant, *Scand. en T. S.*, p. 448).

3 « Constantinopolim . . . . . decreveram, catho-
» licis pugnatoribus subiugare, qui sanctam Dei civi-
» tatem Jerusalem Turcis aufferrent » (Ord. Vit., l. VII, c. 7, éd. Le Prév., III, 186) ; cf. Lupus Protospatha (Pertz, *Mon. G. SS.*, V, 62).

4 *Annales S. Crucis Polon.* - 1270 (Pertz, *Mon. Germ. SS.*, XIX, 680); cf. Benzo Albensis, *Paneg. Henr. IV*, l. I, c. 19, l. V, c. 6 (*Ibid.*, XI, 606, 632) et plus haut p. 14, n. 17.

5 Suivant la légende du pèlerinage d'Ekkehard, comte de Scheiern, dans la *Speierische Chronik* (1450) c. 26 (Mone, *Quellensammlung*. I, 381-382) traduite par A. Rumpler (1513) (*Collectanea hist.*, d. les

Mon. Boica, XVI, 553). Hochwart (*Catal. episc. Ratisponensium* [1539], d. Oefele, *SS. RR. Boicarum*, I, 182) comprend Ekkehard dans le grand pèlerinage de 1064 : cf. Huschberg, *Aelt. Gesch. d. Hauses Scheiern-Wittelsbach* (Mün. 1834, 8°), pp. 220-224. En réalité, Ekkehard de Scheiern parait n'avoir fait partie que de la 1ere croisade; voir la *Zimmerische Chronik*, I (éd. Barak, p. 80), Aventinus, *Annales Boiorum* l. V, p. 498, et Hagenmeyer, *Hierosolymita*, p. 248, n. 15. M. Röhricht (*Pilgerf. v. d. Kr.* p. 373, et *Beitr. z. d. G. der Kr.*, II, 3 et 294) opine pour le pèlerinage de 1064, et (*Die Deutschen auf d. Kr.*, dans la *Zeitschr. f. d. d. Phil.*, VII, 132) ne compte parmi les croisés de 1101 qu'un frère d'Ekkehard, Othon; tandis que Damberger (*Synchron. Gesch. d. Kirche*, VII, 236), discutant la question en détail, dédouble le personnage, et place un Ekkehard en 1064, et l'autre en 1101.

6 Voir plus haut p. 43, n. 19.

7 François de Lalouette, *Hist. gén. de la maison de Coucy* (1577, in-4°, ff. 101-102) qui aurait tiré ce récit du trésor des chartes de cette maison (?). Il a été répété par plusieurs historiens locaux du XVIIe s., qu'énumère M. Sandret dans un article sur la *Croisade des Couci* (*Revue Nob.*, 1865, pp. 15-20), où il cherche vainement à réhabiliter ce conte.

8 Delbene, *De regno Burgundiæ Transj.* (Lugd., 1602, 4°) p. 133; Cés. de Nôtredame, *Chron. d. Provence* (1614) p. 76; cf. J. Lair, p. 247, n. 4 et plus haut pp. 32, 43, n.

9 V. Michaud, *H. des cr.*, 4e éd., I, 43.

une fausse encyclique, est celui qui tente d'introduire en 1055 comme prédécesseur victorieux de Godefroi de Bouillon, un certain Ottone d'Angera, seigneur milanais, qui n'alla probablement jamais en Terre Sainte [10]. Nous avons là, en effet, un faux à deux degrés, dont l'histoire est assez intéressante à suivre.

Au commencement du XIIIe siècle, un certain Daniel composa une *Chronica de comitibus de Angleria* [11], pleine de fables qui passèrent successivement dans le *Chronicon maius* de Filippo de Castel-Seprio, dans le *Flos florum* d'Ambrosio Bosso [12], et enfin, au XIVe siècle, dans le *Manipulus Florum* de Galvaneo Flamma, tous chroniqueurs milanais. Au nombre de ces fables se trouvait un récit détaillé des aventures courues à la première croisade par Ottone d'Angera et ses compagnons, et, en particulier, d'un duel, à la suite duquel Ottone échangeait son écu contre celui d'un émir sarrasin, qu'il venait de tuer, et prenait pour armes la vipère, futur blason des Visconti [13].

Comme seul, de tous ceux que je viens de nommer, le texte de Flamma nous est parvenu, nous ne pouvons savoir ce qu'il a ajouté à ses devanciers: ce qu'il y a de certain c'est qu'il n'est pas sorti d'une certaine vraisemblance chronologique, les Milanais ayant réellement figuré dans le second contingent de la première croisade [14].

Mais, cent ans plus tard, cette simple intervention dans la grande expédition de 1096-1101, ne suffit point à la gloire des Visconti: et le récit, déjà fabuleux de Flamma, fut défiguré à nouveau par Sébastien Brandt, qui, reculant de cinquante ans l'illustration du seigneur milanais, fabriqua pour Ottone et ses compagnons une croisade spéciale: le concile de Tours de 1096 [15] fut ainsi reporté par lui à l'an 1055.

Ce concile, réuni sous la présidence d'un pape anonyme, envoie des lettres [16] au comte d'Angera pour le prier de se joindre à l'expédition. On se met en route et les aventures d'Ottone se succèdent, y compris le duel, qui revêt des couleurs plus précises encore que celles dont l'avait orné Flamma: le lieu du combat, le nom de l'émir, sont indiqués avec soin, si bien que plus d'un auteur du XVIe siècle [17] s'empresse de donner avec confiance l'hospitalité à toute cette histoire.

---

10 Cet Ottone a réellement existé et était fils du vicomte Auprando; mais il n'était pas comte d'Angera; Angera s'appelait alors Stazzona. V. Giulini, *Memorie st. di Milano* (1854, in-8º) II, 522, 582, 681.

11 Giulini, II, 548.

12 Giulini, II, 548.

13 Galvaneus Flamma, *Manipulus florum*, c. 141 (Muratori, SS. RR. It., XI, 618).

14 Voir plus loin nº CXXVIII.

15 Voir plus loin nº L.

16 « Anno Inc. 1055, Ottus, Angleriæ comes. . . » unde ab omnibus eius virtute cognita, Galliarum » principes, pro T. S. subsidio, in synodo apud Tu- » ronem congregati, ad eum litteras dedere, ut et » ipse tanto apparatui auxilio foret; qui pontifici ce- » terisque regibus prono annuit animo, Hierosoly- » mamque cum reliquis christianis profectus est » (Sebast. Brandt, *De orig. et convers. bon. regum*, Basil., 1495, in-4º, f. kj vº).

17 En particulier, Jean Herold (v. 1540) dans sa continuation latine de Guillaume de Tyr (*Cont. belli Sacri*, l. 1, c. 18, Basil. 1564, in-fº. p. 47) et Tristano Calchi (v. 1500) d. son *Hist. patr. Mediol.*

En réalité, comme je l'ai déjà dit, et comme va le montrer la suite de ce travail, il n'y a eu, avant celle de 1096-1101, aucune expédition qui mérite le nom, ou qui ait eu, à quelque degré que ce soit, le caractère de ce que l'on est convenu de désigner par *croisade*; et la meilleure preuve que l'on puisse donner *a priori* de cette assertion, c'est que les chroniqueurs qui eussent pu, en grossissant l'importance de quelques pèlerinages faits en grandes troupes [18] et de certains voyages maritimes [19], constituer une sorte de préface à l'histoire des croisades, ou n'ont pas songé à ces évènements, ou n'en ont pas eu connaissance, et ont préféré, soit fabriquer de toutes pièces les fables que je viens de passer en revue, soit vieillir des incidents de la 1re croisade.

XVII.

1056 (commencement de décembre). Cologne.

Victor II à Théodora, impératrice d'Orient: la prie de mettre fin aux exactions, que les gardiens grecs des Lieux Saints font subir aux pèlerins latins.

INC.: « Victor . . . , Apostolicæ sedis compellimur . . . . . » — EXPL.: . . . . . « avitam prosapiam tuam veneratur ».

MANUSCRIT: Mabillon, « *ex schedis nostris* » (perdu).
ÉDITIONS: A. Mabillon, *Annales ordinis S. Benedicti*, V. 647; — B. Migne, *Patrologia latina*, CXLIX, 961-962 (Bréquigny, *Table des dipl.*, I, 222; Jaffé, n° 4015).

RÉCENSION: Mabillon, *Op. c.*, p. 237.

Dans l'intitulé de cette lettre, telle que l'a publiée Mabillon, l'impératrice de Constantinople ne figure que par l'initiale A.

« A., *imperatrici augustæ* »

D'ailleurs le manuscrit ne donnait ni date ni souscription.

Séduit probablement par l'idée de rapprocher cette pièce d'une certaine expédition que, suivant Léon d'Ostie, Victor III organisa contre

---

1. *VII* (Grævius et Burmannus, *Thes. ant. Ital.*, II, 1, 107). Belleforest (*Grandes chron. et ann. de France* I, 449) raconte la légende comme Brandt, en renvoyant à Bernardo Corio, qui, au contraire, (*Hist. patr. Mediol.*, Mediol., 1503, f°, I, f. 10) suit Galvaneo Flamma.

18 C'est bien ce que la *Speier. Chronik* a essayé de faire pour le pèlerinage de 1064: mais, d'abord, elle l'a changé de date, puis lui a conservé l'un des caractères qui ont toujours distingué — comme l'a si bien fait remarquer M. G. Paris (*Séance de l'Acad. des Inscr.*, 1877, p. 119) — ces pèlerinages, des croisades véritables: la *marche à pied et sans armes*. Ekkehard de Scheiern, voyageant ainsi avec sa suite, arbore comme enseigne son soulier de pourpre, et est surnommé le *duc à la bottine* (*Herzog Pundschuh*).

19 Comme celle des habitants de Bari, qui après avoir touché à Antioche, rapportèrent de Myrrha, en 1087, le corps de s. Nicolas. V. Johannes, arch. Barensis, *Transl. s. Nicolai*, d. Surius, VII, 398-402; Nicephorus Monachus, *Transl. s. Nicolai*, d. Falconius, *Acta primig. s. Nicolai* (Neap. 1751, in-f°), pp. 131 et s.; Ord. Vit., l. VII, c. 12, éd. Le Prév., III, pp. 205-218.

les Sarrasins d'Afrique [1] pendant son très-court règne (24 mai 1086-16 sept. 1087), et de faire ainsi de ce pape, par la juxtaposition de cette espèce de croisade et d'une intervention dans les affaires de Terre Sainte, le précurseur d'Urbain II, Mabillon lui attribua tout simplement cette lettre [2], qui serait d'ailleurs, avec une bulle en faveur de Ravello [3], la seule pièce du pontificat de Victor III. Cette opinion ne saurait, je crois, être désormais acceptée.

D'abord, comme il n'y avait en 1086-1087 aucune impératrice dont le nom commençât par un A, l'éditeur a supposé qu'il fallait remplacer « *imperatrici augustæ* » par « *imperatori augusto* » et voir dans l'A l'initiale d'Alexis Comnène. Malheureusement la lettre entière est évidemment adressée à une femme, et les derniers mots « *avitam prosapiam tuam* (Ecclesia Romana) veneratur » ne peuvent guère s'adresser à un parvenu tel qu'Alexis Comnène ; j'ajouterai qu'en 1087 Alexis Comnène n'était pas encore rentré dans la communion de l'Église, les censures qui le frappèrent n'ayant été levées que deux ans plus tard [4].

En outre, dans la lettre, le pape invoque l'autorité de la cour de Byzance pour faire cesser un tribut que des officiers grecs « *officiales tui* » exigeaient des pèlerins à l'entrée de Lieux Saints ; or, en 1086-1087, rien de pareil ne pouvait être reproché à des fonctionnaires byzantins dans la Ville Sainte: car, depuis l'entrée des Turcs dans Jérusalem (1070-1078) tout rapport avait cessé entre Constantinople et l'administration du S. Sépulcre: en 1084, Antioche elle-même avait échappé [5] à la domination grecque, qui avait presque reculé jusqu'aux Dardanelles.

Il faut donc, sans hésiter, reporter la lettre à Victor II (13 avril 1055 - 28 juillet 1057), et, faisant une correction beaucoup plus légère que celle de Mabillon, (T au lieu de A [6]), voir, dans l'impératrice anonyme, Théodora, qui, en effet, régna *seule* du 12 janvier 1055 au 22 août 1056 [7].

Toute la lettre alors s'explique parfaitement. D'abord, à cette époque, le S. Siège, malgré l'insuccès religieux de l'ambassade envoyée à Constantin IX par Léon IX et l'état de révolte du patriarche Michel Cérulaire, était encore en bons rapports avec la cour de Byzance, où

---

[1] *Carmen in victoriam Pisanorum*, éd. Reiffenberg, dans l'*Annuaire de la Bibl. roy. de Belgique*, 1844, V, pp. 113-135. Leo Ostiensis (Muratori, *SS. RR. Ital.*, IV, 480); Bernoldus, ad ann. 1088, *Ann. Pisani* (Pertz, *Mon. G. SS.*, V, 447, XIX, 239); *Martyr. Lucense* (Baronius, *Annales*, éd. Mansi, XVII, 581); *AA. SS. Boll.*, Sept. V, 398; cf. Wilken, *Gesch. der Kr.*, I, 42; Sybel, *G. d. I. Kr.*, 219; et Bock, *Lettre à Bethmann*, d. l'*Ann. de la B. roy. de Belg.*, 1851, XII, 58, 134.

[2] Mabillon, (*Ann.*, V, 237), Jaffé, (*l. c.*) Giesebrecht (*Gesch. d. d. Kaiserzeit*, III, 577) et Hergenröther (*Photius*, III, 788) ont suivi Mabillon sans hésitation.

[3] Jaffé n° 4016.

[4] En 1089 (Bernold., *Chron.*, [Pertz, *Mon. G. SS.*, V, 450]).

[5] Ibn-Athoun, cité par Weil, *Gesch. d. Khal.*, III, 129.

[6] Surtout si l'original portait un T surchargé, que le copiste a pu prendre pour un A à tête horizontale.

[7] V. Muralt, *Chronogr. byzantine*. I, 462-463.

cette ambassade avait trouvé, malgré l'opposition acharnée du clergé grec, un accueil courtois [8]. On sait en second lieu, que le S. Sépulcre, détruit à la fin de 1010 par Hakem Biamrillah, fut après, la mort de ce prince (1021), reconstruit à la suite d'une convention conclue entre son fils Daher et Michel IV [9], aux frais et par les soins de Constantin IX Monomaque [10], et que cette reconstruction, déjà avancée sous Michel IV [11], fut achevée en 1048 par le patriarche Nicéphore [12].

Les Saints Lieux se trouvaient donc alors absolument dans la même situation administrative que celle où ils sont à présent: Jérusalem obéissait politiquement aux califes du Caire, comme aujourd'hui au sultan des Turcs; mais les empereurs étaient, comme actuellement le gouvernement français, les protecteurs des Lieux Saints, et cela officiellement, par suite d'un traité et parce qu'ils avaient contribué à les réédifier.

Comme aujourd'hui également, deux rites se trouvaient en présence: les Latins établis depuis Charlemagne, et les Grecs; avec cette circonstance aggravante que le patriarche grec exerçait peut-être sur l'ensemble des deux communautés une autorité *civile*, analogue aux pouvoirs que les Turcs laissent au catholicos grégorien sur les Arméniens schismatiques, ses compatriotes.

Une lettre de Léon III, que j'ai citée plus haut [13], montre que l'intolérance des Grecs était déjà ce qu'elle est à présent; et l'on comprend parfaitement, que, forts de la neutralité des Arabes, et de la protection du gouvernement impérial qui occupait encore Antioche, Édesse et d'autres villes voisines de Jérusalem, les moines grecs aient pu ajouter à leurs persécutions habituelles, un tribut, motivé d'ailleurs par les frais très-considérables qu'avaient dû entraîner les récentes reconstructions.

Le souverain pontife signale dans sa lettre un autre abus: c'est un péage énorme de trois hyperpères par cheval et d'un hyperpère et demi par piéton, — péage qui est exigé des pèlerins latins [14] sur deux points de leur passage, que le pape ne nomme malheureusement pas: il ajoute que les Grecs ne se gênent point pour ajouter à ces

---

8 Voir Delarc, *Un pape Alsacien*, p. 448-480; Höfler, *D. deutschen Päbste*, II, 230 et s.

9 Wilh. Tyr. l. I, c. 6 (*Hist. occ. des Cr.* I, p. 20); Cedrenus, éd. de Bonn, pp. 515-521; Zonaras, l. XVII, éd. de P., II, 15; Aboulfarage, *Chr. Syr.*, tr. Bruns, p. 220; Rad. Glaber, l. III, c. 7 (*Rec. des hist. de la Fr.*, X., 35); Mudgir-Eddin, éd. Sauvaire, p. 68; Elmacin l. III, c. 6, p. 323. Boré (*Lieux Saints*, p. 5) a publié la traduction d'un firman délivré par le calife Mozaffer en 1023 en faveur des Lieux Saints; mais Heyd, (*Gesch. d. Levantehandels*, I, 116) le considère comme apocryphe.

10 Wilh. Tyr., *l. c.*; Mar. Sanutus, *Secr. fid. Crucis*, l. III, p. III, c. 8 (Bongars, II, 129).

11 Cedrenus, *l. c.*

12 Wilh. Tyr., *l. c.*; Mar. Sanutus., *l. c.*

13 *Epist*. Leonis, abbatis latini Montis Oliveti ad Leonem III et *Epist*. Leonis III ad Karolum M. c. 809 (Jaffé, *Mon. Carolina*, p. 382-386); v. plus haut, p. 29.

14 « Pro singulis equis iij aurei et ex binis pedibus totidem ».

exactions toutes sortes de mauvais traitements. Or si l'on se reporte à quelques années en arrière, on trouve précisément une mesure prise dans le même sens par Basile II [15], qui, se défiant des premiers Normands de Pouille, interdit formellement la traversée du territoire de l'empire aux voyageurs latins: à moitié tombée en désuétude, cette interdiction ne se traduisait plus en 1056 que par les vexations dont se plaint le pape.

Nous mettrons donc la lettre (qui, comme on le voit, n'a rien de commun avec les croisades), sous le pontificat de Victor II, et nous chercherons même à préciser davantage.

La période commune aux règnes de ce pape et de Théodora, s'étend du 13 avril 1055 au 22 août 1056; mais, comme la mort de Théodora ne dut guère être connue en Allemagne, où résidait Victor II, qu'au bout de quelques mois, on peut prolonger cette période, jusqu'à la fin de 1056.

Or, c'est précisément à cette époque que revenaient de Palestine, après un lamentable voyage, s. Lietbert, évêque de Cambrai et ses compagnons [16]; rançonnés par le catapan de Chypre, ils n'avaient pu aller que jusqu'à Laodicée, où ils avaient trouvé Hélinand, évêque de Laon, revenant de Jérusalem; ce dernier leur avait fait un tel tableau des difficultés qui les attendaient dans la Ville Sainte, qu'ils s'étaient décidés à rebrousser chemin, sans pousser plus loin leur pèlerinage.

C'est sous l'impression de ces mésaventures toutes récentes que s. Lietbert rencontre à Cologne le pape Victor II [17], venu en Allemagne pour chercher des secours contre les Sarrasins de la Méditerranée [18]. C'est évidemment le prélat cambraisien qui dut inspirer notre lettre, et c'est de Cologne, au commencement de décembre, qu'elle a dû être envoyée.

XVIII.

1064 (printemps)   Mayence.

Siegfried, archevêque de Mayence à Alexandre II: lui annonce son prochain départ pour Jérusalem.

[INC.: « Alexandro ... Caput nostrum ... ; — EXPL.: ... ut cedrum Libani ».

MANUSCRITS: 1. *Vienne*, B. imp., lat. 398 (Jus can., 45) (m. s. XII, in-fº), ff. 52-53; — 2. *Wolfenbüttel*, 1024 (m. s. XII, in-4º), ff. 30-32: — 3. *Zweil*, 283 (m. s. XII, in-4º), ff. 85-86 (Udalrici Codex).

---

15 Adhemari *Chron.*, l. III, c. 55, ad. ann. 1016 et 1019 (Pertz, *Mon. Germ., SS.*, IV, p. 146).

16 « Multo auro, exitu vix impetrato ». (*Gesta Lietberti Camerac.*, c. 41, [Pertz, *Mon. Germ., SS.*, VII, 497]).

17 Cette rencontre résulte de la comparaison entre un texte de Sigebert de Gembloux (Pertz, *Mon. Germ. SS.*, VI, 360; cf. Jaffé, *Reg. P.*, p. 380), et le c. 42 des *Gesta Lietberti (l. c.)*. Voir Junkmann, *De peregrin. ante conc. Clarom.* (Vratislav., 1859, in-8º) p. 53.

18 *Annal. Romani* (Pertz, *Mon. G. SS.*, V, 470).

ÉDITIONS: A. dans Udalricus, *Codex*, n° 128 (Eccardus, *Corpus hist. Med. Ævi*, II, pp. 122-123 [cod. 1]; — B. Jaffé, *Monum. Bambergensia*, n° 28, p. 54 [cod. 1-3].

(Voir plus loin n.° XXI).

XIX.

1064 (août)   Passau.

Le prévôt de Passau à Günther, évêque de Bamberg: l'informe que, conformément aux instructions d'Engelbert, évêque de Passau, il lui a fait préparer des logis dans tous les lieux du diocèse de Passau, que Günther doit traverser en se rendant à Jérusalem.

[INC.: « Iocundum valde . . . ; — EXPL.: « . . . . dominorum Zion. Valete ».

MANUSCRIT: *Hanovre*, Bibl. roy., n° 671, p. III, n° 64.

ÉDITION: Sudendorf, *Registrum* (Berlin, 1851), II, n° 12, pp. 14-15].

(Voir plus loin n.° XXI).

XX.

1065 (printemps)   Laodicée.

Günther, évêque de Bamberg, à ses diocésains: leur raconte son voyage jusqu'à Laodicée.

[Fragment inséré dans les *Grandes Annales d'Altaich* [1]].

(Voir le numéro suivant).

XXI.

1065 (automne)   Bamberg.

Meinhard, écolâtre de Bamberg, à un ami habitant ce diocèse: le console de la mort de Günther, évêque de Bamberg, décédé en Hongrie, au retour de son pélerinage à Jérusalem.

[INC.: « Etsi tuam . . . . » — EXPL.: « . . . . negocio revertantur ».

MANUSCRIT: *Hanovre*, Bibl. roy., lat. n.° 671, p. III, n.° 74.

ÉDITION: Sudendorf, *Registrum*, III, n.° 16, p. 28].

Le milieu du XIe siècle a vu se former en Occident, surtout dans le nord de la France et en Allemagne, et arriver jusqu'en Terre Sainte,

[1] Pertz, *Mon. Germ. SS.*, XX, 815.

des troupes aussi considérables par le nombre des pèlerins qui les composaient que par le haut rang de ceux qui marchaient à leur tête [1].

On a voulu voir dans ces voyages faits en si grande compagnie, des mouvements précurseurs des croisades véritables [2] : je suis persuadé, comme je l'ai dit plus haut [3] que cette appréciation est inexacte, et qu'il n'y eut jamais là que les escortes dont devaient naturellement s'entourer des personnages aussi importants que les prélats allemands de cette époque, — escortes peut-être grossies en route par des gens désireux de voyager avec plus de sécurité au sein de ces pieuses caravanes.

Bien donc qu'il me soit impossible de considérer ces voyages du XIe siècle, même comme une simple préface de l'histoire des croisades, j'ai voulu enregistrer les seules pièces qui nous soient parvenues de la correspondance évidemment considérable à laquelle ils ont dû donner lieu [4].

La première (n.° XV) [5] est une lettre d'adieu adressée à l'empereur Henri III, par Foucher, vidame d'Arras et archichapelain de l'Empire, au moment où ce dernier se disposait à accompagner en Terre Sainte s. Lietbert, son évêque [6] : c'est un simple morceau de rhétorique.

La seconde (n.° XVIII) [7] est une lettre, par laquelle Sigfried, archevêque de Mayence, qui fit le pèlerinage avec Günther [8], notifie à Alexandre II son intention de partir pour la Terre Sainte.

La troisième (n.° XIX) [9] est plus curieuse; car elle montre que l'on était loin d'entreprendre à l'aventure ces longs voyages : l'évêque de Bamberg, Günther, avait eu soin de faire préparer ses logis tout le long de la route, et même de faire arrêter des moyens de transport; le prévôt de Passau, chargé par Engelbert, son évêque, de veiller à ces préparatifs dans le diocèse de Passau, informe Günther

---

[1] Voir la *Series chron. itinerum bellis sacris anter.*, au tome II des *Itin. Hier. latina*.

[2] V. Michaud, *Hist. des cr.*, IV, éd. 1, pp. 572 et s., Couret, *La Palestine sous les emp. grecs*, p. 376, etc.

[3] Voir plus haut p. 50.

[4] Je ne dis rien de l'authenticité des trois premières et de la dernière lettres, tirées par Sudendorf d'un recueil du XVIe siècle, conservé à Hanovre, et qui contient un grand nombre de pièces suffisamment vraisemblables. Cependant je dois faire remarquer que le n° XV a toutes les allures d'un simple exercice épistolaire : il est au moins singulier qu'écrivant à l'empereur, son archipelain, se serve de ce salut : « *Dimidio animæ suæ, pars altera* ». Puis ces titres de *vicedominus Atrebatensis*, donné à un clerc, et d'*archicapellanus*, qui appartenait aux archevêques de Mayence, sont très-suspects.

[5] Plus haut, p. 47.

[6] Sur le pèlerinage de Lietbert, voir *Vita s. Lietb.* (dans Mabillon, *AA. SS. ord. s. Ben.* III, 1, 381 : *AA. SS.* Jun., IV, 595); *Chron. S. Andreæ Camer.* (Pertz, *Mon. Germ., SS.*, VII, 535).

[7] Plus haut p. 53.

[8] Sur ce pèlerinage commun, voir *Annal. Augutt.*, Lamb. Hersfeld., Bernoldi *Chron.*, Ekkehardi *Chron.* (Pertz, *Mon. Germ. SS.*, III, 128, V, 168 et s., 428, VI, 199); *Vita Altmanni* (*AA. SS. Boll.*, Aug., II, 367); *Epitaph. Güntheri* (Jaffé, *Mon. Bamb.*, p. 57); *Monum. Boica*, XVI, 553; *Speier. Chron.* (Mone, *Quellensammlung*, 1, 382); Ord. Vit., l. IV, c. 16 (éd. le Prév., II, 285); *Hist. Ingulphi* (Fell, *SS. RR. Angl.*, p. 73) et Böhmer *Reg. archiepiscoporum Mogunt.* (Innsbrück, 1877) p. 185.

[9] Plus haut p. 54.

que tout est prêt et qu'il peut arriver. On voit bien qu'il s'agit là du voyage d'un puissant seigneur ecclésiastique accompagné de sa suite, et non point d'une croisade.

La quatrième (n.° XX) devait être fort intéressante : Günther y racontait tout son voyage, jusqu'à Laodicée ; dans le fragment que nous en ont conservé les *Grandes Annales d'Altaïch*, il n'est question que des obstacles de tout genre, rencontrés le long de la route par les pèlerins et aucunement de combats contre les Infidèles.

La cinquième enfin (n.° XXI) n'est, sous forme épistolaire, qu'une élégie, adressée par Meinhard, écolâtre de Bamberg, à un ami, sur la fin malheureuse du même Günther, mort en Hongrie le 23 juillet 1065, au moment où il allait revoir le sol natal [10].

XXII.

1074 (2 février)   Rome.

Grégoire VII à Guillaume I, comte de Bourgogne: l'appelle au secours de l'Église, pour soumettre les Normands et ensuite combattre les Infidèles qui menacent Constantinople.

[INC.: « Gregorius . . . . Meminisse valet . . . . » — EXPL. « . . . . Apostolorum donabunt » (*Romæ*, iv non febr., ind. XII).

ÉDITIONS : A. *Epistolæ decret. summorum pontificum*, ed. Ant. de Aquino, III, 586 ; — B. Baronius, *Ann. eccl.*, 1074, n. 49, 1 ed., XI, 450 ; — C. Labbe, *Concilia*, X, 41 ; — D. Mausi, *Concilia*, XX, 97 ; — E. Baronius, ed. Mansi, XVII. 393 ; — F. Migne, *Patr. lat.*, CXLVIII, 325 ; — G. Jaffé, *Mon. Gregor.*, 64-65 (Jaffé, n.° 3584 - *Reg. Greg. VII*, I, 46).

VERSIONS *françaises* : *a*) Mailly, *Esprit des croisades* (Dijon, 1780, in-12), III, 48 (fragm.) ; — *b*) Davin, *S. Grégoire VII* (P. 1861), p. 193 (fr.).

VERSIONS *allemandes* : *a*) Mailly, *Gesch. d. Kreuzz.* (Leipzig, 1782, in-8°) [1] II, 32 ; — *b*) Söhtl, *Gregor VII* (1847, 8°), p. 96.

RÉCENSIONS : 1. Michaud, *Bibl. des cr.*, II, 488 et s. ; — 2. Sybel, *G. d. I Kr.*, pp. 188-190 ; — 3. Hagenmeyer, *Ekkehardi Hierosolymita*, p. 81 [2]].

La date et l'authenticité des six lettres de Grégoire VII, plus ou moins directement relatives [3] aux projets de ce pape contre les Infi-

---

10 Le *Codex* d'Ulrich de Bamberg (Jaffé, *Mon. Bamb.*, n° 29, pp. 56-57) renferme encore une autre lettre, écrite par le chapitre de Bamberg à Adalbert, archevêque de Brême, à propos d'un procès, que les chanoines veulent faire remettre jusqu'au retour de Günther ; mais il n'y est donné aucun détail sur le pèlerinage de ce dernier.

1 Le nombre des versions intégrales ou fragmentaires des lettres de Grégoire VII, relatives à ses projets d'expédition en Orient, est considérable. Sans parler des ouvrages spéciaux relatifs à ce pape, et dont l'énumération occupe deux colonnes entières du *Répertoire* de l'abbé Chevalier (I, pp. 924-925), il n'y a presque point d'histoire générale de l'Église ou d'histoire d'Allemagne qui n'en cite au moins des extraits. J'ai dû me borner à signaler, pour cette lettre et les cinq suivantes, celles de ces versions qui appartenaient à des ouvrages plus spécialement consacrés à l'histoire des croisades.

2 Les trois récensions que j'indique ici s'appliquent également aux cinq numéros suivants : comme pour les versions, j'ai dû me borner à signaler les livres qui parlaient de ces pièces au point de vue spécial de l'histoire des croisades.

3 Je n'ai pas compris dans ce nombre la lettre du 7 avril 1074, adressée à Godefroy III-le-Bossu, duc

dèles d'Orient, sont, à une exception près [4], au-dessus de toute discussion: leur véritable caractère peut seul donner lieu à quelques observations générales que je ferai, en une seule fois, à propos de la plus récente de toutes (plus loin n.º XXVII).

XXIII.

1074 (1.er mars)   Rome.

Grégoire VII à tous ceux qui veulent défendre la foi: les excite à venir au secours de l'empire grec menacé par les Infidèles, qui se sont avancés jusque sous les murs de Constantinople.

[INC.: « Gregorius . . . . Notum vobis esse . . . . » — EXPL.: « . , . . renunciare studete » (*Romæ*, kal. mart., ind. XII).

ÉDITIONS: A. *Epistolæ decret. summorum pontificum*, ed. Ant. de Aquino, III, 589; — B. Baronius, *Ann.* 1074, n. 50, 1. éd., p. XI, 451; — C. Labbe, *Concilia*, X, 44; — D. Cocquelines, *Bullar. Rom.*, II, 27-28; — E. Mansi, *Concilia*, X, 100; — F. *Bull. Romanum*, ed. Taurin., II, 61; — G. Baronius, *Ann.*, ed. Mansi, XVII, 394; — H. Migne, *Patr. lat.*, CXLVIII, 329; — I. Jaffé, *Mon. Gregor.*, 69-70 (Jaffé, n° 3587 - *Reg. Greg. VII*, I, 49).

VERSIONS *françaises*: a) Mailly, III, 49; — b) Peyré, II, 456-457; — c) Darras, *Hist. de l'Église*, XXI, 628-629.

VERSION *allemande*: Mailly, *Gesch. d. Kr.*, II, 33].

(Voir plus loin n.º XXVII).

XXIV.

1074 (10 sept.)   Tivoli.

Grégoire VII à Guillaume VI, comte de Poitiers: le remercie de ses offres de services pour la défense de la foi: le bruit d'une victoire sur les Infidèles fait ajourner momentanément l'expédition projetée.

[INC.: « Gregorius . . . . Omnipotenti Deo . . . . » — EXPL.: « . . . existit fiducia » (*Tiburis*, iv id. sept., ind. XIII)

ÉDITIONS: A. *Epistolæ decret. summorum pontificum*, ed. Ant. de Aquino, III, p. 618; — B. Labbe, *Concilia*, X, 70; — C. Mansi, *Concilia*, XX, 127; — D. Migne, *Patr. lat.*, CXLVIII, 360; — E. Jaffé, *Mon. Gregor.* 111-112, (Jaffé, n° 3635 - *Reg. Greg. VII*, II, 3)].

(Voir plus loin n.º XXVII).

---

de Lorraine (*Reg.*, I, 72, Jaffé p. 91), celle du 2 janvier 1075 adressée aux fidèles de S¹ Pierre (*Reg.* II, 40, Jaffé, p. 154), enfin celle du 5 janvier 1075 *Reg.* (II, 51, Jaffé, p. 167), adressée à Sveinn Astridarson,

roi de Danemark; toutes ces lettres demandent des secours, mais aucune ne spécifie que ce soit pour combattre les Infidèles.

4 Le n° XXVII dont je parlerai plus loin.

XXV.

1074 (7 décembre)   Rome.

Grégoire VII à Henri IV, empereur d'Allemagne: lui annonce qu'il est prêt à marcher aux secours des Grecs et à la délivrance du S. Sépulcre avec une armée de cinquante mille hommes: lui propose de lui laisser, en son absence, le soin des intérêts de l'Église.

[INC.: « Gregorius .... Si Deus modo .... » — EXPL.: « .... æternam perducat » (*Romæ*, vij id. dec., ind. XIII)

ÉDITIONS: A. *Epistolæ decret. summorum pontificum*, ed. Ant. de Aquino, III, p. 640; — B. Baronius, *Ann.*, 1074, n. 53, 1. éd., XI, 452; — C. Labbe, *Concilia*, X, 91; — D. Mansi, *Concilia*, XX, 149; — E. Baronius, *Ann.*, ed. Mansi, XVII, 395; — F. Migne, *Patr. lat.*, CXLVIII, 386; — G. Jaffé, *Mon. Greg.*, 144-146 (Jaffé, n° 3665 - *Reg. Greg. VII*, II, 31).

VERSIONS *françaises*: *a*) Mailly, III, 51-54; — *b*) A. de Vidaillan, *Grég. VII*, (P., 1837, 8°) II, 100; — *c*) Peyré, II, 458-460; — *d*) Darras, XXI, 630; — *e*) Villemain, *Hist. de Grégoire VII*, I, 446-447; — *f*) Davin, *S. Grégoire VII*, p. 194 (fr.); — *g*) Montalembert, *Moines d'Occident*, VII, 22 (fr.).

VERSIONS *allemandes*: *a*) Mailly, *Gesch. d. Kr.*, II, 34-37; — *b*) Maier, *Vers. einer Gesch. der Kreuzz.* (Stettin, 1780), I, 15, p. 97-99; — *c*) Söltl, *Gregor VII*; — *d*) Voigt, *Hildebrand* (Weimar, 1846, 8°), p. 285 (fr.); — *e*) Damberger, *Synchr. Gesch.*, VI, 833 (fr.); — *f*) Alzog, *Handb. d. univ. Kircheng.*, I, 609.

VERSION *anglaise*: S. W. Bowden, *The life of Gregory VII* (Lond, 1840) II, 45.]

(Voir plus loin n.° XXVII).

XXVI.

1074 (16 décembre)   Rome.

Grégoire VII aux fidèles de S. Pierre au-delà des monts: les exhorte à venir au secours des chrétiens d'Orient.

(INC.: « Gregorius .... Ad vos jam pervenisse .... » — EXPL.: « .... animas vestras ponere » (*Romæ*, xvij kal. jan., ind. XII).

ÉDITIONS: A. *Epistolæ decret. summorum pontificum*, ed. Ant. de Aquino, III, p. 645; — B. Baronius, *Annales*, 1074, n. 51, 1. éd., XI, 451; — C. Labbe, *Concilia*, X, 95; — D. Mansi, *Concilia*, XX, 152; — E, Baronius, *Ann.*, ed. Mansi, XVII, 394; — F. Wilken, *Gesch. der Kreuzzüge*, I, 43; — G. Migne, *Patr. lat.*, CXLVIII, 390; — H. Jaffé, *Mon. Greg.*, 150-151 (Jaffé, n° 3672 - *Reg. Greg. VII*, II, 37).

VERSION *française*: Peyré, II, 457-458.

VERSION *allemande*: Söltl, *Greg. VII*, pp. 99-100.]

(Voir le numéro suivant).

XXVII.

* 1074 (16 déc.)   Rome.

Grégoire VII à la comtesse Mathilde: l'exhorte à l'accompagner ainsi que l'impératrice Agnès dans l'expédition qu'il a préparée contre les Infidèles.

[Inc.: « Quanta sit mihi . . . » — Expl.: « . . . de te possit gaudere ».

Manuscrit: *Hanovre*, Bibl. roy., n. 671, p. III, n. 43.

Éditions : A. Sudendorf, *Registrum*, II, n° 21, p. 24 ; — B. Jaffé, *Mon. Greg.*, p. 532 (Greg. VII, *Ep. coll.*, n.° 11.)

Version *allemande*: Giesebrecht, *Gesch. d. d. Kaiserzeit*, III, 250].

La plupart des auteurs qui ont traité de l'histoire générale de l'Église, ou de ceux qui se sont occupés spécialement des croisades, de Grégoire VII ou de Henri IV [1], ont vu, dans les six lettres dont je viens de donner les intitulés, la preuve indiscutable que ce pape avait

---

[1] Il est impossible de passer en revue tous les écrivains qui ont parlé des projets de croisade de Grégoire VII: je n'en citerai que quelques-uns : En France, Fleury (*Hist. ecclés.* XIII, 278-281), Michaud et Peyré (*Il. cc.*), Sismondi (*H. des Fr.*), IV, 525, Rohrbacher, *H. de l'Égl.*, XIV, 194-196), Henri Martin (*H. de Fr.* III, 154), Montalembert (*Moines d'Occident*, VII, 21-23), croient à la réalité de ces projets. Darras (XXI, 628) les met en scène dans un récit imaginaire du synode de Latran (10 mars 1874). Villemain (*Grég. VII*, I, 446) fait quelques réserves. Il en est de même des historiens anglais récents: Millmann (*Hist. of the lat. christ.*, III, 429) et Robertson (*Hist. of. the christ. church*, IV, 300), tandis que Gibbon (*Hist. of the decl.*, tr. Buchon, II, 638) et Bowden, (*l. c.*) acceptaient l'opinion ordinaire. — En Italie, Cantù (*H. des Ital.*, tr. Lacombe, IV, 393) ; en Allemagne, Schroeck (*Christ. Kircheng.* XXV, 39), Heeren (*D. Folg. d. Kr.*, d. ses *Kleine hist. Schriften*, III, 79, 99), Neander (*Allg. G. d. chr. Rel.*, V, 196, 235), Spalding (*G. der Königr. Jerus.* I, 21), Hammer (*Polit. des Comnènes avec les croisés*, d. les *N. Annal. des Voy.*, VII, 252), Wilken (*G. d. Kr.*, I, 43), Voigt (*Hildebrand*, pp. 265-266), Söltl (*Gregor VII*, pp. 95-101), Raumer (*G. der Hohenst.*, I, 28), Hefele (*Conciling.*, V, 32), Giesebrecht (*G. d. d. Kaiserzeit*, III, 243-244, 249-252), Floto (*Kaiser Heinr. IV*, II, 27), Gregorovius (*G. der St. Rom*, IV, 168-170, 269, 277), Baxmann (*Polit. d. Päpste* II, 376-378) et tout récemment MM. Prutz (*Christenthum und Islam*, d. Riehls *Tasch.*, 1878, p. 278) et J. Frobœse (*Gottfr. v. Bouillon*, 1879, 8°, p. 10) croient aux projets de croisade ; plusieurs même en font l'objet d'amplifications spéciales. Mais c'est pour Gfrörer que ces projets sont une question de prédilection: il y revient en plusieurs endroits de ses œuvres. Il voit dans Grégoire VII un prophète de la catastrophe de 1453 (!) « Der Pabst sieht im » Geiste das Schiksal voraus, welches 380 Jahre » später am oströmischen Reiche erfüllt ward, und » glaubt nur ein allgemeiner Kreuzzug des Abend- » landes könne das Unheil abwenden » (*Byzant. Gesch.*, II, 800). Ce sont les encycliques de 1074 qui ont réellement déterminé la première croisade: « Dieser Aufruf, der erste gleicher Art, hat den » Kreuzzug vom Jahre 1196 zur Folge gehabt, hat » weiter auf mehrere Jahrhunderte das Morgen und » Abendland in die regste Wechselwirkung versetzt » (*Ibid.*, III, 824). Dans l'*Histoire de Grégoire VII*, il consacre à l'exposé et au panégyrique des plans du pape tout un chapitre (l. V, c. 11, t. IV, pp. 212-214; cf. VII, 362) qui n'apporte, du reste, aucun fait nouveau dans la discussion, malgré ce sommaire plein de promesses : « Beweis dass Pabst Gr. VII » nicht bloss den Gedanken des I syrischen Kreuz- » zugs von 1096 entworfen, sondern auch über die » Weise der Ausführung gewisse Regeln aufgestellt » hat. Nun waren es genau die Häupter der einst » dem Capetingischen Geschlecht so gefährlichen fünf » grossen Vasallenhäuser von Rouen, Toulouse, » Poitiers, Blois, Brügge, welche zum heiligen Krieg » von 1096 die meiste Mannschaft stellten. Das ist » geschehen, weil Pabst Urban II, festhaltend an » den Ueberlieferungen seines Vorgängers Gregor » VII, ihnen einen Wirkungkreis im Osten anwies, » damit indess, ungehindert durch die ehemaligen » Gegner, die französische Krone vollends erstarken » könne ».

projeté une croisade véritable, et que, seules, les complications imprévues de sa lutte avec l'Empire l'avaient empêché de mener ce projet à bonne fin. On a donc fait remonter jusqu'à lui les origines de l'expédition de 1096, et l'on a retiré à Urbain II, (qui n'aurait fait ainsi que reprendre et copier les plans de son prédécesseur), l'honneur d'avoir le premier conçu et préparé ce grand mouvement.

Je crois, au contraire, avec M. de Sybel [2] (qui me paraît seul, en cette circonstance, avoir estimé à leur juste valeur les documents qui m'occupent), que ces documents, d'abord, ne reflètent que le passage dans l'esprit de Grégoire VII, d'une idée tout-à-fait fugitive, et qu'en second lieu — cette idée eût-elle été mise à exécution — il aurait pu y avoir, en Asie Mineure, une guerre locale de race entre chrétiens et musulmans, mais il n'y aurait point encore eu une croisade véritable, telle que je l'ai définie, plus haut [3], c'est-à-dire, une *expédition ordonnée par l'Église pour la délivrance des Lieux Saints*.

Que Grégoire VII ait, le premier, cherché à entourer l'Église, attaquée de toutes parts, d'un rempart de contingents fidèles, recrutés pour la défense du S. Siège, que des dévouements, provoqués et entretenus par lui, aient pu, à un instant donné, se traduire par des interventions armées, dont il se réservait d'user au mieux des intérêts de la papauté, c'est là un fait absolument indiscutable. Qu'il ait également, aux premiers temps de son pontificat, songé à mettre ces interventions au service du gouvernement de Byzance, menacé de très-près par l'invasion seldjoucide, et qu'il ait espéré ainsi, en fournissant à l'empire grec un soutien inespéré, s'assurer à tout jamais de la reconnaissance de l'Église d'Orient, obtenir, pour prix de cette reconnaissance la cessation du schisme [4], et accroître ainsi la puissance spirituelle de la chaire de S. Pierre — je crois également que, *servatis servandis*, il est difficile de le nier.

Mais là je m'arrête et je me refuse à voir même une intention de croisade, dans la correspondance qui nous a conservé les projets du pape pendant l'année 1074.

Ces projets d'abord ont eu si peu de retentissement ou un caractère si momentané, qu'on n'en trouve trace dans aucun des chroniqueurs contemporains. Aymé du Mont Cassin, si minutieux pour les gestes du pape en Italie, nous dit bien qu'à cette époque, il fit appel à l'intervention de la comtesse Mathilde [5]; mais il ajoute formellement que cette intervention devait avoir lieu à cause des Nor-

---

[2] Sybel, *Gesch. d. 1. Kreuz.* pp. 188-190.
[3] Voir plus haut, p. 2.
[4] « Illud etiam me *ad hoc opus permaxime instigat* » *quod* CP ecclesia . . . . . concordiam Apostolicæ » sedis expectat » (*Epist. Greg. VII, ad Henricum*

IV, *Reg.* II, 31, Jaffé, p. 145). Il est impossible d'exprimer plus ouvertement que ne le fait le pape, le mobile qui le dirigeait.
[5] Aymé, *L'yst. de li Normant*, l. VII, c. 12, éd. Champollion, p. 201.

mands d'Italie et contre eux; — des Infidèles pas un mot. Il faut descendre jusqu'à un écrivain très-postérieur, Pandulphe d'Alatri [6] (v. 1124), pour trouver un témoignage formel en faveur des projets de Grégoire VII, et ce témoignage, qui donne pour cause aux prédications d'Urbain II le désir de reprendre les plans de son prédécesseur, et paraît né tout simplement de la lecture de l'une de nos lettres [7], est en contradiction formelle avec tous les chroniqueurs contemporains de la 1re croisade, qui assignent à ce dernier évènement des causes diverses, mais jamais celle-là. Dans les six lettres de Grégoire VII, il n'est parlé ni de la Terre Sainte, ni des profanations dont elle a pu être le théâtre, ni des persécutions auxquelles les chrétiens y auraient été soumis; le S. Sépulcre n'y est nommé qu'une fois [8] et tout-à-fait en passant.

Enfin nulle part, si ce n'est peut être dans une phrase ambiguë de l'un de ces documents [9], n'apparaît la doctrine inséparable de toute idée de croisade, celle de la rémission des péchés, obtenue les armes à la main — doctrine que nous avons vu poindre, deux siècles auparavant, dans une lettre de Jean VIII [10], que Grégoire VII devait connaître parfaitement, que, par conséquent, il s'est abstenu, à bon escient, de formuler, et qui ne s'affirmera avec éclat qu'au concile de Clermont.

J'irai plus loin, et je me permettrai de faire observer que ce silence de Grégoire VII, est, non-seulement en parfait accord avec le reste de sa correspondance et de sa vie, mais encore résulte naturellement de la situation qu'occupaient alors les Infidèles par rapport à l'Église d'Occident.

Il nous reste des lettres de Grégoire VII adressées aux chrétientés d'Afrique [11]: elles parlent de résignation et non de secours ou de délivrance. L'ardeur séculaire du S. Siège à combattre les Sarrasins de la Méditerranée semble éteinte. Un émir de Sétif reçoit du pape une ambassade chargée d'une missive courtoise [12]. L'on voit bien que la domination maritime des Sarrasins est tombée en décadence, et ne menace plus Rome, comme au temps du belliqueux et infortuné Jean VIII.

Le pape traite aussi dans sa correspondance des affaires de l'Espagne,

---

6 « Audierat iste preclarus et devotus pontifex predecessorem suum, Gregorium papam, predicasse ultramontanis Hierosolymam pro defensione christianae fidei pergere, et Domini sepulcrum ex manibus inimicorum liberare, quod facere minime potuit, quia persecutio Heurici regis nimium eum undique urgeret » (Pand. Pisanus, *Vita Urb. II*, [Murat., *SS. RR. Ital.*, III, I, p. 352]).

7 No XXIII (Jaffé, p. 69).

8 No XXV (Jaffé, p. 145).

9 « Certus esto quoniam et omnes, qui tecum, in hac expeditione fuerint fatigati, *duplici*, immo multiplici *remuneratione*, ut credimus, Petrus et Paulus donabunt » (*Epist. Greg. VII ad Guill. Burg.*, Reg., I, 46, Jaffé, p. 65). Ce n'est là, ni la doctrine de la justification par la mort à l'ennemi, ni celle de l'indulgence telle que la formule le 2e canon du concile de Clermont.

10 Plus haut, no III.

11 *Epist. Greg. VII, Reg.* I, 22, 23, III, 19, 20, (Jaffé, pp. 37-41, 234-236).

12 *Reg.*, III, 21 (Jaffé, pp. 236-237).

mais c'est surtout pour y affirmer et y réclamer au besoin les droits séculaires de S. Pierre sur les terres reprises aux Musulmans [13]: des aventuriers normands, qui se préparaient à aller combattre ces derniers, sont engagés à rester chez eux, s'ils ne doivent point, en cas de succès, rendre au S. Siège ce qui appartient au S. Siège [14]. Il n'y a d'ailleurs encore là, pour le repos de la chrétienté, aucune des craintes si vives que provoquera plus tard, dans l'esprit d'Urbain II, la conquête des Almoravides — craintes qui furent, ainsi que je le montrerai plus loin [15], l'une des causes déterminantes de la première croisade.

Enfin l'apparition des Turcs a bien aggravé la situation des chrétiens d'Orient: mais ces farouches envahisseurs font surtout de l'Asie Mineure le théâtre de leurs déprédations. En Syrie et en Palestine, comme nous allons le voir, leur puissance est balancée par celle de l'Égypte; et les chrétiens n'ont pas encore à supporter le redoublement d'oppression, auquel le triomphe définitif des Turcs va les soumettre.

Ce qui a trompé, je crois, la plupart des historiens, c'est que, négligeant de faire des rapprochements chronologiques indispensables entre l'histoire de Grégoire VII et celle de l'Orient à cette époque, et ne tenant pas compte de la durée extrêmement courte (*dix mois et demi*), pendant laquelle les prétendus projets de croisade ont occupé l'esprit du pape, ils ont appliqué pour ainsi dire à l'ensemble de son pontificat et à dix ans des annales de l'Orient, ce qu'il fallait restreindre à quelques mois de la seule année 1074.

Reprenons brièvement en Occident d'abord, et ensuite en Terre Sainte, l'histoire de cette année. Le 9 juillet 1073, Grégoire VII ne pense encore à aucune intervention en Orient: l'empereur Michel VII vient de lui adresser une ambassade officieuse et toute de courtoisie: il lui répond [16] en lui envoyant Dominique, patriarche de Grado, chargé de négocier l'union des deux Églises: des Turcs, pas un mot. Ce n'est que le 2 février 1074, que, dans une lettre à Guillaume I, comte de Bourgogne, le pape parle *pour la première fois*, des demandes de secours adressées au S. Siège par la cour de Byzance, et subséquemment de l'aide qu'après avoir châtié les Normands, Guillaume, uni à Raimond IV de St Gilles, à Amédée II de Savoie et au beau-père de Richard de Capoue [17], pourront aller, de la part du pape, porter à Michel VII. Puisqu'avant la mission du patriarche de Grado, Gré-

---

13 *Reg.* I, 64, III, 18, IV, 28, VIII, 2, 3 (Jaffé, pp. 83-84, 233-234, 283-287, 428-431).
14 Eble II, comte de Roucy, gendre de Robert Guiscard, et ses compagnons (*Reg.* I, 7, pp. 16-17).
15 Plus loin, n° XXXV.
16 1073, 9 juillet, *Reg.* I, 18 (Jaffé, pp. 31-32).
17 Il est impossible d'identifier ce père d'une seconde femme, jusqu'ici inconnue, de Richard de Capoue.

goire VII ne pensait pas à secourir Byzance, il est évident que c'est seulement sur le rapport encore sommaire de ce dernier personnage, très-lié avec le clergé grec [18], qu'il aura reconnu l'urgence d'une intervention, dont la cessation du schisme devait, sans aucun doute, être le prix.

Un mois après, le pape est mieux instruit des affaires d'Orient : il est au courant des ravages des Turcs en Asie Mineure, et peut-être des désastres de la campagne de Bithynie [19] (automne 1073); aussi ses projets se développent, et c'est un appel en règle qu'il fait (1er mars) [20] en faveur des Grecs, à tous les Latins de bonne volonté : un messager, récemment revenu d'Outremer, doit, en colportant la missive pontificale, raconter les horreurs dont il a été le témoin. Puis l'été s'écoule sans que l'Orient figure de nouveau dans la correspondance du pape, et même, le 10 septembre [21], Grégoire VII semble avoir tout abandonné : les Grecs ont repoussé au loin les Infidèles; il n'y a plus lieu de leur venir en aide; Guillaume VII de Poitiers voit repousser les offres de service qu'il avait faites au S. Siège.

Deux mois après, revirement subit; les projets du pape, non-seulement occupent de nouveau sa pensée, mais ils semblent avoir pris un corps; 50 mille hommes sont prêts à le suivre; il ira combattre de sa personne; il supplie Henri IV de lui prêter secours [22]; la lettre est dictée par lui-même. Dictée aussi par lui, part une encyclique ardente [23], destinée à émouvoir tout l'Occident; la comtesse Mathilde, qui la première, reçoit ce document, est instamment priée de se joindre au pape et à la mère de Henri IV, l'impératrice Agnès, qui a promis de suivre l'expédition [24].

Puis, après ces trois lettres, accumulées dans le court espace de 8 jours, du 7 au 16 décembre, la correspondance considérable de Grégoire VII ne contient plus la moindre allusion à une intervention à tenter en faveur de Byzance. Certainement les péripéties de la lutte, qui recommença plus vive que jamais entre le Sacerdoce et l'Empire, dut gêner le pape dans l'exécution de ses projets : je ferai remarquer cependant que ce fut seulement plus d'une année après (23 janvier 1076) [25] que la rupture devint complète entre lui et Henri IV.

Je serais donc porté à croire que les revirements successifs de la politique de Grégoire VII à l'endroit de l'empire grec, pendant l'année 1074, correspondent à autant de fluctuations dans les pourparlers

---

[18] Cotelerius, *Mon. eccl. Græcæ*, II, 108-153.
[19] Mich. Attal. (d. les *H. grecs des cr.* I, 58); Scylitzès, éd. de B., p. 714; cf. Muralt, *Chron. byz.*, II, 27.
[20] No XXIII (Jaffé, p. 69).
[21] No XXIV (Jaffé, p. 111).
[22] No XXV (Jaffé, pp. 144-146).
[23] No XXVI (Jaffé, p. 150).
[24] No XXVII (Jaffé, p. 532).
[25] A la diète de Worms, où Grégoire VII fut soi-disant déposé.

engagés à Constantinople par Dominique de Grado, au sujet de l'union des deux Églises, et qu'à ce moment, les Turcs ne jouaient qu'un rôle secondaire dans la pensée du pape. Il est impossible de trouver dans les chroniques grecques ou orientales, pour les premiers mois de 1074, une victoire des Byzantins, répondant à l'évènement qui fait repousser au pape les offres du comte de Poitiers, tandis que nous savons que les négociations engagées par l'intermédiaire du patriarche de Grado, aboutirent tout simplement à une rupture plus complète entre les deux Églises [26], rupture consommée plus tard par l'excommunication solennelle de Nicéphore Botoniate (19 novembre 1078) [27].

L'on voit donc tout ce qu'avaient d'éphémère les projets qui traversèrent, de février à décembre 1074, l'esprit de Grégoire VII : j'ajouterai que, ni en Asie Mineure, ni surtout en Syrie, une intervention aussi solennelle ne parait avoir été alors justifiée par les évènements. Le véritable point culminant du triomphe des Turcs en Asie Mineure a été la bataille de Manzikert (26 août 1071); c'est à ce moment que l'empire grec a couru un véritable danger. Quand le 22 avril 1073, Grégoire VII est monté sur le trône, il devait être, comme toute l'Europe, informé de ce désastre, et si l'invasion des Turcs avait tenu réellement la première place dans ses pensées, il n'eût pas attendu un an, avant de concevoir le projet d'une intervention en Asie; surtout il n'eût pas, dans l'intervalle, écrit à Michel VII, le principal intéressé, sans lui toucher un seul mot de ce projet; et de même, Michel VII, comme il le fit plus tard, une fois les négociations engagées avec le patriarche de Grado, *et seulement à cause de ces négociations*, fût sorti (dans la lettre aujourd'hui perdue, à laquelle répondait Grégoire VII), des banalités de chancellerie, pour exposer sa situation, si cette situation avait été, en 1073, assez désastreuse pour motiver un humble recours à la protection du S. Siège.

S'il n'y a eu de la part du pape qu'un projet éphémère d'intervention en Asie Mineure — projet dont on a singulièrement exagéré l'importance — j'ajouterai qu'il ne pouvait *a fortiori* y avoir, dans la pensée de Grégoire VII, aucune intention de reconquérir la Terre Sainte sur les Infidèles.

L'histoire, et surtout la chronologie de l'histoire de la Syrie, à cette époque, sont confuses. Les pèlerins latins ne nous apprennent

---

26 Dès le 22 janvier 1075 : « Orientalis ecclesia, » instinctu Diaboli, a catholica fide deficit » (*Epist. Greg. VII*, Reg. II, 49, Jaffé, p. 163). Cette rupture eut lieu probablement sous l'influence de Psellus, comme celle des négociations qu'Alexandre II avait engagées en 1071 par l'intermédiaire de s. Pierre d'Anagni (Bruno Signicusis, *Vita Petri Anan.*, I, 16, d. les *AA. SS. Boll.*, Aug. I, 237). Sur les intrigues de Psellus, voir Allatius, *De consensione eccles.*, 625, et Baronius, *Ann.*, 1071, n. 23, éd. Mansi, XVI, 334-335.

27 *Decreta syn. Romani*, d. le *Reg. Greg. VII*, VI, 56 (Jaffé, p. 330).

rien [28]: et les chroniqueurs orientaux embrouillent les évènements. Un fait général se détache pourtant de leurs récits: c'est que, de 1070 à 1078, la Syrie demeura le théâtre de guerres incessantes, soit entre l'Égypte et les Turcs, soit entre les chefs divers qui commandaient à ces derniers [29]: les chrétiens restaient neutres, et, circonstance capitale, quand en 1070, Ansiz ibn-Abik s'empara de Jérusalem sur la garnison égyptienne, trois mille musulmans, arabes ou égyptiens, furent passés au fil de l'épée: *les chrétiens* (qui possédaient un quartier à eux, ceint, depuis 1063, de bonnes murailles [30]) *furent épargnés* [31]. Ils jouissaient donc encore d'une tranquillité relative, qui ne cessa qu'au moment où, maîtres absolus de la Syrie, les Turcs purent se livrer, à partir de 1084 [32], à leurs instincts naturels d'oppression, et provoquer les plaintes dont l'écho retentit si lamentablement au concile de Clermont. Mais, au temps où écrivait Grégoire VII, il n'y avait point de changement notable dans leur situation séculaire, et l'expression: « *volunt usque ad Sepulchrum Domini pervenire* », dont il se sert dans sa lettre à Henri IV, n'est évidemment, sous sa plume, qu'une figure de rhétorique. Je répèterai donc encore une fois qu'avant cette invasion de la Palestine par les Turcs, il n'y eut ni croisade, ni même projet de croisade pour la délivrance de Lieux Saints, et cela tout simplement *parce qu'il ne pouvait pas y en avoir* — l'idée de la *délivrance* des Lieux Saints supposant un état préalable d'interdiction qui n'existait pas pour eux.

J'ajouterai que *Grégoire VII n'a pas été le précurseur d'Urbain II*, ou que ce dernier pape n'a pas suivi un plan tracé par son prédécesseur, et que si l'on veut trouver le véritable continuateur de la politique de Grégoire VII en Orient, ce n'est pas à Urbain II, mais bien à Innocent III qu'il convient de descendre.

J'ai dit plus haut [33] que j'avais quelques réserves à faire sur l'une des six lettres que je viens d'étudier: c'est précisément sur la dernière: si elle est authentique, elle me semble bien, quoique non datée, devoir être placée au 16 décembre 1074; car ce ne serait

---

28 Par une coïncidence, qu'explique peut-être l'état de guerre où se trouvait la Syrie, un seul parmi les nombreux pèlerins, qui de 1070 à 1080, partirent pour Jérusalem, paraît être revenu en Europe: c'est Thierry, évêque de Verdun (vers 1075): mais son voyage n'est que mentionné par les *Gesta episc. Virdunensium* (Pertz, *Mon. Germ., SS.*, X, 495).

29 En 1070 Jérusalem est prise par le kharismien Ansiz, seigneur de Damas; mais ce n'est qu'en 1072 que la prière cesse d'y être dite pour le calife d'Égypte, et seulement en 1078 que la ville tombe au pouvoir de Tutousch, fils d'Alp-Arslan, et que la tyrannie des Turcs s'y établit d'une façon régulière.

V. Mudgir-Eddin, *Hist. de Jér.*, tr. Sauvaire, p. 69-70, Weil, *Gesch. d. Khalifen*, III, 110-126, et Defrémery, d. le *Journ. As.*, 1848, 450, 1872, 95.

30 Wilh. Tyr., l. IX, c. 18 (*Hist. occ. des cr.* I, p. 392).

31 *Catal. patr. Hieros.* (*AA. SS. Boll.*, Mai III, xlv); Wilh. Malm., *Gesta regum Angl.*, c. 225, 368, éd. Engl. hist. soc., p. 379, 565; Alber. *Chron.*, ad ann. 1060, (Pertz, *Mon., G., SS.*, XXIII, 792) cf. Elmacin, l. III, c. 8, éd. Erpenius, p. 282.

32 Date de la prise d'Antioche et de la conquête définitive de la Syrie.

33 Plus haut, p. 57.

qu'un billet d'envoi, adressé à la comtesse Mathilde, pour lui communiquer l'encyclique promulguée à la même date [34].

Mais cette authenticité ne me paraît pas lumineuse : d'abord, la lettre provient du recueil de Hanovre, dont j'ai déjà parlé plus haut [35], et auquel Sudendorf a emprunté bien des pièces qui n'ont pas une allure irréprochable : puis elle est écrite d'un style à la fois prétentieux et familier [36], qui me paraît jurer avec les lettres légitimes de Grégoire VII. Si donc elle émane réellement de ce pape, elle a dû évidemment passer par l'officine d'un faiseur de *dictamina*.

XXVIII.

** 1079 ? ?

Grégoire VII [et Henri IV] à Svinimir-Démétrius, krâl de Croatie et de Dalmatie : lui envoient la lettre suivante.

[Insérée en substance dans la *Kronika Hrvatska*, v. 1014-1026.

INC. : « Oto te molimo prosimo . . . . » — EXPL : « . . . . gospodstva tvoga ».

EDITIONS : A. *Kronika Hrvatska u rimskou*, d. l'*Arkiv za povestnicu Iugoslavensku*, t. 1 (Zagrebu, 1851, in-8º) p. 33.

VERSION *latine* du XVIᵉ s. (remaniement), par Marcus Marulus, dans : *a*) Lucius, *De regno Dalmatiæ*, (Amst., 1666, in-fol.) p. 308 ; — *b*) Schwandtner, *SS. RR. Hungaricarum*, III, 522.]

(Voir le numéro suivant).

XXIX.

** 1079 ? ?

Grégoire VII [et Henri IV] à Svinimir-Démétrius, krâl de Croatie et de Dalmatie et au peuple croate : leur annoncent qu'ils préparent une expédition générale pour la délivrance des Lieux Saints ; les invitent à en faire partie.

[Insérée en substance dans la *Kronaka Hrvatska*, v. 1040-1067, et mentionnée dans l'*Historia Salonitana* de Thomas, archidiacre de Spalatro [1].

---

34 « Visis super hac re nostris litteris, quas mitto » ultramontanis » (Jaffé, p. 530) : l'encyclique du 16 déc. (Jaffé, p. 150) est précisément adressée : « Ad » fideles S. Petri, maxime *ultramontanos* ». Je ne sais sur quel fondement Giesebrecht (*Gesch. d. d. Kaiserzeit*, III, 1088) veut qu'elle ait été écrite en janvier 1075, c'est-à-dire un mois plus tard.

35 Plus haut, p. 55, n. 4.

36 Un signe d'altération ou de fabrication est le mélange des premières personnes du pluriel et du singulier « *nostris* litteris quam *mitto* ». Le projet de voyage en Orient de l'impératrice Agnès, déjà âgée de plus de 50 ans, et qui mourut peu de temps après (1077), est aussi bien extraordinaire.

1 Svonimir, Croatarum rex . . . . . . præcepit et » ordinavit convocari omnes nobiles . . . . sui regni

Inc.: « Brata nasega Zvonimira molimo . . . »; — Expl. « . . . tilo gniegovo »

Édition: *Kronika Hrvatska u rimskou*, p. 34.

Version *latine*, par M. Marulus: *a*) Lucius, p. 308 ; *b*) Schwandtner, III, 522].

La *Chronique croate rimée*, poème de la fin du XIIIe s. [2], remanié en prose latine en 1570 par Marco Marulo de Spalatro, raconte qu'à la fin de son règne, Démétrius Svinimir, krâl de Croatie et de Dalmatie, reçut de l'empereur et du pape deux lettres : la première lui était adressée personnellement et le priait de réunir son peuple et de lui communiquer la seconde. Dans celle-ci, le pape et l'empereur exposaient l'état lamentable de la Terre Sainte et annonçaient l'organisation et le départ prochain d'une expédition, formée de toutes les nations chrétiennes de l'Occident, armées à la voix du S. Siège pour la délivrance des Lieux Saints : les Croates étaient invités à s'y joindre. Svinimir réunit une assemblée générale à Kossowo, et lit solennellement la missive qu'il vient de recevoir. Mais à peine en a-t-il achevé la lecture que la foule s'insurge, déclare qu'elle ne veut pas quitter le sol natal, et finit par se ruer sur le malheureux prince qui est massacré. Avant de mourir, il prédit à ses sujets, qu'en punition de leur crime, ils n'auront plus jamais de souverain national, et obéiront toujours à l'étranger. La chronique place cet évènement tragique en 1079, la trente-cinquième année du règne de Svinimir.

Tout ce récit est évidemment romanesque: Svinimir, d'abord simple duc, fut élu krâl en 1076, et ne mourut qu'en 1088, après douze et non trente-cinq ans de règne, sans qu'on connaisse exactement les circonstances dans lesquelles il termina sa vie [3]. Grégoire VII et Henri IV n'auraient pu écrire des lettres inspirées par une pensée commune qu'en 1074 ou 1075, et nous venons de voir qu'en tous cas une semblable missive n'aurait pu avoir pour objet la délivrance des Lieux Saints.

Cependant l'antiquité relative du poème croate exige que l'on donne quelque attention à cette légende. Voici, je crois, quelle en a pu être

» viros, in loca . . . . Cossovo . . . . et illic fecit
» perlegere litteras curiæ Romanæ et imperialis,
» in quibus erat talis tenor inter alia : « Præcipimus
» et maudamus tibi regi Svonemiro ac insuper ob-
» secramus, ut, una cum tuo exercitu, transferre te
» debeas ultra mare. » (Thomas Spalat., *Hist. Salonit.*, Rome, Bibl. Barberini, n° 3581); ce passage, cité par M. Racki, dans son *Analyse des sources croates du M.-A.* (en croate) (Agram, 1864, p. 68) ne se trouve pas dans les éditions imprimées de Thomas de Spalatro. Il y est remplacé par deux lignes du chapitre XVII. M. Racki croit cette addition plus ancienne que le poème croate, mais sans donner de cette opinion des preuves bien convaincantes.

2 Ce poème a été étudié par l'éditeur, M. Kukulevic Sakcinski dans la préface du tome I de l'*Arkiv*,

(pp. 2 et s.), et par M. Racki dans son *Analyse* (pp. 65-75) et dans un savant mémoire, inséré dans les *Travaux* (*Rád*) *de l'Acad. d'Agram*, 1872, t. XIX, pp. 97-104. Le premier faisait remonter cette chronique rimée au XIIe s., et l'attribuait au Prêtre de Dioclée (1150-1200) ; le second la place avec raison à la fin du XIIIe siècle ; la première partie seule (jusqu'en 935) aurait une certaine valeur historique. Je dois la connaissance des travaux de M. Racki à l'obligeance de mon ami, le R. P. Martinov, de la Comp. de Jésus, qui a bien voulu me les traduire.

3 Racki (*Rád*, p. 98) pense qu'il mourut de sa mort naturelle, bien que le mineur Jean Tomassi, dans son *Breve chronicon regni Croatiæ*, nous donne la date précise (20 avril 1087) du meurtre, et le nom du meurtrier, Thaddée, secrétaire du krâl.

l'origine: Grégoire VII n'est pas resté étranger aux affaires intérieures de la Croatie: Svinimir a été élu en présence et peut-être sous l'influence du légat du pape Girard, archevêque de Siponto [4], qui le couronna en 1076; précisément en 1079, il trouva, dans Grégoire VII, un défenseur contre la turbulence de ses sujets [5].

D'autre part les Croates ont connu la première croisade, qui passa chez eux ou dans leur voisinage immédiat: ils durent, comme les Hongrois, lui être hostiles [6], et, en tous cas, n'y prirent pas une part effective [7]. L'expédition ayant réussi, et avec le retentissement que l'on sait, leur poète national, ne pouvant les y comprendre contre toute évidence, voulut au moins que l'auréole du croisé entourât l'un de ses héros. Il choisit Svinimir, probablement victime de quelque révolte locale, et, donnant à ce trépas imprévu toutes les couleurs d'un martyre subi pour la cause du Christ, recula, pour les besoins de sa fiction, la croisade d'une vingtaine d'années, et la plaça au temps de Grégoire VII, dont les appels en faveur de Byzance avaient probablement retenti jusqu'en Croatie. Il est probable que cette légende de la mort de Svinimir engendra ensuite, comme nous le verrons plus loin, celle du vœu et de la mort de s. Ladislas de Hongrie.

XXX.

1089 (1er juillet)   Rome.

Urbain II à Bérenger, comte de Barcelone, à Ermengaud, comte d'Urgel, à Bernard, comte de Besalu, et à tous les évêques, vicomtes et nobles des provinces de Tarragone et de Barcelone: autorise tous ceux qui auraient fait le vœu de pèlerinage en Terre Sainte à remplacer les dépenses et les

---

4 *Mon. spect. ad hist. Slav. Merid.*, VII, 210; cf. Baronius, ad ann. 1076, n° 65-67, éd. Mansi, XVII, p. 439. Le serment de Svinimir se trouve dans Deusdedit, *Collectio canonum* n.° 150, éd. Martinucci, p. 331; les légats auraient été, suivant lui, Gebizon, abbé de SS. Boniface et Alexis, et Folquin, évêque de Fossombrone. Grégoire VII, dans la lettre citée à la note suivante, dit formellement que c'est le S. Siège qui a établi Svinimir roi de Croatie.

5 Greg. VII, *Epist. ad. Wezelinum militem*, 4 oct. 1079 (*Reg.*, VII, 4, d. Jaffé, *Mon. Greg.*, 384).

6 Les Slaves de Dalmatie firent un accueil détestable au corps d'armée de Raimond de S. Gilles et d'Adhémar du Puy, ainsi que nous l'apprend Raimond d'Aiguilhe, témoin oculaire (c. 1, *Hist. occ. des cr.* I, 235-236); cf. Wilh. Tyr. l. II, c. 17; *Hist. b. sacri* c. 5 (*Ibid.* I, 96-98, III, 175). Les *Gesta* (I, 5), Foucher (I, 6) Baudry (I, 12) et Pierre Diacre, mal informés, ne mentionnent que le passage, sans parler des mauvais traitements (*H. occ. des cr.*, III, 123,

13, 327, 493, IV, 20); Petrus Casin., l. IV, c. 11, (Pertz, *Mon. Germ.*, SS., IX, 765). Enfin Ord. Vital seul parle du passage, comme ayant été effectué heureusement « prospere et amicabiliter » (Ord. Vit. l. IX, c. 4, éd. Le Prév. III, pp. 485-486). Il est probable que les diverses bandes des croisés rencontrèrent successivement des populations hostiles et d'autres bien disposées pour eux.

7 Il est vrai que, par deux actes de mai 1097 (*Mon. sp. ad hist. Slav. Mer.*, VII, 178-179), les gens de Trau et de Spalatro, promirent à Vitale Michiel, doge de Venise, de s'unir à lui; mais d'abord, rien ne prouve, malgré le dire d'A. Dandolo (Murat., XII, 256) que ce fût pour aller en T. S., puisque l'expédition vénitienne ne partit qu'en 1099 (voir plus loin, n° CXLV); et, en second lieu, il ne s'agit là que de bourgeois de deux ports dalmates, et non des Croates de l'intérieur; cf. *Mon. sp. ad. hist. Slav. Mer.*, VII, 470.

peines du voyage par une coopération efficace à la restauration de la ville et de l'église de Tarragone.

[INC.: « Urbanus . . . . . Dilectissimis et reverendissimis . . . . . . » — EXPL.: « . . . . , obedientiam exhibere curate (*Romæ*, kal. jul., anno II, ind. XII).

MANUSCRIT: *Tarragone, Chartul. eccl. Tarraconensis.*

ÉDITIONS: A. Marca, *Marca Hispanica*, 1184; — B. Aguirre, *Concilia Hispaniæ*, 1 ed., III, 288-289; — C. Id., II edit., V, 2; — D. *Rec. des hist. de la Fr.*, XIV, 691, — E. Mansi, *Concilia*, XX, 701; — F. Cocquelines, *Bullarium*, II, 64; — G. Villanuño, *Summa concil. Hispaniæ* (Matr., 1785, in-4º), II, 389-391; — H. Florez, *España sagrada*, XXV, 213-214; — K. Migne, *Patr. lat.*, CLI, 302 (Jaffé, 4035)].

RÉCENSION: D. Ruinart, *Vita Urbani II*, c. 49 (Migne, *Patr. lat.*, CLI, 53)].

Bérenger Seniofredo, évêque de Vich, dans le diocèse duquel se trouvaient les ruines de l'antique Tarragone, reprises depuis 1050 sur les Musulmans par Raimond-Bérenger [1], était allé à Rome solliciter le rétablissement, à son profit, du siège métropolitain de cette ville. Urbain II le renvoie avec une lettre adressée à tous les seigneurs et prélats catalans, qu'il adjure de relever au plus tôt la cité ruinée, pour en faire un boulevard contre les Infidèles: « ceux qui, en ar- » gent ou autrement, contribueront à cette œuvre, gagneront toutes » les indulgences qu'un voyage à Jérusalem, entrepris par dévotion » ou imposé comme pénitence, leur aurait values [2] ». La reconstruction de la ville fut longue, et la restauration du siège métropolitain n'eut lieu que plus tard, ainsi que nous allons le voir. Il est donc probable qu'en fait, les promesses d'Urbain II n'ont pas empêché l'accomplissement de beaucoup des pèlerinages dont il parle; en outre, il n'est pas fait mention de croisade dans la lettre. Il semblerait donc qu'il n'y aurait pas eu lieu de parler ici de ce document. Cependant, outre que (s'il est authentique), ce serait, je crois, le premier texte qui, émané officiellement du S. Siège, parlât à la fois des indulgences que le voyage de Terre Sainte peut faire gagner et du rachat de ce voyage à prix d'argent — il aurait à mes yeux une certaine importance dans l'histoire des origines de la première croisade.

Nous voici, en effet, arrivés à l'époque où l'idée d'une intervention armée en Syrie naît et se développe dans les conseils de l'Église: deux dates très-voisines nous donnent la *limite antérieure* de cette époque, qui est comme la préface des évènements que nous allons étudier:

---

1 Voir D. Vaissète, *Hist. de Languedoc*, l. XV, c. 35, t. III, 454.

2 « Eis autem qui in Hierusalem . . . . penitencie » spiritu vel devocionis ituri sunt, suademus totam » illam vie et sumptus operam restitucioni ecclesie » Tarraconensis impendere . . . . . quibus eandem, » ex Dei misericordia, *indulgenciam* pollicemur quam » promererentur si indicte vie prolixitatem exple- » rent ».

La *prise d'Antioche* (1084 [3]) qui consacre la domination des Turcs en Terre Sainte, et inaugure les cruautés dont l'écho déterminera les prédications d'Urbain II [4].

Et la *déroute de Zalacca* (23 octobre 1087) point culminant de l'invasion Almoravide, à laquelle, comme nous le verrons, le S. Siège crut faire, par l'expédition d'Orient, une diversion efficace.

Le document que remporta l'évêque de Vich serait la première preuve écrite que nous ayons des préoccupations d'Urbain II à l'endroit de l'Espagne: il veut que Tarragone devienne un obstacle sérieux contre les projets des Maures [5]. Moyennant un concours actif prêté à cette entreprise, il dispensera les Espagnols de toute participation aux affaires d'Orient.

La lettre du 1er juillet 1089, si peu importante qu'elle paraisse, appartiendrait donc à l'histoire de la première croisade, à bien plus juste titre que toutes les pièces dont je viens de parcourir la longue série. Je dois cependant ici faire quelques réserves: l'original de la lettre d'Urbain II est perdu: elle n'a été publiée par Marca que d'après un *Cartulaire* de l'église de Tarragone, cartulaire dont il ne nous indique point l'âge; et, bien que les formules de la pièce n'aient rien d'insolite, je dois dire que ces rachats de vœux de Terre Sainte, octroyés par le pape comme une ressource budgétaire suffisante pour la reconstruction de toute une ville, supposent dans ces vœux une importance et une fréquence bien difficiles à justifier pour les Catalans du XIe siècle.

La lettre est, il est vrai, expressément mentionnée dans une double convention, soi-disant conclue en 1091 entre plusieurs seigneurs, voisins de Tarragone, pour la reconstruction de cette ville [6]. Mais cette convention elle-même n'a pas un caractère incontestable d'authenticité, et l'on ne doit pas oublier que Tarragone, bien que depuis quarante ans au pouvoir des chrétiens, ne put trouver d'habitants, ni en 1090, époque où Raymond-Bérenger, n'en sachant que faire, l'offrit au S. Siège [7], ni en 1091, où Urbain II tenta d'y rétablir un siège archiépiscopal [8], ni en 1117, où le même Raimond la donna

---

[3] Ibn-Athun, cité par Weil, *Gesch. d. Khal.*, III, 129; Raim. de Ag., *Hist. Fr.* c. 8 (*H. occ. des cr.* III, 250; Ann. Comnena, l. VI, c. 8, éd. de B., I, 300; Ord. Vit., l. X, c. 23, éd. Le Prév., IV, 141.

[4] Gibbon seul (tr. Buchon, II, 620) me paraît avoir bien nettement distingué, au point de vue des croisades, l'oppression des Turcs de la domination des Arabes, et montré toute l'importance de celle-là dans les origines de l'expédition de 1096.

[5] « Quatenus civitas eadem, Saraceuorum opposita » populis, in *murum* et *antemurale* christicole populi » celebretur ».

[6] *Memoria de restauratione urbis Tarraconensis 1091*; Villanueva, qui publie cette pièce, d'après un document conservé aux archives de Vich (n° 1452), dans son *Viage a las iglesias de España* (VI, pp. 326-329; cf. 213) ne donne aucun renseignement qui permette de juger de la légitimité de cette pièce, dont la forme est insolite.

[7] *Donatio Berengarii* (Labbe, *Concilia*, X, 426); cf. Urbani II *Epist.* 29 (Migne, *Patr. lat.*, CLI, 313-314); D. Vaissète, l. XV, c. 38, t. III, pp. 459-460.

[8] Urbani II *Epist.* 52 (Migne, *Patr. lat.*, CLI, 331-333).

à s. Olégaire [9]; qu'elle était encore absolument déserte en 1108 [10], époque où les Maures paraissent en avoir réoccupé momentanément les ruines sans difficulté [11]; enfin qu'elle ne fut réellement rebâtie qu'en 1128 par Robert Burdet, sire de Culei, qui y trouva la nef de l'ancienne cathédrale occupée par une futaie de chênes et de hêtres [12].

Il se pourrait donc que la lettre d'Urbain II ait été, ou interpolée, ou tout simplement fabriquée, peut-être à une époque relativement moderne, pour soutenir les prétentions historiques du siège de Tarragone contre celles de la métropole rivale de Narbonne [13], ou de l'église primatiale de Tolède [14].

XXXI.

** 1093 (print.) Constantinople.

Alexis I Comnène, empereur d'Orient, à Robert-le-Frison, comte de Flandres, et à toutes les églises de l'Occident: leur demande des secours contre les Turcs, dont il raconte l'invasion et les cruautés.

INC.: « Hoc exemplar epistole .... Domino et glorioso comiti .... O inclitissime comes ... » —
EXPL.: « .... sed mercedem habeatis in celum. Amen. »

MANUSCRITS :

A. Isolés.

1. *Angers*, 163 (m. s. XII), f. 272; — 2. *Bruxelles*, 5460 (m. s. XII), f. 1; — 3. *Paris*, B. nat., lat. 5356 (m. s. XII), f. 134 b.

B. avec Robert-le-Moine,

4. *Berne*, 111 (m. s. XII), f. 22; — 5. *Breslau*, Univ., IV f. 91 (m. s. XIV), f. 83; — 6. *Copenhague*, B. roy. 2159 (m. s. XIII), f. 1; — 7. *Giessen*, 158 (m. s. XIII), f. 2; — 8. *Klosterneuburg*, 722 (m. s. XIV), f. 210; — 9. *Hambourg*, Gm. 31 b (m. s. XIV), f. 1; — 10. *Liège*, S. Jacques (perdu); — 11, *Linz*, Cc IV 10 (m. s. XII), f. 1; — 12. *Linz*, Cc V 5 (m. s. XIV), f. 1; — 13. *Luxembourg*, 42 (m. s. XII), f. 9; — 14. *Münich*, B. roy. 5374 (ch. s. XV), f. 115; — 15. *Münich*, B. roy. 18624 (ch. s. XV), f. 86; — 16. *Paris*, Bib. nat., lat. 5130 (m. s. XV), f. 1; — 17. *Paris*, B. nat., lat. 5508 (m. s. XII), f. 6; — 18. *Paris*, B. nat., Moreau 841 (ch. s. XVII), f. 126; — 19. *Paris*, B. S.te Genev. Ll. 1, in-4° (m. s. XIII), f. 1; — 20. *Rome*, Vatic. 1795 (m. s. XIII), f. 120; — 21. *Rome*, Vatic. 3901 (ch. s. XVI), f. 1; — 22. *Rome*, Vatic., Palat. 962 (m. s. XIV), f. 62; — 23. *S. Évroul* (perdu); — 24. *S. Gall*, 547 (m. s. XII), p. 470; — 25. *Salzbourg*, S. Peter IX, 28 (ch. s. XV), f. 124; — 26. *Schaffouse*, Bibl. minist. 74 (m. s. XIII), f. 109; — 27. *Trèves*, Chapitre 76 (m. s. XV), f. 1; — 28. *Trèves*, Ville 1203 (m. s. XIII), f. 1; — 29. *Versailles*, Bibl. Madden (ch. s. XV); — 30. *Vienne*, Bib. imp., lat. 427 (m. s. XII),

---

9 « Civitas Tarracona, que diu per multos annos » sub destructione et eremo absque cultore et inco- » latu mansit. » (*Charta Berengarij*, 28 janv. 1117, d. Florez, *Esp. sagr.*, XXV, 221).

10 « Quoniam Tarraconensis metropolis ita, irruen- » tibus barbaris, detrita est, ut nullus eam incolere » valeat. » (Paschalis II *Epist.*, 12 nov. 1108, d. Florez, *Esp. sagrada*, XXVI, 466; Jaffé, n° 4609).

11 *Narratio de invas. Arabum*, (Marca, *Marca Hisp.* n° 340, p. 1132); Clarius, *Chron. S. Petri Vivi*, (D'Achery, *Spicileg.*, II° éd., II, 478). Ce fait n'est pas admis par tous les historiens.

12 « In episcopali basilica, quercus et fagi, aliæque » procere arbores iam creverant. » (Ord. Vitalis, l. XIII, c. 5, éd. Le Prév. V, 10); cf. Dozy, *Recherches* II, 377; Gams, *Kircheng. Spaniens*, III, 187; La Fuente, *Hist. eccles. de Esp.*, IV, 58.

13 Cette rivalité durait depuis 971 (V. D. Vaissète, l. XII, c. 80, t. III, p. 168); elle se perpétua jusqu'au XVIII° siècle dans les écrits des historiens de Catalogne et de Languedoc.

14 Voir plus loin, n° LXVII, n. 9

f. 40; — 31. *Vienne*, B. imp., lat. 480 (m. s. XIII), f. 14; — 32. *Vienne*, B. imp., lat. 9779 (ch. s. XVII), f. 116; — 33. *Wernigerode*, Za 8 (m. s. XIV), f. 1; — 34. *Wolfenbüttel*, Aug. 14 (m. s. XII), f. 106; — 35. *Wolfenbüttel*, Helmst. 206 (m. s. XII), f. 186; — 36. *Wolfenbüttel*, Helmst. 354 (ch. s. XV), f. 208; — 37. *Zwetl*, 345 (m. s. XV), ff. 67-69; — 38 et 39. Manuscrits perdus de l'édition princeps et de Du Cange.

ÉDITIONS ; A. En tête de Robertus Monachus, éd. princeps, s. l. n. d. (Coloniæ, Ter Hoernen., c. 1470) in-4°, f. 1 [cod. 37]; — B. Du Cange, *Not. ad. Alex.*, ad calcem Cinnami, éd. de Paris (1670, in-f.), pp. 336, 337, [cod. 38]; — C. Martène, *Thes. An.*, I, 267 [cod. 22]; — D. Idem, *Ampl. coll.*, I, 572 [cod. 10]; — E. Du Cange, *Notæ ad. Alex.*, à la suite d'Anna Comnena, éd. de Venise, pp. 72-73 [éd. B]; — F. Pertz, *Archiv*, VI, 632-633 (seulement le prologue) [cod. 9]; — G. Gildemeister et Sybel, *D. heil. Rock zu Trier* (Düsseld., 1844), p. 89 [éd. C] (seulement le catal. des reliques); — H. Migne, *Patr. lat.*, CLIV, 466 [éd. C]; — I. Du Cange, *Notæ ad Alexiadem*, à la suite d'Anna Comnena (Migne, *Patr. græca*, CXXXI, c. 564-568); — J. Vasilievski, *Byzance et les Petchénègues* (*Journal* (russe) *du min. de l'Instr. publ.*, 1872, pp. 325-328), [éd. D.]; — K. Hagenmeyer, *Ekkehardus Uraug.* (Tüb., 1877, in-8°), pp. 346-351 [éd. A, C, D, cod. 5]; — L. *Epist. Alexij ad Rob.*, éd. Riant (Genevæ, 1877, in-8°) [éd. A-D, cod. 2, 4, 5, 7-9, 14-17, 19-29]; — M. *Exuviæ sacræ C. P.*, éd. Riant, II, 203-208 [éd. J.]; — N. *Epist. II Robert. Mon. annexæ*, (Genev., 1878, in-4°), pp. 3-6 [éd. J.]; — O. Du Cange, *Notæ ad Alex.*, à la suite d'Anna Comnena, éd. de Bonn, II, pp. 573-576 [éd. B]; — P. *Recueil des hist. occ. des cr.*, IV, p. 132, n. [éd. D] (fragm.); — Q. *Epist. Alexij ad Rob.*, éd. Riant (Genev., 1878, in-8°) [éd. A-D, cod. 1-38]; — R. Du Cange, *Not. ad Alex.* (*Rec. des hist. grecs des cr.*, II, pp. 52-54) [éd. B].

VERSIONS :

A. *Versions allemandes anciennes*: *a*) *Version alamannique* du XVe s. Manuscrits: *Münich*, Cgm. 224, ff. 82-84; *S. Gall*, 658, pp. 3-8. Édit.: à la suite de l'*Epistola Alexii* (éd. Riant, 1879) pp. 25-34; — *b*) *l'version bavaroise* du XVe s., Manuscrits: *Londres*, Br. Mus., Add. 22622, ff. 1-3; *Münich*, Cgm. 252, ff. 191-194. — Édit.: à la suite de l'*Epist. Alexii*, éd. Riant, pp. 34-38.

B. *Versions françaises modernes:* — *a*) Michaud, *Hist. des cr.*, 1.re éd., VI, 227 (fragm.); — *b*) Idem, *Bibl. des cr.*, I, 395; — *c*) Rohrbacher, *Hist. de l'Église*, XII, 652; — *d*) Kervyn, *Hist. de Flandres*, I, p. 308 (fragm.); — *e*) Peyré, *Hist. de la 1re croisade*, II, 462; — *f*) Darras, *Hist. de l'Église*, XXIII, pp. 241-243.

C. *Version allemande moderne*: Floto, *Kaiser Heinrich IV*, II, 354 (fragm.).

D. *Version anglaise moderne*: Palgrave, *Normandy and England*, IV, 507-514.

Extraits de la même lettre.

PAR GUIBERT DE NOGENT

[*Gesta Dei per Francos*, l. I, c. 5 (4)]

MANUSCRITS: — 1. *Berne*, 458 (m. s. XII), ff. 9-10; — 2. *Clairvaux-Troyes*, aujourd'hui chez Lord Ashburnam, (Libri 1504), (m. s. XII); — 3. *Copenhague*, Univ., Fabricius 95 (m. s. XIV, in-8°); — 4. *Paris*, Bibl. nat., lat. 12945 (m. s. XIII), ff. 5-6; — Ibid., lat. 18416 (m. s. XII), f. 12; — 6. *Ibid.*, lat. 18417 (m. s. XII), f. 7; — 7. *Rome*, Vatic., R. Christ. 122 (m. s. XIII), f. 98; — 8-9. Manuscrits de Vignier et de Pithou, dont s'est servi Bongars; — 10-11. Manuscrits de S. Remi de Reims et de Corbie dont s'est servi d'Achery.

ÉDITIONS: A. Bongarsius, *Gesta Dei per Fr.*, I, 475-476 [cod. 8-9] (Notes de Gaspard v. Barth, d. Ludewig, *Rell. Mnuss.*, III, p. 416); — B. Guibertus, *Opera*, éd. d'Achery, pp. 374-375 [cod. 10-11]; — C. Migne, *Patr. lat.*, CLVI, 693-694 [éd. B]; — D. Vasilievski, *Op. cit.*, p. 325-328 [éd. A]; — E. *Rec. des hist. occ. des cr.*, IV, pp. 131-133 [éd. A-B, codd. 4-6, 7].

VERSIONS.

A. *Versions françaises*: *a*) Mailly, *Esprit des cr.*, III, 91-94; — *b*) Guizot, *Mém. rel. à l'hist. de Fr.*, IX, pp. 33-37.

B. *Versions allemandes*: *a*) Mailly, *Gesch. der Kreuzz.* (Leipz., 1782), II, 61-63; — *b*) Heller, *Gesch. der Kreuzz.*, I, 65-67

RÉCENSIONS: 1. Du Cange, *l. c.*, p. 336; — 2. Reiske, *Notæ ad C. Porph.*, éd. de Bonn, 242; — 3. Lebeau, *Hist. du Bas Empire*, XVIII, 186; — 4. Struve, ed. Meusel, II, p. II, 295; — 5. Mailly, I, lxviij et III, 189; — 6. Gibbon, *H. of the decline*, tr. Buchon, II, 635-647; — 7. Schroeck, *Christ. Kircheng.*, XXV, 47; — 8. Heller, *Gesch. d. Kreuzz.*, I, 64; — 9. Michaud, *H. des cr.*, I, 95, VI, 227; — 10. Schlosser, *Weltgeschichte*, III, I, 432; — 11. Haken, *Gemälde d. Kr.*, I, 79; — 12 Mortier, *Belgæ in bellis sacris*, p. 6; — 13. Van den Velden, *Belgæ in bellis sacris*, p. 16; — 14. Van Campen, *Geschied. der Kruitogten*, I, 66; — 15. Wilken, *Comneni*, 301; — 16. Idem, *Gesch. der Kreuzz.*, I, 73; — 17. Stenzel,

Gesch. Deutschl. I, 556; — 18. Rohrbacher, *Hist. de l'Église*, XII, 63; — 19. Michaud, *Bibl. des cr.*, I, 125, 395; — 20. Raumer, *Gesch. der Hohenst.*, I, 38; — 21. Sybel, *Gesch.* d. I Kr., 8, 34, 223; — 22. Mills, *Hist. of the crus.*, I, 42; — 23. Peyré, I, 51, II, 462; — 24. Kervyn, *Hist. de Flandres*, I, 308; — 25. Leglay, *Hist. des comtes de Fl.*, I, 226; — 26. Finlay, *Hist. of the byz. empire*, p. 118; — 27. Damberger, *Synchron. Gesch. d. Kirche*, VII, 35; — 28. De Smedt, *Robert de Irlm*, 4, 6; — 29. Vasilievski, *Byzance et les Petchénègues*, pp. 271-273, 316-328; — 30. Palgrave, *Normandy and England*, IV, 507-514; — 31. Hagenmeyer, pp. 29, 69, 83, 343-345; — 32. Robinson, *H. of the christ. church*, IV, 383; — 33. *Exuviæ sacræ CP*, I, ccij-ccv; — 34. Paparrigopoulos, *H. de la civil. Hellénique*, pp. 329-340; — 35. Riant, *Præf. ad Epist. Alexij* (éd. de 1878); — 36. *Literatur Centralblatt*, 1879, 832-834; — 37. *Bibl. de l'Éc. des Chartes*, 1879, XL, 466; — 38. G. Paris, d. la *Revue critique*, 1879, II, 379-388; — 39. Vasilievski, d. le *Journal* (russe) *du minist. de l'Inst. publ.*, 1880, pp. 223-261 ; — 40. K. Paparrigopoulos, Ἐπὶ τῆς ἐπιστολῆς Ἀλεξίου Α' Παρνασσός, IV, 1880, pp. 89-96); — 41. Idem, *Lettre d'Alexis Comnène*, (*Bull. de corresp. hellénique*, IV, 1880, pp. 24-29)].

J'avais compris originairement dans le présent travail la discussion des questions très-complexes que présente ce document: mais cette discussion exigeait des développements trop considérables pour ne point faire l'objet d'un mémoire particulier. C'est à ce mémoire, dont j'ai fait précéder la dernière édition que j'ai donnée de la lettre d'Alexis, que je renvoie le lecteur. Je pensais n'avoir que peu de chose à y ajouter [1] et pouvoir me contenter de reproduire ici les cinq conclusions auxquelles je croyais être arrivé:

---

[1] Voici ces additions, qui ne portent, sauf la première, que sur des points de détails :

P. xj. Aux recensions anglaises, j'ai ajouté Robertson (*Hist. of the christian church*, IV, 383) qui regarde la lettre comme suspecte, et Palgrave (*Normandy & England*, IV, pp. 507-514). Je n'ai lu ce dernier livre que tout récemment; j'y ai trouvé (t. IV, pp. 424-605) un récit de la 1re croisade que je me bornerai à qualifier d'excentrique. L'auteur y accorde une attention toute spéciale à la lettre d'Alexis à Robert. Je dois dire tout de suite qu'il le considère comme fausse, et qu'il se sert pour établir cette fausseté d'un assez bon argument (p. 513): la parenté étroite qui unissaient Robert Guiscard et Robert-le-Frison, pères, l'un de Robert de Pouille, l'autre d'Adèle, femme de celui-ci : à peine délivré de Guiscard, Alexis se serait-il embarrassé d'un autre Robert, aussi proche allié du premier ?

Malheureusement Palgrave ne s'en tient point là, et, à travers une suite de considérations plus humoristiques que solides sur la fabrication des pièces fausses, émet la singulière hypothèse que voici : l'auteur de la supercherie aurait été Bohémond, désireux de jouer un tour à Alexis en lui jetant sur les bras l'Europe tout entière. Bohémond invente une fausse ambassade grecque d'Alexis en Occident: cette ambassade composée de gens de Pouille, déguisés en Byzantins, est chargée de notre lettre; elle l'apporte solennellement, la lit au concile de Plaisance, et c'est le message que signale Bernold dans le récit qu'il fait de cette assemblée (voir plus loin, n° XXXVI). Palgrave termine (p. 514), en faisant de Pierre l'Hermite, sur lequel il ne possède pas les données les plus élémentaires, un agent du même Bohémond; je crois inutile de discuter de semblables rêveries.

P. xxxij, n. 1. Sur les mariages avec les Grecques voir la lettre d'Étienne IV à Charles et Carloman (769-770) (Labbe, *Conc.* VI, 1717); voir aussi Michelet, *H. de Fr.* II, 217.

P. xxxix, n. 3. Pour l'anecdote des baptistères, cf. *Chanson de Roland*, v. 1524-1525, éd. Julleville, p. 218.

P. xlj, n. 3. Voici une nouvelle preuve du fait que Guibert a écrit avant la mort de Bohémond, et que la mention de cette mort dans l'édition de Bongars est une interpolation: dans le *De vita sua* de l'abbé de Nogent (l. III, c. 11, Migne, *Patr. lat.*, CLVI, c. 936), Guibert raconte avec amertume l'accueil discourtois fait aux *Gesta Dei per Fr.* par Waudri, évêque de Laon, qui mourut le 25 avril 1112.

P. xliij. J'ai omis une preuve du fait que Robert a, sinon fabriqué lui-même, du moins connu notre lettre. Dans le sermon qu'il met dans la bouche d'Urbain II (*Hist. Hier.* l. I, c. 1, *H. occ. des cr.* III, 727) on trouve, outre l'anecdote des circoncisions sur les baptistères, à laquelle j'ai fait allusion, p. xxxix, n. 3, ces mots: « Ab Jherosolimorum finibus » nempe Constantinopolitana relatio gravis emersit, » et sæpissime ad aures nostras pervenit, quod gens » regni Persarum .... terras illorum Christiano- » rum invaserit etc. ». Cette phrase pourrait être considérée comme une recension de l'*Epistola Alexij*, à moins qu'elle aussi ne se trouvât réellement dans un sermon original d'Urbain II, et ne fût alors qu'une des sources et non une mention de notre lettre.

P. xliv, n. 3. Aux témoignages relatifs à la conversion des églises en étables, ajoutez Baudry de Dol, l. I, c. 2 (*H. occ. des cr.*, IV, p. 12); c'était d'ailleurs comme des représailles de la conversion des mosquées de Tarse en étables, en 965, par Nicéphore Phocas; (Abulfarag., *Chron. Syr.* 381, tr. Bruns, p. 202).

Pp. lv, n. 2, et. lvij, n. 3. Foucher de Chartres (l. II, c. 39) et Lisiard de Tours (c. 22) (*H. occ.*

1.º — L'*Epistola Alexii ad Robertum* n'est un document, ni grec, ni traduit du grec, ni rédigé sur un fonds grec.

2.º — Elle a été composée de toutes pièces, en langue latine, à l'aide: *a)* de renseignements flamands, *b)* d'un catalogue latin et occidental des reliques de Constantinople, et *c)* des sermons d'Urbain II.

3.º — Elle a été fabriquée, ou dans le Nord de la France, aux environs de Reims, ou en Syrie dans le camp des croisés, non par Guibert de Nogent, mais peut-être par Robert-le-Moine.

4.º Elle a été répandue comme un *excitatorium* pour hâter le départ des renforts qu'attendaient les croisés en 1098-1099.

5.º — Le faussaire qui l'a rédigée a eu la prétention de la dater du commencement de 1093.

Mais, dans un compte-rendu fort long que M. Gaston Paris vient de consacrer à mon édition de l'*Epistola Alexij* [2], cet éminent érudit, tout en acceptant la plupart des mes conclusions, a discuté la troisième et absolument rejeté la quatrième, tandis que toutes les cinq étaient repoussées en Russie par M. Vasilievski.

Je commencerai par répondre à M. Paris, et je crois bien faire en reproduisant d'abord la partie [3] de son travail où il tend à substituer, pour ce point particulier, une hypothèse nouvelle à celle que j'avais cru devoir formuler.

« Non seulement la lettre n'a pas été composée après la croisade (à plus forte
» raison au camp des croisés), mais elle n'a, à mon sens, rien à faire avec la
» croisade. En 1098 ou 1099, pour hâter le départ des croisés retardataires, ce
» qu'il fallait leur exposer, c'était l'état de la Terre Sainte, les victoires des croisés

---

des cr., III, 418, 568) mentionnent aussi, mais sans les énumérer, les reliques du serment de Bohémond.

P. lxj, n. 1. La présence d'envoyés de Terre Sainte au concile de Bénévent résulte d'une notice contemporaine, insérée dans le *Cart. du S. Sépulcre*, n. 9 (éd. Rozière, p. 8).

P. lxiiij, n. 1 et 2. Le manuscrit de Robert signalé par Pertz (*Archiv*, IV, 99), est aujourd'hui à Breslau, (Univ., Fol. II 3, m. s. XVI, in-fº) ; il ne contient que l'*Epistola Patriarchæ*. Le catalogue des mss. de St Évroul (Montfaucon, *Bibl. mss.*, II, 1267-1273) ne mentionne aucun manuscrit de Robert-le-Moine.

P. lxviij, n. 4. L'erreur qui a fait prendre dans la *Biogr.* Didot (art. *Robert-le-Moine*), la version française du Pseudo-Turpin pour une traduction de l'*Historia Hieros.*, vient probablement d'un passage mal compris de Joh. Gryphiander (*De weichbildis Saxonicis*, c. xvj [Ff. 1625, 4º] p. 50) qui attribue à Robert le Pseudo-Turpin lui-même, à cause de certaines anecdotes communes à cet ouvrage et à l'*Histor. Hieros.*

P. lxix. D'après la *Zeitschrift* de Haupt (IV, 434, 440) la bibliothèque de l'université de Würzburg et celle des comtes de Löwenstein-Wertheim à Kleinheubach, contiendraient chacune un Robert en allemand: je n'ai pu avoir de renseignements plus précis sur ces deux manuscrits.

P. lxx. Peter Eschenloer a été l'objet de plusieurs études récentes (Voir Potthast, *Bibl. med. Æ.*, I, 304, II, 71.

P. lxxviij, n. 1. Pour les rapports entre les deux lettres de la légende de Charlemagne et la lettre d'Alexis, dont l'auteur aurait connu les premières, voir plus haut, pp. 20-21.

2 *Revue Critique*, 1879, II, pp. 379-388.

3 Je supprime seulement le commencement du travail de M. Gaston Paris, où il s'étend sur les opinions des critiques qui m'ont précédé, et quelques notes, qui contiennent des observations auxquelles je ne pourrais répondre ici avec une brièveté suffisante. Je me contenterai de lui faire observer à propos du *Sermo ad Jherosolimitas*, où il ne veut voir qu'un « sermon prêché à Jérusalem, auquel par un hasard » quelconque aura été mêlée » une glose géographico-lipsanographique, d'abord que *Jherosolimitæ* n'a jamais désigné les habitants de Jérusalem, mais toujours les *croisés* ou les *pèlerins* ; puis, que les sermons de croisade contiennent toujours une partie éléemosynaire, répondant aux besoins financiers de l'expédition, partie qui n'aurait eu aucun sens à Jérusalem, où l'on recevait des aumônes, mais où l'on n'en demandait point.

» et en même temps le besoin de renforts qu'ils avaient; mais en vérité le bel
» *excitatorium* à donner aux gens, pour les faire venir en Syrie ou à Jérusalem
» que de leur raconter les cruautés des Turcs en Asie Mineure, ou de leur dé-
» peindre la richesse de Constantinople et la beauté de ses femmes! D'ailleurs,
» quoi qu'en dise M. R., la mauvaise entente d'Alexis avec les croisés, dès leur
» arrivée dans ses états, avait certainement fait assez de bruit en Europe pour qu'il
» ne pût venir à l'idée de personne, en 1098 ou 1099, de le représenter offrant
» lui-même son empire à Robert de Flandre et lui disant: « *Melius esse subjectus
» vestris Latinis cupio quam paganorum ludibriis* ». En admettant même toutes ces
» invraisemblances, quel intérêt l'auteur de la lettre avait-il à l'antidater de plusieurs
» années et à faire des recherches difficiles pour trouver des synchronismes appli-
» cables à l'époque qu'il choisissait? L'appel d'Alexis n'aurait-il pas eu beaucoup
» plus de force s'il avait été présenté comme actuel? Rien dans la lettre ne se
» rapporte à la Terre-Sainte, sauf un mot à la fin: « Venez, dit Alexis aux
» Français, *ne christianorum regnum et, quod majus est, Domini perdatis sepul-
» chrum* ». Mais cette phrase est par trop absurde, puisque d'une part, le Sépulcre
» du Seigneur était perdu depuis longues années, et que, d'autre part, s'emparant
» de Constantinople pour la défendre des Turcs et des Petchénègues, comme les
» y invite exclusivement le texte de la lettre, les Francs ne l'eussent aucunement
» recouvré. Je pense que cette mention a été ajoutée par le remanieur dont nous
» avons déjà trouvé la trace. La lettre n'avait aucun rapport avec la croisade, à
» laquelle, comme le remarque fort bien M. R. (p. viij) le désir de secourir l'em-
» pire d'Orient fut absolument étranger; mais quand la croisade se fut faite, la
» lettre sembla se rattacher au même ordre d'idées, et fut accueillie à ce titre par
» Guibert et par Robert ou un copiste de Robert. Seulement on fut frappé de l'ab-
» sence de toute mention de la Terre Sainte, et on ajouta les quelques mots que
» j'ai cités, sans s'inquiéter de savoir s'ils cadraient avec le reste du document.
» L'interpolation et la falsification sont aussi habituelles au Moyen-Age que la fa-
» brication pure et simple.
» L'examen des sources que le faussaire a mises à profit n'est pas de nature à
» contredire mon opinion. M. R. les divise en trois classes: 1° un ensemble de
» renseignements oraux plus ou moins vagues, relatifs, d'une part, aux péripéties de
» la lutte engagée entre Alexis et les Infidèles pendant les années 1050-1092, de
» l'autre, aux succès d'Alphonse VI en Espagne; 2° un catalogue des reliques de
» la chapelle impériale de Bucoléon; 3° des plaintes des chrétiens de Syrie sur les
» souffrances que leur faisaient endurer les Turcs. Notre faussaire a transporté
» en Asie Mineure le théâtre de ces souffrances, mais M. R. montre que le récit
» coïncide textuellement avec celui que font d'autres textes des misères des Syriens,
» et est absolument faux en ce qui touche les environs de Constantinople. Il est vrai
» qu'il est porté à croire que le faussaire a pris ces détails dans le sermon ou les
» sermons d'Urbain II au concile de Clermont, dont certaines rédactions contien-
» nent des phrases identiques, et ce fait mettrait nécessairement la rédaction de
» l'*Epistola* après 1095. Mais, avec autant de science que de bonne foi, M. R. dé-
» montre lui-même que l'authenticité de ces rédactions n'est aucunement attestée.
» Les rédacteurs (et au besoin le pape lui-même) ont fort bien pu puiser à la
» même source que l'auteur de notre lettre. Je dirai même qu'après le concile de
» Clermont, où ces souffrances des chrétiens de Syrie avaient été dénoncées à
» toute l'Europe et avaient mis les armes aux mains des croisés, il aurait été bi-
» zarre de songer à les rapporter aux Grecs des alentours de Constantinople.
» C'est dans la lettre elle-même qu'il faut chercher des données pour fixer l'é-
» poque où elle a été écrite. Elle mentionne trois faits: des succès remportés en
» « Galice » par les chrétiens l'année précédente, la prise par les Turcs de Chio et

» de Mitylène, et l'entrée de leur flotte dans les Dardanelles. Or, d'après M. R.,
» ces trois faits sont inconciliables: « Galice » équivaut à Espagne, et nous ne
» trouvons de succès notables des chrétiens en Espagne, à cette époque, que « la
» campagne victorieuse qui suivit dans l'été de 1085 la prise de Tolède, et la prise
» de Valence en mai 1094, ce qui donnerait [pour l'époque où le faussaire a voulu
» placer la lettre] les années 1086 et 1095, l'une bien rapprochée du retour (1085)
» de Robert-le-Frison en Europe, l'autre postérieure à la mort (oct. 1093) de ce
» prince ». Attachons-nous au seul fait qui ait une date absolument sûre, et en
» même temps une précision qui ne peut être fortuite. Chio et Mitylène furent
» prises par les Turcs vers le mois de juillet 1090 (Riant, p. il), mais reprises par
» Alexis, l'une en 1090 même, l'autre en 1092 (car on sait que ce prince était bien
» loin d'être le couard larmoyeur que présente l'*Epistola*, d'après les idées des
» Francs sur les Grecs). La lettre a dû être écrite quand on connaissait en Europe
» la prise de ces îles par les Turcs, mais non leur reprise, soit dans les derniers
» mois de 1090. Il est vrai que si elle mentionne, comme le dit M. R., le siège
» d'Abydos, on se trouve en présence d'une contradiction: « ce siège n'eut lieu
» qu'au commencement et ne put être connu en Europe qu'à la fin de 1093 ».
» Mais je ne trouve pas que les termes de la lettre appuient cette interprétation:
» « Propontidem, qui et Avidus dicitur, et ex Ponto juxta Constantinopolim in mare
» magnum decurrit, cum ducentis navibus invaserunt . . . . . et minantur tam per
» terram quam per eamdem Propontidem, Constantinopolim . . . velociter rapere. »
» Il ne s'agit pas là d'un siège d'Abydos; l'auteur confond la Propontide avec les
» Dardanelles, et ce détroit avec Abydos (*Avidus*); en voit combien tout cela est
» vague. La flotte de Tzacas, qui s'emparait de Chio et de Mitylène, a très-bien pu
» faire en même temps dans les Dardanelles une apparition qui a suffi à motiver
» cette phrase. Reste la « Galice »: M. R. veut que ce terme désigne l'Espagne
» en général; j'en doute fort, et j'insiste plutôt sur la circonstance, rappelée par
» lui, qu'Alphonse VI, roi de Castille, de Léon et de Galice, est souvent qualifié
» simplement de « roi de Galice ». Mais l'allusion de la lettre ne s'applique cer-
» tainement pas à un simple fait d'armes de prince, comme la prise de Tolède
» ou celle de Valence. Voici ce que dit le pseudo-Alexis: « Rogamus ut quoscumque
» fideles Christi bellatores, tam majores quam minores cum mediocribus, in terra
» tua adquirere poteris ad auxilium mei et Grecorum christianorum huc deducas,
» et sicut Galiciam et cetera Occidentalium regna, anno preterito, a jugo paga-
» norum aliquantulum liberaverunt, ita et nunc. . . . . regnum Grecorum liberare
» temptent ». Il s'agit évidemment ici de succès remportés non par les Espagnols,
» mais par des *auxiliaires français* venus en Espagne. Or nous trouvons, précisé-
» ment à l'époque voulue, de notables succès de ce genre, les services rendus par
» les princes Robert, Eudes, Raimond et Henri de Bourgogne à Alphonse VI en
» Portugal, c'est-à-dire dans une province limitrophe de la Galice, et dont le nom
» distinct était certainement peu connu en France. C'est en 1089 que ces princes
» arrivèrent auprès d'Alphonse, qui avait sollicité des secours en France. Ils com-
» battirent aussitôt les Musulmans avec un succès qui se continua, et en récom-
» pense duquel Alphonse donna, en 1090, à Raimond sa sœur et le comté de Ga-
» lice, en 1094 à Henri sa fille et le comté de Portugal qu'il avait conquis. C'est
» aux exploits de ces « soudoyers » français que l'auteur de la lettre fait allusion
» en demandant l'envoi en Grèce de combattants aussi vaillants.

» Je pense donc qu'il écrivait en 1090. Cette année même, à ce que nous rap-
» porte Anne Comnène (éd. du Louvre, p. 205; voy. Riant, p. xxix) le comte Ro-
» bert de Flandre envoya réellement à Alexis un secours important. La fille d'A-
» lexis nous dit, à une date qui doit correspondre aux premiers mois de 1091:
» « Arrivent des chevaliers excellents, au nombre d'environ cinq cents, envoyés

» par le comte de Flandre. . . . . . . L'empereur les reçut avec bienveillance et
» libéralité, les remercia beaucoup et en fut remercié également ». Ils prirent part
» aux guerres de 1091, et retournèrent sans doute ensuite chez eux. Il paraît qu'il
» y a entre cet envoi et la fausse lettre d'Alexis une connexité évidente. Robert
» avait visité le Saint Sépulcre en 1083, et, passant par Constantinople en 1084, il
» avait eu avec Alexis des relations qui s'étaient terminées par une sorte d'hom-
» mage et la promesse d'un corps d'auxiliaires qui arrivèrent, en effet, en 1090.
» On voit que Robert ne se pressa pas de tenir sa promesse, et Alexis dut sans
» doute lui écrire pour la lui rappeler; il y a lieu de croire qu'il lui envoya réel-
» lement des messagers, comme le dit Guibert de Nogent (misit in Franciam scri-
» bens Rothberto). L'*Epistola* est écrite, à mon avis, sous l'impression de cet évè-
» nement qui dut frapper les esprits: elle est censée contenir la demande à la-
» quelle Robert répondit par l'envoi de ces cinq cents chevaliers. On pourrait même
» croire que ce fut le comte de Flandre qui la fit faire pour exciter l'ardeur des
» volontaires dont il avait besoin, si la date ne devait pas en être placée (vu la
» mention de la prise de Chio et Mitylène) à une époque où les chevaliers de
» Robert étaient déjà partis, sinon arrivés à Constantinople, et si d'ailleurs on n'y
» remarquait pas l'absence de tout trait spécial au comte de Flandre. Celui qui
» l'a composée a fait un exercice de rhétorique sur un thème qui lui avait plu,
» mais qui prenait quelque réalité en ce qu'il était bien dans le goût du moment.
» Qu'on se rappelle, en effet, ce prodigieux mouvement d'expansion qui a marqué la
» seconde moitié du XIe siècle pour la France du Nord. Les chevaliers français
» remplissaient alors le monde entier de leurs victoires: Robert Guiscard s'empa-
» rait de la Sicile; Guillaume de Montreuil commandait les troupes du pape; des
» Français enlevaient aux Musulmans leurs villes de Catalogne et d'Aragon (voy.
» Riant, p. xxv); d'autres conquéraient le Portugal; Guillaume de Normandie me-
» nait à bonne fin son étonnante aventure, et tout cela en moins de quarante ans.
» L'idée de sauver l'empire grec des Turcs, dont on connaissait les progrès redou-
» tables, et en même temps de s'en emparer en tout ou en partie, devait naturelle-
» ment venir à plus d'un des pèlerins qui, au retour de Jérusalem, passaient par By-
» zance, et qui y admiraient les reliques incomparables, les trésors merveilleux et
» les « pulcherrimas feminas ». Quand on sut que l'empereur lui-même faisait appel
» au secours des Français, comme avait fait le pape, comme venait de faire Al-
» phonse VI, ce rêve prit naturellement un corps, et de la cellule de quelque
» moine à l'esprit hardi, à la science confuse (voy. l'énumération des provinces de
» l'Asie Mineure), à l'imagination ardente, sortit la lettre d'Alexis à Robert. Celui
» qui l'a composée devait d'ailleurs être assez étranger au comte de Flandre; car
» il ne paraît pas connaître les relations et les engagements qui existaient anté-
» rieurement entre Robert et Alexis, et il décrit les reliques et les trésors de Cons-
» tantinople comme s'il s'adressait à quelqu'un qui n'y fût jamais venu. Il n'y a
» aucune vraisemblance à ce que ce fabricateur ait été Robert de Saint-Remi. La
» lettre est, il est vrai dans beaucoup de manuscrits, jointe à un récit de la pre-
» mière croisade; mais cela prouve simplement que Robert ou un de ses copistes
» l'a connue et recueillie.
» Tout est donc explicable et naturel en assignant à l'*Epistola* la date de 1090;
» tout est compliqué et invraisemblable en la reportant à 1098 ou 1099. Comment
» croire, par exemple, qu'en 1098 un faussaire aurait su que, à l'époque où il vou-
» lait mettre la lettre, Chio et Mitylène venaient d'être prises par les Turcs, et
» aurait en même temps ignoré qu'elles avaient été reprises par Alexis? On pour-
» rait faire bien d'autres objections de ce genre, si ce qui a été dit ne semblait
» suffire. Mais il faut voir les arguments qu'apporte M. R. à l'appui de sa thèse.
» En dehors de ce qui touche le siège d'Abydos et les évènements d'Espagne, il

» n'en donne réellement qu'un seul. L'*Epistola* reproduit un catalogue de reliques
» conservées dans la chapelle impériale de Bucoléon, catalogue d'origine latine,
» fait sans doute par quelque pèlerin de France. Or, dans ce catalogue, dont M. R.
» a publié ailleurs diverses rédactions, figure d'ordinaire une relique qui est absente
» ici : c'est la sainte Lance. M. R. voit dans cette omission la preuve que la lettre
» a été composée après 1098, où fut trouvée sous terre, à Antioche, la fameuse
» lance qui fit alors tant de bruit : l'auteur de la lettre, en y insérant le catalogue
» des reliques, a supprimé celle-là parce qu'il regardait comme seule authentique
» la lance d'Antioche. Mais d'abord, cette omission peut être purement fortuite,
» comme celle de plusieurs autres reliques également importantes et mentionnées
» ailleurs (voy. Riant, p. lij). En second lieu, le catalogue en question paraît avoir
» été inséré dans la lettre après qu'elle circulait déjà : Guibert de Nogent ne l'a
» pas eu sous les yeux. M. R. pense le contraire : « Guibert, dit-il, discutant pré-
» cisément ce catalogue de reliques, donné par l'*Epistola*, s'étonne d'y voir men-
» tionné le chef de saint Jean, qu'il croyait conservé tout entier à Saint-Jean-d'An-
» gély ; or il croyait à l'authenticité de la lance d'Antioche (l. IV, c. 34), et
» il eût fait, par conséquent (s'il avait vu mentionnée celle de Constantinople), une
» remarque analogue sur la duplicité de cet objet sacré. » Mais Guibert, en résu-
» mant la lettre qu'il avait sous les yeux, ne parle que de reliques des Saints,
» nullement de reliques *dominicales*. Il signale notamment ce fait que les corps de
» *six apôtres* sont conservés à Constantinople, et ce chiffre, qui est exact ou du
» moins se retrouve dans d'autres catalogues (voy. Riant, *Exuviæ CP.*, ll, 217),
» n'est pas dans l'*Epistola*, où on parle seulement en bloc de « reliquiæ quorumdam
» prophetarum et apostolorum », ce qui prouve bien encore que notre texte de
» l'*Epistola* n'est pas conforme à celui que Guibert a connu. Guibert insiste d'ail-
» leurs sur les reliques d'une façon qui ne permet pas de croire qu'il n'eût rien
» dit des reliques dominicales si elles avaient figuré dans son texte. Le catalogue
» où se trouvent ces reliques a donc été ajouté à l'*Epistola*, soit par le copiste
» qui l'a réuni à l'ouvrage de Robert de Saint-Remi, soit par un remanieur plus
» ancien, au cas où le ms. d'Angers serait indépendant du texte vulgaire. L'un ou
» l'autre a fort bien pu supprimer de la liste, avec le sans façon des clercs du
» temps, cette mention devenue gênante après la découverte d'Antioche. Même quand
» il n'en serait pas ainsi, quand le texte primitif de l'*Epistola* aurait contenu le
» catalogue des reliques dominicales et que, dans ce catalogue, aurait déjà manqué
» la sainte Lance, l'hypothèse d'une omission fortuite serait encore trop acceptable
» pour qu'on fût, par cela seul, obligé à faire descendre la lettre de quelques années
» au-dessous de la date que tout lui assigne ».

Dans cette savante discussion, M. G. Paris a fait ressortir un point sur lequel j'avais gardé le silence : le fait que la délivrance du S. Sépulcre n'est mentionné dans la lettre qu'à la dernière phrase. Il suppose que cette dernière phrase a été ajoutée par un remanieur du texte original (au moment sans doute où la pièce a été annexée à l'*Historia Hierosolymitana* de Robert-le-Moine). Je serais disposé à adopter cette hypothèse spéciale, tout en faisant remarquer que le mot de Jérusalem, associé aux conquêtes des Turcs, se trouve déjà dans le corps de la lettre (p. 14, l. 6). J'admettrais également d'une manière moins dubitative que je ne l'ai fait dans ma *Préface* (p. xlv) que le texte original, vu par Guibert, était différent de celui qui nous est parvenu, bien que plusieurs de nos manuscrits offrent un caractère d'antiquité, qui force à reconnaître, que, s'il y a eu remaniement, ce remaniement a été contemporain de Guibert lui-même.

Mais par contre, je me permettrai de faire à mon tour à la théorie de M. G. Paris une objection, peut-être sérieuse: rien, absolument rien, dans les témoignages écrits de l'histoire d'Espagne n'autorise à dire qu'en 1089 des auxiliaires français y aient remporté des victoires assez saillantes pour être caractérisées par la phrase: « *Sicut* » *Galiciam et cetera Occidentalium regna anno preterito a iugo paganorum* » *aliquantulum liberaverint* ». De deux choses l'une: ou *Galicia* veut dire la *Galice*, et jamais, à cette époque, un pied infidèle n'a foulé la Galice; jamais ce royaume n'a été le théâtre de combats quelconques contre les Maures, ni les provinces voisines (le Portugal en particulier) de victoires des chrétiens espagnols ou français: ou *Galicia* veut dire l'Espagne chrétienne [4], et *cetera regna* l'Espagne musulmane; mais, précisément en 1089-1090, s'il y eut *libération* d'un portion quelconque de territoire, ce fut de territoire *musulman* — et cette libération eut lieu au profit des Almoravides et au détriment d'Alphonse VI. L'inféodation du Portugal doit se placer seulement en 1095, et avec le simple caractère de constitution dotale. Henri de Bourgogne ne s'y installa définitivement qu'en 1097 [5].

Si l'on remarque, d'autre part, que l'hypothèse de M. G. Paris ne rend compte suffisamment, ni de l'absence de la s. Lance au catalogue des reliques [6], ni de l'association, dans vingt-trois manuscrits, de notre lettre à celle du patriarche Siméon, lettre qui (j'espère le prouver plus loin [7]) a bien été écrite et envoyée d'Orient en 1097; si l'on observe, en outre, que cette hypothèse n'aboutit, en somme, qu'à la fabrication toute platonique (sans autre but qu'une simple récréation littéraire, et à une date qui ne correspond à aucun évènement important de l'histoire d'Orient), d'un document qui a joui, sans conteste et dès son apparition, d'une célébrité aussi grande que celle qui entoura notre lettre, — on sera peut être amené à conclure que la supposition de M. G. Paris soulève au moins autant d'impossibilités que la mienne [8], tout en s'adaptant moins bien aux circonstances historiques qu'il s'agit, dans l'espèce, de concilier entre elles.

---

4 Je persiste à croire que *Galiaa* a ce dernier sens; les Arabes ne donnaient aux Espagnols que le nom de *Galicieus*. (Ibn Bassam, cité d. Dozy, *Le Cid* [Leyde, 1860, 8º] p. 8).

5 Voir Herculano, *Hist. da Portugal*, I, 452.

6 De ce que Guibert ne parle pas des reliques du Christ, il ne résulte point d'une façon lumineuse, que le texte qu'il avait sous les yeux les eût passées sous silence. Si Guibert s'étend sur le *chef* de s. Jean, c'est qu'il y voyait une de ces reliques doubles qu'il avait déjà pourchassées dans son *De pignoribus sanctorum* l. I, c. III, 2-3 (Migne, *Patr. lat.*, CLVI, 823 et s.) il on eût fait de même pour la *Lance*, s'il l'eût vue consignée dans le catalogue ; or, comment supposer qu'une pièce, qui énumérait des reliques constantinopolitaines, eût omis les plus importantes, pour ne parler que du chef de s. Jean et des six corps d'apôtres?

7 Plus loin, nº XCI.

8 Je reconnais toute la valeur de plusieurs des objections de M. G. Paris : mais je persiste à nier, m'appuyant sur le témoignage du comte de Blois (*H. occ. des cr.*, III, 886) que la mauvaise réputation d'Alexis se soit répandue en Europe avant

Peut-être d'ailleurs, est-ce faire œuvre stérile que de pousser ainsi à bout l'induction pour arriver à la solution d'un problème, dont les inconnues dépassent en nombre les données, et dont les données même offrent si peu de certitude. S'en tenir à la date que le faussaire a cru assigner au document qu'il fabriquait — le commencement de 1093 — date que j'espérais avoir établie (pp. l, lj) et à laquelle M. Paris paraîtrait, je crois, disposé à descendre, et à ne point chercher pour le moment à déterminer l'époque exacte et le but 1° de la fabrication première, 2° du remaniement qui y aurait ajouté la phrase relative au S. Sépulcre, me semblerait désormais le plus sage, quitte à revenir sur la question, si, plus tard, un hasard heureux permettait de retrouver, ou le prétendu original vu par Guibert, ou une preuve formelle que l'abbé de Nogent n'ait jamais eu que notre texte sous les yeux [9].

1102 (Voir ma *Préface* p. lxj, n. 1 et plus loin, n°s CXIX, CXXI). D'autre part je serais porté à revenir sur la facilité avec laquelle j'ai admis (p. xliv) l'assertion de Guibert, relative à une correspondance quelconque entre Alexis et Robert-le-Frison. Dans la phrase « misit in Franciam scribens Rothberto » je ne verrais plus qu'un indice que Guibert aurait connu, non-seulement notre texte, mais encore le prologue qui le précède. En me reportant à des recherches que j'ai faites autrefois sur le recrutement des auxiliaires, salariés par la cour de Byzance, je suis amené à considérer comme certain que *jamais* les empereurs n'ont *daigné* faire de ce recrutement l'objet d'une correspondance officielle: il s'opérait de lui-même par l'intermédiaire des vétérans de ces corps étrangers ; et, à cette époque, il y avait déjà eu à Constantinople assez d'auxiliaires normands, anglais, scandinaves, pour que le départ des 500 chevaliers de Robert ait pu être déterminé, en dehors de toute missive impériale, par un ou plusieurs chefs værings revenant dans leur pays. Remarquons en passant que les prétendus 500 *chevaliers* étaient tout simplement des *cavaliers* ; la Flandre n'eût pas suffi à former cet énorme contingent. Sous Othon II, l'empire germanique tout entier ne comptait que 2080 chevaliers ; voir Waitz, *D. Verfassungsgeschichte*, IV, 34.

9 M. Hagenmeyer, pour des motifs différents, aboutit à la même incertitude que moi, ainsi que le montre la lettre suivante qu'il m'a fait l'honneur de m'écrire: « J'avoue que les conclusions de M. G.
» Paris touchant l'époque de l'*Epistola*, ainsi que
» le rapport qu'il prétend établir entre la version
» de Robert et celle de Guibert m'ont au premier
» abord impressionné. Mais elles n'ont pu me convaincre; parce qu'en somme elles s'étayent sur des
» hypothèses, incontestablement ingénieuses et hardies, mais à côté desquelles d'autres hypothèses
» ont un droit égal à se faire valoir.
» Ce n'est pas sans peine que j'ai été amené à
» partager votre avis quant à la rédaction de l'*Epistola* entre 1098 et 1099 ; j'ai même eu l'occasion,
» si je me souviens bien, de vous présenter mes
» objections. Forcé pourtant de me rendre aux raisons
» que vous apportiez contre l'authenticité de l'*Epistola*, j'ai dû conséquemment trouver plus vraisemblables vos conclusions ultérieures touchant l'époque de la rédaction, conclusions que vous fondiez
» surtout sur le défaut de mention de la s. Lance.
» Je me suis réservé seulement de dire que, si la
» lettre est décidément inauthentique, si elle n'a
» d'autre raison d'être que le besoin de donner une
» expression à ce cri de détresse de l'Orient à l'Occident, qui, si l'on peut dire ainsi, planait alors
» dans l'air — il y a toujours possibilité qu'elle
» ait été écrite pendant ou peu après la première
» croisade.
» M. Gaston Paris cherche à donner de la vraisemblance à l'idée, que tout inauthentique qu'elle
» est (ce en quoi il est d'accord avec vous) l'*Epistola* a dû être rédigée à l'époque où les auxiliaires
» flamands partirent pour l'Orient, ou peu de temps
» après. Mais une fois que nous admettons l'inauthenticité, qui nous garantit qu'un faussaire d'époque postérieure n'ait pas fabriqué cette lettre telle
» quelle, en lui donnant toutes les apparences d'une
» rédaction antérieure ?
» Les raisons intrinsèques qui, selon M. Paris,
» militent en faveur d'une époque de rédaction antérieure, sont précisément de celles qui feraient
» soupçonner un faussaire. En effet, il n'y a rien
» d'impossible à ce que l'auteur de la lettre en ait
» aussi écrit la préface, d'où il résulterait avec évidence
» que l'*Epistola* n'a pu être écrite qu'après 1096.
» Il est aussi fort risqué de prétendre établir que,
» dans le texte de Robert, certaines phrases soient le
» fait d'additions postérieures, telle que celle comprise entre les mots « *christianorum — Sepulchrum* ».
» Car la lettre fût-elle en effet antérieure à 1096,
» il est certain que ces mots ne fourniraient par eux-
» mêmes aucune raison de croire qu'ils sont interpolés plutôt que d'autres. Ils veulent dire simplement: « Si vous, Francs, ne venez pas à notre
» aide, toute domination chrétienne en Orient sera
» perdue et avec elle la possession du S. Sépulcre »,
» (que les Occidentaux possédaient du moins en ce
» sens qu'il leur était permis de le visiter et d'y

Si je fais à M. Paris ces concessions un peu forcées, je ne puis que rejeter absolument la thèse qu'a soutenue, d'ailleurs avec un talent incontestable, M. Vasilievski.

M. Vasilievski est un savant de mérite, et dont les travaux, malheureusement enfouis dans des recueils inaccessibles au public européen, mériteraient de passer dans une langue plus abordable. Il se distinguent, en effet, par une connaissance, peu commune en Russie, de nos sources latines, et par une indépendance de critique, qui sait s'élever au-dessus des engouements de secte ou de nationalité [10]: ils ont donc droit à l'attention la plus sérieuse.

En 1872, M. Vasilievski avait consacré à l'*Epistola Alexii* l'un des appendices de son mémoire sur *Byzance et les Petchénègues* [11]: il y défendait avec ardeur l'authenticité de notre document. Tout récemment, en rendant compte de mon édition de l'*Epistola* [12], il vient de reproduire, en les serrant de plus près, pour mieux combattre les miens, les arguments de son premier travail. Je résumerai brièvement [13], avant d'y répondre, les différents points de sa brillante discussion.

» célébrer leur culte, même antérieurement à la conquête effective par les croisés). En outre, l'auteur ne parle que des Turcs, et non pas aussi des Sarrasins dont le joug fut relativement plus doux pour les chrétiens.
» Venant à parler des indications de l'auteur de la *Lettre* touchant la dévastation des environs de Constantinople, M. Paris les qualifie « d'absolument fausses ». Ce jugement me paraît tout-à-fait impossible à justifier; car il est historiquement prouvé que les Turcs, sous Soliman, pénétrèrent jusqu'à proximité de Constantinople, et ravagèrent affreusement la Bithynie. L'auteur des *Gesta*, le *Hierosolymita*, la *Translatio s. Nicolai* en fournissent les témoignages les plus évidents. Il est donc difficile de vouloir rendre l'auteur de la lettre responsable d'une confusion.
» Mais ce sont là des critiques de détail, qui, loin de nuire à l'opinion de M. Paris touchant la rédaction de l'*Epistola* vers 1090, seraient plutôt de nature à lui servir d'appui. J'avoue, que pour ma part, j'ai toujours incliné dans ce sens, et que j'eusse volontiers admis l'existence d'une *Epistola* authentique ayant servi de fondement à la nôtre. Néanmoins, l'importance du fait que la s. Lance n'est pas mentionnée, une fois admise (et n'a-t-on pas toute raison pour cela?), on est forcément amené à admettre comme vous que la lettre est postérieure à 1096.
» L'hypothèse de M. Paris me semble également trop cherchée, au point de vue du rapport qui existe entre les deux versions de Guibert et de Robert. Pour qui est convaincu, comme je le suis aujourd'hui, que Guibert a connu l'*Historia* de Robert, il peut sembler naturel qu'il ait eu également sous les yeux la version Robertine de l'*Epistola*, et qu'il ait inventé librement le passage sur les femmes. Ces mots: « *Verbis tamen vestita meis* » prouvent également qu'une partie du contenu a été reproduit et façonné par lui à sa manière, et sont certainement aussi destinés à faire excuser ses propres additions, destinées elles-mêmes peut-être à servir d'expression à certaines médisances visant Robert ou son fils.
» Les suppositions que produit M. Paris au sujet des additions et des omissions que l'on impute à l'auteur de l'*Epistola* (version de Robert) sont assurément fort ingénieuses, mais trop peu vraisemblables pour servir de règle.
» Je le répète, dès qu'il est constant que la lettre est fausse, ce dont, après votre démonstration, il ne saurait plus guère subsister de doute, il ne reste plus en présence, quant à la question de l'époque, que des hypothèses, pour l'une ou l'autre desquelles il me serait difficile, au point où j'en suis, de me décider avec pleine conviction ».

10 En particulier dans la polémique relative à l'origine des værings: voir le mémoire de M. V. sur *Les Russo-værings et les Anglo-værings*, dans le *Journal* (russe) *du minist. de l'Instr. publique*, 1874, pp. 104-144; 1875, pp. 394-451, 1876, pp. 76-152.
11 *Journ. du minist. de l'Inst. publ.*, 1872; l'an dernier, je n'avais entre les mains que la première partie de ce travail (pp. 115-165); je l'ai citée dans ma préface (p. xxix, n. 3). La seconde (pp. 243-332) ne m'est, à mon grand regret, parvenue qu'une fois ma préface imprimée; l'appendice en question y occupe les pp. 316-328.
12 *Journ. du min. de l'Instr. publ.*, 1880, pp. 223-261.
13 J'aurais voulu la reproduire tout entière; mais elle occupe quinze pages dans le premier travail, et trente-neuf dans le second.

M. Vasilievski débute en établissant, comme moi et contrairement à M. de Sybel, que Guibert n'a fait qu'altérer l'*Epistola*, et n'a jamais eu entre les mains un texte meilleur que le nôtre; puis il refait le tableau historique, qu'il avait tracé en 1872, de la situation critique où les Petchénègues avaient placé en 1091 l'empire byzantin — situation qui, bien comprise, suffit, selon lui, à expliquer, non seulement l'envoi, mais encore la forme et les expressions même de la lettre. Puis, après un court exposé de l'opinion exprimée par M. Hagenmeyer dans son édition d'Ekkehard d'Aura, et du contenu de l'*Epistola*, il passe à l'examen de ma préface [14], dont il suit pied-à-pied et combat presque toutes les assertions, — niant, par exemple, que les empereurs s'astreignissent à des formules immuables d'étiquette et à ne jamais parler qu'à la troisième personne du singulier — affirmant que les Grecs usaient du mot *païens*, pour désigner, sinon les Musulmans, du moins les Petchénègues — trouvant, dans la phrase: « *Propontidem, qui et Avidus dicitur* [15], » la preuve grammaticale que la lettre est traduite du grec [16] — me reprochant enfin de n'avoir pas mentionné l'usage fait, par Hugues de Fleury, du catalogue des reliques constantinopolitaines.

Il pose ensuite à nouveau trois questions que j'avais formulées, p. xx:

1.° Alexis a-t-il pu demander des secours à l'Occident, et, en particulier au comte de Flandres?

2.° A-t-il pu motiver cette demande sur les atrocités que raconte la lettre?

3.° A-t-il pu l'appuyer des séductions qu'elle énumère?

Les réponses que j'ai faites aux deux dernières questions, l'embarrassent, et il les élude. En revanche, il repousse énergiquement la solution que j'ai proposée pour la première, et se sert d'un témoignage nouveau — celui de Georges Métochite — pour établir qu'Alexis a, plusieurs fois, comme le veulent Bernold de S. Blaise et Ekkehard d'Aura [17], sollicité les secours *armés* de l'Occident: il trouve, dans un passage d'Anne Comnène [18] la confirmation éclatante de cette assertion.

M. Vasilievski n'accepte pas, bien entendu, les sources d'où j'ai cru devoir faire découler l'*Epistola*; mais il ajoute, un peu imprudemment,

---

14 M. Vasilievski ne l'a peut-être pas lue avec toute l'attention désirable; sans cela, il ne m'eût point (p. 223) accusé d'avoir passé sous silence l'opinion de M. Paparrigopoulo (opinion que je mentionne p. xij, n. 5), et, s'il avait lu l'intitulé de la charte angevine que je cite, p. xxix, n. 3, il n'eût pas affirmé (p. 260) que, sauf Hugues de Fleury, *tous* les auteurs latins regardaient les Petchénègues comme des amis des Grecs.

15 *Epist. Al.*, p. 15.

16 M. Vasilievski s'appuie ici sur le texte suivant,

qu'il attribue à Constantin Porphyrogénète, mais qu'il a pris simplement dans une liste anonyme et de date incertaine, publiée dans les notes du *De Thematibus*: « Προποντίδες δύο, ἡ μὲν κατὰ τὴν Ἄβυδον, » ἡ δὲ κατὰ τὸ Ἱερὸν καὶ Ψαμμάθιον. » (Const. Porph., *De them.* éd. de B., III, p. 281).

17 *Epist. Al.*, p. xxj, n. 1 et 2. M. Vasilievski insiste (p. 241) sur le témoignage d'Ekkehard, qu'il suppose (comme M. Hagenmeyer) avoir connu l'*Epistola*.

18 Anna Comn., l. VIII, c. 3, éd. de B., I, 394.

que « j'aurais eu cause gagnée, si j'avais montré, dans la lettre, une
» seule phrase empruntée à un texte latin antérieur au XIIe siècle ».
Enfin, pour l'absence de la s. Lance au catalogue des reliques, il
adopte l'hypothèse de l'omission fortuite.

Après avoir ainsi disséqué ma préface, M. Vasilievski reprend, à
son tour, la question, pour la traiter dans un sens absolument contraire au mien. Comme les mots : « *Agite ergo* . . . *ne, quod majus*
» *est, Domini perdatis sepulchrum* [19] » l'empêchent de placer en 1091 la
rédaction de la lettre, il suppose que *sepulchrum* est un contre-sens
de traducteur, et que le grec portait un mot, comme λείψανα, faisant
allusion aux reliques énumérées plus haut. Il admet, du reste que la
pièce soit du genre excitatoire, mais excitatoire en faveur de Constantinople, non en faveur de Jérusalem.

Il reprend ensuite le texte, signalé plus haut, d'Anne Comnène,
insiste sur l'alliance indiscutable des Turcs et des Petchénègues, toujours aussi associés par la lettre, et établit, avec détails, toute la
chronologie des années 1090-1092, pour prouver que rien n'est à
critiquer dans les synchronismes offerts par notre document.

Pour lui, *Galicia* est la *Galatie* d'Asie Mineure; le *cetera Occidentalium regna* » ne l'embarrasse que momentanément. Si, dans son mémoire de 1872, il y trouvait *les thèmes occidentaux de l'empire*, il
consent presque à y voir aujourd'hui les états espagnols, sans cependant vouloir admettre les déductions que ces mots m'ont amené
à tirer de l'histoire d'Espagne.

Enfin, après avoir cherché à prouver, malgré la phrase très-claire
du prologue de la lettre [20], que *Solimannus* y désigne Soliman I et
non Kilidje-Arslan, il conclut en assignant la date précise de 1091
à la rédaction par Alexis et à l'envoi de l'*Epistola*, qui, selon lui, a
dû être traduite du grec par un latin peu versé dans cette langue.

Voilà, en quelques mots, l'argumentation de M. Vasilievski: j'avoue
qu'elle n'a pu réussir à ébranler ma conviction.

Ne pouvant le suivre ici avec toute la minutie désirable, je vais
me contenter de répondre d'abord rapidement aux moins importantes
des objections qu'il me fait: je m'étendrai ensuite davantage sur les
trois principales.

Si Michel Ducas Parapinace, apporté pour exemple d'un empereur
écrivant à la première personne du singulier, s'est servi de cette
forme dans ses lettres [21] à un petit prince russe, Vsévolod Iaroslavitch,

---

[19] *Epist. Al.*, p. 20.

[20] « Idem . . . imperator . . . . nimis oppressus
» fuerat a nefanda gente paganorum, quorum prin
» cipatum tenebat Solimannus *veteranus*, *pater* Soli
» manni junioris » (*Epist. Al.*, p. 9).

[21] Publiées par M. C. Sathas d. l'*Ann. de l'Ass.* des Ét. grecques, VIII, 1874, pp. 206-220; M. Vasilievski (d. le *Iourn. du min. de l'instr. publ.*, décembre 1875, p 270-315), a prouvé que ces deux lettres, que M. Sathas croyait adressées à Robert Guiscard, avaient, au contraire, pour destinataire ce Vsévolod Iaroslavitch.

c'est que ces lettres, œuvre personnelle de Psellus, dépourvues de date et d'intitulé, ne sont très-probablement que des brouillons de chancellerie [22].

Si le mot *pagani* désigne quelquefois, dans l'*Epistola*, l'ensemble des Turcs et des Petchénègues, c'est à ceux-là qu'il s'applique de préférence [23]; or je crois qu'il serait difficile de trouver dans Anne Comnène, les épithètes d'ἐθνικοὶ et de παγανοὶ [24] appliquées aux Turcs.

L'objection tirée du prétendu texte de Constantin Porphyrogénète et relative au « *Propontidem qui et Avidus dicitur* » est très-spécieuse; je ne trouve pas cependant, dans ce texte, tout ce qu'y voit M. Vasilievski. Il dit seulement « que la Propontide se divise en deux: la Pro-» pontide *du côté* d'Abydos, et celle du côté de Psammathion »; il n'affirme pas pour cela que la Propontide entière s'appellât Abydos, et je crois que l'on chercherait vainement dans Psellus ou Anne Comnène, cette appellation d'Abydos donnée à la mer de Marmara [25].

La confusion entre les mots τάφος et λείψανα, *sepulchrum* et *reliquiæ*, est une hypothèse plus ingénieuse que facile à soutenir.

Enfin Soliman I est bien mort en 1085, *six ans avant* la prétendue date de rédaction de la lettre, tandis que Soliman II (Kilidje-Arslan) ne lui succéda qu'en 1092, *un an après* cette date.

Mais je me hâte de passer aux trois arguments qui font la force, au moins apparente, du travail de M. Vasilievski; je les formulerai ainsi:

1.° L'absence, dans la lettre, de toute phrase empruntée à quelque écrivain *latin* antérieur au XIIe siècle;

2.° Le témoignage de Hugues de Fleury;

3.° L'association, dans la lettre, des Turcs et des Petchénègues, et la réalité, *en 1091*, de demandes de secours adressées par Alexis à l'Occident.

Sur le premier point, je crois me trouver en mesure de calmer les regrets exprimés par M. Vasilievski: le texte latin, antérieur au

---

22 D'ailleurs, dans ces deux lettres, Michel Ducas ne parle pas *toujours*, comme le Pseudo-Alexis, à la première personne du singulier, mais souvent (ainsi que dans un chrysobulle publié par Sathas [*Bibl. gr. M. Ævi*, 1, 56]) à la première du pluriel; et comme, d'autre part, Alexis, dans les autres documents incontestés qui nous restent de lui, parle toujours à la troisième personne du singulier, rien ne nous autorise à supposer qu'il ait, à l'exemple de Michel Ducas, abandonné, pour écrire à Robert de Flandre, l'étiquette ordinaire.

23 Cf. *Epist. Al.*, l. c.

24 Anne Comnène ne se sert que deux fois de la première pour l'appliquer aux Normands (l. IV, c. 6, éd. de B., I, p. 207) et aux Petchénègues (l. VII, c. 3,

éd. de B., I, p. 344) et n'emploie la seconde que pour la mettre, comme une injure latine, dans la bouche de Bohémond, en ayant soin d'ajouter pour l'expliquer: « κατὰ τὸ ἔθος τῶν Λατίνων παγάνους (προςηγορευι) » (l. XII, c. 8, éd. de B., II, p. 168) ou « ἀλλοτρίων » τῆς ἡμετέρας αὐλῆς, οὓς παγάνους ἡμεῖς (Bohémond) » ὀνομάζομεν » (l. XIII, c. 12, II, p. 229); cf. l. XII, c. 1, II, pp. 132, 135; παγανὸς avait surtout en grec le sens de *paysan*; cf. Du Cange, *Gloss. m. et inf. gr.*, p. 1075.

25 Pour me servir d'une comparaison familière, le texte de Constantin, appliqué au Léman, reviendrait à dire: « Le Léman se divise en deux: le lac du côté » de Lyon, et le lac du côté de Sion »: en conclurait-on que le Léman s'appelle *Lyon*?

XII° siècle, et qu'il faut retrouver dans la lettre, existe, et c'est, de plus, un texte tout à fait populaire: je viens de le rencontrer dans les *Révélations* du Pseudo-Méthodius. Je ne puis ici m'étendre, avec tous les détails désirables sur cette curieuse élucubration, qui vient, d'ailleurs, d'être l'objet, en Allemagne, d'un travail excellent [26]. Je constaterai seulement qu'elle a été rédigée, au plus tard, vers le milieu du IX° siècle [27], et en partie reproduite, au X° et au XI°, par plusieurs écrivains latins mystiques [28].

L'auteur de l'*Epistola*, soit directement, soit indirectement et probablement par l'intermédiaire d'un des sermons d'Urbain II, a non seulement emprunté au Pseudo-Méthodius le récit des atrocités qu'il énumère, mais encore y a copié presque textuellement des phrases tout entières [29].

Je passe au second point; et, ici, je m'empresse de reconnaître que, dès 1872, M. Vasilievski avait signalé le texte de Hugues de Fleury, tandis que ce texte était, jusqu'à présent, resté inconnu à M. Hagenmeyer et à moi: il est intéressant, et je le reproduis *in-extenso*, en soulignant les passages communs qu'il peut avoir avec l'*Epistola*.

« Eodem etiam anno (1095) Urbanus papa venit in Galliam, et magnum apud Clarum-
» montem concilium mense novembrio celebravit. *Imperium enim orientale a Turcis*
» *et Pincenatis graviter infestabatur, et jam Cappadocia minor et major, et Frigia ma-*
» *jor et minor, et Bithinia simul et Asia, Galacia quoque et Libia, et Pamphilia, et*
» *Isauria, et Licia, et insule principales illarum regionum, Chio videlicet et Mithilena,*
» *ab eis capte tenebantur; et fiebant quotidie diverse cedes christianorum et derisiones*
» in Christum Dominum, et in religionem nostram. Unde papa, in memorato con-
» cilio, exortatus est Gallorum gentem, quem noverat bellicosissimam, ut viriliter
» oppressis fratribus succurrerent, ne eorum temporibus christianismus in Orientis
» partibus penitus deperiret. Asserebatque *gloriosam et ineffabilem mercedem in celo*
» assecuturos esse omnes, qui, cruce Domini insigniti, propter hoc negocium exe-
» quendum, peterent S. Sepulchrum. Monebat eciam, ut, *antequam barbari C. P.*
» *urbem sibi subjicerent, eo festinarent, in qua est statua, ubi Christus fuit ligatus et*
» *flagellatus, et Clamis Coccinea qua fuit indutus, et Spinea Corona qua fuit coronatus,*
» *et Flagellum quo fuit flagellatus, et Arundo quam pro sceptro tenuit, et Vestimenta*
» *quibus antequam crucifigeretur expoliatus fuit, et quedam porcio Crucis in qua con-*
» *fixus pependit, et Clavi quibus affixus fuit, et alie simul sancte reliquie, que magnum*
» *omnibus christianis generarent detrimentum, si amitterentur* [30] ».

---

26 Von Zetschwitz, *Vom röm. Kaisertum deutsch. Nation*, Leipz., 1877, 8°.

27 L'auteur anonyme s'est d'ailleurs inspiré d'un original grec qui a été publié par Grynæus (J.) (*Mon. SS. PP. orthodoxographa* [Basil., 1569, f°, I, 93-99]), mais où l'on ne retrouve pas les détails empruntés par l'*Epistola* à la rédaction latine, qui est beaucoup plus longue.

28 V. plus haut, p. 13, n. 17.

29 Methodius, *Revelationes*, éd. Sebast. Brandt (Basil., 1498, 4°), ff. cj - cviij, et dans Grynæus (J.), *Mon. SS. PP. orthodox.*, pp. 108-111; on y trouve la même mention de l'Antéchrist que dans notre lettre, et des phrases comme: « *et que fuerint in ecclesiis, sive aurum, sive argentum, sive lapides pretiosi* » (Meth., f. cij b) à rapprocher de: « *Nam soli thesauri CP., in auro, et argento, et lapidibus pretiosis* » (*Epist. Al.*, p. 18).

30 Hugo Floriac., *Liber de modernis reg. Francorum*, — 1108 (Pertz, *Mon. Germ., SS.*, IX, 392-393).

M. Vasilievski voit dans ce texte la preuve que Hugues de Fleury avait entre les mains la lettre d'Alexis et la croyait authentique [31]. Il constate que, seul, Hugues reproduit exactement le catalogue des reliques, et prétend que son récit, composé au temps même de Guibert de Nogent, mais indépendamment de ce dernier, constitue un nouveau témoignage à ajouter à celui de Guibert, en faveur de la légitimité de la pièce.

Je n'ai jamais prétendu que l'on tînt en 1108, époque où écrivait Hugues de Fleury, l'*Epistola* pour fausse: Hugues a pu s'y laisser prendre, comme Guibert, et il n'y a point lieu d'en être surpris. Je ne verrais donc, dans le texte de Hugues, qu'une récension de la lettre — récension d'ailleurs moins importante que celle de Guibert, puisqu'elle n'est point accompagnée, comme cette dernière, d'une sorte de commentaire critique, et qu'elle passe sous silence jusqu'au simple intitulé de notre document.

Mais je dois dire que ce silence même m'étonne: Hugues aurait donc eu sous les yeux une lettre adressée au comte de Flandres, et il n'aurait pas dit un mot de ce prince! Il aurait vu, dans la lettre elle-même, ce fait capital d'un appel d'Alexis à l'Occident, et il aurait volontairement mis ce fait de côté, pour se contenter de prendre, dans l'*Epistola*, une liste géographique en somme très-banale, et un catalogue de reliques, qui, n'en déplaise à M. Vasilievski, se retrouve aussi exactement reproduit dans plusieurs autres auteurs du XIIe siècle [32]; bien plus, il n'aurait pris ces deux morceaux, que pour les mettre dans la bouche d'Urbain II, prêchant la croisade à Clermont! Tout cela paraît au moins singulier, surtout si l'on vient à constater que cette liste géographique, qui semble faite des légendes de quelque planisphère monastique [33], figure précisément dans l'un des sermons d'Urbain II que nous ont conservés les chroniques contemporaines [34].

Loin de me ranger à l'avis de M. Vasilievski, je serais donc tenté de m'approprier, au contraire, le témoignage de Hugues, comme venant confirmer amplement ce que j'ai dit, et des sermons d'Urbain II, et du catalogue des reliques, comme sources de l'*Epistola*. Hugues a pu parfaitement puiser ce qu'il offre de commun avec notre document,

---

[31] M. Vasilievski avoue que si Hugues a eu la lettre sous les yeux, il la croyait écrite à la veille de la croisade (1095), et n'a point pris garde à l'anachronisme qu'il faisait, en plaçant à cette date l'alliance des Turcs et des Petchénègues, (1091).

[32] Le *Sermo ad Iherosolimitas* (*Epist. Al.*, p. 48) et certains manuscrits de Fretellus; v. Langellé, *Histoire du s. Suaire de Compiègne* (P., 1684, 12º), p. 46. M. Vasilievski croit que les catalogues latins des reliques de C. P., que j'ai publiés dans les *Exu-*

viæ C. P. (II, 211-217) dérivent de celui de l'*Epist. Alex.* Ils y ressemblent naturellement, comme doivent se ressembler entre eux tous les inventaires successifs d'un même trésor, mais en diffèrent en ce qu'ils sont essentiellement descriptifs, tandis que celui de l'*Epistola* est, avant tout, excitatoire.

[33] En particulier celles de la *Mappa Mundi* de Beatus (B. nat., n. acq. lat. 1366, f. 24-25).

[34] Wilh. Malmesb., *Gesta regum Angl.*, l. IV, c. 347, éd. English hist. Soc., p. 528.

tant dans un véritable sermon du pape [35], sermon aujourd'hui perdu, que dans le catalogue *isolé* des reliques constantinopolitaines, et cela, bien entendu, sans avoir connu l'*Epistola* elle-même.

Mais, dans le cas même où cette hypothèse, sur laquelle je n'insiste point, devrait être laissée de côté, je ne vois pas en quoi le texte de Hugues pourrait nuire à la thèse que j'ai soutenue.

Le troisième des points que j'ai extraits de l'argumentation de M. Vasilievski, semble, au premier abord, le plus important de tous: le fait que l'*Epistola*, dans la peinture qu'elle nous offre des dangers courus par l'empire, associe toujours les Petchénègues aux Turcs, mérite un examen sérieux, surtout si on le rapproche, comme le fait M. Vasilievski, du récit d'Anne Comnène [36] nous montrant, en 1091, l'empereur serré entre ces deux implacables envahisseurs, et d'un autre témoignage byzantin, celui de Georges Métochite, écrivain de la fin du XIIIe siècle, dont M. Vasilievski s'autorise pour supposer qu'Alexis fit appel aux secours *armés* de l'Occident: discutons donc ces deux témoignages.

Je n'ai jamais nié qu'Alexis, ait recruté des troupes *salariées*, pour les besoins des guerres qu'il eut à soutenir; j'ai affirmé seulement, qu'à la veille de la grande croisade, il n'a pas demandé de secours en Occident, et que ses prétendues ambassades suppliantes n'ont jamais été chargées que de messages théologiques.

Or c'est précisément ce que vient confirmer, après tant d'autres témoignages, celui de Georges Métochite, dont pas une syllabe, dans le texte signalé par M. Vasilievski, ne fait allusion à des négociations *politiques* engagées entre l'empereur et le S. Siège [37], et n'autorise surtout à penser qu'Alexis ait jamais sollicité de l'Occident des secours armés.

Reste le passage où Anne Comnène, après avoir dépeint les angoisses d'Alexis, menacé d'une alliance entre Tzakas et les Petchénègues, au printemps de 1091, nous le montre pressant, par des messages écrits, le recrutement des mercenaires: « διὰ γραμμάτων « ἀπανταχόθεν ἔσπευδε μισοφορικὸν μετακαλέσασθαι »...... C'est là que M.

---

35 M. Vasilievski, (p. 239), dit que *jamais* les sermons d'Urbain II n'ont été mis en écrit; rien n'autorise à l'affirmer; on peut seulement dire qu'il ne nous en est parvenu aucun texte authentique.

36 Anna C., l. c.

37 Georges Métochite parle seulement des négociations engagées entre Byzance et Rome pour l'union des deux églises, négociations dont il avait vu un récit spécial. C'est ce récit spécial perdu, qui, suivant M. Vasilievski (p. 241), aurait relaté les négociations politiques et les ambassades dont parle Bernold : mais c'est là une conjecture absolument gratuite. Je dois même dire que Georges Métochite ne croit pas qu'il y ait jamais eu d'ambassades envoyées par Alexis auprès du S. Siège. Suivant lui, bien qu'Alexis ait eu le projet de conclure l'union, il ne put en réalité mettre ce projet à exécution, sa mort *étant survenue avant qu'il eût envoyé à Rome l'ambassade qu'il avait toujours eue en vue*; « κἂν μὴ καὶ τὰ τῆς προθέσεως ἴσχε ἐντελὲς » ἐκβεβηκέναι κατάντημα, ἢ τῷ προσαρπασθῆναι ἐν τῷ » διαπρεσβεύεσθαι πρὸς τοὺς τῆς πρεσβυτέρας Ῥώμης, » καὶ τὰ τοῦ Ἑρμοῦ οἰκονομεῖν ». (Georgius Metochita, *Hist. dogmatica*, l. 1, c. 26; [Ang. Maï, *Nova bibl. PP.*, VIII, 21-22]). C'est précisément le contre-pied du témoignage de Bernold de S. Blaise.

Vasilievski voit un témoignage éclatant de l'appel fait par l'empereur aux secours *armés* de l'Occident, et, en particulier du comte de Flandres. Trouver la Flandre dans ἀπανταχόθεν et des *secours armés* dans μισθοφορικὸν, dénote, je le reconnais, une certaine largeur de vues. Mais je crains qu'il ne faille se contenter d'une interprétation beaucoup plus terre-à-terre, et ne voir là que des lettres administratives, ordonnant de hâter, *dans l'empire même* [38], l'engagement de ces salariés sans patrie, qui ne demandaient qu'à offrir leurs services au plus fort enchérisseur.

D'ailleurs, dix lignes plus loin, Anne Comnène se charge de nous expliquer quelle était la nature de ces messages écrits d'Alexis et de quelle sorte de gens ils devaient hâter l'arrivée: l'empereur enjoint, en effet, à Nicéphore Mélissène d'aller occuper Ænos, et lui réitère un ordre qu'il lui avait déjà donné *par écrit*. En vertu de cet ordre, Nicéphore devait, tout en laissant, dans les places occidentales, des garnisons de vétérans, recruter de jeunes soldats parmi *les Bulgares, les Vlaques nomades et tous les aventuriers* qu'il rencontrerait [39]. Voilà à quoi se réduit, si l'on veut en serrer le texte de près, le témoignage de la princesse byzantine; nous sommes bien loin de la Flandre et des contingents de l'extrême Occident.

Admettons cependant, un instant — et cela, quelque confuse que soit la chronologie d'Anne Comnène [40] — admettons, dis-je, que l'empereur, pressé par les Petchénègues et les Turcs, ait réellement écrit au comte de Flandres pour lui demander des secours.

Si j'en crois M. Vasilievski, qui, pour établir ses dates, s'étend avec de grands détails sur les synchronismes de Chios et de Mitylène, la rédaction et l'envoi de notre document auraient eu lieu *en 1091*. Mais ici les fameux 500 *chevaliers* flamands vont nous gêner; il étaient, en effet, arrivés à Constantinople *dès l'automne de l'année précédente*, et, ne sachant qu'en faire, l'empereur les avait envoyés tenir garnison dans Nicomédie [41]. Ce serait donc au moment même où il gardait là ces renforts, plus ou moins inoccupés, qu'il aurait écrit au comte de Flandres la lettre désespérée que nous discutons,

---

38 Il y avait toujours, dans l'empire, des barbares prêts à combattre leurs congénères en guerre avec Byzance: en 1088 (cf. Anna C., l. VII, c. 5, éd. de B., I, 353), les Comans se jettent sur les Petchénègues victorieux.

39 « Ἔφθασε γὰρ διὰ γραμμάτων δηλώσας συλλέ-
» ξασθαι, ὁπόσους ἂν δυνηθείη, οὐκ ἀπὸ τῶν ἤδη ἐστρα-
» τευμένων, (ἐκείνους γὰρ φθάσας εἰς τὰς πόλεις ἀπαν-
» ταχῇ τῆς Ἑσπέρας διέσπειρεν, ἐφ' ᾧ φρουρεῖν τὰ
» κυριώτερα τῶν πολιχνίων), ἀλλὰ κατὰ μέρος νεολέκτους
» καταλέγων, ὁπόσοι τε ἐκ Βουλγάρων καὶ ὁπόσοι τὸν
» νομάδα βίον εἵλοντο (Βλάχους τούτους ἡ κοινὴ καλεῖν » οἶδε διάλεκτος) καὶ τοὺς ἄλλοθεν ἐξ ἁπασῶν τῶν
» χωρῶν ἐρχομένους ». (Anna C., l. VIII, c. 3, éd.
de B., I, 394-395).

40 Entre cent autres preuves du sans-gêne d'Anne Comnène à l'endroit de la chronologie, je rappelle que, précisément au sujet de Robert-le-Frison, elle place en 1088 le passage à C. P. de ce prince, qui était certainement de retour dans ses états dès 1084; cf. *Epist. Alex.*, p. xxviij, n. 3.

41 Ce n'est qu'*après* l'envoi à Nicéphore Mélissène des ordres de recrutement, qu'Alexis se décide à les rappeler sur la côte d'Europe (Anna C., l. c.).

et sans y dire un mot du secours déjà reçu. Il suffit, je crois, de signaler cet écueil chronologique (que M. Paris a vu et évité) pour faire crouler toute la thèse de M. Vasilievski.

L'association, dans la lettre, des Turcs et des Petchénègues prouvera donc seulement que le rédacteur de ce document, puisant, comme je l'ai dit [42], aux renseignements rapportés en Flandre par ces mêmes chevaliers de 1091, était naturellement encore mieux informé de la détresse où l'alliance des deux races barbares avait placé l'empereur, que des faits bien plus spéciaux de Chios et de Mitylène.

M. Vasilievski s'est, je le crains, un peu trop préoccupé des Petchénègues : ce sont eux qui l'ont entraîné à ne point tenir compte de tout ce qui pouvait gêner les idées préconçues qu'il s'était formées à leur endroit, et à se refuser à voir, par exemple, que l'*Epistola* ne cesse de les placer en Asie Mineure. C'est à cause d'eux qu'il a passé volontairement à côté de tous les arguments philologiques, qu'il a dédaigné de comparer l'*Epistola* avec les quatre lettres cassiniennes, qu'il a cherché à trouver, dans le « cetera OCCIDENTALIUM regna », tantôt *les thèmes occidentaux* de l'empire, tantôt *les thèmes situés à l'ouest* de la Galatie, au lieu d'admettre le sens littéral et si simple de *royaumes des Occidentaux*, qu'enfin il en est venu à admettre implicitement qu'un traducteur ait pu trahir son texte, au point de tirer du grec des allitérations latines, et de transporter la Lybie en Asie Mineure et Troie dans la Grande Phrygie.

---

[42] *Epist. Alex.*, p. xxxiv.

DEUXIÈME PARTIE.

PREMIÈRE CROISADE

1094-1100.

XXXII.

**   1094 (janvier).

[*Concile de Guastalla*].

Il était admis généralement par les historiens ecclésiastiques [1], qu'un synode préparatoire, tenu par Urbain II [2] à Guastalla, avait précédé le concile de Plaisance: l'existence de ce synode s'appuyait sur le témoignage de plusieurs vies d'Urbain II, dûes à des auteurs contemporains — ces auteurs plaçant un certain « *concilium Guardestallense* » au nombre de ceux qu'avait célébrés le pontife.

Quelques écrivains italiens locaux, concluant du silence gardé par les actes du concile de Plaisance sur la croisade — silence que j'expliquerai tout-à-l'heure [3] — à l'impossibilité de placer dans cette dernière ville les premières prédications d'Urbain II en faveur des Lieux Saints, en arrivèrent à supposer que ces prédications avaient eu lieu à Guastalla [4].

M. Watterich [5] a fait justice de toutes ces hypothèses, en remarquant que très-problablement les biographes d'Urbain II lui avaient à tort attribué la présidence d'une assemblée, qui ne fut réunie à

---

[1] En particulier par Dom Ruinart, *Vita Urb. II*, c. 168 (Migne, *Patr. lat.*, CLI, c. 138-139).

[2] Pandulphus Alatr., *Vita Urb. II* (Muratori, *SS. RR. It.*, III, 352); Petrus Pis., *Vita Urb. II* (Watterich, *Vitæ Rom. pontif.*, I, 573).

[3] Voir le numéro suivant.

[4] Surtout Affò, *Antichità e pregi della chiesa Guastallese* (Parma, 1774): pp. 44-50, *Ist. della cità di Guastalla* (Guast., 1785), I, pp. 96-100, et *St. della cità di Parma* (Parma, 1793) II, 114-115.

[5] Watterich, *l. c.*

Guastalla que par son successeur, Pascal II, le 26 oct. 1106 [6]. Je ne fais que signaler cette erreur historique, dont il convient d'expurger désormais l'histoire de la première croisade.

XXXIII.

** 1094 Jérusalem.

Siméon, patriarche, et les fidèles de Jérusalem à Urbain II et aux princes de l'Occident: leur exposent les profanations exercées par les Infidèles dans les Lieux Saints et les outrages subis par les pèlerins.

[Lettre mentionnée par Albert d'Aix [1], la *Chanson d'Antioche* [2], Guillaume de Tyr [3], Gui de Bazoches [4], Jacques de Vitry [5], Roger de Wendower [6], Thomas le Toscan [7], Fr. Pippino [8], André Dandolo [9], Marino Sanudo [10] et le *M. Chronicon Belgicum* [11] — refaite en 1516 par Paolo Emilio de Vérone.

INC.: Sanctæ urbis cives ac Christi conterranei ....»; — EXPL.: «.... ab inferna rabie defenderetis.»

ÉDITIONS: A. d. Paulus Æmilius Veronensis, *De rebus gestis Francorum*, lib. IV (éd. princeps, Paris, Iod. Ascensius, s. a. [1517] in-f°), f. lxxj v° et dans les éditions suivantes [12]; et isolément dans: B. *Centuriæ eccl.* (Basil., 1567, in-f°), cent. XI, cap. 3, p. 47; — C. Nic. Reusnerus, *Selectiss. orationes de bello Turcico* (Ff. 1596, in-4°), II, 190-192; — D. N. Reusnerus, *Epistolæ Turcicæ* (Ff. 1598, in-4°), pp. 8-9; — E. *Centuriæ eccles.* (1624), III, p. 21.

VERSIONS *françaises*: *a)* Toutes celles de Paolo Emilio, et dans; — *b)* Michaud, *Bibl. des crois.*, III, 307; — *c)* Vion, *Pierre l'Hermite* (Amiens, 1853, in-12), p. 257; — *d)* Darras, *Hist. de l'Église*, XXIII, 229-230.

VERSIONS *italiennes*: *a)* Toutes celles de Paolo Emilio, et dans; — *b)* Fr. Rachio, *La sacra impresa di Terra Santa* (Torino, 1589, in 12°), f. 7 v°; — *c)* F. Negri, *La prima crociata* (Bologna, 1658, in-f°), p. lxviij.

VERSIONS *allemandes*: Toutes celles de Paolo Emilio.

6 Ekkeh., *Chron.* (Pertz, *Mon. G. SS.*, VI, 240); cf. Mansi, XX, 1209, Pertz, *Mon. Germ., Leg.*, II, app. 180.

1 « Patriarcham petiit (Petrus Eremita), visionem » sibi ex ordine aperuit; LITTERAS legationis divinæ cum » sigillo S. Crucis requirit, quas ille non recusavit. » .... Apostolico .... legationes retulit super » immunditiis gentilium et injuriis sanctorum et pere- » grinorum.» (Alb. Aq., l. I, c. 4, [*Hist. occ. des cr.*, IV, 273]).

« Le seel Dame Dieu a Pieres demandé....
» Il li fu volentiers, sans contredit, livré....»
(*Ch. d'Ant.*, I, 10, t. I, p. 17).

3 « Urbano .... domini patriarchæ et fidelium » qui Hierosolymam habitabant, LITTERAS porrigit » eorumque exponit miserias et abominationes quæ in » Locis Sanctis fiebant a gentibus immundis » (Wilh. Tyr., l. I, c. 12, [*Hist. occ. des cr.*, I, 35]).

4 « (Urbano) Hierosolymitani patriarchæ Simeonis » APICES, indices magnæ fidelium calamitatis ostendit » (Guid. de Baz., d. Albericus, [Pertz, *Mon. Germ. SS.*, XXIII, 803]).

5 « Cum LITTERIS prædicti patriarchæ et aliorum » fidelium Hierosolymis commorantium, papam Ur- » banum petiit. » (Jac. de Vitr., l. I, c. 16, [Bongars, I, p. 1064]).

6 « Urbanum reperit, et patriarchæ LITTERAS, fide- » liumque, qui Hierosolymis erant, porrigens, eorum » miserias et Terræ Sanctæ calamitates tam fideliter » quam prudenter exposuit. » (Rogerius de Wendower, *Flores histor.*, II, 65; cf. Matth. Paris, *Hist. minor*, ed. Madden, I, 59, *Chron. majora*, ed. Luard, II, 49).

7 « Rogat patriarcham Petrus, ut ad papam per se » LITTERAS, que *miseriam christianorum* exprimant et » redemptionis Terre Sancte auxilium petant. Recipit » Petrus LITTERAS .... » (Thomas Tuscus, *Gesta imperatorum*, [Pertz, *M. Germ. SS.*, XXII, 500]).

8 « [Petrus], cum LITTERIS ejusdem et aliorum fi- » delium, Hierosolymis comporantium, ad mare des- » cendit. » (Fr. Pippinus, *De acquis. Terræ Sanctæ*, c. 8, [Muratori, *SS. RR. Ital.*, VII, 669]).

9 « Fidei zelo accensus (Petrus) pro liberatione » Terræ Sanctæ, cum LITTERIS patriarchæ destinatus, » papæ et principibus Occidentis pervenit. » (A. Dandulus, *Chron.*, l. X, c. IX, n. 9, [Muratori, *SS. RR. Ital.*, XII, 255]; cf. Bizarrus, *De syr. exped.*, c. 1. [Idem, *Senatus populiq. Genuensis hist.*, Antw., 1579, in-f°, p. 591]).

10 « [Petrus] cum LITTERIS dicti patriarchæ Jeroso- » lymitani ac aliorum fidelium ad jussa perficienda iter » aggressus est. » (M. Sanutus, *Secreta fid. Crucis*, l. III, p. IV, c. 1, [Bongars, II, 130]; cf. Laur. de Monacis, *Chron. de reb. Venetis*, l. V, p. 83).

11 « Eidem papæ [Petrus] Jerosolymitani Patriarchæ » LITTERAS, indices magnæ fidelium calamitatis osten- » dit. » (*Magnum chronic. Belgic.*, [Pistorius, *RR. Germ. SS.*, III, 139]; cf. Jan de Klerk, *Brab. Yeesten*, l. III, c. 4, éd. Willems, I, 290-291).

12 V. Potthast, *Bibl. med. Ævi*, p. 482. Les quatre premiers livres de Paul Émile parurent en 1517, les deux suivants en 1519; il mourut en 1529, laissant incomplets les quatre derniers livres, qui furent achevés par Zavarrizi et parurent en 1539.

RÉCENSIONS: 1 Michaud, *l. c.*; — 2. Sybel, *Gesch. der I Kreuzz.*, p. 258; — 3. Hagenmeyer, *Peter d. Eremite*, p. 79].

Nous avons vu plus haut [13] que, pendant les siècles qui précédèrent les croisades, l'église de Jérusalem ne cessa de correspondre avec l'Église latine, que les papes administraient les biens possédés par le S. Sépulcre en Occident, que, chaque année, soit par les pèlerins qui allaient visiter les SS. Lieux, soit par des chrétiens de Syrie qui venaient solliciter les aumônes de leurs frères d'Europe, une correspondance, pour ainsi dire ininterrompue, s'était échangée entre les pays d'Outremer et les royaumes catholiques.

Il n'y a donc rien d'étonnant à ce que cette correspondance — à la suite de l'invasion des Turcs et de leurs persécutions insupportables, et surtout après la chûte d'Antioche, cette seconde capitale religieuse de l'Orient (1084) — soit devenue plus fréquente, et ait pris du côté des chrétiens de Syrie le caractère d'appels désespérés, d'abord à la charité, puis aux secours, et enfin, peut-être, à l'intervention armée de l'Occident: les témoignages nombreux et unanimes des chroniqueurs contemporains [14] ne permettent pas d'en douter un seul instant.

Si donc il ne s'agissait que d'enregistrer ici ces appels écrits des victimes de la persécution turque, je me contenterais de reproduire sans commentaires les textes dont je viens de parler. Mais il n'en est pas ainsi: à une époque et d'une façon qui méritent l'examen, il s'est formé une légende, acceptée comme parfaitement authentique par la plupart des historiens, et suivant laquelle les plaintes des chrétiens de Jérusalem, réclamant les secours des Latins, auraient pris corps dans une demande *officielle, adressée par Siméon*, patriarche grec de Jérusalem, à Urbain II et aux princes de l'Occident, — demande provoquée et *transmise en 1094* par un obscur pèlerin picard nommé Pierre, et surnommé *l'Hermite*. Ce sont ces deux points:

1.° *Caractère officiel de la lettre demandant une intervention armée.*
2.° *Rôle de Pierre l'Hermite dans la rédaction et la transmission de la lettre.*

que je veux examiner ici, en m'aidant du travail magistral que M. H. Hagenmeyer vient de publier sur ce personnage [15].

[13] Voir plus haut, pp. 27-30.
[14] « Turmae Hierosolymam tendere coeperunt, excitati scilicet in zelum *frequentibus nunciis* super oppressione dominici Sepulchri ac desolatione omnium ecclesiarum » (Ekkeh. Uraug., *Hierosolymita*, éd. Hagenmeyer, p. 33).» « Per legationes tamen frequentissimas et EPISTOLAS etiam a nobis visas, universalem ecclesiam ecclesie Hierosolimitane in presidium lugubriter inclamantes » (Id., *Ibid.*, pp. 80-81). Ces deux textes sont répétés par l'Ann. Saxo, ad ann. 1091 et 1095, les *Annales de Stade* (Pertz, *Mon. Germ. SS.*, VI, 729, XVII, 317) et Conradus Ursperg. (éd. de Bâle, 1569, p. 230); cf. Fulch. Carnot, l. I, c. 1, Bartolfus, c. 1, Robertus Monachus, l. I, c. 1 (*H. occ. des cr.*, III, 321, 491, 727); Anon. *Chron.*, d. Du Chesne, IV, 90; Otto Frisingensis, *Chron.*, l. VII, c. 2, ed. Cuspinianus, f. 75; Bern. Guidonis, *Vita Urbani II*, (Muratori, *SS. RR. Ital.*, III, 353); et *Epist. Alexij*, praef., pp. xxxvij-xxxviij.

[15] *Peter der Eremite* (Leipzig, Harrassowitz, 1879), xij-402 pp. in-8°.

Prenons cette légende à son point de départ : des nombreux chroniqueurs contemporains qui racontent les évènements des cinq dernières années du XIe siècle, un seul, Anne Comnène, nous raconte, qu'avant de se rendre en Terre Sainte avec la première croisade, Pierre l'Hermite y était allé une première fois ; et elle ajoute, dans des termes d'ailleurs assez obscurs, *qu'il n'avait pu atteindre le but* de son pèlerinage [16]. Malgré le silence unanime d'écrivains, témoins oculaires, compagnons de Pierre pendant l'expédition de 1096-1099, et qui donnent sur lui tant de renseignements [17], j'admettrai donc avec M. Hagenmeyer, que Pierre a été en Orient avant la croisade, sans qu'il soit possible de déterminer exactement, ni à quelle distance de Jérusalem, ni à quel instant de son pèlerinage, il a dû rebrousser chemin. Si des chroniqueurs contemporains je passe aux textes *postérieurs* du XIIe siècle, j'y trouve (caractère ordinaire d'une légende en formation) des détails beaucoup plus circonstanciés sur ce premier voyage de Pierre que les quelques lignes du témoignage *antérieur*.

Une trentaine d'années [18] après la première croisade, apparaît dans l'*Historia belli sacri* [19] un récit, suivant lequel Pierre, endormi dans une église de Jérusalem, voit apparaître le Christ, lui ordonnant de se rendre auprès du pape et de provoquer la délivrance à main armée des Lieux Saints.

---

16 « Ἐις προσκύνησιν τοῦ Ἁγίου Τάφου ἀπελθών, καὶ » πολλὰ δεινὰ πεπονθώς, παρὰ τῶν τὴν Ἀσίαν πᾶσαν » ληιζομένων Τούρκων τε καὶ Σαρακηνῶν, μόγις ἐπανῆλθεν » εἰς τὰ ἴδια » (Ann. Comn., l. X, c. 5, éd. de Par., pp. 283-284, éd. de Bonn, II, 29, *Hist. gr. des cr.*, I, II, p. 4). On remarquera que les mots « Εἰς » προσκύνησιν ἀπελθών » ne veulent pas dire du tout que Pierre ait accompli son pèlerinage, d'autant plus qu'Anne ajoute qu'il avait échoué dans son entreprise « διαμαρτὼν τοῦ σκοποῦ », et que, ce qui le détermina à prêcher la croisade fut l'idée prudente de se recruter des compagnons assez nombreux pour diminuer le danger qu'offrait un pèlerinage isolé : « Συνιδών, ὡς » οὐ χρὴ μόνον αὖθις ;.... ὁδοιπορίας ἅψασθαι, ἵνα » μὴ χεῖρον τι γένηται οἱ.... » Il en est de même de la version grecque rimée du prologue perdu du *Livre de la conquête de Morée* (*Hist. gr. des cr.*, I, 583). Il est à remarquer que Sicardi de Crémone (Muratori, XII, 589) qui écrivait, dans les premières années du XIIIe s., est le seul des chroniqueurs latins mentionnant le pèlerinage de Pierre, qui le réduise presque aux proportions modestes assignées par Anne Comnène. Le *Roman de God. de Bouillon*, (v. 5410-5425, éd. Reiffenberg, II, 85) se contente aussi d'un récit très-succinct, probablement beaucoup plus voisin de la vérité que le texte, pourtant antérieur, de la *Chanson d'Antioche*.

17 Tudebode, Foucher, Raoul de Caen, Robert-le-Moine, Baudry et même Guibert de Nogent, qui pourtant donne (l. II, c. 8, *H. des cr.*, IV, 142) de grands détails sur Pierre.; v. Hagenmeyer, *Ekkeh.*, p. 83,

Peter d. Erem., p. 59 ; Sybel, *Gesch. d. I. Kreuzz.*, 84, et Kugler, d. l'*Hist. Zeitschr.*, 1877, 484. C'est par erreur que Wilken (I, 49), adoptant en réalité le récit d'Albert d'Aix, renvoie pour tous ces faits à Orderic Vital, qui ne dit pas un mot du premier pèlerinage de Pierre. Quant aux renvois donnés par M. de Muralt (*Chronogr. Byz.*, II, 73, n° 8) ils sont de pure fantaisie.

18 On place généralement en 1131 la date de rédaction de l'*Hist. b. sacri* (Sybel, *G. des I Kreuzz.*, p. 40). Les éditeurs des *Hist. occ. des croisades* descendent même (III, p. xiv), jusqu'à 1140. Je serais porté à croire avec M. Hagenmeyer (*Pet. der Erem.*, p. 58) qu'il faudrait, au contraire, au moins pour la première partie, remonter d'une dizaine d'années. Il y a, du reste, à faire avec le manuscrit unique de l'*Historia* (MontCassin, 300) une étude paléographique, qui déterminât si Pierre Diacre n'en serait point l'auteur ; il est probable que cette étude amènerait, d'abord, à expliquer pourquoi Pierre Diacre a cessé de suivre l'*Historia* après le récit de l'arrivée des croisés devant Antioche, puis à fixer les dates respectives de rédaction du *Chronicon Casinense*, pour le chapitre 11 du liv. IV, et des diverses parties de l'*Historia belli sacri*.

19 *Historia belli sacri*, I (*Hist. occ. des cr.* III, 169) ; c'est la version qu'adoptent Pétrarque (*De vita solitaria*, l. II, c. 4 [Basil., 1544, in f.], p. 268), Accolti (éd. Hofsnider, p. 12), et le *Narré du M. S. Quentin* (*Exuviæ CP.*, éd. Riant, I, 193).

Un peu avant le milieu du XII⁰ siècle, ce récit s'enrichit de nouvelles circonstances; en effet, dans la *Chanson d'Antioche* et dans Albert d'Aix, vient s'ajouter *à la vision* et comme *conséquence de celle-ci*, un message qui est confié par le patriarche à Pierre sous le *sceau* de la Ste Croix [20]. La *chanson* ne dit pas précisément que ce message fût écrit; mais elle parle du *sceau* comme livré à Pierre; c'est Albert qui, le premier, mentionne une lettre *écrite*.

Presque en même temps, ou plutôt quelque temps auparavant, les chroniqueurs allemands [21], *sans dire un mot du pèlerinage* de Pierre, nous le représentent comme colportant, en 1095, une lettre céleste [22] qui formule à peu près la même injonction que la vision, et dont j'aurai à parler tout-à-l'heure.

A la fin du XII⁰ siècle, le récit s'altère encore; Guillaume de Tyr [23], qui pour la 1re croisade, suit fidèlement d'ordinaire Albert d'Aix, s'en écarte ici d'une façon assez notable: pour lui, la vision suit l'expédition de la lettre, et n'intervient que pour hâter le départ de Pierre.

Enfin, au XIV⁰ siècle, Francesco Pippino, qui traduisait un manuscrit français de l'*Eracles*, un peu différent de ceux que nous avons aujourd'hui, supprime la vision et conserve la lettre. Nous avons donc là une série de transformations successives du même évènement:

1.⁰ *Pèlerinage simple, sans vision ni lettre* [24]: — Anne Comnène, suivie par Sicardi de Crémone (v. 1200), le *Prologue de la Conquête de Morée* et le *Roman de Godefroi de Bouillon* (XIV⁰ s.).

2.⁰ *Lettre sans pèlerinage*: — Ekkehard d'Aura (texte de Göttingue), les *Annales de Rosenfeld* (1130), l'Annaliste Saxon (v. 1139), répétés par les *Annales de Magdebourg* et *de S. Disibode* (fin du XII⁰ s.).

3.⁰ *Pèlerinage simple avec vision, mais sans lettre*: l'*Historia belli sacri*, suivie par Pétrarque (XIV⁰ s.), Accolti [25] et le *Narré du M. S. Quentin* (XV⁰ s.).

4.⁰ *Pèlerinage avec vision, mais* SUIVIE *d'une lettre*: la *Chanson d'Antioche*, Albert d'Aix, mis à contribution par Gui de Bazoches (1200), Iacques de Vitry (1220), Sanudo, Lorenzo de' Monaci, Ian de Klerk (XIV⁰ s.), et le *Magnum chronicon Belgicum* (XV⁰ s.).

---

20 *Chanson d'Ant.*, l. c., Alb. Aq., l. c.
21 Ekkehardus Uraug., *Hierosolymita* (Cod. Getting. n⁰ 333, f. 346, probablement postérieur au texte imprimé), les *Annales Rosenveldes*, l'*Annal. Saxo*, les *Ann. Magd.* et les *Ann. S. Disibodi* (Pertz, *Mon. Germ. SS.*, XVI, 101, 179, VI, 728, XVII, 16).
22 Plus loin, n.⁰ XLV.
23 Wilh. Tyrius, l. c.
24 Je dis *sans vision ni lettre*, bien que Du Cange, (*Notæ ad Alex.*, éd. Reifferscheid, p. 595), voie dans les mots ὁρμή θεία παρακαλεῦεται, par lesquels Anne annonce (l. X, c. 5, éd. de P. p. 284, de B. II, p. 29, H. gr. *des cr.*, I, II, 4), les prédications de Pierre, une allusion à la vision, et M. Hagenmeyer (*Peter der Er.*, p. 304, n. 9), une allusion à la lettre dont parlent les chroniqueurs allemands. Je crois que ces mots ὁρμή θεία n'ont qu'un sens très-général, et appartiennent à l'appareil rhétorique ordinaire d'Anne Comnène, sans relation avec un fait précis.
25 Ben. Accoltus, *De bello contra barbaros*, l. I, éd. Hofsnider, p. 12.

5.º *Pèlerinage avec vision*, PRÉCÉDÉE *d'une lettre:* Guillaume de Tyr, suivi par Roger de Wendower, Matthieu Paris et Thomas le Toscan.

6.º Enfin *Pèlerinage avec lettre, sans vision:* Fr. Pippino, suivi par A. Dandolo et P. Bizarro.

Laissons de côté les deux dernières formes de la légende: elles n'en sont qu'une altération postérieure et sans importance, et ne nous attachons qu'aux premières.

Avec Anne Comnène, nous avons l'un des éléments historiques du récit: le pèlerinage de Pierre. Avec les *Annales de Rosenfeld*, le second: l'existence d'une lettre colportée par lui. Mais celles-ci admettent déjà les éléments légendaires que vont développer les deux formes suivantes, représentées par l'*Historia belli sacri* et Albert d'Aix: ces éléments légendaires sont:

1.º L'intervention céleste à l'origine de la 1re croisade;
2.º Le fait que Pierre est l'instrument de cette intervention.

Ekkehard d'Aura, en deux mots dont M. Hagenmeyer a très-bien fait ressortir l'importance [26], a caractérisé l'idée que l'on se faisait de la 1re croisade, *après* que le succès eût couronné les efforts des Latins: elle avait été entreprise, dit-il « *non tam humanitus quam divinitus* [27] ». Pour Foucher de Chartres, elle avait été prédite par les prophètes [28]. C'était là un sentiment populaire, qui éclata dans mainte chronique contemporaine, et qui se traduisit en particulier – dans les annales allemandes, par le contenu biblique de la lettre que, suivant elles, a colporté Pierre – dans les sources françaises ou italiennes, par le récit du songe qu'il est censé avoir eu à Jérusalem.

J'aurai à revenir plus loin [29] sur ces missives célestes, dont la première croisade n'a pas le monopole: quant au songe ou à la vision, dans les récits composés, soit à cette époque, soit antérieurement, ce fait merveilleux revient si fréquemment comme indice de la protection divine au début d'une œuvre difficile à accomplir, que l'on peut presque en considérer l'insertion dans les chroniques, comme un simple procédé littéraire, et que l'on n'a que l'embarras du choix pour désigner celui de ces récits qui a pu servir de type à la tradition de Pierre l'Hermite. M. Hagenmeyer [30] remonte à l'apparition qui fit déclarer par Justinien, la guerre aux Vandales [31]. Dans le Pseudo-Turpin [32],

---

26 Hagenmeyer, *Peter d. Er.*, p. 81.
27 Ekk., *Hieros.*, l. I, c. 1, éd. Hagenmeyer, p. 42.
28 « De hoc itinere plura in prophetis legimus. » (Fulch. Carnot., l. I, c. 6, [*Hist. occ. des cr.*, III, p. 328]).
29 Plus loin, nº XLV.
30 *Peter der Erem.*, p. 82-85.

31 Procopius, *De bello Vandal.*, l. I, c. 10, éd. de B., p. 356; *Hist. miscella*, l. XVIII, c. 5, éd. Eyssenhard, p. 364; cf. Mailly (*Hist. des cr.*, III, 79).
32 Pseudo-Turpinus, c. 1, 31, éd. Ciampi, pp. 3-4 85. Les cinq premiers chapitres ont été rédigés vers le milieu du XIe s. Cf. *Chans. du voy. de Ch.*, v. 71, éd. Koschwitz, p. 50.

s. Jacques et s. Denis, et, dans la *Chanson de Roland* [33], l'ange Gabriel, apparaissent à Charlemagne : il serait même facile de voir, dans l'apparition mentionnée par cette dernière, un appel à la guerre sainte.

Dans la première croisade, les visions fourmillent : M. Hagenmeyer [34] a eu la patience de les relever toutes et de les étudier minutieusement. La plus curieuse est celle que Caffaro [35] place au début et comme cause efficiente de la première croisade ; il attribue en effet l'apparition à un nommé Barthélemy, et lui donne le Puy pour théâtre, tandis qu'il met au compte de Pierre la vision qui précéda la découverte de la s. Lance en 1098, et qu'eut, en réalité, le prêtre provençal Barthélemy.

Mais deux de ces récits se rapprochent plus que tous les autres de la légende de Pierre, telle qu'Albert d'Aix nous la présente dans sa quatrième forme : nous y trouvons en effet à la fois une *vision* et une *lettre patriarcale*.

Le premier est celui de la vision de Constantin V Copronyme, dont j'ai parlé plus haut [36], et que nous offre l'une des lettres insérées dans la *Relatio qualiter Karolus M. attulerit clavum ;* le second est celui d'une apparition du Christ au patriarche grec de Jérusalem ; il est offert par un document de 1097 que j'étudie et que je publie dans le présent travail [37]; l'un et l'autre sont contenus dans une lettre plus ou moins authentique, adressée d'Orient pour implorer l'intervention des Latins en faveur des Saints Lieux : j'avoue que je n'hésite pas à voir, dans l'un comme dans l'autre, l'origine de la légende, telle qu'elle nous apparaît dans Albert d'Aix ; et comme d'ailleurs, je reconnais que la *Relatio* a été certainement composée avant une pièce, dont je fixe la rédaction au temps même de la croisade, je n'hésite pas non plus à regarder celle-ci comme dérivant de la lettre de la *Relatio*, lettre qui ne serait ainsi qu'au second degré la source d'Albert d'Aix.

Il me resterait à déterminer quelles places chronologiques respectives doivent occuper par rapport à la légende de Pierre, Albert d'Aix, l'*Historia belli sacri* et la *Chanson d'Antioche* : mais ici j'avoue que, malgré les récents travaux de MM. P. Paris, Pigeonneau et Ha-

---

[33] « Li reis se culcet en sa cambre voltice ;
» Sainz Gabriels de part Deu li vint dire :
» Carles, semuns les hoz de tun empire,
» Par force iras en la terre de Bire ;
» Rex Vivien si succurras en Imphe,
» A la citet que paien unt assise,
» Li chrestien te reclaiment e crient ».
(*Ch. de Roland*, v. 3992 et s., éd. Th. Müller, 1, 419-420).

[34] *Peter den Erem.*, p. 64-70.

[35] Cafarus, *Liberatio Orientis* (Pertz, M. G. SS., XVIII, 40). Il y a là une confusion de noms évidente, qui prouve que la légende de Pierre prenait naissance en Italie au temps où écrivait Caffaro, c'est-à-dire précisément à la même époque qu'en France avec Albert d'Aix, et en Allemagne, avec les *Annales de Rosenfeld*.

[36] Plus haut, p. 21.

[37] Plus loin, n° XC et Appendice, n° II.

genmeyer [38], une obscurité de plus en plus grande entoure les questions que soulève ce point d'histoire littéraire.

Je me contenterai donc d'esquisser ici d'une façon sommaire la formation générale de la légende telle que je la comprends:

Faits historiques certains: Vers 1090, persécutions des Turcs en Syrie: pèlerins empêchés de visiter les Lieux Saints: correspondances envoyées en Occident par les chrétiens de Palestine, et *probablement* par Siméon, patriarche grec de Jérusalem, qui est en communion avec Rome [39].

Pierre va en Orient, ne peut arriver jusqu'aux Lieux Saints; mais, dans le désir d'y retourner bien accompagné, provoque, à son retour, un mouvement populaire pour la délivrance du S. Sépulcre; il se sert, à cet effet, de pièces excitatoires, plus ou moins réellement rapportées par lui de Terre Sainte. Ici finit l'histoire.

Faits légendaires: Après la croisade, se forment, à l'aide de ces éléments historiques et de réminiscences des récits carolingiens, la légende du pèlerinage de Pierre, *telle que nous la lisons dans l'Historia belli sacri*: celle-ci avait dû l'emprunter à une rédaction aujourd'hui perdue des *Chétifs*.

Modifiée, à l'aide de la lettre de 1097 que je publie ici en appendice et qui dérivait elle-même de la *Relatio*, la première rédaction des *Chétifs* devient alors la rédaction actuelle, telle que nous l'offre la *Chanson d'Antioche* [40]; cette rédaction ajoute la circonstance invraisemblable du sceau [41].

De son côté Albert d'Aix, qui, connaissant à la fois cette seconde rédaction des *Chétifs*, les textes des annales allemandes (seconde forme de la légende) et peut-être aussi directement la lettre de 1097 [42], pouvait être plus affirmatif que le trouvère à l'endroit de la fabrication de la lettre, raconte cette fabrication avec plus de détails.

Enfin Guillaume de Tyr, qui connaît à la fois la *Chanson* et Al-

---

38 P. Paris, *Nouvelle étude sur la ch. d'Antioche* (P. 1878, 8º); Pigeonneau, *Cycle de la croisade* (P. 1877, 8º); Hagenmeyer, *Peter d. Erem.*, pp. 314-329.

39 Alb. Aq., l. VI, c. 39, p. 489; Wilh. Tyr., l. VIII, c. 23, p. 359. Il faut remarquer cependant qu'ici reviennent encore seuls Albert d'Aix, Guillaume de Tyr et Gui de Bazoches. Siméon est resté inconnu aux historiens latins antérieurs; je ne le retrouve que dans des listes, originairement grecques, de patriarches de Jérusalem (cf. *AA. SS. Boll.*, Mai, III, p. xlv), et dans Matthieu d'Édesse (*H. Arm. des cr.*, I, 55). Allatius (*De Simeonum scriptis* (P., 1664, in-4º, p. 180), lui attribue un traité théologique contre les Latins (*De Azymis*), ce qui viendrait encore infirmer en ce point le témoignage d'Albert d'Aix: v. Dosithée de Jérusalem, *Hist. des patr. de Irlm.* (en grec moderne), l. VIII, c. 7, nº 1 et c. 12, nº 4 (Bucarest, 1715, in-f., pp. 788, 808). Le Quien, *Oriens chr.*, III, p. 499.

40 Graindor, pour le récit du pèlerinage de Pierre, n'aurait fait que reproduire, en le remaniant, un épisode des *Chétifs*, et l'aurait placé comme prologue en tête de la *Chanson d'Antioche*. Voir P. Paris, *N. ét. sur la ch. d'Ant.*, pp. 40, 49; Pigeonneau, *Cycle de la crois.*, pp. 27-28.

41 On sait que les patriarches de Jérusalem se servaient de bulles de plomb, et non de sceaux de cire.

42 J'ai même pensé un instant (v. Hagenmeyer, *Peter d. Erem.*, p. 83 n.), qu'Albert, en parlant de l'envoi d'une lettre par le patriarche de Jérusalem, avait précisément en vue celle de 1097, dont il ignorait la date exacte: mais elle offre trop de détails sur la croisade pour que cette confusion involontaire fût possible: la lettre de 1097 n'a pu que lui donner l'idée d'inventer celle qu'il place avant 1095

bert d'Aix, modifie le tout à son gré, et se voit, à son tour, altéré par Pippino, ou plutôt par l'*Eracles* spécial qu'a traduit ce dernier.

Le tableau suivant résume ces hypothèses multiples :

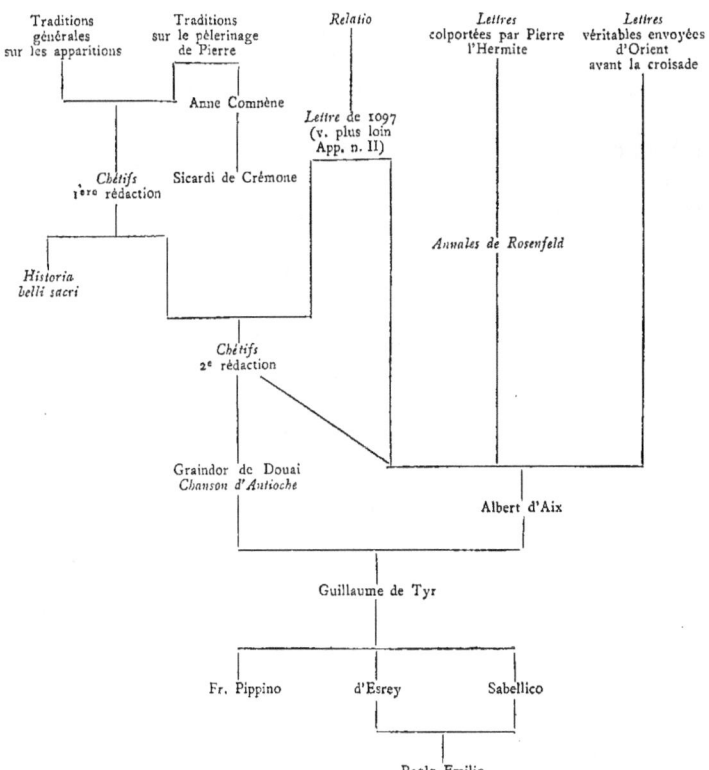

Au commencement du XVIe siècle, le rédacteur de la première *Histoire de France* officielle que nous ayons, le véronais Paolo Emilio, inséra dans son *De rebus gestis Francorum*, le récit du pélerinage de Pierre (récit qu'il avait trouvé, ou dans Pierre d'Esrey [43], ou dans Nicole le Huen [44], ou plutôt dans Marcantonio Sabellico [45], et que

---

[43] *Généalogie de G. de Bouillon*, éd. de 1523, fº g. iiij rº. Le livre de P. d'Esrey, écrit en 1499, est, comme la *Conq. de Ultramár*, un *Eracles* précédé du *Roman du Cygne*.

[44] [Nicole le Huen] *Les Passages de Oultremer de God. de B.*, publiés vers 1500 (Par., Fr. Regnault, s.d., in-8º), f. 14 rº; cet ouvrage anonyme suit Guillaume d Tyr.

[45] Sabellicus, *Rerum Venet. libr. XXXIII* (Venet.

1487, in f.), dec. I, l. 5, f. e rº. Sabellicus, il est vrai, remplace la lettre par un message oral du patriarche; mais il nomme Siméon, et l'analyse qu'il donne de ce message, analyse probablement puisée dans sa propre imagination, contient les mêmes idées que la lettre de Paolo Emilio; Nauclerus (*Memorab. gentium commentarii* - 1500, [Tübing., 1516, in-f.], I, clxiv), a répété, en l'abrégeant, Sabellicus.

ce dernier avait probablement emprunté lui-même à quelque manuscrit latin ou français de Guillaume de Tyr), et voyant, dans la mention de la lettre de Siméon, un thème favorable à une de ces amplifications épistolaires si fort goûtées à l'époque de la Renaissance, s'empressa d'orner sa narration du morceau que nous lui devons.

C'est cette fausse lettre de Siméon, ainsi substituée au document hypothétique du Moyen-Age, qui est parvenue jusqu'à nous, religieusement reproduite ou mentionnée par tous les historiens des croisades [46].

Il était difficile d'assigner une date quelconque à la prétendue missive du patriarche Siméon; s'il ne s'était agi que des nombreuses lettres de plaintes, envoyées de Jérusalem dans les années qui précédèrent la croisade, il fallait prendre toute la période de 1084 à 1094. Je me suis cependant borné à cette dernière année, parce que c'est elle, qu'après une étude approfondie, M. Hagenmeyer [47] a cru devoir assigner au retour probable de Pierre en Occident; je ne prétends point pourtant, par là, laisser penser un seul instant que j'accepte à un degré quelconque comme véritable, une légende dont je viens précisément de chercher à déterminer le caractère apocryphe.

XXXIV.

** 1094 S. Trond.

Lettre fabuleuse de Gérard, abbé de S. Trond, à Godefroi de Bouillon: le prévient de l'arrivée de Cornumarant, fils du roi de Jérusalem, venu en Occident, sous un déguisement, pour se rendre compte des forces des Latins.

Mentionnée par le *Roman de Godefroi de Bouillon* [1] et la *Conquista de Ultramar* [2], l. I, c. 173.

Je ne fais que signaler cette missive fantaisiste qui appartient à la branche ajoutée par des trouvères postérieurs au récit épique de la première croisade. Il n'y eut, bien entendu en 1095, ni abbé de S. Trond du nom de Gérard, ni voyage en France d'un prince infidèle.

---

[46] Je dois remarquer, à la décharge de Michaud et de ses complices, que cette lettre est la seule qui se trouve dans le récit de la 1ʳᵉ croisade par Emilio, et qu'ils ont pu penser que cette exception aux habitudes ordinaires de l'historien, impliquait l'existence de quelque document isolé, inséré par lui intentionnellement.

[47] *Peter d. Erem.*, pp. 87, 127. C'est Accolti (1450) qui le premier a fixé une date — et celle-là même — au pèlerinage de Pierre.

[1] « Ly boins abès Gérars ne s'y va ariestant,
» Venus est au couvent, le prieur va mandant.
» . . . .
» Ly boins abès Gérars li va ung BRIEF baillant
» Où il avoit escrit l'estat Cornumarant »
(R. de God. de B., v. 4049-4053, éd. Reiffenberg, II, p. 29).

[2] *Conq. de Ultr.*, éd. de Salamanca (1507, in-f°), I, f. lxxv b., éd. Gayangos, p. 105.

XXXV.

* 1094 (aut.), ou 1095 (janvier). Constantinople.

Alexis Comnène à Urbain II et aux fidèles de l'Occident: implore leur secours contre les Infidèles qui ont envahi l'empire.

[Mentionnée par Bernold de S. Blaise [1], Robert-le-Moine [2], Ekkehard d'Urach [3], Guibert de Nogent [4], Gislebert de Mons [5] et Othon de Freising [6].]

Il est possible qu'au moins une fois dans le cours du XIe siècle, en 1073-1074, sous le pontificat de Grégoire VII, le gouvernement byzantin ait sollicité le secours du S. Siège contre les Musulmans [7]. Il est certain qu'en 1081, Alexis Comnène lui-même s'adressa à la fois au même Grégoire VII, à Hermann, comte de Cannes, à l'empereur Henri IV et à plusieurs autres princes, dans le dessein de les réunir en une ligue contre les Normands [8]. Mais ces deux démarches de la cour de Byzance ne prouveraient en aucune façon qu'Alexis, dans les années qui précédèrent la première croisade, ait imploré avec assez d'humilité et d'insistance les secours de l'Occident, pour avoir déterminé le grand mouvement de 1096.

Qu'Alexis et Urbain II aient entretenu la correspondance consi-

---

1 « Item *legatio* Constantinopolitani imperatoris ad hanc sinodum pervenit, qui domnum Papam omnesque Christi fideles suppliciter imploravit, ut aliquod auxilium sibi contra paganos pro defensione sanctæ ecclesiæ conferrent, quam pagani iam pene in illis partibus deleverant, qui partes illas usque ad muros Constantinopolitanæ civitatis obtinuerant. Ad hoc ergo auxilium domnus Papa multos incitavit, ut etiam iureiurando promitterent, se illuc Deo annuente ituros, & eidem imperatori contra paganos pro posse suo fidelissimum adiutorium collaturos ». (Bernoldus, d. Pertz, *Mon. Germ., SS.*, V, p. 461).

2 « Ab Jherosolimorum finibus et urbe Constantinopolitana *relatio* gravis emersit, et sæpissime jam ad aures nostras pervenit quod gens Persarum ...... terras Christianorum invaserit ». (*Sermo Urb. II*, d. Rob. Mon., l. I, c. 1, [*H. occ. des cr.*, III, 727]).

3 « Predictus etiam Alexius, imperator Constantinopolitanus, super eisdem barbaris predonibus, per maiorem iam regni sui partem diffusis, *non paucas* LITTERAS Urbano papæ direxit, quibus in defensionem Orientalium ecclesiarum se non sufficere deploravit, obtestans, totum, si fieri posset, Occidentem...... sibi in adiutorium advocari, promittens per se cuncta necessaria preliaturis terra marique ministrari. — *Inde commotus apostolicus*...... » (Ekk., *Hierosolymita*, V, 3; VI, 1, éd. Hagenmeyer, p. 81-83; Id., *Chron.* ad ann. 1096, répété par l'Ann. Saxo, l *Annales Stadenses* (d. Pertz, *Mon. Germ., SS.* VI, 729, XVII, 317), & Conradus Urspergensis (éd. de Bâle, 1569, p. 230). C'est sur cette phrase que Mailly

(III, pp. 99-101), copié par Heller (I, p. 68-71), a bâti toute une lettre de fantaisie, adressée par l'empereur au pape.

4 « Urbanus, cum ab Alexio, Grecorum principe, magnis honoraretur exeniis et precibus, etc. » (Guib. Novig., l. II, c. 1, [*Hist. occ. d. cr.*, IV, p. 135]). Guibert passe d'ailleurs tout de suite au véritable motif, dont nous allons parler tout-à-l'heure.

5 « Insuper Alexis, Constantinopolitanus imperator, a domino papa Romano, Urbano, super gentilium incursibus auxilium & consilium requisivit » (Gisl. Montensis, *Chron. Hannoniæ*, éd. Arndt, p. 56).

6 « Itaque christicolæ qui miserabiliter (Irlm) vivebant, simul cum Alexio, Constantinopolitano imperatore, missis ad Urbanum epistolis, auxilium flagitabant ». (Othonis Frising. *Chron.*, l. VII, c. 3, éd. Cuspinianus, f. 75). — « De Keiser Alexius van C. P. sande do to dem Pavese Urbano, und bat in helpe unde Rades to sinen Nodeu, unde oc der Stat to Ierusalem ». (*Sächsische Chronik*, c. 188, éd. L. Weiland, p. 179). Cf. *Ann. Admunt.* (Pertz, M. G., SS., IX, 576).

7 *Epist.* Greg. VII, Reg. I, 18, 46, 49; II, 3, 31, 37; Coll. 112, (Jaffé, *Mon. Greg.*, pp. 31, 64, 69, 111, 144, 150, 532); cf. Hagenmeyer, *Ekkeh.*, p. 80-81, et plus haut, p. 63.

8 Anna C., *Alexias*, l. III, c. 10 (éd. de Paris, p. 93; éd. de B., I, 173). Une nouvelle démarche fut faita deux ans après. (Anna C., l. V, c. 2, éd. de P., p. 129, éd. de B., I, 230); cf. Bernoldus, *Chron.*, Ann. Marbac. ad ann. 1084 (Pertz, *Mon. Germ., SS.*, V, 440, XVIII, 151).

dérable dont parle Ekkehard d'Aura, rien n'est plus certain. Bien qu'aucune des pièces de cette correspondance ne nous soit parvenue, d'autres témoignages que celui du moine allemand nous empêchent de révoquer le sien en doute: Gaufredo Malaterra [9] va jusqu'à nous décrire l'apparence extérieure d'un des chrysobulles adressés à Urbain II. Nous savons, d'autre part, qu'en 1089 le pape avait relevé l'empereur de toutes les censures ecclésiastiques [10], et, qu'à la veille de la croisade, les rapports d'Alexis et du S. Siège n'avaient rien d'hostile [11]; en sorte qu'il n'y a aucune raison de mettre en suspicion l'existence des lettres mentionnées par Ekkehard, et de l'ambassade grecque que Bernold fait figurer au synode de Plaisance (1-7 mars 1095). Mais que cette ambassade ait été chargée par l'empereur de déchaîner sur Byzance l'irruption de pèlerins armés, dont l'arrivée prit, l'année suivante, Alexis au dépourvu [12]; que les lettres impériales continssent les humbles supplications dont nous parlent Ekkehard et Guibert de Nogent [13], il y a lieu, sinon d'en douter absolument, du moins de faire à ce sujet d'amples réserves.

J'ai montré, en effet ailleurs [14], qu'Alexis n'était pas alors dans la situation précaire où nous le représentent ces témoignages occidentaux; *il n'avait pas de la croisade un besoin absolu*, et j'ajouterai que, par contre, *la croisade n'a pas eu besoin de lui* pour s'organiser: ce n'est pas à Constantinople, mais à Jérusalem même qu'était le foyer de plaintes et de réclamations, d'où partit la flamme qui embrasa l'Europe: je crois avoir établi également ce second point [15].

En effet, si en 1074 Grégoire VII — surtout en vue de ramener à lui, par la reconnaissance, l'église séparée d'Orient [16] — avait pu former le projet, d'ailleurs éphémère, d'une intervention latine contre les Infidèles de l'Asie Mineure, il ne songeait alors en aucune façon — et le gouvernement grec moins encore que lui — à la délivrance du S. Sépulcre.

En 1095, au contraire, si les Grecs n'avaient rien modifié de leur indifférence à l'endroit des Lieux Saints [17], la question du recouvre-

---

9 Gaufridus Malaterra, *Hist. Sicula*, l. IV, c. 13 (Muratori, *SS. RR. Ital.*, V, 594).

10 « 1089. Domnus papa Constantinopolitanum im- » peratorem ab excommunicatione per legatos suos » absolvit ». (Bernoldi *Chronicon*, [Pertz, *Mon. Germ. SS.*, V, p. 450]).

11 Bernoldus, ad ann. 1091 (Pertz, *l. c.*,); ce dut être aussi pour se concilier les faveurs d'Urbain II, ancien prieur de Cluni, qu'Alexis donna à cette abbaye le monastère de Civetot, sur la Propontide. (Petri Cluniacensis *Epist.*, l. II, ep. 39, 40, [Migne, *Patrologia latina*, CLXXXIX, 260-262]). Sur les rapports d'Alexis I & d'Urbain II, voir Allatius, *De consensione eccl.*, l. II, c. 10, pp. 625-626.; Theodorus Prodromus, *Poemata* (A. Mai, *Spicil.*, VI, II 399; Baronius, *Annal.* ad ann. 1116, n. 8, 1118

n. 23 (éd. Mansi, XVIII, pp. 273, 313) et plus loin p. 104, n. 26.

12 Anna C., l. X, c. 1, éd. de Par., 283, éd. de B., II, 28.

13 Je ne parle pas, bien entendu, des textes postérieurs (Gislebert de Mons et Othon de Freising): ils dérivent d'Ekkehard. Pour celui de Robert-le-Moine, voir plus haut, p. 73, n. 1.

14 V. *Epist. Alex.*, préf., p. xxix-xxx.

15 V. *Ibid.*, p. xxxv-xxxviij.

16 « Illud etiam me *ad hoc opus* permaxime instigat » quod CP. ecclesia, de s. Spiritu a nobis dissidens, » concordiam apostolicae sedis expectat ». (Greg. VII, *Epist. ad Henr.* IV, 7 dec. 1074, Reg. II, 31, [Jaffé, *Mon. Greg.*, p. 145]).

17 Voir plus haut, p. 23, n. 4, 8 et 9.

ment de Jérusalem avait acquis tout à coup, en Occident, une importance de premier ordre. Guibert [18] nous en donne la véritable raison: c'était l'invasion inattendue des Almoravides qui venaient d'inonder l'Espagne, au moment même où les victoires d'Alphonse VI sur les Musulmans dégénérés avaient semblé, un instant, faire espérer la délivrance prochaine de la péninsule entière. La croisade dut donc avoir pour objet, dans les conseils de l'Église, et au-dessus de toutes les considérations secondaires [19] qui en purent déterminer la prédication, une diversion énergique à opérer contre un ennemi, qui venait à peine de quitter la Provence [20], qui avait souvent campé aux portes de Rome [21], occupait une grande partie de l'Espagne, et infestait la Méditerranée toute entière de ce genre de brigandages insupportables, qui avaient fait des Normands, pendant de longues années, les ennemis publics de l'Europe.

Cette idée de diversion, qui reposait sur une connaissance imparfaite de l'état extrême de division où se trouvait l'Islamisme, et provenait en même temps, peut-être, de quelque confusion entre deux pays désignés alors sous le nom d'*Hispania* [22], paraît avoir été publiquement développée par le pape dans un de ses sermons [23]; et les périls courus par les voisins immédiats et les alliés de Raimond de S. Gilles [24], gendre d'Alphonse VI de Castille et oncle de la reine Philippe d'Aragon, ont dû bien autrement remuer les cœurs des croisés français et provençaux, que les dangers plus ou moins imaginaires courus à cette époque par Constantinople. En admettant

---

18 « (Urbanus II)......... multo propensius generali » christianitatis periculo; Saracenorum namque irrup- » tionibus Hispanias audiebat sæpissime conturbari ». (Guib. de Nov., l. II, c. 1 [*Hist. occ. des cr.*, IV, 135]).

19 Comme l'état intérieur de l'Europe, l'influence des Normands de Sicile, etc.

20 En 1003 ils avaient attaqué Antibes, en 1019 Narbonne (Ademari *Chron.*, d. le *R. des hist. de la Fr.*, X, 155), et en 1047, saccagé Lérins (Mabillon, *Ann. ord. S. B.*, IV, 489, 493). De 940 à la fin du Xe siècle, ils avaient occupé tous les passages des Alpes, où ils rançonnaient les pèlerins (Flodoardus, *Chron.*, *Chron. Novalic.*, Gerardus, *Vita Udalrici Aug.*, Radulphus Glaber, l. I, c. 4 [Pertz, *M. G. SS.*, III, 388, IV, 404, VII, 54]; Liutprandus, *Antapodosis*, l. V, c. 4, et Syrus, *Vita s. Maioli* [*Ibid.*, III, 330, 331, IV, 651]; Ricardus August., *Vita s. Bernardi* (*AA. SS. Boll.*, Jun. II, 1074]); cf. Goergens, *Der Islam in d. Schweiz* (*Bund*, 1878, pp. 139, 146, 155 etc.).

21 V. plus haut, p. 23, n. 5.

22 V. plus haut, p. 13, n. 12.

23 *Sermo Urbani II*, d. Wilh. Malmesb., l. IV, c. 347, p. 529; cf. Ord. Vit., l. IX, c. 2, éd. Le Prévost, III, 467.

24 Sans refaire ici l'histoire de la part prise par la France, pendant le XIe siècle, aux guerres contre les Musulmans d'Espagne, je rappellerai les expéditions : En 1016-1019, de Roger de Toeni, seigneur de Conches, & de Pierre, évêque de Toulouse (Ademari *Chron.*, d. Pertz, *Mon. Germ., SS.*, IV, 104; Guill. Gemmet., d. du Chesne, *Hist. Norm. SS.*, 268; cf. Dozy, *Recherches*, II, 355, et Gfrörer, *Greg. VII*, IV, 321-322); — en 1063, de Guillaume, comte de Poitiers (*Chron. Malleacense*, ad ann., d. *R. des hist. de la Fr.*, XI, p. 220);—en 1073, d'Eble I de Roucy (*Epist. Greg. VII*, Reg. I, 7 [Jaffé, *Mon. Greg.*, p. 16-17]); — en 1076, d'Hugues de Bourgogne (*Frag. hist. Fr.*, d. le *R. des hist. de la Fr.*, XI, 162; cf. D. Plancher, *H. de Bourg.*, I, 271);— en 1087-1088, après la bataille de Zalaca et sur les instances d'Alphonse VI (*Chron.*, *Malleac.*, ad ann. 1087), d'Eudes, duc de Bourgogne, de Robert, Henri & Raimond de Bourgogne (*Chron. Mallenc.*, l. c., Anon. *Hist. Fr.* et Hugo Floriacensis, d. le *R. des hist. de la Fr.*, XII, 2, 79, et Ord. Vit., l. VI, c. 16, éd. Le Prévost, III, 248). — Je rappelle enfin qu'Alphonse VI, était cousin-germain de Rotrou, comte du Perche, qui, au retour de la 1re croisade, vint batailler en Aragon, avec plusieurs chevaliers normands, dont l'un, Robert Burdet, devint prince de Tarragone (Ord. Vit., l. XIII, c. 5, éd. Le Prévost, V, p. 8-12). Cf. Sybel, *Gesch. d. I Kr.*, I, 220; Fourmont, *L'Ouest aux croisades*, I, 65.

qu'Alexis eût réclamé les secours de l'Occident et provoqué par ses plaintes l'intervention d'Urbain II, le résultat immédiat de ces sollicitations eût dû être logiquement, comme du temps de Grégoire VII, une invitation à secourir Constantinople ; et la meilleure preuve que ces sollicitations ne furent pas ce que nous en ont rapporté Bernold et Ekkehard, c'est que la croisade se prêcha et se fit, non en faveur de Byzance, mais uniquement au nom de la délivrance des Lieux Saints.

L'ambassade à Plaisance, comme la correspondance d'Urbain avec Alexis, n'a donc dû avoir qu'un objet, — objet unique des relations d'Urbain et d'Alexis, depuis l'an 1088, date de la lettre rapportée par Malaterra, jusqu'au concile de Bari (1098) [25] dont il occupa les délibérations, et plus tard enfin, des négociations très-sérieuses, soit de Pascal II avec le même Alexis, soit de Calixte II et d'Honorius II, avec Jean Comnène [26] : cet objet, qui avait déjà été le seul mobile de Grégoire VII, dans ses projets d'intervention en Asie, était la réunion des deux Églises et la discussion des questions de doctrine, de rite ou de discipline, dont cette réunion exigeait la solution. En dehors de cette grande affaire qui (étant données les préoccupations théologiques [27] d'Alexis) avait, pour ce prince, un intérêt au moins égal à celui des choses purement politiques, les chrysobulles ne devaient contenir que la phraséologie banale de la chancellerie byzantine.

Dans cette phraséologie se sont peut-être glissés quelques mots relatifs aux ravages des Turcs en Asie Mineure, mots exploités plus tard comme *excitatoria* par les prédicateurs de la croisade, mais n'ayant jamais pu avoir, dans la pensée de l'empereur, le caractère d'une demande urgente de secours, ni la portée d'une affaire assez grave pour nécessiter une ambassade spéciale [28]. Les textes de Bernold et d'Ekkehard ne doivent donc être considérés que comme l'écho d'évènements antérieurs de vingt ans [29] : il y avait peut-être eu, sous

---

25 Mansi, *Concilia*, XX, 947. Il est à remarquer que s. Anselme de Cantorbéry, qui fut mêlé de très-près à toutes ces négociations religieuses avec Byzance, était hostile à la croisade. Voir, en particulier, Anselmi Cant. *Epist.* II, 19 (Migne, *Patr. lat.*, CLVIII, 1168). Ce n'est que plus tard que Mathieu Paris, dans son *Historia minor*, en a fait un des promoteurs de la croisade: « Anno 1095, d. papa Urbanus, Anselmi admonitus prudentia ». (Matt. Paris, *Historia minor*, éd. Madden, I, p. 54).

26 *Epistola Alexii*, 1112, éd. Riant, p. 48; cf. Petrus Cas., l. IV, c. 48, (Murat., *SS. RR. Ital.*, V, 97); — *Epistola* Paschalis II ad Alexium (août 1115), d. Jaffé, n° 4782; — Epistolæ Johannis Comneni ad Calixtum II (juin 1124) et ad Honorium II (avril 1126), (Theiner et Miklosisch, *Mon. spect. ad unionem Ecclesiarum*, [Vindob., 1872, in-8°], p. 1-6).

27 Il y aurait une étude curieuse à faire sur l'activité théologique d'Alexis: les actes de ce prince prouvent à chaque instant que, dans les situations politiques les plus graves, il faisait souvent passer la discussion des affaires de l'église avant le soin de celles de l'état. M. Miller a rapporté d'Orient les actes d'un synode, que, le 27 avril 1117, l'empereur présida dans le Philopation, & où furent condamnées les erreurs d'Eustratius, archevêque de Nicée ; ces actes prouvent qu'un an avant la mort d'Alexis, la maladie qui le torturait n'avait rien diminué de cette activité religieuse.

28 Je dois avouer que je me sépare ici complètement de M. de Sybel (*Gesch. d. I Kr.*), pp. 223-225) et de M. Hagenmeyer (*Ekkeh.*, pp. 29, 82, 83). Voir plus loin, p. 106.

29 Au même titre que les amplifications que l'on trouve dans la plupart des chroniqueurs contemporains sur les progrès des Infidèles en Asie: voir *Chronic. Franc.* (Du Chesne, IV, p. 90); *Fragm. hist. Audeg.* (*Chron. des comtes d'Anjou*, éd. Marchegay, I, 380); Gisleb. Mont. (éd. Arndt, p. 55), etc.

Grégoire VII, envoi de lettres parties de Byzance, parlant des progrès des Infidèles et traitant en même temps de l'union des deux Églises: ce double caractère a été tout simplement conservé par les deux chroniqueurs à des messages postérieurs, qui n'avaient pour objet que la seconde de ces affaires.

J'ai placé la rédaction de cette lettre hypothétique à la fin de 1094 ou au commencement de 1095, puisque, si elle a été réellement écrite, il a fallu à peu près deux mois pour l'apporter de Constantinople à Plaisance, où il faut qu'elle ait été remise entre le 1 et le 7 mars 1095.

XXXVI.

1095 (1-7 mars)

[*Concile de Plaisance*].

Si l'on en croit le témoignage de Bernold, le concile de Plaisance fut convoqué au moyen d'une lettre circulaire adressée par Urbain II aux évêques d'Italie, de Bourgogne, de France, d'Allemagne (Souabe), de Bavière et d'autres provinces [1]: et il est probable que cette lettre fut envoyée à un grand nombre d'exemplaires, destinés non-seulement aux prélats, mais aussi aux seigneurs laïques, car l'affluence des fidèles des deux ordres venus à Plaisance, fut considérable.

Il est probable également que, selon l'usage, des lettres synodales furent, à l'issue du concile, dirigées dans les divers diocèses de l'obédience d'Urbain II.

Cependant aucun document de ce genre ne nous est parvenu, et il n'y aurait même pas lieu de mentionner ici ces deux classes de lettres, s'il ne fallait tenir compte de l'opinion générale de tous les historiens modernes, qui font du concile de Plaisance le préambule et même le premier acte de la croisade [2]. Cette opinion — étant donné le silence de tous les témoins oculaires de ces évènements [3],

---

[1] « Dominus Papa...... in civitate Placentina inter » ipsos scismaticos et contra ipsos generalem sy- » nodum condixit, ad quam episcopos Italiæ, Burgun- » diæ, Franciæ, Alemanniæ, Baioariæ, aliarumque » provinciarum canonica et apostolica auctoritate mis- » sis LITTERIS convocavit ». (Bernoldus ad. ann. 1095, [Pertz, *Mon. Germ. SS.*, V. 461]).

[2] Jusqu'à Giesebrecht (*D. d. Kaiserzeit*, III, 641) et Kugler (*Komnenen und Kreuzfahrer*, d. l'*Hist. Zeitschrift*, XIV, 303). Raumer (*Gesch. der Hohenst.*, I, 28) me paraît le seul qui ait exprimé un doute légitime.

[3] Aucun des chroniqueurs, témoins oculaires de la croisade ne parle du concile de Plaisance. Baudry de Dol (l. 1, c. 3, *Hist. occ. des cr.*, IV, p. 12) Donizo (*Vita Mathildis*, l. II, c. 8 [Pertz, *Mon. G., SS.*,

XII, 394]) qui sait parfaitement noter plus loin (c. 10, p. 395), la prédication de la croisade à Clermont, Pandulphe de Pise (*Vita Urb. II*, d. Muratori, III, 1, 353) le mentionnent en quelques mots sans dire qu'il y ait été parlé de l'Orient; pour Hugues de Flavigny (Pertz, *Mon. G. SS.*, VIII, 474) on y délibéra sur les acquéreurs de prébendes et les prêtres ordonnés par les schismatiques; enfin Guillaume de Tyr (l. 1, c. 14, p. 38) n'en parle que pour nous apprendre qu'il fut convoqué « ad corrigendos excessus hominum ». Sur le concile de Plaisance, voir Campi, *Hist. ecclesiastica*, I, 336-371; Poggiali, *Memorie storiche di Piacenza*, IV, 25-44; Boselli, *Storie Pincent.*, I, 71; je dois la connaissance de ces histoires locales à don Gaetano Tononi, archiprêtre de Plaisance.

silence extraordinaire, si réellement la Croix avait été prêchée devant une aussi grande multitude que celle dont nous parle Bernold — cette opinion, dis-je, ne peut s'appuyer que sur deux textes: le premier est un passage du même Bernold, qui, à la suite de la mention de cette ambassade byzantine, dont j'ai étudié tout-à-l'heure le véritable objet, ajoute qu'Urbain II « *engagea beaucoup de fidèles à promettre*, même » *par serment, d'aller au secours d'Alexis* 4 ». Le second est fourni par les *Gesta* 5 d'après lesquels Pierre l'Hermite, arrivant à Constantinople, le 29 juillet 1096, y aurait déjà trouvé, *rassemblés en nombre*, des Italiens qui, dit-on, ne sauraient être que les gens partis de Plaisance sur les exhortations du pape. En dehors de ces deux témoignages, rien, absolument rien, n'autorise à dire que le concile de Plaisance ait été convoqué pour la prédication de la croisade, ou ait eu cette prédication pour résultat.

Bien que je ne prétende en aucune façon établir que, cinq mois et demi avant le concile de Clermont, la grande œuvre qu'Urbain II allait y prêcher, n'occupât point déjà sa vaste intelligence, et que l'idée de la croisade ait ainsi brusquement surgi dans son esprit entre le 15 mai et le 15 août 1095, j'ose affirmer qu'en fait il est impossible de voir dans les deux phrases de Bernold et des *Gesta* ce que tout le monde paraît y avoir trouvé jusqu'ici. Bernold d'abord nous dit lui-même formellement que le concile fut convoqué « *inter* » *ipsos scismaticos et contra ipsos* 6 » c'est-à-dire au sujet du schisme qui divisait l'Église: les décrets du concile 7 que Bernold lui-même nous a conservés, ne parlent pas de l'Orient. Orderic Vital nous donne au contraire en quelques mots le vrai caractère de cette assemblée: on y traita de la paix et des autres intérêts de l'Église 8.

La croisade y serait donc, même en suivant servilement Bernold, restée à l'état d'incident; et encore il n'y aurait été, en aucune façon, question d'une grande expédition destinée à chasser d'un seul coup les Infidèles des Lieux Saints; mais il y aurait eu seulement de la part du pape encouragement privé à une sorte de recrutement d'auxiliaires pour le compte d'Alexis. — Et cela seulement à condition qu'on admette au préalable (ce qui, comme je l'ai montré tout-à l'heure, reste encore à prouver) que l'ambassade byzantine ait réellement demandé ces auxiliaires 9.

---

4 « Ad hoc ergo auxilium dominus papa multos » incitavit, ut eciam iureiurando promitterent, se » illuc Deo annuente ituros, et eidem imperatori » contra paganos pro posse suo fidelissimum adiuto- » rium collaturos ». (Bernold., p. 461).

5 « Lombardos et Longobardos et alios plures con- » gregatos » (*Gesta*, I, c. 2, [*H. occ. des cr.*, III, 121 et 11]; cf. *H. belli sacri*, I, 3 [*Ibid.*, III. 174], et Baldr. Dol., l. I, c. 9 [*Ibid.*, IV, 17-18]. Les habitants de Plaisance eux-mêmes ne durent faire partie

que de l'arrière-croisade de 1101, comme le prouvent des actes locaux authentiques.

6 Bernoldus, l. c.

7 Mansi, *Concilia*, XX, 805-806.

8 « Urbanus papa Placentiam concilium tenuit et de pace aliisque utilitatibus ecclesiæ diligenter tractavit ». (Ord. Vit., l. IX, c. 2, éd. le Prév., III, 461).

9 Je ne parle pas, bien entendu, de l'hypothèse de Palgrave (*Normandy and England*, IV, 509; voir

Quant aux Italiens trouvés à Constantinople par Pierre l'Hermite, en juillet 1096, je ne vois pas pourquoi il faudrait faire remonter à dix-sept mois leur départ pour l'Orient.

Plus rapprochés de Byzance que les Français, et pouvant plus facilement y arriver par mer, ils ont dû être informés dès le printemps de 1096, des décrets de Clermont, et rien ne s'oppose à ce qu'ils fussent arrivés à Constantinople avant les bandes qui avaient pris la longue et périlleuse route de terre.

Je dois cependant, au sujet de ce concile et une fois pour toutes, faire ici une remarque qui s'appliquera à tous ceux qu'Urbain II a tenus en 1095-1097; c'est que les actes d'Urbain II furent brûlés avec les six dernières années des registres pontificaux, par l'antipape Guibert, au conventicule de Rome, en août 1098 [10], et que par conséquent, on ne peut rien affirmer de précis à leur endroit, ni nier avec assurance qu'ils ne continssent pas quelque texte de nature à venir confirmer, dans le sens généralement reçu, les dires de Bernold.

XXXVII-XLII.

1095 (15 août - 18 nov.)

Lettres relatives au concile de Clermont.

XXXVII (15 août, *Le Puy*). Encyclique d'Urbain II aux métropolitains.
XXXVIII (15 août, *Ibid.*). Lettres spéciales du même à certains évêques.
XXIX (sept.). Invitation des métropolitains aux évêques.
XL (sept.). Invitation des évêques aux dignitaires ecclésiastiques et feudataires de leurs diocèses respectifs.
XLI (1-13 nov., *Sauvigny*). Lettres d'Urbain II pour assurer la liberté des évêques se rendant au concile.
XLII (nov.). Lettres d'excuses des évêques qui ne purent s'y rendre.

Suivant Guillaume de Tyr [1], Urbain II voulut d'abord convoquer le concile à Vézelai, puis au Puy, et ne se décida qu'à la fin pour Clermont. Il ne paraît pas que les lettres de convocation aient été adressées pour les deux premières villes : en tous cas elles seraient

---

plus haut, p. 73, n. 1), qui, pour concilier le témoignage de Bernold avec le silence de tous les autres chroniqueurs, suppose que les ambassadeurs grecs étaient des gens de Pouille, déguisés en byzantins, et envoyés par Bohémond pour attirer sur Alexis les désagréments de l'invasion latine. Nier l'existence des ambassades d'Alexis à Urbain II est impossible: il n'y a presque aucun des conciles présidés par ce pape en Italie, où n'aient été traitées les affaires religieuses communes aux deux Églises et où n'aient figuré des envoyés de Constantinople; v. plus haut

p. 106 n. 26. Les messages adressés par Alexis au Mont Cassin paraissent avoir été annuels (Voir *Epist. Alexii,* p. lxxiij, et plus loin n° LXXI).

[10] Benno, *Vita Hildebrandi* (Wolfius, *Lect. memorabil.,* I, p. 300) et *Cardinalium schism. encyclica,* août 1098 (Sudendorf, *Registr.,* II, 113)).

[1] « Concilium generale prius apud Viziliacum, » deinde apud Podium, *convocare disposuit,* novissime » apud Clarum-Montem ». (Wilh. Tyr., l. I, c. 14; Alb. Aq., l. 1, c. 6 [*Hist. occ. des cr.,* I, p. 39, IV, p. 274]).

perdues. Aussitôt arrivé dans la seconde (15 août)[2] Urbain s'occupa de réunir les fidèles de son obédience[3] pour l'octave de la S. Martin (18 nov.): nous n'avons plus l'encyclique qu'il dut leur adresser et qui contenait probablement, au nombre des affaires à soumettre à la future assemblée, les mesures à prendre pour la délivrance de la Terre Sainte: il ne nous reste que le texte d'une lettre spéciale adressée le 15 août à Lambert, évêque d'Arras[4], lettre qui ne parle point de la Terre Sainte.

L'encyclique dut être envoyée à la même date, 15 août. Elle était adressée à tous les métropolitains et les chargeait de convoquer leurs suffragants; ceux-ci devaient transmettre l'invitation aux abbés, dignitaires ecclésiastiques et grands feudataires de leur diocèse. C'est ce que nous apprend la lettre adressée par Raynold du Bellay, archevêque de Reims, à Lambert, évêque d'Arras[5]: Baudouin, comte de Mons, y est expressément nommé. Il ne nous reste aucune des pièces par lesquelles les évêques transmirent à leur tour l'invitation.

Un peu plus tard Urbain II, est obligé de réclamer[6] la liberté du même Lambert, arrêté au sortir de Provins par Garnier de Trainel[7], seigneur de Pont-sur-Seine, pendant que ce prélat se rendait au concile.

Il conviendrait enfin de joindre à ces pièces les lettres d'excuses,

---

2 Bernoldus, d. Pertz, *Mon. Germ.*, SS., V, p. 463.

3 « Anno 1095, mense novembri, præfatus papa » omnes episcopos Galliæ et Hispaniæ *congregavit* ». (Ord. Vit., l. IX, c. 3, éd. Le Prévost, III, p. 463). « In Arvernia concilium, legationibus competentes un- » dique præmonitum, apud Clarum-Montem fecit coa- » dunari » (Fulch. Carnot. l. I, c. 1, [*Hist. des cr.*, III, 321, cf. 491]); « Εὐθὺς ὁρίζει γράφουσιν εἰς ὅλα » τὰ ῥήγατα ». (Version grecque du *Prologue* perdu du *Livre de la Conq. de Morée*, v. 33 [*Hist. grecs des cr.*, 1, 582]). Dans la *Chanson d'Antioche*, c'est Pierre l'Hermite qui est chargé de porter cette encyclique :

« Vos porterés mes LETTRES, que tout soient semons... »
« Ses LETTRES a escrites et burliés de plons... »
« LETTRES envoie à vous et a votre barnage... » (*Ch. d'Ant.*, 1, 30, 32, t. I, pp. 50, 53).

4 Jaffé, n° 4168 — Imprimée dans Baluz., *Miscell.*, V, 280; Id., *Ibid.*, éd. Mansi, II, 136; D'Achery, *Spicil.*, 1ʳᵉ éd., V, 555; 2ᵉ éd., III, 424; Labbe, *Concilia*, X, 471; Mansi, *Concilia*, XX, 694, *Rec. des hist. de la Fr.*, XIV, 754; Migne, *Patr. lat.*, CLI, 422.

5 « D. pape Urbani EPISTOLAM nuperrime suscepi- » mus, quod nos, ut, ad concilium, quod in octavio » S. Martini, quartodecimo videlicet kal. decembris, » apud Arvernensem, quæ et Clarimontis dicitur ec- » clesiam, celebraturus est, accedceremus præsentia- » liter præmonuit; et, ut omnes nostræ metropolis » suffraganeos, convocatis tam abbatibus quam ceteris » ecclesiarum primatibus, sed et excellentioribus prin- » cipibus, ad ipsum concilium invitaremus, præcepit ». (*Epist. Raynoldi*, [Baluze, *Misc.*, éd. Mansi, II, 136]; D'Achery, *Spicil.*, 1ᵉ éd., V, 554; II, éd. III, 424; Labbe, *Concilia*, X, Mansi, *Concilia*, XX, 693; 473, Jaffé, 4169]); cf. Hagenmeyer, *Ekkeh*. pp. 85, 90. La *Chanson d'Antioche* parle aussi de ces convocations au second degré: seulement elle les fait (pour les barons), émaner du roi de France :

» Li rois mande ses homes par BRIÉS et par seaux... »
» Li iours fu mis prochains à un de ses casaus ;
» C'est Clermons en Auvergne, qui est plentius et
» baus ». (*Ch. d'Ant.*, I, 33; t. I, p. 54).

6 *Epistolæ Urb. II ad Garnerium, et ad Richerium, Senon. arch.* (1095, nov. 1-13, Sauvigny); Jaffé, nᵒˢ 4180 et 4181. Imprimées dans Baluze, *Miscell.*, V, 281; *Ibid.*, éd. Mansi, II, 137; D'Achery, *Spicil.*, 1ʳᵉ éd., III, 425; 2ᵉ éd., V, 557; Labbe, *Concilia*, X, 472; Mansi, *Concilia*, XX, 695; *Hist. de la Fr.*, XIV, 754; Migne, *Patr. lat.*, CLI, 429-430. Ces lettres furent d'ailleurs inutiles, Lambert, arrêté le 6 nov., ayant été relâché le 9, sur l'ordre du frère de Garnier, Philippe de Trainel, évêque de Troyes (*Narratio Lamberti capti*, d. Mansi, *Op. cit.*, p. 694); cf. Lambertus Atr., *Epist. ad Manass.* 70 (Baluze, *Miscell.*, V, 328).

7 Garnier de Trainel, fils de Ponce, fut peut-être en cette occasion l'agent du roi de France: je n'ai pu découvrir pourquoi, dans l'intitulé de la lettre d'Urbain II, il est appelé *Garnerius de Castellione*: il n'appartenait pas à la maison de Châtillon, et il doit y avoir là une erreur du rubricateur. Ce Garnier fut père de Garnier, évêque de Troyes, l'un des personnages de la IVᵉ croisade: (v. Lalore, *Doc. sur les anc. seigneurs de Trainel*, [Troyes, 1872, 8ᵒ], p. 17).

que firent parvenir au concile les prélats qui ne purent y assister et s'y firent représenter par des délégués [8].

XLIII.

1095 (30 nov.)   Clermont-Ferrand.

Lettres synodales du concile de Clermont.

[Mentionnées par Orderic Vital, l. IX, c. 3. [1]].

Les évêques qui n'avaient pu assister au concile en reçurent les décrets sous forme de lettres synodales. Orderic Vital nous parle de celles qui furent adressées aux évêques normands, et qui déterminèrent, en février 1096, la convocation du synode provincial de Rouen [2]. Il est certain qu'elles contenaient, avec les autres canons du concile celui de la Xe session, qui avait trait à la croisade [3], et que leur envoi fut ainsi le premier acte officiel de la prédication. Elle durent être expédiées le 31 novembre, avec les autres décrets spéciaux notifiés à cette date par le pape et dont deux seulement sont parvenus jusqu'à nous [4].

Guillaume Aubert, écrivain du XVIe siècle dont je parlerai plus loin [5], ajoute que les seigneurs laïques firent publier de leur côté les privilèges octroyés aux croisés [6].

XLIV.

1095 (23-31 déc.)

[*Concile de Limoges*].

Il paraît résulter du texte d'une petite chronique que nous a conservée Besly [1], mais dont malheureusement il n'indique point l'âge,

---

[8] « Legati quoque aliorum præsulum, cum excusa-
» toriis APICIBUS, Arvernensi concilio interfuerunt ».
(Ord. Vit., l. IX, c. 3, éd. Le Prévost, III, p. 470).
Une de ces lettres, celle d'Aymar Taillefer, évêque d'Angoulême, nous a été conservée dans le *Gallia chr.*, II, instr. 449.

[1] « Odo, episcopus Bajocensis, Gislebertus Ebroi-
» censis, et Serlo Sagiensis... Arvernensi concilio inter-
» fuerunt, et inde cum benedictione apostolica regressi,
» synodales EPISTOLAS coepiscopis suis detulerunt ».
(Ord. Vit., l. IX, c. 3, éd. Le Prévost, III, 470).

[2] Ord. Vit., *l. c.*

[3] Le canon 11, suivant la liste de Lambert d'Arras (Mansi, XX, 815); cf. *Epist. Paschalis II* (d. le R. des h. de la Fr., XV, 20), Hagenmeyer, 89, et plus loin, n° XLIX : il faut remarquer cependant que les actes du synode de Rouen (Ord. Vit., *l. c.*).

[4] Jaffé n°s 4091, 4092. Dans la *Bibliothèque hist. de la France*, I, p. 426, n° 6465, est citée une *Dissertation sur le concile tenu à Clermont au sujet de la 1re croisade*, par M. de la Chapelle; ce manuscrit, qui faisait partie des archives de la Soc. littéraire de Clermont, paraît être le même que Mailly a eu entre les mains, et qu'il a décrit, I, p. cxxxix; il ne devait donc rien contenir que nous ne connaissions aujourd'hui.

[5] Plus loin, n° XLVIII, XLIX.

[6] G. Aubert, *Hist. des guerres des chrét. contre le Turcs*, c. 10 (P. 1559, in-4°), f. 31 b.

[1] « Anno.... 1095..... factus est conventus perma-
» ximus in civitate Lemovicensi.... Huic præfuit d.
» Urbanus, s. Romanæ ecclesiæ apostolicus, cum ar-
» chiepiscopis et episcopis abbatibusque secum comi-

qu'Urbain II, dans l'assemblée de prélats qu'il tint à Limoges dans la dernière semaine de l'année 1095, prêcha la croisade, comme il le fit l'année suivante à Tours et à Nîmes. Il ne nous reste rien des délibérations de cette assemblée, qui soit relatif aux affaires d'Orient.

XLV.

** 1095 (décembre).

Lettre céleste colportée par Pierre l'Hermite.

[Mentionnée par les *Annales Rosenveldenses* [1] et Helmold de Bosau [2]].

L'existence de cette lettre *excitatoire*, dont j'ai parlé longuement [3] plus haut, à propos de la missive du patriarche Siméon, est beaucoup plus certaine que celle de cette dernière. L'une et l'autre, d'ailleurs, auraient servi au même usage; peut-être même n'y a-t-il eu, entre les mains de Pierre, qu'un seul et même document, présenté, suivant les lieux, sous deux titres différents. Il est vrai qu'au premier abord le contenu des deux pièces ne paraît pas avoir été tout-à-fait le même — la lettre du patriarche parlant « des profanations des Lieux » Saints et des outrages reçus par les pèlerins », et la lettre céleste ordonnant « la levée en armes de l'Occident pour la délivrance de » Jérusalem » en accomplissement d'un texte de l'Écriture Sainte. Mais l'ordre étant la conséquence naturelle des plaintes des chrétiens de Terre-Sainte, il est probable que la même pièce contenait celles-ci comme préambule et celui-là comme conclusion — les chroniqueurs qui l'ont mentionnée comme provenant de Siméon, n'ayant analysé

» tantibus.... Præcipua tamen adventus illius causa » extitit, quia ecclesia Christi gensque christiana, in » partibus Orientis a perfida Sarracenorum nacione » pervasa, nimiumque afflicta, sub gravi persecutione » iacebat; unde venerabilis papa per semetipsum Gal- » lias adiit, ut Gallorum gentem, armis bellisque » exercitam, precibus et monitis provocaret, quatenus » s. Dei Ecclesiæ libertatem defenderet populumque » christianum a iugo nefandæ gentis liberaret, et pro » amore caritatis, peccatorumque suorum remissione, » expeditionem maxima manu confertam, ad Orientis » partes moveret, quo nefandam gentem ab heredi- » tate Christi repelleret.... Et ipso die Nativitatis » ascendit ad ecclesiam S. Martialis et.... missam » cantavit.... et post *sermonem habitum ad populum* » ad sedem S. Stephani rediit ». (*Ex tabulario Le- movicensi*, d. Besly, *Hist. des comtes de Poictou*, p. 409) Cf. Gaufr. Vossiensis, *Chron.* I, 27 (Labbe, *Bibl. nova mniss.*, II, 294). Les *Chroniques de S. Martial de Limoges*, publiées par la Soc. de l'hist. de France, ne contiennent rien sur cet évènement.

1 « Quandam circumferens (Petrus Eremita) char- tulam, quam *de calo* asserebat *lapsam*, quaque » continebatur « *Universam, de cunctis mundi parti-* » *bus christianitatem, Ierosolymam, armis instructam* » *migrare debere, indeque paganos propulsantem, eam* » *cum finibus suis in perpetuum possidere* »; hocque de » illo Evangelii testimonio confirmabat, ubi Iesus, » destructionem urbis illius faciens sermonem sic con- » clusit: « Ierusalem, inquit, calcabitur a gentibus, » donec impleantur tempora gentium ». (Luc. XXI, » c. 24) ». (*Annales Rosenv.* ad ann. 1096; *Annales Magdeb.* ad. ann. 1096; Annalista Saxo; *Ann. S. Di- sibodi* ad ann. 1096 [Pertz, *Mon. hist. Germ.*, XVI, pp. 101, 179, VI, pp. 728, XVII, p. 16]. Le même passage se retrouve dans une rédaction particulière du *Hierosolymita* d'Ekkehard d'Aura (Göttingen, Bibl. Univ., cod. n° 333, f. 346). Sur l'allusion qu'Anne Comnène aurait faite à cette lettre, voir plus haut p. 95, n. 24.

2 « Protulit (Petrus Eremita) epistolam, quam *de » cælo* affirmabat *allatam*, in qua continebatur scrip- » tum: « Quia impleta sunt tempora nationum sic » » liberanda esset civitas quæ calcabatur a gentibus ». (Helmoldi *Chron.*, ad ann. 1096, [Pertz, *M. G. SS.* XXI, p. 33]; Wilken (I, 49), cite là à tort Orderic Vital.

3 Plus haut, n° XXXIII.

que les plaintes, et ceux qui lui ont donné une origine céleste s'étant contentés de mentionner l'ordre.

En tous cas qu'elle ait été simple ou double, la pièce est perdue [4]: l'on peut avoir une idée de la forme qu'elle affectait, en se rapportant à un document du même genre qui fut colporté avant la IVe croisade et que nous a conservé Roger de Wendower [5].

Je l'ai placée en décembre 1095, c'est-à-dire au temps des premières prédications de Pierre l'Hermite.

XLVI.

1095 (comm^t de décembre).

Les Juifs de France aux Juifs des villes du Rhin: leur apprennent les préparatifs de la croisade et les excitent à détourner, par des jeûnes et des prières, les maux qui les menacent.

[Mentionnée dans la *Persécution des Juifs de Spire, Worms et Mayence* [1]].

L'existence de cette lettre, d'ailleurs aujourd'hui perdue, nous est révélée par un petit récit hébreu de la persécution à laquelle les premières bandes de la croisade soumirent, au printemps de 1096, les Juifs des pays rhénans – récit fait sinon par un contemporain, du moins d'après les dires d'un témoin oculaire.

Elle a dû être envoyée presque aussitôt après le concile de Clermont; car les destinataires, dans leur réponse, déclarent que c'est la première nouvelle qu'ils reçoivent de l'expédition projetée.

XLVII.

1096 (comm^t de janvier). Mayence.

Les Juifs de Mayence aux Juifs de France: répondent à la précédente.

Insérée en substance dans la *Persécution* [1].

---

[4] Sur une autre lettre céleste envoyée plus tard de Syrie en Occident, et dont Ekkehard d'Aura (*Hieros.* XXXVI, 4), nous donne l'analyse, voir Hagenmeyer, *Ekkeh.*, pp. 83, 314 et *Peter d. Er.*, 70, 117. Dès le XIIe siècle, une de ces lettres, s'introduisait dans la légende de Charlemagne; elle figure au médaillon n° 22 du vitrail de Chartres (Vétault, *Charlemagne*, p. 547). Je serais porté à croire que ces lettres dites célestes étaient tout simplement des lettres apportées réellement, ou que l'on donnait comme ayant été apportées par des pigeons; voir plus loin n.^{os} CXV, CXXX et CXXXI.

[5] Rogerius de Wendower, *Flores hist.*, III, 148-150; Matth. Paris, *Hist. major Angliæ*, ed. Luard, p. 168.

[1] Pièce sans intitulé, contenue dans un manuscrit de la bibl. de Darmstadt, Or. n° 13 (de 100 ff. de vélin in-4°, fin du XIIIe siècle, décrit par M. Moses Mannheimer dans la *Jüd. Liter. Blatt.* n°s 24, 27, 30, juin-juill. 1878), ff. 16-19. M. Moses Mannheimer en a publié une version allemande, sous le titre de: *Die Judenverfolgungen in Speyer, Worms und Mainz im J. 1096*, (Darmstadt, 1877, in-8°, réimpression d'un feuilleton de l'*Allg. Zeitung des Judenthums*, mai 1876; cf. *Jenaer. Liter. Z.*, 1877, pp. 585-586, compte-rendu par M. Hagenmeyer). Le récit y occupe les pp. 10-27; la lettre est mentionnée p. 11. Le texte hébreu a été publié dans l'*Oẓar Tob*, suppl. hébreu du *Magazin für die Wiss. des Judenthums*, éd. A. Berliner et D. Hoffmann (Berlin, 1878, in-8°), pp. 87-95: la lettre y est mentionnée, p. 87.

[1] *Oẓar Tob*, p. 87; *Persécution*, pp. 11-12: c'est le seul texte chrétien ou israélite qui mentionne cette correspondance: Eliezer ben-Nathan, de Mayence, n'en parle point dans son *Récit de 1096*, publié en hébreu par Jellinek, (*Zur Gesch. der Kreuzz.* [Leipzig, 1854, in-8°], pp. 1-13).

Les Juifs de Mayence n'avaient encore rien entendu dire de la croisade : ils n'en promettent pas moins d'accomplir les prescriptions de leurs coreligionnaires.

Cette réponse dut suivre la lettre précédente de très près et doit être placée en janvier 1096 au plus tard, puisque les persécutions eurent lieu en mai[2], et que, d'après le récit hébreu lui-même, un certain temps s'écoula entre l'envoi de la réponse et le départ des premiers croisés.

XLVIII.

* 1096 (janvier).

Les princes croisés [et Urbain II ?] à Alexis Comnène : [*lui annoncent la formation et le prochain départ de l'expédition*].

[Mentionnée *peut-être* dans une lettre d'Alexis au cardinal Oderisio[1] 1 de'Marsi, abbé du Mont Cassin, plus loin nº LXXI].

La pièce qui mentionne cette lettre n'étant pas de date parfaitement certaine, et pouvant changer de sens en changeant de place chronologique, j'ai rangé cette mention au nombre de celles que je n'inscris que sous toutes réserves.

Je dois dire cependant qu'il est peu probable que les croisés n'aient pas eu la précaution de prévenir de leurs desseins Alexis, dont ils allaient traverser les états, et qu'en lui-même l'envoi par eux d'une missive, destinée à avertir l'empereur, n'a rien que de très-naturel ; j'en apporterai une nouvelle preuve.

Au commencement du XVIe siècle, Benedetto degli Accolti et Guillaume Aubert, de Poitiers, seigneur de Massoigne, avocat-général à la cour des Aides, publièrent chacun une histoire de la première croisade. Leurs œuvres ne sont pas sans mérite ; le style s'y ressent, il est vrai, de l'enflure ordinaire que comportait alors la littérature historique : mais les deux auteurs possédaient bien leur sujet, et durent avoir entre les mains des sources qui nous font défaut aujourd'hui. Or tous deux parlent d'une ambassade envoyée par Urbain II à Alexis pour informer ce prince des délibérations du concile de Clermont[2]. Accolti

---

2 Le 8 iyyar 4856 (3 mai) à Spire, suivant Eliezer, le 8 adar (5 février) suivant la *Persécution*: cette dernière date est impossible, parce que les premières bandes (celles de Gauthier et de Pierre l'Hermite), laissèrent les Juifs tranquilles : ce fut celle d'Emichon de Liuange, qui inaugura les massacres : de plus le texte hébreu parle d'un samedi, ce qui convient au 8 iyyar, tandis que le 8 adar tombe un mercredi.

1 « Imperium meum debebat descendere apud Du- » rachium ad videndum comites, qui in Langobardia » sunt, et pactum ponere cum eis de his quæ scripse- » runt imperio meo ». (*Epist. I Alexij ad Oderisium*, ad calcem *Epist. Alexij ad Robertum*, éd. Riant, p. 42).

2 « Scripserat quoque pontifex, significans ei (Alexio) » decretum bellum, exhortansque illum ne commun̄i » causæ christianorum deesset, ac venientes exercitus » commeatu hospitioque iuvaret, sibi egregie opem » laturos ad vim hostium propulsandam ». (Ben. Accoltus, *De bello a christianis contra barbaros gesto*. Venet., 1539. in-4º. f. 7). — « Cependant le pape

même ajoute que le pape demandait à l'empereur de bien accueillir les croisés et de pourvoir à leur subsistance, promettant en leur nom une alliance offensive avec le gouvernement grec.

Il ne faut pas confondre ce document, aujourd'hui perdu, avec une fausse lettre d'Urbain II à Alexis [3], dont je vais parler tout-à-l'heure.

XLIX.

1096 (6-12 février) . Angers.

Urbain II aux princes de Flandres et à leurs sujets: les informe de la croisade décidée à Clermont et des indulgences qui y sont attachées, leur annonce qu'il en a remis le commandement à Adhémar de Monteil, évêque du Puy, qui partira le 15 août suivant.

[INC.: « Urbanus episcopus .... Fraternitatem vestram iampridem .... »; — EXPL.; « ..... se adhærere posse ».

MANUSCRITS: 1. Arras, 140 (m. s. XVII, in-f°), ff. 55-56; — 2. Arras, 222 (ch. s. XVII, in-f.), ff. 24-25; — 3. Paris, B. nat., lat. 16990 (ch. s. XVIII), f. 70.

ÉDITION: Plus loin, *Appendice*, n° I [cod. 1-3]].

Dès le XVIe siècle, Guillaume Aubert avait signalé une encyclique d'Urbain II, notifiant à la chrétienté les décrets du concile de Clermont, et [1], dans son excellente *Vita Urbani II,* Dom Ruinart [2] avait analysé une pièce analogue qu'il comptait, sans doute, publier dans son appendice. Mais ces mentions si intéressantes avaient depuis échappé à tous les historiens postérieurs [3], même à Jaffé, qui parait pourtant avoir dépouillé avec soin l'œuvre du savant bénédictin. Aucune recherche n'avait donc été faite au sujet de ce document dont la perte était regrettable; car, seule de toutes les croisades, la première ne nous offrait point le document officiel, par lequel débute le catalogue des pièces historiques, relatives à chacune de ces expéditions. Il n'y avait que très-peu d'espoir de le retrouver: la copie

» Urbain, qui, dès le concile de Clermont, avoit envoyé
» ses ambassadeurs vers Alexis, empereur de Con-
» stantinople, pour l'aduertir de ses délibérations .... »
(G. Aubert, *L'histoire des guerres faictes par les chrestiens contre les Turcs sous la conduite de Godefroi de Bouillon*, (Paris, Vincent Sertenas, 1559, in-4°, f. 31 a)); le récit d'Aubert s'arrête malheureusement à l'investissement de Nicée: il est probable qu'ici il s'est inspiré d'Accolti; cf. Duchat, *Hist. de la guerre sainte* (P., 1620, in-8°), p. 40, et plus loin n° LI.

3 Plus loin n. LXIV.

1 « Le pape Urbain feit encore publier unes bulles
» par lesquelles il mettoit en la sauvegarde de l'E-
» glise et du siege apostolique tous ceux qui se croi-
» seroient.... ». (Guillaume Aubert, *Hist. des guerres faites par les chrest.*, f. 31 a).

2 « Ad principes et ceteros Flandriæ fideles LIT-
» TERAS *scripsit* tunc temporis (Andegavi), ut eos de
» decreta in concilio Claromontano sacra expeditione,
» indulgentiisque iis qui illam susciperent concessis,
» faceret certiores; unde universos monet, ut si qui
» ad illud verbum proficisci voluerint, parati sint
» omnino, ad proximam B. Mariæ Assumptionis fes-
» tivitatem, quo tempore Adhemarus, episcopus Ani-
» ciensis, vicarius pontificis in illa expeditione institutus,
» iter cum aliis crucesignatis aggressurus esset ». (D.
Ruinart, *Vita Urbani* II, c. 240, d. ses *Œuvres posthumes*, III, p. 240, et d. Migne, *Patr. lat.*, CLI, 193; cf. 218).

3 Excepté toutefois la seconde à Darras, XXIII, p. 295.

dont s'était servi D. Ruinart avait évidemment échappé aux éditeurs de ses œuvres posthumes, qui se fussent sans cela empressés de la comprendre dans les preuves de la *Vita Urbani II*.

Elle manquait aussi bien aux papiers de D. Ruinart conservés dans les dépôts publics, qu'à ceux que garde la famille de ce religieux; et son arrière-neveu, le comte Adrien de Brimont, ne lui avait point donné place dans son étude sur Urbain II.

M. A. de Barthélemy a eu cependant l'heureuse chance d'en rencontrer un exemplaire, dans les papiers de Dom Coustant, conservés à la Bibliothèque nationale de Paris: cet exemplaire portait en tête: « *Ex codice ms. ecclesiæ Atrebatensis* ». Or la bibliothèque d'Arras possède deux copies très-belles, bien que relativement modernes, du célèbre *Liber Lamberti Atrebatensis*, publié en grande partie par Baluze [4], mais dont l'original paraît perdu: ces copies contenaient toutes les deux le texte de la lettre, avec de simples variantes de copiste [5]. C'est sur ces trois manuscrits que j'ai établi l'édition que j'en donne ici à l'appendice.

La lettre d'Urbain II nous apprend avec certitude deux faits importants: le premier est que le pape se considérait comme le chef de la croisade, et en délégua le commandement à Adhémar de Monteil: ainsi tombent toutes les hypothèses qui nous le montraient envoyant de cour en cour offrir ce commandement au roi d'Angleterre, au roi de Hongrie [6], etc..

Le second fait est qu'il y eut une date officielle fixée pour le départ général, que cette date était le 15 août 1096 [7], et que tous les chefs de bande, partis auparavant, ont contrevenu aux ordres du S. Siège et couru au-devant des désastres qui les attendaient.

Je dois dire cependant que la pièce, retrouvée aujourd'hui, si elle est bien celle qu'avait vue Dom Ruinart, n'est peut être pas encore la bulle officielle de la proclamation de la croisade. Elle est en effet très-courte, ne présente pas le préambule long et solennel qui caractérise les documents de ce genre, et a plutôt l'air d'une circulaire, envoyée pour informer les intéressés des circonstances essentielles du départ de l'expédition.

En outre, si elle contient en substance le seul des canons du concile de Clermont, relatifs à la croisade, que les listes de Lambert

---

4 Baluzius, *Miscellanea*, V, 237-377.

5 Je dois ces variantes à l'obligeance du ch[r] de Linas qui a bien voulu collationner pour moi les deux manuscrits.

6 Dans Michaud, Darras, etc.

7 Les chroniqueurs des croisades ne parlent pas de cette date de départ en commun; Foucher (l. I, c. 6, p. 327) dit que le départ eut lieu de mars en octobre « *prout opportunitas sumptuum occurrit* ». Cf. Guillaume de Tyr (l. VI, c. 17. [*H. occ. des cr.*, I, pp. 46-47]. MM. de Sybel (p. 229), et Hagenmeyer, (*Ekkeh.*, p. 134), acceptent le témoignage unique de la *Chronique de S. Pierre du Puy* (D. Vaissète, *H. de Lang.* II, Pr. p. 9), d'après lequel le rendez-vous général aurait été fixé à Constantinople. Ces deux assertions ne s'excluent pas: Urbain II a pu fixer au 15 août le départ des croisés de chaque pays d'origine, et à Noël, par exemple, le rendez-vous de tous les corps d'armée devant C. P.

d'Arras nous aient conservé [8], - celui qui accorde aux croisés des privilèges religieux - elle passe sous silence d'autres constitutions relatives à ces mêmes croisés, établies soit par le concile lui-même, soit par le pape, agissant en vertu des décisions de cette assemblée, et que nous connaissons par des documents contemporains d'une autorité incontestable. Je veux parler d'abord de celle qui prononçait l'excommunication contre les déserteurs de la croisade [9]; d'un canon relatif aux églises à rétablir dans les futures conquêtes [10]; puis de la définition en vertu de laquelle les croisés, à leur retour, devaient être remis en paisible possession de leurs biens [11]; enfin et surtout de la mise de ces mêmes biens, en l'absence de leurs possesseurs, sous la protection générale de l'Église et la tutelle particulière des évêques de chaque diocèse [12].

Or c'est précisément la publication de cette garantie solennelle qui aurait fait l'objet de la lettre dont parle Guillaume Aubert [13]; il a donc peut-être eu connaissance de la véritable et solennelle encyclique, qui resterait, en ce cas, à retrouver.

---

8 « Quicumque, pro sola devotione, non pro honoris vel pecuniæ adeptione, ad liberandam ecclesiam Dei Jerusalem profectus fuerit, iter illud pro omni pœnitentia reputetur » (*Decreta conc. Clarom.*, can. II [Migne, *Patr. lat.*, CLXII, 717]; cf. plus haut, p. 23, n. 4). — « Sciatis autem eis omnibus qui illuc, non terreni commodi cupiditate, sed pro sola anime sue salute et ecclesie liberatione, profecti fuerint penitentiam totam peccatorum, de quibus veram et perfectam confessionem fecerint, per omnipotentis Dei misericordiam et ecclesie catholice preces, tam nostra quam omnium pene archiepiscoporum et episcoporum, qui in Galliis sunt, auctoritate, dimittimus, quoniam vel et personas suas pro Dei et proximi charitate exposuerunt » (Urb. II, *Epist. ad Bonon.*, 19 sept. 1096 [Migne, *Patrol. lat.*, CLI, 483]). Urbain II ajoute : « Neque clericis vere, neque monachis, sine episcoporum vel abbatum licentia, illuc eundi concedimus facultatem. Porro episcopis cura sit ne parochianos suos sine clericorum consilio et provisione dimittant. Iuvenibus etiam coniugatis providendum est, ne temere tantum iter sine conniventia uxorum suarum aggrediantur ».

9 « Urbanus generali sanxerat auctoritate..., ut universi qui crucem acceperant, nec iter in Irlm pro defectione voluntatis peregerant, in nomine Domini reciprocum callem inirent, aut anathemate percussi extra Ecclesiam pœnas luerent ». (Ord. Vit. l. X, c. 11, éd. Le Prév. IV, 68; Guib. de Nov. l. II, c. 5, [*H. occ. des cr.*, IV, 140]; cf. Paschalis II *Epist.* [1099, déc., *R. des hist. de la Fr.*, XV, 2c, plus loin n° CXLVI]).

10 « S. memoriæ vener. Urbanus papa, quando concilium populosissimæ congregationis in Monte Claro celebravit, viamque Jerosolymitanam suscitavit, decrevisse memoratur ac scitur, quod quicumque principes, provincias vel civitates super gentes conquirerent eliminatis gentium ritibus, eorum principa-

tibus ecclesie restitute fuerint ». (*Decret. concilii Benev.* 1102 [*Cartul. du S. Sépulcre*, n° 9, éd. Rozière, p. 8]).

11 « Fratribus qui post perpetratam victoriam revertuntur, jubemus sua omnia restitui, sicut a beat. mem. Urbano, predecessore nostro, reminiscimini synodali definitione sancitum ». (*Epist. Pasch.* II, l. c.). Les débiteurs, suivant Guillaume de Tyr, (l. I. c. 16 [*H. occ. des cr.* I, 45]), auraient même abusé de ce privilège contre leurs créanciers hypothécaires.

12 « Tunc et expeditio facta, constitutio equitum et peditum ad Hierusalem et alias Asiæ ecclesias a Sarracenorum potestate eruendas, et in eorum bonis usque ad reditum, pax continuata et promulgata ». (*Concil. Clarom.*, e *Notitia* ms. Aniciensi [P. de Marca, *De conciliat. sacerd. et imperij*, P., 1669, in-f°, II, 286]; ex ms. Cencii Camerarii, c. 8, (Mansi, *Conc.*, XX, 902); cf. *Hist. b. sacri*, præf. (*H. occ. des cr.* III, 170), Guib. de Nov., l. c.. — « Item, placuit omnia bona eorum, qui Hierosolymas pergunt, semper et ubique esse salva, in pace et treuga quousque redierint ». (Baronius, ad ann. 1095, n° 50, éd. Mansi, XVIII, 31). Je n'ai pu trouver où Baronius a pris ce canon, qui a été répété depuis par tous les historiens. Mais le sermon d'Urbain II, dans Guillaume de Tyr (l. I, c. 15, p. 44), est encore plus explicite. En 1106, l'interprétation de cette constitution donna lieu, à Chartres, à un procès en règle, dont l'histoire nous a été conservée par Ives de Chartres (Ivonis Carn. *Epist.* 168, 169, 173 [Migne, *Patr. lat.* CLXII, c. 170-173, 176-177]). En 1123, elle fut renouvelée au concile de Latran, (*Canon* XI [Labbe, *Concilia*, X, 897]), et ensuite à l'origine de toutes les croisades subséquentes. Voir P. de Marca, *Diss. de conc. Claromontano*, d. Mansi *Conc.*, XX, c. 829-901.

13 Plus haut, p. 113, n. 1.

J'ajouterai que cette encyclique, était peut-être antérieure de quelques semaines à notre pièce, et a pu être envoyée aux princes latins en même temps que les lettres synodales mentionnées plus haut [14].

Quant à notre lettre, dans les copies d'Arras et de Paris, elle n'est point datée [15]: c'est Dom Ruinart qui en fixe la rédaction au temps du séjour du pape à Angers (6-12 février 1096). Avait-il sous les yeux une copie de l'original lui-même – copie différente de celle du *Liber Lamberti*: je serais porté à le croire. Car à notre intitulé « *Universis fidelibus tam principibus quam subditis in Flandria commorantibus* » il substitue: « *Ad principes et cæteros Flandriæ fideles* »; j'ai donc respecté la date (approximative d'ailleurs) donnée par le savant bénédictin.

Il est probable que, selon l'usage de la chancellerie pontificale, des lettres *in eumdem modum* furent adressées à tous les princes de l'obédience d'Urbain II.

L.

1096 (16-22 mars).

[*Concile de Tours*].

Depuis le concile de Clermont et pendant tout le cours de son voyage en France, Urbain II ne cessa pas de prêcher la croisade. A Tours furent convoqués un grand nombre de prélats de la France occidentale [1]; et là, comme à Limoges et plus tard à Nîmes, les affaires d'Orient furent soumises à l'assemblée [2]. Mais aucune lettre relative, soit à la convocation, soit à cette partie des délibérations du synode, ne nous est parvenue.

---

14 Plus haut p. 109.

15 A moins que l'on ne considère comme une date le fait qu'elle se trouve inscrite immédiatement après les canons du concile de Clermont dans un chapitre du *Liber Lamberti* (Cod. Atreb.), dont la rubrique porte: « *Anno Dei Christi MXCIII, mense decembris, decreta domni Urbani papæ in Claramontensi concilio data. Codex Lamberti, MXCV* » ce qui donnerait la date de décembre 1095, (1094 par une erreur de copiste); mais je crois que cette date doit seulement s'appliquer aux décrets du concile partis en décembre 1095. L'original du *Liber Lamberti* ne devait pas donner d'autres renseignements; car le ms. 140 d'Arras est une copie magnifique, exécutée sur vélin avec le plus grand soin.

1 « *In tercia ebdomada quadragesime d. papa sinodum celebravit cum diversarum episcopis provinciarum in civitate Turonensi, ubi iterum preteritorum statuta conciliorum generalis sinodi assensione roboravit* ». (Bernoldus, d. Pertz, *Mon. Germ., SS.*, V, p. 464). — « *Urbanus papa in sequenti quadragesima Turonis aliud concilium tenuit, et ea, unde apud Claramontem tractaverat, confirmavit* ».

(Ord. Vit., l. IX, c. 4, éd. Le Prév., III, p. 476); cf. Petrus Cas., *Chron.*, l. IV, c. 18 (Pertz, *Mon. G. SS.*, VII, p. 770), et D. Ruinart, *Vita Urb. II*, c. 252-253 (Migne, *Patr. lat.*, CLI, 199-202).

2 « *Ubicunque fuit (Urbanus II), præcipit cruces facere hominibus et pergere Jerusalem, et liberare eam a Turcis et aliis gentibus* ». (*Chron. Malleacense* [Labbe, *Bibl. nova mss.*, II, p. 213]). — « *Negotium Terræ Sanctæ, sicut prius in concilio Turonis exposuerat... denunciavit* ». (Joh. Bromptom, d. Twysden, *RR. Angl. SS.*, I, 992). Seulement Bromptom place par erreur le concile de Tours avant celui de Clermont. — « *Urbanus papa, celebrato concilio secundo Turonis pene totum Occidentem provocat in subsidium T. S.* ». (*Chron. Scoticæ* — 1480, éd. Turnbull, Edimb. 1842, 4°, p. 64). — Un auteur du XVᵉ siècle, Pierre d'Esrey (*Généal. et gestes de God. de B.* [P., 1523, in-f.], f. giij *a*), dit d'une façon plus précise : « Puis après le dit pape célébra ung autre concille en la ville et cité de Tours.... En ce concille furent pareillement evocquez plusieurs grans princes et barons, avecques la plus part du peuple des parties occidentales, pour recouvrer la saincte

LI.

* 1096 (mai?)   Constantinople?

Alexis I Comnène à Urbain II: lui promet d'aider les princes croisés dans tous leurs besoins.

[Mentionnée par Accolti, l. I [1] et Guillaume Aubert, l. 1, c. 10 [2].]

J'ai parlé plus haut d'une lettre adressée par Urbain II et les princes croisés à Alexis pour lui notifier la future croisade [3], lettre différente d'une autre du même au même, fabriquée à la fin du XVIe siècle et dont il sera question tout-à-l'heure [4]. J'ai dit qu'Accolti et Aubert paraissaient avoir connu l'existence de cette pièce.

Ils parlent un peu plus loin de la réponse qu'Alexis aurait faite à la notification du pape : « l'empereur promettait d'aider les princes » de toutes les choses nécessaires à leurs armées ». Ce sont précisément les termes dont le même Alexis se sert à l'endroit des croisés, dans une lettre qu'il écrivit à Oderisio, abbé du Mont Cassin [5] et que nous aurons bientôt à étudier [6].

Il n'y a donc pas lieu de rejeter à la légère le double témoignage d'Accolti et d'Aubert : ce qu'il est impossible de dire, c'est s'ils ont vu le texte même de la lettre impériale, ou trouvé une simple mention de cette lettre dans quelque chronique aujourd'hui perdue.

Ayant supposé que la lettre des croisés à l'empereur avait été écrite en janvier 1096, je placerai la réponse quatre mois après, en mai de la même année.

LII.

1096 (vers le 1er juin).   Belgrade?

Coloman, roi de Hongrie, à Gottschalk et à ses compagnons : leur enjoint de déposer les armes.

[Lettre insérée en substance dans Guillaume de Tyr, l. I, c. 28 [1].]

» terre de Jherusalem ». Cf. Le Maire des Belges, *Schismes et conciles* (P., 1512, in-4°), f. dij *a*, et Seb. Brandt, *De orig. et convers. bonorum regum*, (Bas., 1495, in-4°), f. kj, *b*.
1 « Qui [Alexius] benigne *respondens* vires suas et » copiam rerum omnium est pollicitus ». (Bened. Accoltus, *De bello a christianis contra barbaros gesto*, Venet., 1532, in-4°, f. 7).
2 » Le pape Urbain.... receut unes LETTRES de luy » (Alexis) par lesquelles il lui promettoit d'ayder » les autres princes chrestiens de toutes choses neces- » saires à leurs armées ». (G. Aubert, *L'histoire des guerres faites par les chrestiens* [Paris, 1559, in-4°], f. 31 *a*; cf. Yves Duchat, *Hist. de la guerre sainte*, [P., 1620, in-8°], p. 40).

3 Plus haut. p. 112.
4 Plus loin n° LXIV.
5 « Ita dispositum fuit super eos (Latinos) impe- » rium meum, et ita omnibus modis adiuvabit atque » consiliabit eos, et secundum posse suum coopera- » tum est in eis ». (*Epist. Alexij ad Oderisium*, ad calcem *Epist. Alex. a.l. Rob.*, éd. Riant, pp. 44, 45).
6 Plus loin n° C.
1 Elle a été empruntée à Guillaume de Tyr par Roger de Wendower (*Flores historiarum*, II, 71), et à ce dernier par Matthieu Paris (*Chronica majora*, éd. Luard, II, 53, et *Hist. minor*, éd Madden, I, 65).

INC.: « Pervenit ad dominum . . . . . . » — EXPL.; . . . . fugiendi habeatis potestatem ».

ÉDITIONS: A. Wilh. Tyrius, éd. Herold, p. 26; — B. éd. Poyssenot, pp. 22-23; — C. éd. Bongars, p. 648; — D. éd. Migne, *Patr. lat.*, CCI, c. 247; — E. *Hist. occ. des cr.*, I, 64-65.

VERSIONS [2] ANCIENNES: I. *Française: Eracles*, l. 1, c. 28 (*Hist. occ. des cr.*, I, 65); éd. P. Paris, 1, p. 49-50. — II. *Latine*, par Fr. Pippinus, d'après le Pseudo-Bernard-le-Trésorier, c. 7, (Muratori, *SS. RR. Ital.*, VII, 672-673). — III. *Anglaise*, par W. Caxton, *Godfrey of Boloyne* (Westminst., 1481, in-fº), c. 22, f. 31.

VERSIONS MODERNES. I. *Françaises*: *a*) Du Préau (Paris, 1573, in-fº), p. 32; — *b*) Guizot, *Mémoires*, XVI, pp. 71-72; — *c*) Peyré, I, 126; — *d*) Darras, III, 360. — II. *Italienne*, par Horologi et Baglioni, (Venezia, 1562-1610, in-4º), p. 41. — III. *Allemande*, par E. et R. Kausler (Stuttgart, 1840), p. 31].

Albert d'Aix et Guillaume de Tyr ont inséré dans leurs écrits un certain nombre de morceaux littéraires revêtus de la forme épistolaire. Le cas se présente surtout lorsque les croisés envoient ou reçoivent une ambassade quelconque. Il n'est pas douteux que les rapports des croisés entre eux, ou avec les gouvernements amis ou ennemis auxquels ils eurent à faire, ont dû donner naissance à des pièces de ce genre : il n'est point absurde non plus de supposer qu'un certain nombre de ces pièces ait pu être conservé, soit en original, soit en copie, au trésor des chartes des princes intéressés, et en particulier dans celui des successeurs de Godefroi de Bouillon [3].

Cependant il est probable que, ni Albert d'Aix, ni Guillaume de Tyr, ne nous ont jamais transmis le texte authentique, mais seulement la substance de ces documents. Cette dernière hypothèse se change en certitude, lorsque — et c'est le cas ici [4] — le plus ancien des deux chroniqueurs présente sous la forme oratoire le document que le plus récent nous offre sous la forme épistolaire: il a pu y avoir ambassade et message oral; il n'y a point eu d'instrument écrit [5].

Je ne pense donc pas qu'il y ait lieu d'attacher une importance exagérée à ce genre de textes; je me contenterai désormais de les signaler, sauf dans quelques cas particuliers qui m'auront paru dignes d'une attention plus grande.

---

[2] Pour les autres versions anciennes de Guill. de Tyr, restées manuscrites, voir Monachus (ed. Lugd., 1866, præf. pp. iv-v).

[3] A l'appui de cette hypothèse je ferai remarquer que, pour la première croisade, le livre II de Guillaume de Tyr offre presque seul des lettres insérées plus ou moins intégralement, les autres (I et III-X), n'en donnant en tout que deux; ce qui n'aurait pas eu lieu, si Guillaume, au lieu de remanier des documents placés sous ses yeux, avait fabriqué ces lettres de toutes pièces: car, en ce cas, il n'eût pas limité à un seul livre cet artifice de rédaction.

[4] Voir Albert d'Aix (l. I, 24, [*Hist. occ. des cr.*, IV, 290-291]), que Guillaume de Tyr a copié servilement. Sur Gottschalk, en dehors de ce double témoignage, on n'a que celui d'Ekkehard (éd. Hagenmeyer, p. 124).

[5] L'ambassade d'Alexis à Pierre l'Hermite en juin 1096, (W. Tyr, I, 22, p. 56; Alb. Aq. I, 13, p. 282), est évidemment dans le même cas; seulement là Guillaume de Tyr a conservé la forme oratoire d'Albert d'Aix.

LIII.

1096 (6-14 juillet).

[*Concile de Nîmes*].

Si nous n'avons aucune preuve bien formelle que, dans le concile de Tours (16-22 mars), Urbain II n'ait point passé sous silence les affaires de la croisade [1], il n'en est pas de même du concile de Nîmes. En effet, en dehors du témoignage déjà cité de la *Chronique de Maillezais* [2], un auteur contemporain nous affirme que dans cette dernière assemblée, d'abord convoquée par le pape à Arles pour le 6 juillet [3], mais qui se tint en réalité à Nîmes du 6 au 14 juillet [4], Urbain II renouvela ses exhortations en faveur des Lieux Saints [5], et réitéra les ordres qu'il avait envoyés pour la prédication de la croisade [6].

Aucune pièce écrite ne nous est d'ailleurs parvenue relativement à cette nouvelle intervention du pape. Il est probable cependant que c'est à cette époque qu'a dû être envoyée par Urbain la lettre suivante.

LIV.

1096 (6-14 juillet ?)　　　　　　　　　　　　　　　　　　　Nîmes.

Urbain II aux Génois: leur demande d'aller au secours de la Terre Sainte.

[Mentionnée par Jacques de Varazze [1]].

Le témoignage de Caffaro [2] sur l'envoi à Gênes de Hugues de Châteauneuf, évêque de Grenoble, et de Guillaume, évêque d'Orange, comme légats chargés d'y prêcher la croisade, rend très-vraisemblable

---

1 Voir plus haut, n° L, p. 116.
2 Voir *Ibid.*, n. 2.
3 *Epist. Urbani II* ad Richerium, arch. Senon. (mars 1096), (Jaffé, n° 4218).
4 Bernoldus (d. Pertz, *Mon. Germ. SS.*, V. 464); *Chron. Mallenc. l. c.*; Mansi, *Conc.*, XX, 933; Dom Ruinart, *Vita Urb. II*, c. 270, pp. 210-215; Dom Vaissète, *Hist. de Lang.*, l. XV, c. 58, éd. Du Mège, III, 287-288.
5 « Insequenti quoque anno apud Nemausum aliud » congregavit in mense julio concilium;.... in duobus » supramemoratis conciliis verbum de hujusmodi » (Terræ Sanctæ liberandæ) negotiis ad populum » facit ». (*Anon. hist. Fr. fragm.* - 1107, d. Du Chesne, *SS. RR. Gall.*, IV, 90).

6 « Iubet etiam omnibus episcopis ut unusquisque » in sua diœcesi hæc prædicet;... Episcopi, quæ jussa » fuerant, complent » (Id, *Ibid.*).
1 « Inde autem ad Januenses SCRIPSIT & legatum » Januam destinavit, rogans eos, tamquam filios Ec-» clesiæ & devotos, ut Terræ Sanctæ subvenirent «. (Jacob. de Voragine, *Chron.* p. XI, c. 17, [Murat., *SS. RR, Ital.*, IX, 31]).
2 « Ante enim quam prædicti principes de partibus » illis, in quibus crucem et apostolicam benedictionem » susceperant, recessissent, Apostolicus duos episcopos, » scilicet Gratianopolitanum et Aurisiacensem, prece » eorum, Januam misit. Episcopi namque Januam » sine mora venerunt.... Ibique apostolicam lega-» tionem de servitio Dei et Sancti Sepulcri.... nar-

l'assertion de Jacques de Varazze. L'expédition, ne fût-ce que pour entretenir avec l'Occident des communications plus rapides, et pour assurer ses approvisionnements en Syrie, avait besoin de contingents maritimes. Il est donc naturel qu'Urbain II ait fait appel aux villes commerçantes de l'Italie, et assez probable que si, comme le dit Jacques de Varazze 3, la plupart refusèrent tout d'abord, pour ne se décider que plus tard, comme Pise et Venise, les Génois du moins figurèrent à la croisade dès l'origine.

La teneur de cette lettre devait être différente de celle de l'encyclique : car il s'agissait là d'une participation toute spéciale.

Cette pièce paraît perdue depuis le Moyen-Age; j'ai supposé qu'elle avait été envoyée pendant ou aussitôt après le concile de Nîmes.

LV.

1096 (avril - août).

Correspondance entre les différents princes croisés avant leur départ pour la Terre Sainte.

[Mentionnée par Guillaume de Tyr, l. I, c. 17 1].

Bien qu'il ne nous soit parvenu de cette correspondance aucune pièce originale, et qu'elle ne nous soit signalée par aucun témoignage contemporain, cependant il est probable que les divers itinéraires suivis par les chefs de la croisade, qui, pour ne point épuiser les pays qu'ils auraient eu à traverser en commun, se partagèrent les différentes voies qui menaient à Constantinople, nécessitèrent une entente préalable qui ne put se faire que par écrit. On doit donc admettre l'assertion de Guillaume de Tyr.

LVI.

1096 (vers août).   ?

Hugues-le-Maîné à Alexis Comnène: lui annonce en termes insolents son arrivée à Constantinople.

[Insérée en substance dans l'*Alexiade* d'Anne Comnène, l. X, c. 7].

INC.: « Ὦ βασιλεῦ ! . . . . . υ; — EXPL.: « . . . . τῆς ἐμῆς εὐγενείας ».

» raverunt; ita quidem ut ad deliberandam viam Se-
» pulcri Domini cum galeis ad orientales partes irent
» et in societate predictorum principum viriliter sta-
» rent et pugnarent ». (Caffarus, *De liber. civit. Or.*,
éd. de Gênes, pp. 23-24).

3 Jacob. de V., *l. c.*

1 « Transcursa hyeme... .. mutuis se, qui erant pro-

» fecturi, invitant legationibus, diligenter praeordi-
» nantes quando oporteat eos iter arripere, ubi con-
» venire et qua via tutius commodiusque possint ince-
» dere.... *Dirigebantur frequentes* EPISTOLÆ, quibus qui
» simul profecturi erant, se mutuo exhortabantur ».
(Wilh. Tyr., l. I, c. 17, [*Hist. occ. des cr.*, I, 46-47]).

ÉDITIONS: A. Anna Comnena, *Alexias*, éd. de Paris, p. 288; — B. éd. de Venise, p. 228; — C. Migne, *Patrol. græca*, t. CXXXI, c. 798; — D. *Hist. grecs des cr.*, I, II, p. 10; — E. Anna Comnena, éd. de Bonn, II, p. 37.

VERSION *latine isolée*: Wilken, *Comneni*, p. 309.

VERSIONS *françaises*: a) Cousin, *Hist. de Constantinople*, IV, 294; — b) Mailly, III, 306; — c) *Bibl. des cr.*, III, 390; — d) Prat, *Pierre l'Hermite*, 130; — e) Vétault, *Godefroy de Bouillon*, 103; — f) Darras, XXIII, 381.

VERSION *allemande*: a) Mailly, *Gesch. der Kr.*, II, 202; — b) Schiller, *Hist. Memoiren*, I, 234; — c) Ersch et Gruber, *Allg. Encyclop.*, II s., XI, 442.

VERSION *hollandaise*: Van Campen, *Gesch. d. Kruistogten*, I, 100.

RÉCENSIONS: 1) Mailly, III, 306-307; — 2) Raumer, *Gesch. der Hohenstaufen*, 1ʳᵉ éd., I, 65; — 3) Oster, *Anna Comnena*, II, 19.

Ici il n'y a point lieu d'exprimer les doutes que peuvent inspirer Guillaume de Tyr et Albert d'Aix. La fille d'Alexis Comnène devait avoir sous les yeux, en écrivant son récit, l'original de la lettre de Hugues [1]. Il est regrettable qu'elle se soit contentée de la résumer en trois lignes. On peut se demander si le prince français y faisait preuve d'autant d'insolence que le veut Anne Comnène: je pense qu'il a suffi de l'omission des formules auxquelles étaient habitués les empereurs, pour provoquer la mauvaise humeur de la princesse. Quelqu'orgueilleux que fût Hugues (et ce côté de son caractère ne ressort point de ce que d'autre part nous savons de lui), on a peine à croire qu'il se soit traité lui-même de Βασιλεὺς τῶν βασιλέων; peut-être se qualifiait-il simplement de: « *Hugo, filius et frater regum Franciæ* », formule qui n'aura pas été comprise à Byzance [2]. Anne place cette lettre un peu avant le départ de Hugues pour la croisade, par conséquent en août 1096.

LVII.

1096 (19 septembre). Pavie.

Urbain II aux habitants de Bologne: les félicite de ce qu'ils ont pris la croix, et leur rappelle l'indulgence plénière accordée aux croisés; les clercs ne doivent point partir sans l'autorisation de leurs supérieurs ecclésiastiques, ni les maris sans le consentement de leurs femmes.

[INC.: « Bonitati vestræ . . . . . »; — EXPL.: « . . . . . perducat intuitum ».

MANUSCRIT: 1. Rome, *Arch. du Vatican*; — 2. Bologne, *Bibl. de l'Univ.*, n° 317, *Mon. Eccl. Bonon.* (Recueil de copies faites au Vatican par ordre de Benoît XIV), t. XXVII, n° 16.

ÉDITIONS: A: L. Savioli, *Annali Bolognesi* (Bassano, 1784, 2 v. in-4°) I, II, 137 [cod. 2]; — B. Migne, *Patrol. latina*, CLI, 483 [éd. A] — (Jaffé, n° 4245)].

[1] Je dois dire que l'école allemande regarde cette lettre comme une invention d'Anne Comnène (cf. Raumer, *l. c.*) ou du moins comme ayant été falsifiée par la princesse (Oster, *l. c.*).

[2] L'explication que donne Du Cange, (*Notæ ad Alex.*, éd. de P., p. 352., éd. de B., II, p. 598) ne me paraît pas admissible.

Cette lettre, dans laquelle Urbain II recommande aux Bolonais qui lui étaient restés fidèles, Bernard, leur nouvel évêque, est restée inconnue à tous les historiens des croisades. Elle n'est point cependant sans importance; car elle contient comme un commentaire des décrets du concile de Clermont, relatifs à l'expédition, et des indulgences qui étaient attachées à celle-ci, et donne des instructions détaillées sur les règles à suivre pour l'accomplissement des vœux de croisade.

LVIII.

1096 (vers le 15 octobre)   Tollenburg (Altenburg)

Godefroi de Bouillon à Coloman, roi de Hongrie : lui demande compte de sa conduite à l'endroit des premiers croisés.

[Lettre insérée en substance dans Albert d'Aix, l. II, c. 2, et dans Pierre a Thymo).

INC.: « Mirantur domini . . . . . . » ; — EXPL.: « . . . . . commissum sit ».

ÉDITIONS: A. Albertus Aquensis, éd. Reineccius, p. 21 ; — B. éd. Bongars, p. 198 ; — C. éd. Migne, *Patr. lat.* CLXVI, c. 411 ; — D. *Hist. occ. des cr.*, IV, p. 300 ; — E. Petrus a Thymo, *Chronicon*, à la suite de Philippe Mouskes, éd. Reiffenberg, II, 706 ; — F. (seule) dans N. Reusnerus, *Epist. Turcicæ*, I, p. 11 ; — G. (seule) dans Katona, *Hist. crit. reg. Hungariæ* (1780, in-8º), III, 45.

VERSIONS *françaises modernes*: *a*) Michaud, *Hist. des cr.*, 1ʳᵉ éd., VI, 64 ; — *b*) Id., *Bibl. des cr.*, 1, 45 ; — *c*) Guizot, *Mémoires*, XX, pp. 47-48 ; — *d*) Roger, *La noblesse de France aux cr.*, p. 131 ; — *e*) Vétault, *Godefroy de Bouillon*, p. 95 ; — *f*) Darras, XXIII, 368].

LIX.

1096 (vers le 15 octobre)   Œdenburg.

Réponse de Coloman à Godefroy de Bouillon : proteste de ses sentiments pacifiques, l'invite à venir le trouver à Cyperon (Œdenburg).

[Insérée en substance dans Albert d'Aix, l. II, c. 3., Pierre a Thymo, et Guillaume de Tyr, l. II, c. 2.

1ʳᵉ rédaction.

INC.: « Audivimus de te . . . . . » ; — EXPL.: « . . . . reos arbitraris ».

ÉDITIONS: A. Albertus Aquensis, éd. Reineccius, p. 22 ; — B. éd. Bongars, p. 198 ; — C. éd. Migne, c. 412 ; — D. *Hist. occ. des cr.*, IV, p. 301 ; — E. Petrus a Thymo, à la suite de Philippe Mouskes, II, 707 ; — F. (seule) dans N. Reusnerus, *Epist. Turcicæ*, I, 11 ; — G. (seule) dans Katona, III, 47.

VERSIONS *françaises modernes*: *a*) Michaud, *Hist. des cr.*, 1ʳᵉ éd., VI, 65 ; — *b*) Id., *Bibl. des cr.*, 1, 45 ; — *c*) Peyré, I, 150 ; — *d*) Guizot, *Mémoires* XX, p. 49 ; — *e*) Roger, p. 131 ; — *f*) Vétault, *Godefroi de Bouillon*, p. 97 ; — *g*) Darras, XXIII, 369.

VERSION *allemande moderne*: Fessler, *Gesch. Ungarns*, II, 99.

2ᵉ rédaction.

INC.: « Audivimus sane . . . . . » ; — EXPL.: « . . . . congruum adhibere consensum ».

ÉDITIONS: A. Wilhelmus Tyrius, éd. Poyssenot, p. 36 ; — B. éd. Herold, p. 29 ; — C. éd. Bongars, p. 652 ; — D. éd. Migne, c. 252 ; — E. *Hist. occ. des cr.*, I, pp. 74-75.

VERSIONS ANCIENNES: I. *Française:* Eracles, l. II, c. 2, p. 74, éd. P. Paris, I, 58-59. — II. *Espagnole: Conquista de Ultramár,* l. I, c. 191 (Madrid, 1844, in-8º), p. 114. — III. *Anglaise:* W. Caxton, c. 31, f. 34. — IV. *Latine:* Fr. Pippinus, c. 13, p. 675.

VERSIONS MODERNES: I. *Françaises; a)* Du Préau, p. 37; — *b)* Guizot, *Mémoires,* XVI, p. 82. — II. *Italienne:* Horologgi, p. 47. — III. *Allemande:* Kausler, p. 36].

La première de ces deux lettres (n.º LVIII) est peut-être très-voisine de la forme originale; Guillaume de Tyr, au lieu de l'insérer sans changements, l'a remplacée par un discours qui n'offre ni le même sens, ni la même portée. La lettre de Godefroy, dans Albert d'Aix, peint bien le ressentiment que devaient lui faire éprouver à ce prince les cruautés toutes récentes des Hongrois à l'égard des bandes de Pierre l'Hermite et de Gottschalk, tandis que le discours de Guillaume de Tyr [1] est plein d'une abnégation toute conventionnelle. La réponse de Coloman, telle qu'Albert d'Aix l'a rédigée, est passée au contraire presque telle quelle dans le texte de Guillaume.

LX.

* 1096 (octobre)   Monte Casino.

Oderisio I de' Marsi, cardinal-diacre du titre de Ste Agathe, abbé du Mont Cassin, à Alexis Comnène; [lui annonce le passage au Mont Cassin de plusieurs des princes (croisés?)].

[Mentionnée *peut-être* dans la réponse d'Alexis, plus loin nº LXXI [1].

LXI-LXII.

1096 (octobre 12)   Constantinople.

Alexis Comnène au duc Jean Comnène, gouverneur de Durazzo et à l'amiral Nicolas Mavrokatakalon: leur enjoint de surveiller le débarquement d'Hugues-le-Maîné.

[Lettres séparées, mentionnées par Anne Comnène, l. X [1], c. 7].

Ces lettres sont mentionnées par Anne Comnène en quelques lignes; expédiées aussitôt après la réception de la lettre de Hugues, elles doivent être placées, un mois environ avant l'arrivée de ce prince à Durazzo.

---

[1] Wilh. Tyr., l. II, c. 3, (*Hist. occ. des cr.*, I, pp. 72-74); v. la *Conq. de Ultramár* (l. I, c. 190, p. 114).

[1] « Que per presentes nuntios vestros misse sunt » LITTERE *vestre,* allate sunt imperio meo, et perlecte » sunt ei, et ea que continebant scripta intellexi ». (*Ep. I Alexij ad Oderisium,* ad calc. *Epist. Alexij ad Robertum,* éd. Riant, p. 41).

[1] « Ὁ αὐτοκράτωρ εὐθὺς γράμματα πρὸς ἀμφοτέρους ἐκπέμπει ». (Ann. Comn. l. X, c. 7, éd. de Paris, p. 288, éd. de Bonn, II, p. 37, *H. gr. des cr*, I, II, p. 10).

LXIII.

1096 (vers le 15 novembre)   Constantinople.

Alexis Comnène à Godefroy de Bouillon: le prie d'empêcher le pillage du pays traversé par les croisés; lui promet de pourvoir à leurs besoins.

[Insérée en substance dans Albert d'Aix, l. II, c. 7, et dans Pierre a Thymo.

INC.: « Alexius, imperator Constantinopolitanus . . . . Rogo te, dux christianorum . . . . »; — EXPL.: » . . . . . vendendo tui reperiant ».

ÉDITIONS: A. Albertus Aquensis, éd. Reineccius, p. 23; — B. éd. Bongars, p. 200; — C. éd. Migne, p. 414; — D. *Hist. occ. des cr.*, IV, p. 304; — E. Petrus a Thymo, II, 708; — F. (seule) dans Reusnerus, *Epist. Turc.*, II, 11.

VERSIONS *françaises: a)* Guizot, *Mémoires*, XX, p. 54; — *b)* Michaud, *Bibl. des cr.*, I, 47; — *c)* Peyré, I, 155].

Godefroy, suivant Albert d'Aix, aurait envoyé, au reçu de cette lettre de l'empereur, réclamer la mise en liberté d'Hugues-le-Mainé. Réponse négative d'Alexis. Colère de Godefroy qui ordonne le pillage du pays traversé. Nouvelle ambassade d'Alexis qui cède aux exigences de Godefroy.

Il y eut donc là au moins un message des croisés et trois de l'empereur.

Albert d'Aix ne nous a laissé le texte que du premier de ceux-ci et s'est contenté de mentionner les deux autres [1].

Guillaume de Tyr [2] passe brièvement sur cette affaire, ne parle point de la première ambassade impériale et mentionne à peine les deux dernières.

LXIV.

**   1096 (25 décembre?)   Rome.

Urbain II à Alexis Comnène: l'informe du départ des croisés, énumère leurs forces, demande pour eux des approvisionnements et des secours.

[Lettre *fabriquée* au XVIe siècle par Jeronimo Donzellini, médecin véronais.

INC.: « Urbanus . . . . Cum statutum fuisset . . . . »; — EXPL.: « . . . . jucundissimum fore · Vale. Romæ ».

ÉDITIONS: A. *Epistolæ principum* (Venet., Jordan. Ziletti, 1574, in-12º), pp. 118-119; — B. *Epistolæ regum et principum* (Argent., Laz. Zetznerus [Basil., typ. Jac. Foilleti], 1593, in-12º, p. 114); — C. N. Reusnerus, *Epistolæ Turcicæ*, (Ff., 1598, in-4º), I, pp. 9-10; — D. Baronius, *Annales* ad ann. 1097, nº 142, 1e éd., XI, 663; — E. Idem, éd. Mansi, XVIII, p. 80; — F. Labbe, *Concilia*, X, 438; — G. Mansi, *Concilia*, XX, 660; — H. Justel, *Hist. générale de la maison d'Auvergne*, pr., p. 63 (fragm.); — I. *Principum et ill. virorum*

---

1 Alb. Aq., l. II, c. 8 et 9 (*Hist. occ. des cr.*, IV, p. 305).   2 Wilh. Tyr, l. II, c. 5 (*Ibid.*, I, pp. 79-80); cf. Sybel, pp. 317-318.

epistolæ (Amst., Lud. Elzev., 1644, in-12º), p. 141; — J. Laur. Cozza a S. Laurentio, *Hist. polemica de Græcorum schismate* (Romæ, 1719, in-f.), II, 225; — K. *Recueil des hist. de la France*, XIV, 724; — L. Migne, *Patrol. lat.*, CLI, 485; — M. Fejer, *Cod. Hungariæ diplom.*, II, 20; — N. Watterich, *Pontif. Roman. vitæ*, I, 605-606; — (Jaffé, 4248).

VERSIONS *françaises*: *a*) Prat, *Pierre l'Hermite* (P., 1840, in-8º), pp. 84-85; — *b*) Peyré, II, 470-471; — *c*) Darras, XXIII, 300-301].

Baronius et ses éditeurs successifs, les compilateurs des *Concilia*, Du Cange [1], Dom Ruinart [2] dans sa *Vita Urbani II*, les auteurs de l'*Histoire littéraire de la France* [3], et après eux tous les historiens des croisades y compris Wilken [4], et ceux qui se sont occupés spécialement de la première des guerres saintes, même les plus récents et les plus sérieux, MM. de Sybel [5], Hagenmeyer [6] et Röhricht [7], ont considéré cette lettre comme légitime.

Il ne semble, au contraire, que ce n'est qu'une grossière supercherie. Aucune copie ancienne, bien entendu, n'en subsiste: elle ne porte aucun des caractères extérieurs que l'on retrouve dans les autres lettres d'Urbain II: l'intitulé est insolite, la formule finale: « *Vale Romæ* », inacceptable: la langue n'est point celle du XIᵉ siècle.

Nous n'avons, il est vrai, le texte d'aucune des lettres qu'Urbain II a dû écrire à Alexis Comnène; mais il nous en reste une adressée à ce prince par le successeur d'Urbain en août 1115 [8]: il suffit de la comparer à la soi-disant lettre du 25 décembre 1096, pour être convaincu de la fausseté de celle-ci.

Si la forme de cette dernière est naïvement contrefaite, le fonds ne supporte pas la critique: c'est à la fois une énumération des forces des croisés, un éloge de Bohémond, et enfin une demande de secours pour l'armée chrétienne. L'énumération est mal faite; Hugues-le-Maîné, qui était *vexillifer* de la S.ᵗᵉ Église [9], n'y figure qu'au sixième rang: aucun des chiffres des contingents ne concorde avec ceux que donnent les témoins oculaires; et les corps d'armée n'y sont pas appelés dans leur ordre véritable, parfaitement connu, et du pape qui avait assisté au départ de plusieurs d'entre eux, et de l'empereur, chez qui ils arrivaient successivement, et qui n'avait, bien entendu, nul besoin qu'on le renseignât à leur endroit.

---

[1] *Notæ ad Alex.*, éd. de P., p. 301, éd. de B., II, 614.

[2] D. Ruinart, *Vita Urbani II*, c. 227, 293 (Migne, *Patr. lat.*, CLI, 184, 227); Jaffé (nº 4248) l'a placée au 25 déc., parce qu'elle est datée de Rome, où suivant Bernold (Pertz, *Mon. G. SS.*, V, p. 465] le pape arriva pour passer les fêtes de Noël.

[3] *H. litt. de la Fr.*, VIII, 540; Fleury, *Hist. ecclés.*, XIII, 644; cf. Bréquigny, *Table des dipl.* II, 303; Raumer, *Gesch. des Hohenst.*, I, 37; J. Robertson, *Hist. of the chr. Church*, IV, 396; Damberger, *Synchron. Gesch.*, VII, 248; Floto, *Kaiser Heinr. IV*, II, 371. Je dois dire que le document a paru suspect à Gregorovius, *Gesch. d. St. Rom*, IV, 274.

[4] Wilken, *G. d. Kr.*, I, 77; Mailly (III, 315) reproduit par Heller (I, 225) y a trouvé le prétexte d'une bonne amplification contre Urbain II.

[5] Sybel, *G. d. I Kr.* p. 340; p. 229, il la cite comme provenant du *Reg. Urbani*, nº 16 (?); il la recule en été (p. 8) et à Noël (p. 276).

[6] Ekkehardus, p. 51.

[7] Röhricht, *Beitr. z. Gesch. d. Kr.* (1878), II, pp. 25, 27.

[8] *Epist. Puschalti II ad Alexum*, publiée in extenso dans Jaffé (nº 4782), p. 510.

[9] Anna C., l. X, c. 7 (éd. de P., 288, éd. de Bonn, II, 38, *Hist. gr. des cr.* I, II, p. 10).

S'il y avait un personnage dont Urbain II dût se garder de faire l'éloge en écrivant à Alexis, n'était-ce point Bohémond ? enfin était-ce à celui-là même que l'on considérait en Occident comme ayant demandé le concours militaire de la chrétienté, que le souverain pontife se serait adressé pour protéger et secourir l'armée qui apportait ce concours ?

Baronius, qui a le premier, en 1605, sinon publié, du moins fait connaître ce document apocryphe, pensait [10], il est vrai, qu'il avait subi un certain remaniement: nous serions donc, selon lui, en présence d'une pièce refaite d'après un texte original authentique. Je pense qu'il n'en est rien. Urbain II a peut-être écrit à Alexis comme aux autres princes chrétiens une lettre pour le prévenir du départ des croisés [11]: mais cette lettre était certainement rédigée d'une toute autre façon, et le faussaire ne l'a point eue sous les yeux. Ce faussaire, de plus, écrivait évidemment à une époque éloignée des évènements; car nous avons de fausses lettres [12] d'Urbain II, écrites du vivant de ce pape: or on a pris une bien autre peine pour les fabriquer, et elles ne ressemblent en rien à la nôtre.

Sans d'ailleurs aller plus loin, il n'est point difficile de retrouver le coupable: c'est celui-là même au livre duquel Baronius a emprunté la lettre, un contemporain et un compatriote du grand cardinal, Jeronimo Donzellini [13], obscur médecin véronais, qui publia à Venise, en 1574 [14], un recueil d'exercices épistolaires, où il fait correspondre, en beau langage de l'époque, toutes sortes de personnages historiques de tous les temps et de tous les pays [15].

Il dit bien, dans sa préface, que ces *Epistolæ* ne sont point son œuvre personnelle, mais qu'il les a recueillies dans le cours de ses lectures [16]: je pense qu'il n'en faut rien croire. Comme son livre contient un grand nombre de lettres relatives aux croisades, j'ai cherché

---

10 « Ab eo qui edidit redditæ cultiores » (Baronius, XI, 711).

11 Plus haut n° XLVIII.

12 Jaffé, cccciij et cccciij, *Reg. Pont.*, p. 949; cf. D. Ruinart, c. 237, pp. 190-191.

13 Je n'ai pu trouver que peu de renseignements sur ce Donzellini qui, convaincu de sacrilèges horribles, mourut noyé par autorité de justice: il publia à Venise, en 1577, un *Discorso della peste*, et d'autres œuvres, énumérées dans la *Biogr. universale* (Venez., 1824, in-8°), XVI, pp. 208-209.

14 En 1593, un libraire de Strasbourg, Lazare Zetzner, qui en avait reçu un exemplaire de Sébastien-Théodore Weinsheim, précepteur des comtes Joseph et J. Louis de Durlach, le fit réimprimer à Bâle chez Jacques Foillet, en y ajoutant une dédicace à ces deux comtes et deux tables. En 1644, Louis Elzevier, à qui le suédois Lars Broman (cf. *Biogr. Lexicon öfwer Swenska Män*, III, 1, 95), avait communiqué un exemplaire de la 1re édition, la réimprima dans le format in-16°; on trouvera des notices très détaillées sur ce recueil dans: Clément, *Bibl. curieuse*, VIII, 69-71; J. G. Schelhorn, *Ergötzlichkeiten aus der Kirchenhist. und-Liter.*, (Ulm, 1763, 12°), II, 529-535; Fr.-G. Freytag, *Analecta litter.*, p. 309; Gerdesius, *Florilegium libr. sacr.*, p. 90; *Bibl. Saltheniana* (1751, in-8°), p. 485. Les deux premières éditions, de chacune desquelles je possède un exemplaire, sont d'une insigne rareté.

15 Le recueil de Donzellini est d'un usage d'autant plus dangereux qu'il débute et finit par des lettres du XVe siècle, qui paraissent authentiques; ce n'est pas le seul de ce genre, même pour les croisades; celui de Zachia Laudivio, (*Epistolæ Magni Turci* [Rome, 1473, in-4°]) qui eut un si grand succès au XVe siècle, est fabriqué avec la même effronterie.

16 « Cum ex veteribus scriptoribus, tam græcorum « quam latinorum assidua lectione.... epistolarum vo « lumen collegissem ». (*Epist. princ.*, p. 5).

avec soin s'il n'avait pas, par hasard, dépouillé quelque grande chronique générale antérieure, quelque *Ars dictandi* du Moyen-Age, pour y prendre des morceaux analogues à ceux que nous offrent, par exemple, Albert d'Aix et Guillaume de Tyr, et pour les mettre en latin de la Renaissance: mes investigations ont été vaines, et je demeure convaincu que les lectures de Donzellini (lectures qui n'ont pu lui fournir, d'ailleurs, aucun document épistolaire intégral), se sont bornées à des écrivains très-vulgaires et très-voisins de lui, peut-être Sébastien Brandt et Nauclerus, mais très-certainement Flavio Biondo, auquel il a emprunté la matière d'un autre lettre [17], et Accolti, dont un passage, cité plus haut, lui aura donné l'idée de fabriquer la fausse lettre d'Urbain II [18].

D'ailleurs, malgré le peu de place que, dans ces *Epistolæ*, la phraséologie laisse aux faits proprement dits, ceux-ci sont tellements travestis, qu'on ne peut les rapporter à aucune autre source, qu'à l'imagination d'un rhéteur ignorant du XVIe siècle.

Nous allons trouver plus loin d'autres lettres fausses, provenant du même recueil, et répandues aussi par Baronius: je me contenterai désormais de les analyser rapidement.

LXV.

1096 (fin de décembre)   Castoria.

Bohémond à Godefroi de Bouillon: le met en garde contre la duplicité d'Alexis et lui conseille de venir le rejoindre.

[Insérée dans Guillaume de Tyr, l. II, c, 10].

INC.: « Noveris, virorum optime! . . . . »; — EXPL.: « . . . . . Græcorum principem ministraturus ».

ÉDITIONS: A. Wilh. Tyrius, éd. Herold, pp. 34-35; — B. éd. Poyssenot, p. 43; — C. éd. Bongars, pp. 656-657; — D. éd. Migne, p. 260; — E. *Hist. occ. des cr.*, I, p. 86; — F. (seule), d. Cozza, *Hist. de Gr. schismate*, II, 226; — G. (seule), d. Migne, *Patr. lat.*, CLV, p. 389.

VERSIONS ANCIENNES: I. *Française*: Eracles, l. II, c. 10, p. 86, éd. P. Paris, I, 68. — II. *Espagnole*: *Conq. de Ultramar*, l. I, c. 200, p. 118. — III. *Anglaise*: W. Caxton, c. 38, f. 38.

VERSIONS MODERNES: I. *Françaises*: a) Du Préau, p. 44; — b) Mailly, III, 355; — c) Guizot, *Mémoires*, VVI, p 90; — d) Michaud, *Bibl. des cr.*, II, 562, — e) Peyré, I, 219; — f) H. Martin, *Hist. de France*, III, 117; — g) Vétault, p. 121; — h) Darras, XXIII, 396; — k) Paparrigopoulo, *Hist. de la civil. Hellénique*, p. 340. — II. *Italiennes*: a) Horologgi, p. 55; — b) Guarmani, p. 59. — III. *Allemande*: Kausler, p. 44.

RÉCENSIONS: *Hist. litt. de la France*, VIII, 617; — Michaud, *l. c.*]

(Voir le numéro suivant).

---

[17] Voir plus loin. n° XCII.   [18] Voir plus haut, p. 112, n° 2.

LXVI.

1096 (vers le 31 décembre)   Constantinople.

Réponse de Godefroy de Bouillon à Bohémond: décline ses offres et déclare persister à poursuivre la croisade.

[Insérée dans Guillaume de Tyr, l. c.

INC.: « Novi, dilectissime frater! . . . . . »; — EXPL.: « . . . . expectat exercitus ».

ÉDITIONS, VERSIONS ET RÉCENSIONS de la précédente (excepté Guarmani), et VERSIONS *françaises*, dans: *a*) Lebeau, *Hist. du B. Emp.*, XVIII, 231; — *b*) Mailly, III, 363].

Ces deux lettres me paraissent devoir être rangées, sans la moindre hésitation, au nombre des élucubrations personnelles de Guillaume de Tyr. Le discours qui, dans Albert d'Aix [1] occupe la place de la première est beaucoup plus vraisemblable: Bohémond offre carrément une marche en commun contre Constantinople: la réponse du duc y est également plus nette et plus conforme au caractère de Godefroy.

LXVII.

*   1096 (fin de décembre).   Rome.

Urbain II à Bernard de Sédirac, archevêque de Tolède: commue le vœu de croisade que ce dernier avait fait au concile de Clermont.

[Mentionnée dans une lettre de Pascal II [1] et par Rodrigue de Tolède [2]].

Bernard de Sédirac, archevêque de Tolède, avait assisté au concile de Clermont [3], et pris la croix avec tous les autres prélats qui firent partie de cette assemblée. Comme il n'alla point en Terre Sainte, et que cependant il ne fut l'objet d'aucune des censures, qui atteignirent les retardataires ou les déserteurs de la croisade [4], il est certain que son vœu fut commué; cette commutation fut-elle verbale et eut-elle lieu à l'époque où Bernard se rendit à Rome? fut-elle, au contraire, l'objet d'une lettre aujourd'hui perdue d'Urbain II? le point est obscur, parce qu'il touche à une discussion très-vive, dont j'ai dit plus haut quelques mots [5], et qui paraît avoir passionné pendant longtemps les historiens espagnols — celle qu'a provoquée la question de savoir, si

---

1 Alb. Aq. II, c. 14, (*Hist. occ. des cr.*, IV, p. 309).

1 « Prout Urbanus, predecessor noster, *preceperat* » Bernardo, archiepiscopo Toletano, huiusmodi expe- » ditionem adeunti, voto in reparatione Tarraconensis » urbis et ecclesiæ commutato ». (*Epist. Pasch. II*, 25 mars 1101, d. Tamayo de Salazar, *Anamnesis SS. Hisp.*, II, 475).

2 « Tarracona, diu destructa, fuit tempore Ber- » nardi, Toletani primatis, restituta; sicut *patet in* » *regesto Urbani II pape*, qui Urbanus eumdem Ber- » nardum de restauratione civitatis et ecclesiæ suis » LITTERIS animavit ». (Rod. Tolet., *Hist. Hisp.*, l. IV, c. 11, d. Schott, *Hisp. ill.*, II, 74).

3 *Charte* de 1112 (d. Dom Vaissète, *Histoire de Languedoc*, V, n° 561, p. 834).

4 Voir plus loin n°ˢ CXLVI-CXLVII.

5 Plus haut, p. 71.

la restauration de la ville de Tarragone avait été confiée par Urbain II à Bernard de Sédirac, en échange de son vœu de croisade, ou, plus tard, par Calixte II à s. Olégaire, archevêque de Tarragone; au fond s'agitait une rivalité de primatie entre les deux villes.

Rodrigue Ximenès de Tolède, qui écrivait vers 1240, affirme que Tarragone avait été rebâtie du temps et par les soins de Bernard, et sur l'injonction écrite d'Urbain II ; il avait tiré ce renseignement d'un recueil des lettres de ce pape [6]; il ne parle pas d'ailleurs du vœu de croisade. C'est une lettre de Pascal II à Alphonse de Castille et à ses sujets — lettre dont j'aurai à m'occuper plus loin [7] — qui donne formellement la reconstruction comme une conséquence de la commutation octroyée par Urbain II [8], mais sans dire que cette commutation ait été l'objet d'un document écrit. De la comparaison de ces deux textes, il semble tout naturel de conclure que la lettre relative à la reconstruction et vue par Rodrigue de Tolède contenait précisément la commutation mentionnée par Pascal II. Aussi les défenseurs de la primatie tolétaine s'en sont-ils mutuellement emparés [9] pour les faire servir à la cause qu'ils défendaient: les partisans de Tarragone se contentaient de les passer sous silence et d'insister sur ce fait qu'en réalité, Tarragone ne fut reconstruite qu'en 1128 [10], bien après Urbain II et Bernard de Sédirac. On pouvait leur répondre, ou en supposant, comme Salazar [11], deux reconstructions de la ville, séparées par une occupation éphémère des musulmans, ou en accusant Bernard de Sédirac de ne point avoir rempli les conditions de la commutation; mais le silence [12] de presque tous les chroniqueurs sur cette occupation était aussi difficile à admettre que la tranquillité dont Bernard aurait joui auprès du S. Siège, malgré sa désobéissance.

Un petit fait matériel peut, je crois, donner la clef de ce problème: la phrase qui, dans la lettre de Pascal II, contient cette condition embarrassante de commutation, est tout simplement interpolée; elle ne se trouve que dans la copie publiée par Salazar, *d'après un manuscrit de sa propre bibliothèque* [13], manuscrit précisément relatif à la primatie tolétaine. Elle manque dans le texte de la même lettre, tel que le donne, avec tant de pièces pontificales authentiques, la *Chronica Compostellana*. Il est donc permis de tenir cette phrase en suspicion.

---

6 Rod. Tolet., *l. c.*
7 Plus loin n° CLIX.
8 *Epist. Pasch. II, l. c.*
9 Voir Roderic. Toletan., *De rebus Hispan.*, l. IV, c. 11 (Schott, *Hisp. ill.*, II, p. 74); Beuter, *I parte de la coron. de Esp.* (Valencia, 1604, in-f°), p. 87 ; Zurita, *Annales de Aragon*, l. I, c. 28, t. I, p. 29; Giron de Loyasa, *Coll. conc. Hispaniæ* (Madrid, 1593, in-f°), pag. 284; D. Ruinart, *Vita Urbani II*, c. 49, 225 (Migne, *Patr. lat.*, CLI, 53, 181).

10 *Vita s. Oldegar.* (d. Florez, *Esp. sagrada*, XXV, 221, XXIX, 261, 478, 498); *AA. SS. Boll.*, 6 mart. I, 486; Domenec, *Hist. gen. de los santos de Cataluña* (Barcel., 1602, in-f°), II, f. 77; Florez, *Esp. sagrada*, XXV, 115-116-221, et plus haut, p. 70.
11 Salazar, *Anamnesis*, II, 101, 476.
12 Voir plus haut, p. 71, n. 11.
13 « Ex codice meo manuscripto, *De primatu Toletano* » (Salazar, p. 475). On sait combien la bonne foi de Salazar est sujette à caution.

Reste le texte de Rodrigue de Tolède, écrivain également intéressé à soutenir la cause tolétaine : il ne dit pas un mot du vœu de croisade. Il a vu seulement des lettres d'Urbain II, engageant Bernard à aider à la reconstruction de Tarragone. Qu'Urbain II ait donné quelque attention à cette reconstruction, qui resta en projet depuis le milieu du XIe siècle jusqu'à la fin du premier quart du XIIe, et ne put être menée à bonne fin que sous l'impulsion énergique d'un aventurier normand [14], qu'il ait entretenu de cette affaire Bernard, son légat dans la Péninsule [15], que, d'autre part, et sans connexion avec Tarragone, il ait relevé Bernard de son vœu de croisade, comme en furent relevés plus tard par Pascal II tous les Espagnols [16], qu'enfin cette commutation générale ait pu donner lieu à une lettre d'Urbain II, il n'y a rien là que l'on ne puisse admettre à la rigueur.

Cependant, en lisant attentivement Rodrigue de Tolède, qui seul nous donne quelques détails sur les faits et gestes de Bernard après son retour en Espagne (juillet 1096) [17], on voit que l'archevêque quitta une première fois Tolède pour rejoindre l'armée des croisés, y revint trois jours après pour apaiser une révolte du clergé local [18], repartit pour Rome, une fois cette révolte apaisée, et fut renvoyé par Urbain II, exempté de tout vœu de croisade en raison des nécessités du diocèse nouvellement créé [19].

Il n'y a place, dans ce récit, ni pour une lettre d'Urbain II, commuant le vœu de croisade, ni pour la condition mise à cette commutation.

Si cependant on admet la légitimité de la phrase ajoutée à la lettre de Pascal II dans le texte de Salazar, et la réalité d'une missive d'Urbain II à Bernard, on ne pourra placer cette dernière qu'à la fin de 1096, le pape n'ayant pu l'envoyer qu'à la nouvelle de la révolte qui avait brusquement empêché l'archevêque de rejoindre les croisés.

---

14 Roger Burdet en 1128; v. plus haut, p. 71, n. 12.

15 Urbani II *Epist.* (25 avril 1093) (Migne, *Patr. lat.*, CLI, 346).

16 Voir plus loin n° CLX.

17 Bernard resta en France au moins jusqu'au 12 juillet 1096, date où il est témoin de la donation de Raimond de S. Gilles à l'abbaye de S. Gilles (Dom Vaissète, *Hist. de Languedoc*, n° 315, V, 744).

18 « Urbani indulgentiis provocatus, vener. Bernardus de clericis indigenis Toletanam ecclesiam » ordinavit, et, assumptis ad viam necessariis, crucis » signaculo insignitus, recessit a propria civitate, vo- » lens cum exercitu, de quo supra (l. VI. c. 11, p. 101) » diximus, in Syriam transfretare. Cumque vix esset » iij dietis a sede propria elongatus,... rediit.. » (Rod. Tolet., l. VI, c. 27, [Schott, *Hisp. ill.*, II, 107]).

19 « Ipse vero, cepto itinere, Romam ivit; sed, » cum ad sedem Apostolicam pervenisset, prohibens » eum dominus papa Urbanus ne procederet, sed, in » tanta novitate, ad sedem propriam remearet, ne » pastoris absentia novella plantatio periculo subia- » ceret, eumque cum a voti et crucis proposito ab- » solvisset, ipse per partes rediit Galliarum ». (Rod. Tolet., *l. c.*). Je dois dire que Ferreras, (*Hist. d'Esp.*, III, 265) place la révolte de Tolède en 1088, et que les *Annales Toletanos* - 1219 (d. Florez, *Esp. sagrada*, XXIII, 386), reculent à l'année 1105 (3 mai) un prétendu pèlerinage de Bernard en Terre Sainte; mais Ferreras ne donne aucun argument à l'appui de son dire, et les *Annales Toledanos* n'ont pour cette époque qu'une médiocre valeur; (v. l'*Hist. litt. de la Fr.*, XI, 60). Sur Bernard de Tolède, voir Salazar, *l. c.*, et Larroque, *Bernard de Sédirac*, dans le *Bull. du comité d'Auch*, 1860, I, pp. 101-120.

LXVIII.

** 1096   Milko.

Laurent, évêque de Milko en Moldavie, aux prêtres des Szecklers de Kéezd (Kezdo), Orbou (Orbai) et Seepus (Sepsi): leur annonce qu'obéissant aux exhortations d'Urbain II et à un édit du roi Coloman, un grand nombre de chevaliers et de sergents (löfö et gyalog) se préparent à prendre part à la croisade.

[Inc.: « Laurentius, in Dei nomine .... Sicut fraternitatibus vestris .... »; — Expl.: « ..... non dubitantibus .... Dominice incarnacionis MXCVI [indictione quarta] ».

Manuscrit: *Sepsi, Liber decanorum* (perdu?)

Éditions: A. Benkö, *Milkovia* (1781, in-8º), I, 55; — B. Katona, *Hist. crit. regum Hungariæ*, V, 530; — C. Fejer, *Codex diplom. Hungariæ*, II, 16-18].

Cette lettre soulève une question assez importante: celle de la participation des Hongrois à la première croisade: pour en discuter utilement l'authenticité, il est nécessaire de remonter un peu plus haut.

En Hongrie et en Allemagne jusqu'aux excellents travaux de Büdinger [1], en France jusqu'à nos jours [2], on a accepté comme parfaitement réel un véritable roman, qui remonte à la fin du XVe siècle, époque où Jean de Turocz et les italiens Antonio Bonfini et Pietro Ranzano fabriquèrent, pour les premiers temps de la Hongrie chrétienne, une histoire de fantaisie. Suivant eux [3], après le concile de Clermont, Urbain II et les princes croisés, n'ayant pu trouver, parmi les souverains de l'Europe occidentale, un chef pour la croisade, envoyèrent à s. Ladislas, roi de Hongrie, une ambassade, pour lui offrir le commandement de l'expédition: ce dernier accepte et invite à l'accompagner son neveu, le duc de Bohême, Conrad: mais, au moment du départ, Conrad est attaqué par son frère Sviatopolk. Ladislas va au secours du jeune prince, et meurt en chemin, sans avoir pu mettre ses projets à exécution; ce récit est, bien entendu, orné de tous les détails chronologiques désirables.

Malheureusement on connaît, à n'en pas douter, la date exacte de la mort de s. Ladislas, qui trépassa le 29 août 1095 [4], plus de deux mois avant le concile de Clermont: on a en outre une lettre d'Urbain II à Coloman, successeur de s. Ladislas, lettre fort longue,

---

[1] Büdinger, *Ein Buch ungar. Geschichte*, (Leipz., 1866, in-8º).

[2] Voir surtout Darras, *Hist. de l'Église*, XXIII, 286 et s.

[3] Joh. de Thurocz, *Chron. Hung.*, l. III, c. 59; P. Ranzanus, *Epit. RR. Hung.*, c. 11, (d. Schwandtner, *SS. RR. Hung.*, I, 134, 362); Bonfinius, *RR. Hung. decades* (Decas II, l. IV, Hanov., 1606, in-f., p. 231). Les *AA. SS. Boll.* (Jun, V pp. 319 327) ont reproduit l'histoire de Ladislas d'après Bonfini.

[4] V. Büdinger (*Op. cit.*, p. 94), où cette date est rigoureusement établie.

datée du 25 juillet 1096 [5], et où le pape ne dit pas un mot, ni du roi défunt, ni de la croisade alors en préparation. Aucun hongrois n'est mentionné parmi les gens qui figurèrent dans cette expédition; il eût été, de plus, bien extraordinaire qu'un peuple, prêt en 1095 à suivre les croisés, leur fît quelques mois plus tard la sanglante réception que l'on sait; et l'on avait droit de se demander si, malgré toutes les vertus de s. Ladislas, il aurait pu trouver dans la nation qu'il gouvernait, nation encore à moitié païenne et fort tolérante pour les Infidèles et les schismatiques de tout culte [6], les éléments nécessaires à l'organisation de la croisade.

Ces objections, comme je viens de le dire, n'arrêtaient en aucune façon les historiens modernes: les plus scrupuleux [7], gênés par la date du 29 août 1095, faisaient partir de Plaisance et non de Clermont la prétendue ambassade des princes croisés, sans songer qu'à Plaisance, il n'y avait aucun prince, et que très-probablement, ainsi que je l'ai montré plus haut [8], il n'y avait pas été question de croisade en Terre Sainte.

En somme, il n'y avait là qu'une invention des historiens de la fin du XVe siècle: et cette invention n'était qu'une paraphrase d'un très-court passage de la légende de s. Ladislas (légende écrite au plus tôt à la fin du XIIe siècle), et d'après lequel, d'une part, ce prince aurait fait, avant de mourir, vœu d'aller en Palestine combattre les Infidèles, et, de l'autre, les croisés auraient eu l'intention de le prendre pour chef [9]: du concile, du pape, et de l'ambassade pas un mot. Et ce passage, qui (s'il n'a pas été écrit tout simplement du temps et sous l'influence d'André II pour ajouter à la gloire de l'aïeul de ce roi croisé) n'est probablement qu'une réminiscence des relations antérieures, et, du reste, plus ou moins certaines, de s. Étienne de Hongrie avec les Lieux-Saints [10], était absolument isolé jusqu'à Bonfini, dans les textes de l'historiographie hongroise [11], aussi bien que dans les monuments écrits des pays voisins: on aurait

---

5 *Epist. Urb. II*, 107 (d. Migne, *Patr. lat.*, CLI, 480): la lettre ne porte qu'une date de jour et pas de date d'année; mais il y est question de l'abbaye S. Gilles, qui en gardait copie dans ses archives: elle a donc dû être envoyée du temps du séjour du pape en Languedoc.

6 Voir les décrets du concile de Szaboleck (1092), dans Mansi, XX, 758-786, et surtout le canon IX, *De Ismahelitis*.

7 Katona, *Hist. crit. Hung.*, III, 673-677.; Fessler, *Gesch. v. Ung.*, 2e édit. I, 182. Je dois dire que, dès le XVIIe siècle, Lucius (*Notæ ad Marcum Marulum*, d. Schwandtner, *SS. RR. Hung.*, III, 524), révoquait en doute cette légende.

8 Voir plus haut, p. 106.

9 « Hierosolymam se iturum voverat.... ut contra » inimicos Crucis Christi dimicaret. Duces autem » Francorum, Lotharingorum et Alamanorum, qui » cum exercitu Domini illuc profecturi erant, omnes » pariter pium regem Ladislaum, digne dignum *sibi* » ducem ac preceptorem *proposuerant* ». (*Leg. s. Ladislai*, d. les. *AA. SS. Boll.*, Iun. V, p. 286, et d. Endlicher, *RR. Hung. monum. Arpadiana*, p. 240-241).

10 V. plus haut, p. 28. Il est possible que les faussaires du XVe s. aient emprunté l'idée de l'ambassade à la légende du krâl Svinimir, (Voir plus haut, pp. 67-68, et Lucius, *Notæ ad Marcum Marulum*, d. Schwandtner, *SS. RR. Hung.*, III, 524).

11 On ne trouve rien de semblable, ni dans les deux chroniques de Presbourg, (*Chron. Posoniense* - 1203, d. Endlicher, 55-59, et *Chron. Hungarorum Poson.*, éd. Toldy, Bud., 1852, in-4o), ni dans le *Chron. Budense* - 1453 (Budæ, 1838).

donc eu le droit de considérer la question comme absolument tranchée, sans la lettre que j'ai à étudier, et dont les historiens des croisades n'ont pas encore fait usage.

Elle a apparu, pour la première fois, dans un ouvrage d'érudition locale, consacré aux annales de l'ancienne diocèse de Milko (Moldavie) [12]. L'auteur, Joseph Benkö, déclare la publier d'après une copie de 1594, faite elle-même sur un texte plus ancien, relevé en 1408 sur le registre du doyenné de Seepus (Sepsi, Transylvanie) [13]; ce registre était d'une lecture si difficile, que le scribe qui reproduisait la pièce dut y laisser douze lacunes, que Benkö a naturellement respectées et qui la rendent très-obscure.

Trois phrases cependant s'en détachent avec une clarté suffisante: dans la première, Laurent, évêque de Milko, invite les curés de trois paroisses des Szecklers en Transylvanie, à solliciter l'aide financière de leurs ouailles, pour l'édification de la ville et de l'église de Milko: dans la seconde, il leur annonce que, sur les exhortations d'Urbain II et les ordres du roi (Coloman), un grand nombre de cavaliers et de fantassins de Milko s'apprêtent à partir pour aller recouvrer la Terre Sainte sur les Infidèles. Ici nouvelle lacune, puis quelques mots paraissant indiquer que toute la Transylvanie (*VII Castra*) s'arme dans le même but [14]. Enfin dans la troisième phrase, le clergé est invité à prier pour le succès de l'expédition; le tout est daté: . . . . *Dominice incarnationis* MXCVI . . . . *ta*.

Je ne suis pas assez versé dans l'histoire de la Transylvanie et de la Moldavie pour discuter tous les caractères intrinsèques de cette pièce extraordinaire et toutes les questions extrinsèques qu'elle peut provoquer [15]. Je remarquerai seulement que rien ne parait obscur comme les origines de ce diocèse de Milko, mi-partie transylvain et mi-partie moldave, et que le P. Gams fait commencer seulement en 1332 [16], sans tenir aucun compte de l'évêque Laurent.

Katona [17] et Fejer [18] ont bien reproduit le document, mais sans commentaires, et d'ailleurs en compagnie de bien d'autres pièces suspectes; et il me semble que l'on est en droit *a priori* de se demander, d'abord ce que sont devenus ces contingents moldaves et

---

12 *Milkovia, sive antiqui episcopatus Milkoviensis explanatio*, concinnavit Iosephus Benkö (Viennæ, J. de Kurzböck, 1781, 2 v. in-8º). Je dois tous les renseignements que je donne sur ce livre rare, à l'obligeance du R. P. Dom Janauschek, de Zwetl.

13 Voici ce qu'en dit Benkö: « Exemplo litterarum » ex quo hæ desumptæ sunt, sequentia legebantur sub- » juncta: « *Ego Iohannes Rhener de Medgies, Rever.* » *P. Dom. Thomæ, decani Brassoviensis et plebani,* » *scriba, præsentem paginam, mancitate abundantem,* » *transumpsi e libro Decan. de Seepnsi 1408. Ego* » *1594* ». Brassovia est le Cronstadt actuel.

14 « .... tali modo armat.... ex Septem Castris ».

15 Je remarquerai seulement que l'appellation de *Septem Castra (Siebenbürgen)*, ne s'appliqua à la Transylvanie qu'après la colonisation de cette province par les Saxons (milieu du XIIe siècle).

16 Gams, *Series episcop.*, p. 383.

17 Katona, V, 530.

18 Fejer, II, 16-18. La pièce n'a point été admise dans l'*Urkundenb. zur Gesch. Siebenb.* (*Fontes RR. Austr.*, Dipl., XV, 1857).

transylvains, dont aucun témoin de la 1re croisade ne dit un seul mot, puis pourquoi, à cette date, l'évêque Laurent ne fait pas la moindre allusion aux croisés d'Occident, et parle comme si *seuls* ses diocésains devaient faire la conquête de la Terre Sainte; enfin comment Coloman, en 1096, c'est-à-dire au temps même où il était à la fois en froideur avec le S. Siège et en hostilité avec les croisés, aurait donné en même temps la sanction royale à un ordre du pape et préparé des secours pour ces mêmes armées latines qu'il pourchassait à leur passage.

Je me contenterai donc d'émettre le vœu que ce document soit l'objet de l'étude de quelque savant local, qui retrouvera peut-être le registre de Sepsi et comblera les lacunes laissées par Benkö. Jusque-là je me permettrai de tenir la pièce comme fabriquée, soit au XVIe siècle, soit peut-être par l'auteur même de la *Milkovia*, dans le dessein de créer un témoignage à double effet, destiné d'abord à affirmer l'antiquité de l'église de Milko, puis à introduire les Hongrois, les Transylvains et les Moldaves dans les contingents de la première croisade.

LXIX.

** 1096 ?

Le sultan des Turcs à Urbain II: se plaint du départ des croisés; prie le pape d'y mettre obstacle.

[Inc.: « Magno sacerdoti Romano .... Nuper profecto auribus nostris .... »; — Expl.: « ... sanctissimi sanguine iunctum ».

Édition: Nicolaus Bertrandus, *Opus de Tholosanorum gestis* (Tholos., 1515, in-4º), f. xxv a. — xxvij b].

Voici une lettre dont la fabrication est si grossière qu'elle ne résiste même pas à un rapide examen. Un certain sultan du nom de *Pasaïdes*, se qualifiant de *Turcus maximus*, adresse au pape ses plaintes au sujet des armements considérables qui se font à *Toulouse*, en Italie et en France, pour combattre les Turcs; il lui développe la vieille fable de l'origine troyenne de ceux-ci, et paraît en vouloir surtout aux Vénitiens auxquels il compte reprendre Rhodes; il termine en menaçant le pape, si celui-ci ne cesse pas ses prédications en Italie, de venir envahir les côtes de l'Adriatique. Le tout est daté du commencement du mois de *Celdon* (sic) de l'an 1000 de Mahomet[1].

Ce morceau extraordinaire a été inséré par Nicolas Bertrand dans le récit, d'ailleurs assez curieux, qu'il fait de la première croisade[2].

---

1 On ne saurait penser à 1000 de l'hégire qui correspond à 1591, date également incompatible avec le contexte de la lettre.

2 Ce récit mériterait d'être réimprimé, le livre de Bertrand étant d'une excessive rareté.

Est-ce un produit de son imagination? ou a-t-il simplement fait choix, pour en orner sa narration, de l'une de ces épitres turques qui avaient tant de succès au XVe siècle ³, et dont les manuscrits nous offrent de si nombreux exemples? je pencherais pour cette seconde hypothèse, en admettant qu'il ait pris soin, pour adapter la lettre à l'histoire de la Ire croisade, d'y ajouter l'allusion qu'elle fait à un comte de Toulouse, chef des croisés toulousains. Peut-être cependant n'est-il pas le premier introducteur de cet exercice épistolaire, et l'a-t-il emprunté à un ouvrage, aujourd'hui perdu, d'un de ses compatriotes, le *Liber de viagio crucesignatorum contra Thurcum, crudelem christianitatis invasorem*, de Bernard de Rouzergues, archevêque élu de Toulouse (1451), ouvrage qu'il a eu entre les mains [4]. La question du reste n'a pas d'importance, et cette lettre fausse méritait à peine d'être signalée. Bertrand lui-même paraît n'y avoir point tenu beaucoup; car il ne lui a point donné place dans l'édition française de son livre [5].

LXX.

1097 (janvier)

[*Concile de Latran*].

De retour en Italie, Urbain II dut, comme en France, continuer à s'occuper des affaires de la croisade. Nous donnerons plus loin [1] la preuve de cette sollicitude du pape pendant les années 1098 et 1099. Il dut, *a fortiori*, en être de même en 1097, et, lorsque, dans les premières semaines de cette année, le pape tint un synode à Latran, les croisés, qu'il venait deux mois auparavant de bénir à leur passage à Lucques [2], et à l'arrivée desquels il avait dû probablement de pouvoir rentrer à Rome [3], ne purent point être oubliés dans les délibérations de l'assemblée. Il est probable en outre que l'on s'y occupa des nombreux pèlerins qui, arrivés en Pouille, et effrayés par les dangers de la traversée, regagnaient alors leurs foyers [4].

Malheureusement rien n'est resté des actes de ce concile, ni des

---

3 Celles de Laudivio dont j'ai parlé plus haut et plusieurs autres.
4 Bertrandus, *De gestis Tholos.*, f. 48 v°; cf. Le Long, *Bibl. h. de la France*, II, 161, n° 16925, qui attribue par erreur l'ouvrage à *Petrus de Rosergio*, frère de Bernard.
5 Tholose, 1515; Lyon, 1517; Tholose, 1555.
1 Voir plus loin n°ˢ CXVII et CXXVI.
2 Fulch. Carn., l. I, c. 7, (*H. occ. des cr.*, III, 329); Wilh. Malm., l. IV, c. 350, t. II, p. 556.
3 « A concilio Claromontensi regressus, auxilio

» eorum quos ad iter Ierosolymitanum accenderat, » Wichbertum ab urbe ejecit » (Anonymus Zwetlensis s. XII, *Hist. roman. pontificum*, c. 163, d. Migne, *Patr. lat.*, CCXIII, c. 1034). — « Auxilio eorum quos ad » Hierosol. iter accenderat, Guibertum ab urbe, excepto » castro Crescentij, ejecit ». (Otho Frising., *Chron.*, l. VII, c. 6, éd. Cuspinianus, f. 76 a),
4 Fulch. Carn., l. I, c. 8, (*H. occ. des cr.*, III, 330); d'autres avaient rebroussé chemin en Hongrie, (Bernold. *Chron.*, ad. ann. 1096, d. Pertz, *Mon. G., SS.*, V, 464).

pièces auxquelles il a pu donner naissance; nous ne le connaissons qu'indirectement, par trois textes épars dans la correspondance d'Urbain II [5].

LXXI.

* 1097 (janvier)   Constantinople.

Alexis I Comnène au cardinal Oderisio I de' Marsi, abbé du Mont Cassin: accuse réception d'une lettre qu'Oderisio lui a écrite, lui apprend qu'il devait aller à Durazzo au devant des princes (croisés?) pour traiter avec eux d'affaires dont ils lui avaient écrit, qu'une maladie imprévue l'en a empêché, mais qu'il ira un peu plus tard.

[INC.: « Quæ per presentes nuntios . . . . . »; — EXPL. . . . . super altare vestre ecclesie ».

MANUSCRIT: *Mont Cassin, Reg. Petri Cas.* (membr. s. XII), f. 67 v⁰, n⁰ 148.

ÉDITIONS: A. Gattula, *Hist. abb. Cas.*, I, II, 924; — B. Tosti, *Storia di M. Casino*, II, 95; — C. Trinchera, *Syllabus membranarum græcarum* (Neap., 1865, in-4⁰), n⁰ 61, pp. 78-79; — D. *Epist. Alexij ad Robert.*, ed. Riant, pp. 41-42.

VERSION *italienne:* Tosti, *Op. cit.*, II, pp. 18-19.

RÉCENSION: *Epist. Alex.*, éd. Riant, Praef., p. lxxiij-lxxiv].

Voici une pièce dont l'authenticité est au-dessus de toute discussion, et qui pourtant est très-difficile à dater. Elle se termine par : « *Missa est mense junio, indictione quinta, a Constantinopoli* »; ce qui donne, suivant Trinchera [1]: *juin 1097*. Seulement, placée à cette époque, la lettre est absolument incompréhensible.

D'abord, pendant les premiers mois de 1097, Alexis n'a point été malade: c'était l'époque même du passage des croisés et de leur réception par lui. En second lieu, au mois de juin, il n'était pas à Constantinople, mais à son camp de Pélécane, où il arriva dans les premiers jours de mai, et qu'il ne quitta point pendant toute la durée du siège de Nicée (14 mai - 20 juin) et au moins jusqu'après le départ des croisés (29 juin). Que peut enfin vouloir dire cette phrase: « *Imperium meum debebat in hac presenti estate descendere apud Durachium, ad videndum comites qui in Laggobardia sunt, et pactum ponere cum eis, de his que scripserunt Imperio meo atque mandavere ipsi vero atque Romani* »? Tout absorbé par les ennuis que lui donnaient les croisés, à la veille du siège de Nicée, qu'avait-il à faire à Durazzo?

Il y a d'ailleurs trois lettres d'Alexis à Oderisio, lettres qui semblent avoir accompagné des présents annuels envoyés par l'empereur à l'ab-

---

[5] *Epist. Urb. II*, 215, 216 (dans Migne, *Patr. lat.*, CLI, 488, 489); *Epist. Urb. II ad Galfridum ep. Magnalon.* (Gratiani *Decret.*, sec. pars., c. XIII, q. II, c. 12, add. 3, d. le *Corpus iur. canon.*, ed. Friedberg, Lips., 1879, in-4⁰, p. 725); cf. D. Ruinart. c. 284, p. 221.

[1] Praef., p. xxv.

baye, pour laquelle il avait beaucoup de dévotion: si l'on maintient l'indiction donnée par Pierre Diacre et la date de juin 1097 pour la première de ces trois lettres, on tombe aussitôt sur la seconde (août 1097, V^e ind.) ² qui n'offre aucune autre difficulté d'interprétation ni de placement chronologique, que d'être trop voisine de la première, à une époque où Alexis avait bien d'autres soucis que d'envoyer au Mont Cassin ambassades sur ambassades.

Enfin une autre raison rend la date de mois (juin) impossible à expliquer: l'empereur, en effet, dit qu'il devait se rendre à Durazzo « *in presenti estate* », qu'il ne l'a pu, mais qu'il ira « *in alio tempore, in principio estatis* ». Ce langage employé en juin ne peut s'expliquer, tandis qu'en hiver il se comprendrait parfaitement: en effet, écrivant en janvier 1097, par exemple (comme l'année ne commence qu'à Pâques), l'empereur pouvait dire: « *in presenti estate* », en parlant de l'été de 1096, et « *in principio estatis* » en désignant celui de 1097. Il y aurait donc là, malgré le danger que ces corrections présentent toujours, à supposer que Pierre Diacre, en enregistrant le chrysobulle, en a mal lu la date de mois, et qu'il a traduit *junio* pour *januario*, lisant par exemple Ἰουν. pour Ἰαν.

Non seulement alors la lettre s'expliquerait parfaitement, mais elle viendrait jeter un jour inattendu sur les rapports d'Alexis avec les croisés.

En 1096, au mois de janvier ³, les princes et peut-être Urbain II écrivent à Alexis pour l'informer des décisions du concile de Clermont et de la prédication de la croisade. Leurs lettres l'inquiètent; il projette d'aller au-devant d'eux à Durazzo pendant l'été de 1096; une maladie imprévue, quelque accès de la goutte dont il souffrait, l'en empêche.

En octobre 1096 ⁴, arrivent au Mont-Cassin, Hugues-le-Mainé, le duc de Normandie, les comtes de Flandres, de Blois et de Boulogne. Oderisio annonce à Alexis leur prochain départ pour Durazzo, par une lettre à laquelle répond précisément la nôtre ⁵: l'empereur ira à Durazzo à la fin de l'hiver; il y trouvera, non-seulement les hôtes du Mont Cassin (diminués, il est vrai, du plus illustre d'entre eux, Hugues-le-Mainé, amené par surprise à Constantinople dès la fin de novembre), mais encore Raimond de S. Gilles, et Adhémar de Monteil en route par la Dalmatie, et ne les laissera pas pénétrer plus avant dans l'empire, sans qu'ils aient au préalable signé le traité, qu'il eut tant de peine ensuite à leur faire accepter à Constantinople.

---

2 Voir plus loin n° LXXXIX.
3 Voir plus haut p. 112.
4 Petrus Cas., l. IV, c. 11 (Migne, *Patr. lat.*, CLXXIII, c. 855).

5 Voir plus haut n° LX.

Malheureusement je crains que tout ce bel échafaudage d'hypothèses n'ait pas grande solidité, et voici pourquoi: sans parler de la difficulté de placer un projet de déplacement de l'empereur, soit en 1096, à partir du mois de mai, où l'apparition en Hongrie des premières bandes de la croisade (qui arrivèrent à Constantinople le 1er août) dut l'obliger à ne point quitter sa capitale, soit au commencement de 1097, où affluaient les croisés du deuxième passage, Godefroy, Bohémond, etc., — deux points m'avaient frappé en étudiant cette pièce curieuse: le premier était le silence d'Anne Comnène sur une maladie quelconque de son père en 1096 et 1097: le second, ce fait que, dans le registre de Pierre Diacre, notre lettre est rangée la dernière des trois dont je viens de parler, la première étant celle de janvier 1098 et la seconde celle d'août 1097.

Or l'indiction V tombe trois fois dans le règne d'Alexis I: en 1082, 1097, 1112. Ce qui a déterminé Tosti et Trinchera à choisir, entre ces trois dates, celle de 1097, c'est qu'ils regardaient la lettre comme adressée à Oderisio, qui régna du 14 sept. 1087 au 2 nov. 1105, et que Pierre Diacre, dans sa chronique, parait justifier cette interprétation, en plaçant à cette époque [6] un certain envoi de huit livres de sous michelois et d'un *pallium triacontasimum*, que mentionne notre lettre. Mais rien ne dit qu'elle ait été adressée à Oderisio; voici en effet les titres des trois pièces successives dans le registre de Pierre Diacre [7]:

n.° 146, f. 67 a: *Epistola Alexij imperatoris ad Oderisium abbatem* (juin 1098);

n° 147, f. 67 b: *Epistola ejusdem imperatoris ad eumdem abbatem* (août 1097);

n° 148, f. 67 b: *Epistola eiusdem imperatoris* ad gir...ri...m.

Ce dernier intitulé, qui porte le nom de Girard, successeur d'Oderisio (abbé de 1111 à 1123) était obscur et gênant, et empêcha probablement Muratori de joindre la troisième lettre aux deux premières, qu'il a reproduites [8]: Tosti et Trinchera, l'ont purement et simplement modifié. Or il nous conduit tout droit à la troisième des années énumérées plus haut, à l'année 1112, époque où eut lieu une ambassade des Romains auprès d'Alexis, ambassade dont nous parle Pierre Diacre [9]. Là ce chroniqueur place encore une fois les huit livres de

---

[6] Ou du moins en même temps que la lettre de juin 1098, dont il la distingue chronologiquement par les mots *alia vice* (Petrus Cas., *Chron.*, IV, c. 17, éd. Migne, c. 844).

[7] Toutes les rubriques du *Regestum* sont de la même main que les textes qu'elles précèdent: elles ont été recopiées en tête du manuscrit et pour en former la table, par une main du XIVe siècle: ce copiste plus récent n'a pas pu lire les mots *ad gir-ri-m* et s'est contenté de mettre: « n° 148, *Epistola ejusdem imperatoris* » (Renseignement dû à l'obligeance de feu Dom César Quandel, archiviste du Mont Cassin.).

[8] Muratori, *Ant. Ital.*, V, 388-389.

[9] Petrus Cas., l. IV, c. 46, éd. Migne, c. 873.

sous michelois et le *pallium triacontasimum*. De plus l'empereur manque mourir d'une attaque de goutte le samedi saint de cette année [10] : la lettre retrouve ainsi tout naturellement sa place, et, comme elle est en dehors de mon cadre, je ne devrais évidemment plus m'en occuper.

Je la laisse cependant, avec toutes sortes de réserves, au mois de janvier 1097, et voici mes raisons. Même étant donnés les mots à demi effacés : « *ad gir...ri...m.* », tracés de la main du copiste du registre, comme nous ne sommes pas en face de l'original grec, mais seulement d'une détestable version latine, je crois qu'il y a encore lieu de conserver quelques doutes en faveur de l'attribution de Tosti et de Trinchera, rectifiée quant au mois.

En effet, en juin 1112, la difficulté pour les deux étés reste la même : nous avons ensuite, pour l'année 1112, la lettre d'envoi des présents impériaux annuels [11], lettre qui ferait ainsi double emploi avec la nôtre; cette lettre mentionne aussi un pallium pour l'autel et un don de vingt-cinq livres : on peut donc supposer que c'est cette dernière que Pierre Diacre avait en vue dans son chapitre 46, et que, — par un lapsus qu'expliquent suffisamment les places très-voisines occupées sur son registre par les deux documents, — il aura répété, en relatant celui de 1112, la fin de celui de 1097 [12]. Alexis peut d'ailleurs avoir eu, en 1096, une attaque de goutte, sans que l'on ait cru devoir en informer la postérité, et ne s'être point assez ému de la présence, soit des bandes de Pierre l'Hermite (d'ailleurs aussitôt passées en Asie-Mineure, où les Turcs les détruisirent en octobre [13]), soit de l'armée de Godefroy, à laquelle il comptait bien faire suivre le même chemin — pour avoir renoncé, soit au printemps de 1096, soit en janvier 1097, au projet d'aller à Durazzo, au-devant des croisés du troisième passage, leur imposer ses conditions. D'autre part Pierre Diacre peut avoir embrouillé des pièces grecques qu'il ne comprenait qu'imparfaitement.

Je me permets donc de laisser la question en suspens, et de respecter provisoirement la date d'année de Tosti et de Trinchera, en ne modifiant que leur date de mois.

---

10 Zonaras, l. XVIII, c. 25, éd. de P., II, 305.

11 Publiée dans Muratori, *Ant. It.*, IV, 389, Trinchera n° 86, p. 113, ex *Reg. P. Diac.*, n° 154, et *Epist. Alex.*, éd. Riant, p. 46. Trinchera la place en 1118 tout-à-fait arbitrairement : Alexis y fait évidemment allusion à l'emprisonnement de Pascal II par l'empereur d'Allemagne, au printemps de 1111.

12 La fin de la lettre de 1112 énonce ainsi les présents : « *pallio octo, libras xxv, et pallium..... ». : la relisant rapidement, Pierre Diacre aura joint les mots *octo* et *libras* que nous retrouvons dans sa chronique, puis au moment de copier sur son registre les quatre lettres, et arrivant à la troisième (celle qui nous occupe), qui contenait aussi *libræ octo*, il l'aura confondue momentanément avec la quatrième (celle de 1112), et rubriquée au nom de Girard. Plus tard on se sera aperçu de l'erreur; ce qui explique pourquoi les mots *Ad Gi-ri....m* auront été en partie effacés du registre et définitivement omis dans la table. J'avoue du reste que cette hypothèse compliquée n'a rien de tout-à-fait satisfaisant, et que le lecteur préférera peut-être l'explication plus simple, qui consiste à supposer que la double mention faite par P. Diacre des *octo libræ* ne s'applique qu'à une seule et même lettre (celle qui nous occupe) — lettre à placer en 1112, aussi bien que la quatrième, qu'en ce cas, Pierre Diacre aurait passée sous silence.

13 V. Ekk. Uraug., éd. Hagenmeyer, pp. 140-141.

Je dois en terminant dire un mot d'une question, d'ailleurs peu importante, que soulève encore ce document, et aussi deux autres analogues dont je parlerai plus loin [14].

Ces trois lettres d'Alexis Comnène à l'abbé Oderisio, toutes trois empruntées au *Registre* de Pierre Diacre, sont écrites dans un latin détestable; elles offrent, non seulement les fautes les plus grossières, mais certains passages absolument inintelligibles.

Ont-elles été envoyées sous cette forme par la chancellerie impériale?

Ont-elles été traduites du grec par un latin ou un grec illettré, habitant le Mont Cassin?

Ni l'une, ni l'autre de ces hypothèses n'est satisfaisante.

Elles manquent d'intitulé et de salut final, et paraissent incomplètes du commencement; on ne s'expliquerait pas d'ailleurs que l'empereur eût pris la peine d'écrire en latin à l'abbé du Mont Cassin, quand il écrivait en grec à n'importe quel autre de ses correspondants. Les lettres ne me paraissent donc pas être sorties de la chancellerie impériale sous la forme actuelle. Elles ne me semblent pas non plus être la traduction littérale d'un original grec, traduction faite par un moine cassinien illettré. Pierre Diacre, qui écrivait correctement n'eût pas, en ce cas, laissé les fautes grossières qui déshonorent les textes, tels qu'ils nous les a transmis.

Les trois lettres me paraissent l'œuvre d'un grec de Constantinople, traduisant ou plutôt résumant du grec en latin [15]; et je pense que probablement les chrysobulles originaux, expédiés par la chancellerie byzantine, étaient munis (comme le furent plus tard les lettres des souverains orientaux) de traductions, ou plutôt de résumés sommaires, rédigés sans précaution et pour servir d'aide-mémoire aux porteurs impériaux, par les scribes de Constantinople [16].

Pierre Diacre, ne voulant ou ne sachant pas insérer dans son registre des actes grecs, se sera contenté de reproduire les sommaires, et, par respect pour leur origine quasi-officielle, de les reproduire avec toutes leurs fautes.

---

[14] Nos LXXXIX et CI.

[15] Le passage suivant d'une lettre adressée à C. P., en juin 597, par s. Grégoire-le-Grand, donne une idée du latin qu'on écrivait alors dans cette ville; au temps de la 1re croisade, cette ignorance n'avait dû faire qu'empirer : « Bene scit V. M. quia hodie in C. P., » civitate, qui de græco in latinum et de latino in » græcum dictata bene transferant, non sunt; dum enim » verba custodiunt, ad sensus minime attendunt, nec » verba intelligi faciunt, sed sensus frangunt ». (S. Greg. M. *Epist.*, l. VII, ep. 30, [Mansi, *Conc.*, X, 70]). Cf. Nicolai I *Epist. ad Michaelem* (865) (*Ibid.*, XV, 187).

[16] Ces résumés étaient peut-être attachés à l'enveloppe extérieure des chrysobulles.

LXXII.

1097 (janvier) — Constantinople.

Alexis Comnène à Bohémond: le prie d'empêcher ses troupes de ravager les parties de l'empire qu'elles traverseront, promet de leur fournir des vivres.

[Insérée dans Raoul de Caen, c. IX, et Guillaume de Tyr, l. II, c. 14.

1.re rédaction.

INC.: « Nuntiatum est mihi . . . . . »; — EXPL.: « . . . . seguior carpenda est. »

ÉDITIONS: A. Radulphus Cadomensis, *Gesta Tancredi*, éd. Martène, *Thes. An.*, III, p. 118; — B. éd. Muratori, V, p. 289; — C. éd. Migne, *Patr. lat.*, CLV, 499-500; — D. *Hist. occ. des cr.*, IV, 611.

VERSION *française*, par Guizot, *Mém. rel. à l'h. de Fr.*, XXIII, p. 22-23.

2.e rédaction.

INC.: « Compertum habet . . . . . »; — EXPL.: . . . . « copia prosequatur ».

ÉDITIONS: A. Wilh. Tyrius, éd. Herold, p. 37; — B. éd. Poyssenot, p. 47; — C. éd. Bongars, p. 658; — D. éd. Migne, c. 263-264; — E. *Hist. occ. des cr.*, I, p. 92.

VERSIONS ANCIENNES: I. *Française*: Eracles, l. II, c. 14, p. 92, éd. P. Paris, I, 73. — II. *Espagnole*: Conquista de Ultramar, l. I, c. 205, p. 120. — III. *Latine*: Fr. Pippinus, c. 16, p. 679. — IV. *Anglaise*: W. Caxton, c. 42, f. 40.

VERSIONS MODERNES: I. *Françaises*: a) Du Préau, p. 47; — b) Guizot, XVI, p. 104; — c) Peyré, I, 180; — d) Darras, XXIII, 396. — II. *Italienne*: Horologgi, p. 59. — III. *Allemande*: Kausler, p. 47].

Le fait de l'envoi d'une lettre adressée par Alexis à Bohémond en marche sur Constantinople, ne paraît pas douteux: il est confirmé par un passage de Tudebode [1] : mais je serais porté à croire que l'élucubration de Guillaume de Tyr se rapproche davantage du texte original que celle de Raoul de Caen, bien que ce dernier fût naturellement bien plus à portée de nous le transmettre fidèlement. Dans Raoul, Alexis s'étend beaucoup sur les présents qui attendent Bohémond à Byzance; celui-ci peut y venir sans escorte, laissant ses soldats derrière lui; et, tandis que Guillaume ne parle point de ces présents, Raoul, en revanche, passe sous silence l'approvisionnement des croisés promis par Alexis dans la rédaction de Guillaume.

LXXIII.

1097 (janvier) — Constantinople.

Alexis Comnène à Raimond de S. Gilles: lui souhaite la bienvenue, le prie de traverser l'empire pacifiquement; lui promet des vivres.

[Mentionnée par Raimond d'Aiguilhe [1] et insérée en substance par Guillaume de Tyr, l. II, c. 18.

---

[1] *Gesta*, II, c. 1, Tudebodus, II, c. 1, (*Hist. occ. des cr.*, III, 124 et 18); cf. Petrus Casin., l. IV, c. 11, éd. Migne, c. 837. Albert d'Aix n'en parle point.

[1] « Habuimus obviam LITTERAS *imperatoris* de pace, » de fraternitate et, ita dicam, de filiatione ». (Raim. de Ag. c. 1 [*Hist. occ. des cr.*, III, 236]).

INC.: « Iamdudum, comes dilectissime . . . . . »; — EXPL.: « . . . . faciant exhiberi ».

ÉDITIONS: A. Wilh. Tyrius, éd. Herold, pp. 39-40; — B. éd. Poyssenot, p. 51; — C. éd. Bongars, p. 661; — D. éd. Migne, c. 268; — E. *Hist. occ. des crois.*, I, p, 99 [2].

VERSIONS ANCIENNES: I. *Française: Eracles*, l. II, c. 18, p. 99, éd. P. Pâris, I, 79. — II. *Espagnole: Conq. de Ultr.*, l. I, c. 211, p. 122-123. — III. *Anglaise:* W. Caxton, c. 46, f. 42.

VERSIONS MODERNES: I. *Française: a)* Du Préau, p. 52; — *b)* Guizot, XVI, p. 113; — *c)* Peyré, I p. 193; — *d)* Darras, XXIII, 426. — II. *Italienne:* Horoioggi, p. 63. — III. *Allemande:* Kausler, p. 51].

Le témoignage de Raimond d'Aiguilhe, témoin oculaire, rend presque certain le fait qu'une lettre analogue a été envoyée par Alexis, et rien, dans la réfection de Guillaume de Tyr, ne s'oppose à ce que l'on admette qu'il a rendu, avec une fidélité suffisante, le sens du message impérial.

LXXIV.

1097 (fin mai)   Constantinople.

Étienne, comte de Blois et de Chartres, à Adèle d'Angleterre, sa femme: lui raconte son voyage jusqu'à Constantinople.

[Fragment inséré dans Baudry de Dol, *Historia Jerosolimitana*, l. I, c. 8 et 9 [1], et traduit par François de Bellefrest, *Grandes annales et histoire générale de France*, l. III, c. 30 [2]].

Dans une lettre qu'Étienne, comte de Blois et de Chartres, adressa de Nicée (1097, juin) à Adèle de Normandie, sa femme, et dont je

---

2 Cf. Rog. de Wendower, II, 77, Matth. Paris, II, 57.

1 « Prædicti itaque viri, expeditionem Dei aggressi, » Constantinopolim, imperatoriæ dignitatis civitatem, » cum populis innumeris appropinquaverunt. Neque » siquidem ipsam Angliam, vel alias maritimas in- » sulas, licet a nobis undisoni maris abysso ab orbe » remotas, tonitruum illud latere potuit; immo et » Britones et Gascones, et extremos hominum Gal- » licios, fama perniciter succrescens animavit et ar- » mavit. Venecii quoque et Pisani et Ienuani, et qui, » vel Oceani, vel maris Mediterranei littus incola- » bant, navibus onustis armis et hominibus, machinis » et victualibus, mare sulcantes operuerunt; et qui » terra ibant, universæ terræ faciem, sicut locustæ, » occuluerunt. — Transeundum fuit prædictis Ala- » mannis per Hungariam, et transierunt. Petrus qui- » dem, magnus heremita, cum multis Alamannis et » Francis plurimis, subsequens agmen præcesserat, et » regiam ad urbem applicuerat. Invenit tamen multos » Lombardos et Longobardos et iterum Alamannos » qui eum præcesserant, et ex imperatoris responso » venientem exercitum sustinebant ». (Baldricus Dolensis, *Hist. Hieros.*, l. I, c. 8 et 9, [Bongars I, p. 89, Migne, *Patr. lat.*, CLXVI, c. 1071, *H. occ. des cr.*, IV, pp. 17-18]).

2 « Les sus-nommez seigneurs ayant donné com- » mencement à l'entreprise pour le seruice de Dieu, » approcherent auec un nombre infiny de peuple de » la cité de Constantinople, portant marque de di- » gnité impériale. Or ce bruit et renom de ce voy- » age ne peut estre celé ny aux Angloys, ny aux » autres isles plus loingtaines, quoy que séparées de » nous par les horribles et effroyables abysmes de » l'Ocean; ains la renommée de ceste entreprise arma » les Bretons et Gascons, et paruint iusqu'aux Gal- » liciens qui sont es extremitez de la terre. Les Ve- » nitiens encor et les Pisans, et Geneuoys, et Tos- » cans, et tous ceux qu'habiten le long de l'Ocean, » et de la mer Mediterranee, sillonans le flots de la » marine couurirent aussi les campaignes d'icelle de » vaisseaux, d'hommes, armes, viures, munitions et » machines de guerre, et ceux qui marchoyent par le » continent, ils couuroyent tout ainsi que des saute- » relles toute la face de la terre. Or falloit-il que » les Alemās passassent par la Hongrie, ce qu'ils » feirent, conduits par Pierre l'Hermite suivi de plu- » sieurs Alemans et Francoys, devancez déja de plu- » sieurs Lombards qui les attendoyent ès riuages de » Constantinople ». (Bellefrest, *Grandes ann. de France*, Paris, 1579, in-f°, I, f° 440 *b*).

vais parler plus loin [3], ce prince en mentionne une autre [4], qu'il avait, un peu auparavant, envoyée de Constantinople, et qui devait offrir un intérêt de premier ordre: cette pièce avait échappé à toutes mes recherches, et je pensais (ainsi d'ailleurs que le redoutait Étienne lui-même [5]) qu'elle n'était jamais parvenue à destination.

Je suis arrivé récemment à une conclusion différente: cette lettre a dû exister jusqu'à la fin du XVIe siècle, et se trouvait probablement dans la Bibliothèque du Roi. François de Belleforest, annaliste de S. M. Très-Chrétienne s'en est servi, et bien avant lui, au temps même de la croisade, Baudry de Dol y a fait, sans la citer, au moins un emprunt littéral assez important.

Dans la grande compilation qu'il intitula: *Grandes annales et histoire générale de France*, et qui ne comprend pas moins de 2000 feuillets in-folio, François de Belleforest ne néglige point l'histoire des croisades, et les récits qu'il nous en offre ne sont pas sans valeur, parce qu'il cite, et (dans une certaine mesure) discute, les sources imprimées ou manuscrites auxquelles il a puisé.

Avant d'entamer la narration assez longue qu'il va faire de la première croisade, il s'exprime ainsi:

« Or quels et combien illustres furent ceux qui se croiserent, ie
» vous le diray, suyuant que l'ay recueilly, et de la Chronique de
» Saint Denys escrite à la main, et de Nangis, et de Guillaume Ar-
» cheuesque de Tyr, et de deux liures escrits à la main, l'un ayant
» le tiltre de Chronique de Jean Frasquet moyne de S. Germain
» d'Auxerre, *et l'autre d'un certain Alexandre, qui fut à ce Concile de
» Clermont, ainsi que luy-mesme confesse en son Epistre*, desquels tous
» ensemble nous ferons un amas, afin qu'il ne faille souuent repeter
» une mesme chose » [6].

Il s'est donc servi du Guillaume de Tyr de Bâle [7], d'une *Chronique de Guillaume de Nangis*, imprimée avant 1579 [8], de la chronique de Frasquet [9], d'un manuscrit des *Chroniques de S. Denis*, et enfin de l'*Epistre* d'un certain Alexandre, témoin oculaire des évènements, et en particulier du concile de Clermont.

S'il s'était borné à ce renseignement laconique, il serait difficile d'en tirer quoi que ce soit d'utile: heureusement il traduit plus loin un passage assez long emprunté à cette *Epistre* [10], et le fait précéder

---

[3] Plus loin n° LXXXVII.

[4] « *Vitæ meæ* ac peregrinationis seriem a Constan-
» tinopoli, LITTERATORIE tibi mandare curavi ». (*Ep. Stephani* [*H. occ. des cr.*, III, 885]).

[5] « Ne legato illi aliquod infortunium contigerit » (*Ibid.*).

[6] Belleforest, *Op. cit.*, I, 448 b.

[7] Éd. Herold, 1540, ou éd. Poyssenot, 1564.

[8] Cette édition, que Papire Masson (*Annales*, 1578, in-4°, p. 402), parait avoir connue, serait perdue; elle aurait contenu le commencement de la chronique, qui passe pour être encore inédit.

[9] Aujourd'hui à Paris, B. Nat., lat. 12498 (ch. s. XV, in-f°).

[10] V. plus haut, p. 142, n° 2.

de la mention suivante: « Et de cette grande et diverse assemblée » (la croisade), voicy comme parle Alexandre, cy dessus allégué en son » *Epistre du voyage de la Terre Sainte* ».

Alexandre avait donc écrit une *Epistola de itinere in Terram-Sanctam* ou *de itinere Jherosolimitano*. Au premier abord on serait tenté de voir tout simplement sous ce titre les *Gesta Francorum et aliorum Hierosolymitanorum*, source de Tudebode et de l'*Historia belli sacri* [11], et qui portent dans la réfection du prêtre de Civray le titre de *De Hierosolymitano itinere*: on a émis [12], en effet, l'opinion qu'originairement ce dernier récit avait dû revêtir la forme de bulletins, envoyés successivement en Occident pour y être lus en chaire.

Malheureusement, l'auteur anonyme des *Gesta* ne parlant point formellement du concile de Clermont en témoin oculaire, il est difficile d'adopter de prime abord cette identification, à moins de supposer que la rédaction, vue par Belleforest, contînt une phrase constatant la présence de l'auteur à l'assemblée de 1095. Je vais d'ailleurs revenir à cette hypothèse, après en avoir étudié et formulé une autre.

Dans une autre lettre d'Étienne à Adèle (Antioche, 29 mars 1098) [13] ce prince nous apprend qu'il avait pour secrétaire, un certain Alexandre, son chapelain [14]; quelque fût le renom littéraire d'Étienne [15], il est permis de supposer que les affaires de la croisade, qu'il dirigea en 1098, ne lui laissaient guère le temps de dicter à son clerc des morceaux latins de l'importance de ceux qui nous sont parvenus sous son nom, et qu'Alexandre dut plus souvent rédiger lui-même les récits dont Étienne lui donnait le cadre, que reproduire servilement la parole princière. Il n'y aurait donc rien d'absurde à supposer qu'il se soit permis d'envoyer en Occident *sous son propre nom*, quelqu'une des élucubrations auxquelles il avait dû se livrer pour le compte de son seigneur: c'est une de ces copies qui serait venue aux mains de Belleforest. Elle aurait reproduit la première lettre d'Étienne à Adèle, lettre que l'on croyait perdue, et qui devait raconter les évènements de la croisade jusqu'à Constantinople, en débutant par le concile de Clermont, auquel Étienne avait assisté.

Mais ici vient une remarque qui complique un peu la question: j'ai dû rechercher si le passage emprunté par Belleforest à l'*Epistre* d'Alexandre ne se retrouvait point dans quelqu'un des historiens, déjà connus, de la première croisade. Il n'est pas dans les *Gesta*;

---

11 Voir les travaux de MM. de Sybel (*Gesch. d. I Kr.*, pp. 22-25), Gurewitsch, *Zur Kritik d. Gesch. d. I Kr.*, (*Forsch. z. d. d. Gesch.*, XIV [1874], pp. 155-175), Hagenmeyer (*Ekkehardus*, Beil. V, pp. 353-359) et Thurot (*Historiens de la I croisade*, [*Revue hist.*, I, 1876, pp. 67-77]).

12 P. Paris, *Introd. à la Ch d'Antioche*, pp. xxviij, xxxiij.

13 Plus loin n° C.

14 « Dum vero capellanus meus Alexander sequenti » die Paschæ cum summa festinatione has litteras » scriberet ». (*Epist. II Stephani ad Adelam.* [*Hist. occ. des cr.*, III, 890]).

15 Voir plus loin p. 150, n. 2.

mais il occupe la fin du chapitre 8 et le commencement du chapitre 9 du livre I de l'*Historia Jerosolimitana* de Baudry de Dol [16]: la version de Belleforest y correspond mot pour mot.

Baudry de Dol avait donc, lui aussi, sous les yeux, sinon la lettre d'Alexandre, du moins un texte la reproduisant, et c'est peut-être à ce texte qu'il a emprunté tout ce qu'il dit du concile de Clermont, y compris le sermon d'Urbain II et la mention de sa propre présence à l'assemblée [17], dont, en ce cas, l'abbé de Bourgueil n'aurait peut-être point fait partie: on a des exemples de plagiats encore plus audacieux et moins intelligents.

Mais, d'autre part, il est certain que Baudry n'a écrit que pour mettre les *Gesta* en bon latin [18], et enfin, il y a, entre les *Gesta* et les deux lettres d'Étienne qui nous sont parvenues, une parenté qui a déjà frappé l'esprit des critiques.

Il ne serait donc pas impossible qu'Alexandre fût l'auteur même des *Gesta*; ce récit aurait été compilé par lui à l'aide de ses propres lettres, d'abord *simplement juxtaposées* (ce serait l'*Epistola* vue par Belleforest) puis refondues, soit par lui-même, soit par quelque contemporain, et divisées en quatre livres sous le titre anonyme de *Gesta Francorum*: ce serait le texte que Baudry aurait eu sous les yeux [19] et remanié au point de vue du style [20].

Cette hypothèse multiple aurait besoin d'une étude plus approfondie [21]: je me contente de la signaler, et je rappelle en terminant que l'Alexandre, chapelain du comte de Chartres, pourrait ne faire qu'un avec un autre Alexandre, moine de Cantorbéry, qui fut employé par s. Anselme dans diverses ambassades en Italie [22] et a passé pour avoir recueilli les *Dicta* de ce dernier [23].

---

16 *H. occ. des cr.*, IV, 17, 18.

17 Baldr. Dol., l. 1, c. 6 (*Ibid.* p. 16).

18 Baldricus Dol., *Prol. in Hist. Hieros* (*H. occ. des cr.*, IV, p. 10).

19 Baudry n'avait sous les yeux qu'une œuvre anonyme: « nescio quis compilator, *nomine suppresso*, » libellum super hac re nimis rusticanum ediderat ». (*Prol.*, l. c.).

20 Le jugement sévère des *Gesta*, l. IV, c. 37, (*Hist. occ. des cr.*, III, 148), sur la fuite d'Étienne, s'expliquerait en supposant qu'Alexandre, amené, de gré ou de force, à ne point imiter la couardise de son seigneur, ne se serait point fait scrupule, une fois abandonné par celui-ci, d'en stigmatiser la conduite.

21 Je dois dire que M. Hagenmeyer m'a suggéré une conjecture beaucoup moins compliquée, et qui est peut-être plus près de la vérité: Belleforest aurait eu tout simplement sous les yeux, un manuscrit *anonyme* de Baudry, précédé (sans transition et en guise de prologue) d'une courte lettre d'Alexandre. Le tout portant le titre de « *De itinere Iberosolimitano* », il aurait naturellement attribué à l'auteur de ce prologue, seul nommé par le copiste, la paternité de l'œuvre entière.

22 En 1102 à Rome (Paschalis II *Epist.*, 15 apr. 1102, [Mansi, *Conc.* XX, 1029, Jaffé n° 4417]), et peut-être à la même époque auprès de la comtesse Mathilde (Anselmi Cant. *Epist.* IV, 37, [Migne, *Patr. lat.*, CLIX, 221]): ces ambassades en Italie permettraient de supposer que cet Alexandre était un normand de Pouille, comme l'auteur anonyme des *Gesta*.

23 On les a attribués aussi à Eadmer; v. Hardy, *Catal. of mat.*, II, 144; Tanner, *Bibl. Britann.-Hibernica*, 29.

LXXV.

1097 (vers le 12 juin [1]) Nicée.

Les princes croisés à Afdhal, vizir du calife Mustaali du Caire: lui annoncent leur intention de s'emparer de Jérusalem, lui offrent leur alliance s'il veut se faire chrétien, et, en cas de refus, lui déclarent la guerre.

[Mentionnée par Pierre Diacre [2] et par l'*Historia belli sacri* [3]].

Cette lettre et l'ambassade chargée de la porter au Caire ne sont mentionnées que par deux témoignages, tous deux du milieu du XIIe siècle et qui probablement n'en font qu'un seul.

Au milieu du récit du siège de Nicée, récit que l'auteur anonyme de l'*Historia belli sacri* (Tudebodus imitatus de l'Académie) a emprunté aux *Gesta Francorum*, se trouve intercalé un court chapitre dépourvu de tout lien avec ce qui le suit ou ce qui le précède. Ce chapitre raconte l'envoi par les chefs de la croisade, réunis en conseil, de deux chevaliers, Hugues de *Bellafayre* et Bertrand de *Scabrica*, et d'un clerc, Pierre de *Picca*, — porteurs d'une sorte de défi à l'adresse de l'émir Afdhal, lieutenant du calife d'Égypte. Les noms des ambassadeurs sont minutieusement désignés, et, dans le cours du récit, seul encore de tous les chroniqueurs connus de la première croisade, l'anonyme raconte leurs aventures.

Pierre Diacre reproduit la même narration, mais avec moins de détails; il supprime les noms des envoyés, et cette circonstance que la résolution aurait été prise sur le conseil d'Alexis.

On sait que le seul manuscrit connu [4] de l'*Historia belli sacri* est au Mont Cassin [5] et qu'il y existait du temps de Pierre Diacre [6]. Si Pierre Diacre n'est pas lui-même l'auteur de cette compilation, qui rentre tout-à-fait dans le système qu'il avait adopté pour la rédaction de ses innombrables écrits [7], il est du moins plus que probable qu'il l'a connue: dans le premier cas, il aurait emprunté le fait de l'envoi,

---

[1] Sur la date de jour de cette lettre, v. Sybel, *G. d. I Kr.*, p. 349.

[2] « Post hæc, consilio habito, elegerunt de suis » tres prudentissimos viros et *miserunt Babiloniam ad* » *Ammirarium cum* LITTERIS hujusmodi. » (Petri Casin. *Chronicon*, l. IV, c. 11, éd. Migne, c. 837).

[3] « Statimque consiliati sunt principes nostri in » unum, uti *legatos in Babiloniam, consilio impera-* » *toris, mandarent....* Vocatis vero istis, dederunt eis » verba in hunc modum: « *Ite.... nostras ferre* LIT- » TERAS.... » (*H. b. sacri*, c. 22, [*Hist. occ. des cr.*, III, p. 181]).

[4] Sauf une copie moderne du ms. cassinien conservée à Naples (*Bib. Nat.*, V, G. 27).

[5] n° 300.

[6] V. Tosti, *St. della badia di M. Cassino*, II, 86. Il est écrit en caractères lombards plus anciens que les manuscrits autographes de Pierre Diacre.

[7] Voir ma préface au *De locis sanctis* de Pierre Diacre (Naples, 1870, in-12°), pp. xj. xv.

dès le temps de Nicée, d'une ambassade au Caire, à une source aujourd'hui perdue, par exemple, au récit d'un des évêques italiens dont l'*Historia* nous signale la présence en Égypte en 1098; cette source aurait été ainsi reproduite par lui, et dans l'*Historia belli sacri*, et dans le *Chronicon Casinense*. Dans le second cas, il aurait simplement dépouillé l'*Historia* [8] au profit du *Chronicon*. Dans l'un, comme dans l'autre, nous n'aurions à faire qu'à un témoignage seul et unique, et par conséquent un peu sujet à caution, surtout eu égard au silence des autres chroniqueurs, qui ne placent que plus tard l'envoi d'un message en Égypte — message sur lequel je reviendrai plus loin.

On pourrait en effet supposer que le compilateur anonyme de l'*Historia belli sacri* (Pierre Diacre ou tout autre) a mal placé dans l'*Historia* un fragment, qui occupait, dans le texte original perdu, une date postérieure, et la véritable: cette hypothèse expliquerait l'absence de toute transition entre le ch. 22 et les ch. 21 et 23.

L'existence de la lettre — du moins à cette date [9] — n'est donc pas hors de toute discussion.

LXXVI-LXXVII.

1097 (vers le 12 juin?)   Nicée?

(Les princes croisés?) à Thoros prince d'Édesse, et à Constantin fils de Roupên: leur annoncent leur arrivée.

[Lettres mentionnées dans la chronique de Matthieu d'Édesse [1]].

Ces lettres émanaient-elles des princes croisés agissant sur le conseil d'Alexis, comme pour la précédente, ou d'Alexis lui-même?

Demandaient-elles des secours, des approvisionnements et des renseignements sur les forces des Infidèles?

Ont-elles été envoyées en même temps que la lettre à Afdhal?

Je serais porté à répondre, avec M. de Sybel [2], à ces trois questions par l'affirmative. Ces deux documents paraissent d'ailleurs perdus sans retour.

---

8 Sur l'époque à laquelle a été composée l'*Hist. b. sacri*, voir Sybel, *G. d. I Kr.*, pp. 39-40, dont l'opinion (comme je l'ai dit plus haut [p. 94, n. 18]), me parait préférable à celle des éditeurs du texte académique (*H. occ. des cr.*, III, p. xiv).

9 On va voir cependant que c'est vers ce temps que les croisés écrivirent aux chefs arméniens; il faut aussi tenir compte du témoignage d'Ibn Khaldoun (éd. Tornberg, p. 50) sur les relations du calife d'Égypte avec les Latins à cette époque, et de celui d'Albert d'Aix (l. III, c. 59, [*Hist. occ. des cr.*, IV, 379]) qui nous parle d'un certain abbé, par l'intermédiaire officieux duquel le prince aurait fait sonder, avant le siège d'Antioche, les dispositions des croisés. Voir plus loin nos XCVI et XCIX.

1 « Thoros, seigneur d'Édesse, en fut prévenu par » une LETTRE qu'ils lui envoyèrent, ainsi que le grand » chef arménien, Constantin, fils de Roupên ». (Mathieu d'Édesse, [*Hist. arm. des cr.*, I, p. 30]).

2 Sybel, *G. d. I Kr.*, p. 349.

LXXVIII-LXXXVI.

1097 (14 mai - 20 juin)   Nicée.

Lettres relatives à la reddition de Nicée.

LXXVIII. Kilidje Arslan aux Nicéens [G. de Tyr, l. III, c. 2] [1].
LXXIX. Alexis I aux mêmes [Anne Comnène, l. XI, c. 1] [2].
LXXX. Butumite aux mêmes [Ibid.] [3].
LXXXI. Kilidje Arslan aux mêmes [Ibid.] [4].
LXXXII. Les Nicéens aux croisés [G. de Tyr. l. III, c. 11] [5].
LXXXIII. Les mêmes à Alexis [Tous les chroniqueurs latins] [6].
LXXXIV. Butumite à Tatice [Ann. C., l. XI, c. 2] [7].
LXXXV. Les croisés à Alexis [G. de Tyr, l. III, c. 11] [8].
LXXXVI. Alexis aux croisés [G. de Tyr, l. III, c. 12] [9].

Aucune de ces lettres ne nous est parvenue: mais les chroniqueurs en mentionnent un plus grand nombre encore; je n'énumèrerai que les principales. Si l'on en croit Anne Comnène, Alexis, résolu, dès le principe [10] et même avant le siège, à traiter directement avec les Turcs en garnison à Nicée, de la reddition de la place, avait chargé Butumite de cette négociation. Une correspondance active (n. LXXX) s'était engagée, une fois le siège commencé, entre ce dernier et les assiégés; il avait été jusqu'à leur envoyer des *lettres impériales* préparées d'avance (n. LXXIX) et contenant les conditions les plus favorables.

L'arrivée de l'armée de secours avait brusquement interrompu les pourparlers; mais comme Kilidje Arslan, une fois battu, avait *écrit*

---

1 INC.: « Adventum in hujus felicis.... » — EXPL. « .... ab hostibus expediti » (Wilb. Tyr, l. III, c. 2., *Hist. occ. des cr.*, 1, 113-114); traduite dans Vétault, 145 et Darras, III, 454; cf. Alb. Aq. l. II, c. 28 (*H. occ. des cr.*, IV, 318) à un discours duquel Guillaume de Tyr a emprunté cette lettre, et Anna C., l. XI, c. 1, (éd. de P., p. 311 b, éd. de B., II, 72, *H. gr. des cr.*, 1, II, p. 39).

2 » Μεταχαλοῦνται τοίνυν ἐπ᾽ αὐτὸ τοῦτο τὸν Βουτουμίτην τόσα καὶ τότα ἀγαθὰ παρὰ τοῦ βασιλέως πείσεσθαι διὰ γραμμάτων συχνῶν πολλάκις αὐτοῖς ἐπαγγελλόμενον εἰ τὴν Νίκαιαν αὐτῷ παραδοῖεν ». (Anna C., l. XI, c. 1, éd. de P., p. 310, éd. de B., II, pp. 70, 81, *H. gr. des cr.*, 1, II, p. 7).

3 Anna C. l. XI, c. 1, (éd. de P. p. 310, éd. de B. II, 71, *H. gr. des cr.*, 1, II, p. 37).

4 Anna C. l. XI, c. 1, (éd. de P. p. 311, éd. de B. II, 72, *H. gr. des cr.*, 1, II, p. 39).

5 « Missa legatione a principibus inducias postulant ». (Wilb. Tyr, l. III, c. 11. [*H. occ. des cr.*, 1, 126]).

6 « *Legationem* mandaverunt imperatori ... quod » civitatem redderent ei » (*Hist. b. sacri*, XXIV, [*H. occ. des cr.*, III, 181, cf. 24, 127]); « Niceam » urbem imperatori per *nuntios* reddiderunt ». (*Epist. Stephani Bles.*, *Ibid*, p. 887): cf. Raim. de Ag. c. 5, Rob. Mon., l. III, c. 5 (*Ibid.*, pp. 239, 758); Bald. Dol., l, c. 26, Guib. Nov., l. III, c. 10 (*H. occ. des cr.*, IV, 29-30, 159); Petrus Cas. l. IV, c. 11, éd. Migne, c. 837.

7 INC.: τὴν ἄγραν ...; — EXPL.: .... ἀποπειρᾶσθαι ». (Anna C., l. XI, c. 2, éd. de P., p. 314, éd. de B. II, 77, *H. gr. des cr*, 1, II, p. 43); traduite dans Peyré, 1, 315).

8 Wilb. Tyr, l. III, c. 11 (*H. occ. des cr.*, 1, p. 127); cf. Wendower, II, 86, M. Paris, II, 63.

9 « Eorum LITTERIS et viva voce captans benevolentiam » (Id., *Ibid.*, l. III, c. 12, p. 127).

10 A. Comn., l. XI, c. 11, (éd. de P., p. 306 c. éd. de B.. II, 67-68, *H. gr. des cr.*, 1, II, p. 36).

(n. LXXXI) aux Nicéens pour les délier de toute obligation envers lui, ceux-ci avaient renoué avec Butumite, qui, introduit secrètement dans leurs murs, s'était hâté de conclure la reddition et de l'annoncer à Tatice, agent de l'empereur auprès des croisés, dans une lettre (n. LXXXIV) dont Anne nous a laissé la teneur en abrégé. La princesse a soin de nous dire que toute cette affaire fut conduite très-secrètement et sans que les croisés, dupés par l'empereur, aient pu s'en douter : aussi ne doit-on point s'étonner de les voir, ignorant complétement le rôle joué par Butumite, raconter tout autrement la reddition.

Quelques-uns des témoins contemporains parlent dans des termes assez brefs d'une ambassade envoyée (n. LXXXIII) par les Nicéens à Alexis, pour lui rendre la place, et cela en dehors des croisés qui accusent Alexis de fourberie. Pour d'autres, les choses se sont passées sans trahison de la part de l'empereur et en parfait accord avec l'armée latine [11]. Albert d'Aix ajoute que Tatice fut la cheville ouvrière de ces négociations. C'est Guillaume de Tyr qui offre la version la plus compliquée et la moins vraisemblable : il nous donne d'abord le texte d'un message (n. LXXVIII) de Kilidje Arslan encourageant les Nicéens à la résistance, mais ne parle point de celui qu'analyse Anne Comnène, et dans lequel, après sa défaite, le sultan signifie aux habitants de la ville qu'il les abandonne. Puis, à la fin du siège, c'est suivant lui, aux croisés que les Nicéens envoient des parlementaires pour traiter de la reddition de la place (n. LXXXII). Tatice se met en travers des négociations, et obtient la capitulation en faveur de l'empereur [12]. Les croisés, non-seulement ne s'irritent point de voir cette proie leur échapper, mais encore, par une lettre (n. LXXXV) dont la teneur nous est donnée en abrégé par Guillaume de Tyr, pressent Alexis de procéder à l'occupation de la ville. Ce dernier s'empresse de satisfaire à leur désir et les remercie par écrit (n. LXXXVI) de leur courtoisie.

La difficulté de décider, pour la plupart de ces messages, s'ils sont restés oraux ou ont été mis en écrit, m'a déterminé à les comprendre tous sous une même rubrique. Une seule pièce d'ailleurs serait intéressante : le chrysobulle offert par Alexis aux Nicéens; mais il faut nous contenter de l'analyse très-sommaire que nous en a donné Anne Comnène.

12 Fulch. Carn., l. I, c. 10, Bart. de Nang. c. 7, Rad. Cadom., c. 17 (*H. occ. des cr.*, III, 333, 495, 618), Alb. Aq. l. II, c. 37 (*H. occ. des cr.*, IV, 327).

12 Wilh. Tyr, l. III, c. 11 (*H. occ. des cr.*, 1, 126).

LXXXVII.

1097 (19-27 juin)   Nicée.

Étienne, comte de Blois et de Chartres, à Adèle d'Angleterre, sa femme: récit de son passage à Constantinople et du siège de Nicée.

[INC.: « Stephanus .... Notum sit dilectioni vestræ Romam .... »; — EXPL.: « .... nisi Antiochia obstiterit nobis. Valete ».

MANUSCRITS: 1. *Chartres*, Cart. de N. D. (perdu); — 2. *Rome*, Vatic., Reg. Chr. 1283 (481), (m. s. XII), f. 73.

ÉDITIONS: A. Bernier, *Hist. de Blois* (1682), pr., p. xxiv (cod. 1); — B. Mabillon, *Musæum Ital.* (1687), I, II, pp. 237-239; (cod. 2); — C. *Hist. occ. des cr.*, III, 885-887 (éd. A et B).

VERSIONS *françaises modernes*: a) Mailly, I, lxiij (fragm.); — b) Michaud, *Bibl. des cr.*, II, 461-463; — c) Roger, *La nobl. de Fr. aux cr.*, pp. 132-133; — d) Peyré, II, 471-474; — e) Darras, XXIII, 442.

RÉCENSIONS: 1. *Hist. litt. de la France*, IX, 271; — 2. Mailly, *l. c.*; — 3. Michaud, *Hist. des cr.*, 1re éd., IV, 357; — 4. Ibid, *Bibl. des cr.*, II, 461; — 5. Sybel, *G. d. l. Kr.*, pp. 9-11; — 6. Peyré, *l. c.*; — 7. *Hist. occ. des cr.*, III, pp. lv-lvij].

Le premier éditeur de ce document important, Bernier, qui l'avait reçu de Du Chesne, en met en doute [1] la parfaite authenticité. Il n'est probablement là que l'écho de l'opinion de Du Chesne, qui l'avait copié dans un cartulaire de N. D. de Chartres, aujourd'hui perdu. Il est impossible de vérifier si cette opinion provenait de l'apparence de la copie; en tous cas, elle ne s'étendait pas au fonds même de la lettre: le style seul paraissait remanié à Du Chesne et à Bernier.

Mais la copie de Rome est très-ancienne, presque contemporaine des évènements: l'altération le serait donc aussi; de plus Étienne paraît avoir été un prince instruit [2], et rien ne s'opposerait à ce qu'il ait dicté, ou tout au moins inspiré ce morceau un peu prétentieux, et rédigé, en somme, dans le goût de l'époque, si ce n'est peut-être le silence assez singulier des chroniqueurs, dont aucun ne semble l'avoir connu.

Je ne soumettrai point les faits mentionnés dans cette lettre à un examen critique: ce travail a déjà été fait d'une façon générale par M. de Sybel et les éditeurs du tome III des *Historiens des croisades*; une étude plus minutieuse sortirait des limites que je me suis fixées. Je me contenterai de rappeler que, si Étienne ne donne pas, sur le

---

[1] « Quoiqu'au sentiment des savants cette lettre » soit fausse quant au style.... elle est véritable » quant aux faits » (Bernier, p. 293).

[2] « Homo facundus et singularis scientiæ » (Bald. Dol., l. III, c. 12, *H. occ. des cr.*, IV, p. 71), bien que ce ne soit pas à lui, mais à un archidiacre de Nantes ou de Saintes malgré l'assertion de l'*Hist. litt.*

de la France (IX, 265), tant de fois répétée depuis (*Art de vérif. les dates*, II, 616, Michaud, *H. des cr.*, I, 176, *Hist. occ. des cr.*, III, p. lv) - qu'Hildebert ait adressé la célèbre louange, « In armis audio te Cæsarem, in » carmine Virgilium obstupesco » (*Hildeb. Epist.* l. III, 22, [Migne, *Patr. lat.*, CLXXI, 297]).

siège de Nicée, des détails bien précis, il porte sur Alexis un jugement complètement différent de celui des autres témoins oculaires de la croisade — jugement qu'il convient de ne point négliger dans l'histoire des rapports de ce prince avec les Latins.

La lettre, écrite dans le court espace de temps qui sépara la prise de Nicée du départ de l'armée, doit être placée entre le 19 et le 27 juin.

LXXXVIII.

** 1097 (juillet) ?

Bohémond à son frère Roger Bursa : lui annonce la victoire de Dorylée.

[Fabriquée au XVIe siècle par J. Donzellini.

INC.: « Posteaquam Niceam urbem . . . . . . »; — EXPL.: « . . . . . Tancredus filius, plurimam salutem dicit. »

ÉDITIONS: A. *Epist. principum*, p. 119; — B. *Epist. regum et principum*, pp. 115-116; — C. N. Reusnerus, *Epist. Turcicæ*, I, 11-12; — D. Baronius, *Annales* ad ann. 1098, n° 15, 1 ed., XI, 717; — E. Idem, ed. Mansi, XVIII, 90; — F. *Principum epistolæ*, pp. 142-143.

VERSION *française*: Michaud, *Hist. des cr.*, 1re éd., VII, p. 7, et dans les éditions suivantes.
VERSION *italienne*: Guarmani, *Gli Italiani in T. S.* (Bologna, 1872, in-8°), p. 350.].

Donzellini, qui savait que quelques chroniqueurs traitaient Tancrède de *neveu* de Bohémond, en fait, en terminant, le fils de Roger Bursa. Cette lettre est donc, non-seulement fausse, mais fabriquée sur un thème inadmissible. Gibbon [1] l'avait déjà signalée comme suspecte: mais Michaud s'est empressé de l'admettre et de la traduire avec sa candeur ordinaire.

LXXXIX.

1097 (août) Constantinople.

Alexis I Comnène au cardinal Oderisio de' Marsi, abbé du Mont Cassin: lui transmet les éloges qu'ont fait de l'abbé les princes croisés, l'informe que les affaires de la croisade sont prospères, charge les porteurs de la lettre de lui donner, de vive voix, de plus amples détails à ce sujet.

[INC.: « . . . . . Et ab omnibus . . . . . »; — EXPL.: « . . . . ab istis nuntiis nostris ».
MANUSCRIT: *Mont Cassin, Reg. Petr. diac.*, n° 147, f° 67 b.

Gibbon, *Hist. of the decline*, trad. Buchon, II, 660.

ÉDITIONS: A. Gattula, *Hist. Cas.*, I, II, 924; — B. Muratori, *Ant. Ital.*, V, 389-390; — C. Tosti, *Storia di M. Casino*, II, 95; — D. Trinchera, *Syllabus*, n° 62, p. 79; — E. *Epist. Alexii ad Rob.*, ed. Riant, p. 43.

VERSION *italienne* (fragm.): Tosti, II, p. 19.

RÉCENSION: Riant, *Ep. Alex.*, præf., p. lxxiij-lxxiv].

Bien qu'obscure, mutilée du commencement, et visiblement altérée par le traducteur, cette lettre n'offre pas les mêmes difficultés de date que l'autre épître d'Alexis à l'abbé du Mont Cassin. En août 1097, l'empereur, encore sous l'impression de la victoire de Dorylée (1er juillet) a pu parfaitement écrire dans les termes dont il se sert à l'endroit des croisés; les futurs historiens de la première croisade ne pourront donc plus négliger cette pièce comme l'ont fait tous leurs prédécesseurs.

XC.

* 1097 (fin de septembre?)   Marésie?

[*Siméon*], *patriarche grec de Jérusalem, et Adhémar de Monteil, évêque du Puy aux fidèles du Nord: leur annoncent la prise de Nicée et trois victoires des croisés sur les Infidèles; les exhortent à venir rejoindre l'armée à Pâques suivant (28 mars 1098).*

[INC.: « D. Patriarcha.... Communi consilio.... »; — EXPL.: .....et proximum Pasca. Valete.... pro nobis orate ».

MANUSCRIT: *Reims*, Bibl. de la Ville, K. $\frac{785}{795}$ (m. s. XII), f. 209 b.

ÉDITION: Plus loin, *Appendice*, n° II].

Vaguement signalée en 1877 par M. W. Arndt, à la suite d'un voyage littéraire fait en France [1] en 1868, cette lettre a été recherchée, sur ma demande, par M. Demaison, archiviste de la ville de Reims. Je puis la publier, à la suite du présent travail, grâce à l'obligeance de cet érudit, qui a bien voulu la copier pour moi.

Elle est certainement contemporaine de la première croisade: l'âge du manuscrit ne laisse absolument aucun doute sur ce point. Mais, si ce ne peut être un de ces exercices littéraires sans valeur, écrits longtemps après les évènements par quelque moine obscur, ce n'est pas non plus un document parfaitement clair et exempt de difficultés. On peut en effet se demander s'il a été écrit en Occident au temps même de la croisade, et si c'est un de ces *excitatoria* destinés à provoquer le zèle d'un public peu difficile sur la nature des documents dont on lui donnait lecture, ou s'il a été écrit réellement en Orient et s'il émane de l'armée chrétienne elle-même.

---

[1] *Neues Archiv*, 1877, t. II, p. 270.

En faveur de la première hypothèse milite d'abord un intitulé au moins singulier, puisque du vivant d'Adhémar du Puy († 1ᵉʳ août 1098) il n'y avait point encore de patriarche latin de Jérusalem, et que l'initiale D. ne saurait par conséquent convenir à Daimbert, arrivé en Terre Sainte seulement en septembre 1099, et précisément pour remplacer Adhémar comme légat du pape [2]. Puis la brièveté extrême et l'obscurité de la pièce, et certaines formules insolites, — la troisième personne du singulier avec l'épithète *sanctissimus*, employée pour désigner le patriarche même qui envoie la lettre — ne prédisposent pas en sa faveur [3]. En troisième lieu — circonstance plus grave — une circulaire des chefs de l'armée aux fidèles d'Occident [4], envoyée après la prise d'Antioche, raconte la croisade en remontant au passage par Constantinople, et paraîtrait, par conséquent, devoir être considérée, comme le seul document officiel de ce genre, parti du camp des croisés, depuis leur départ de Byzance jusqu'au mois de juillet 1098.

Malgré ces diverses objections, je pencherais vers la seconde hypothèse; D. peut vouloir dire *Dominus*, et alors rien n'empêche que la lettre n'ait été écrite au nom du patriarche grec Siméon. Peu importe que ce dernier fût ou ne fût point avec les croisés : son nom avait joué un grand rôle dans la prédication de la croisade; il représentait à lui seul les intérêts religieux que l'expédition s'était proposé de défendre. N'était-il pas naturel qu'une exhortation religieuse, adressée d'Outremer aux fidèles d'Occident, le fût à la fois au nom de ce Siméon et du légat du pape, chefs spirituels, l'un des chrétiens de Terre Sainte, l'autre des Latins armés pour secourir ces derniers? Quant aux trois dernières objections j'y répondrais en suggérant cette hypothèse, que la pièce en question est bien venue d'Orient, mais sans caractère officiel proprement dit, qu'elle a pu très-bien y être rédigée dans un but naturel de propagande, et être envoyée, par Adhémar ou les clercs de son entourage, à leurs collègues d'Europe chargés d'entretenir le zèle des fidèles. La tournure familière, j'allais dire *populaire*, de la lettre, les formules insolites, l'insertion, dans le récit, d'une apparition, enfin l'existence même du document en dehors des communications régulières et officielles de l'armée, s'expliqueraient alors parfaitement.

Quant à la date, elle offre aussi quelques difficultés : la pièce a été écrite après la prise de Nicée, qui y est mentionnée, avant le

---

2 Voir plus loin n° CXIX.

3 M. Hagenmeyer me fait remarquer également que l'assertion de la lettre : « *Niceam nostro dicioni subegimus* » n'est pas exacte, puisque Nicée fut rendue à l'empereur, et non aux croisés : mais ce n'est peut-être là qu'une simple exagération, bien pardonnable à ceux-ci, sans lesquels Alexis ne fût jamais rentré en possession de cette ville.

4 Plus loin n° CVII.

siège d'Antioche, auquel il n'est même pas fait allusion, par conséquent entre le 20 juin et le 21 octobre : pour préciser davantage nous n'avons que l'assertion « *tria bella fecimus* » qui soulève justement une des questions les plus controversées de l'histoire de la Ire croisade. On sait, en effet, qu'entre la bataille de Dorylée et le siège d'Antioche, les chroniqueurs des croisades ne placent aucun combat important avec les Infidèles. Seule Anne Comnène [5] enregistre, avec détails, deux autres victoires des croisés, et il est probable que les différents corps d'armée, marchant souvent isolés, eurent avec l'ennemi, et chacun de son côté, de nombreux engagements partiels [6] qui purent ne pas être connus des autres contingents et des témoins qui faisaient partie de ceux-ci. On n'a d'ailleurs, pour les deux batailles d'Anne Comnène, aucune date de jour : il est donc impossible de rien fixer avec certitude. Je dirai seulement qu'il est probable que la lettre dut être envoyée d'un port de Cilicie, au moment où l'armée, alors à Marésie — « *in Romania* », dit le texte — se trouvait à proximité de la mer, et pouvait, pour la première fois depuis Nicée, communiquer facilement avec l'Occident, c'est-à-dire vers la fin de septembre.

Il me reste à dire un mot de la vision qui est racontée dans ce petit document, et dont j'ai déjà longuement parlé à propos de la lettre, soi-disant apportée de Jérusalem par Pierre l'Hermite [7]. C'est le fait de l'insertion de cette vision dans une missive, envoyée d'Orient au nom du patriarche de Jérusalem, qui m'a fait penser 1.º que le rédacteur de la pièce avait dû avoir devant les yeux les lettres de la narration latine de la croisade de Charlemagne [8], et 2.º que c'était peut-être par l'intermédiaire de la pièce elle-même, que la légende carolingienne avait pu passer en se transformant, soit dans la seconde rédaction des *Chétifs*, soit dans Albert d'Aix.

Je ne puis que renvoyer à ce que j'ai dit plus haut [9] sur ces deux points.

Je ferai remarquer en terminant que cette pièce offre un intérêt spécial en ce qu'elle est adressée aux fidèles du Nord, qui n'avaient pas encore pu rejoindre l'expédition, et que (bien que le fait de la

---

5 Anna Comn., l. XI, c. 3 (éd. de P. p. 318, éd. de B. II, 35, *H. gr. des cr.*, I, 11, pp. 49-50); cf. *Epist. Stephani* (d. les *Hist. occ. des cr.*, III, 886), où Étienne de Blois paraît faire allusion à l'une de ces victoires.

6 *Gesta*, c. 8 (*Hist. occ. des cr.*, III, p. 130); Ekkehardus, p. 48; cf. Peyré, I, 387. On peut aussi regarder ces *tria bella* comme correspondant aux deux batailles livrées devant Nicée et à celle de Dorylée; c'est ainsi que Jean Frasquet (*Chronicon ad ann.* 1272, Paris, B. nat., lat. 12498, ch. s. XV, in-f.) compte six *bella* dans la première croisade: deux à Nicée, Dorylée, Antioche, Jérusalem et Ascalon, et qu'au XIVe siècle Matthieu de Westminster (*Flores histor.*, Francof., 1601, in-f. p. 234) trois *bella* avant Antioche: le passage du Vardar (18 février), devant Nicée et à Dorylée; mais je dois dire que le sens général de la lettre comporte plutôt des combats postérieurs, sinon à Dorylée, du moins à la prise de Nicée.

7 Voir plus haut nº XXXIII.

8 Voir plus haut p. 20.

9 Voir plus haut p. 97.

prédication de la première croisade dans les royaumes scandinaves ne fasse doute pour personne) [10], c'est cependant le premier document, relatif à cette prédication, qui ait encore été signalé.

Enfin elle va nous permettre peut-être de fixer le véritable caractère et la place de la lettre suivante qui a donné lieu à de nombreuses discussions, et qui ne soulèvera plus maintenant aucune difficulté.

XCI.

1097 (milieu d'octobre?) En Cilicie?

[*Siméon*], *patriarche grec de Jérusalem, les évêques grecs de Syrie, et les évêques latins de l'armée des croisés, à l'Église d'Occident: racontent les premiers évènements de la croisade et sollicitent des secours.*

1re RÉDACTION.

[INC. « Jerosolimitanus patriarca . . . . Quoniam ecclesie incremento . . . . »; — EXPL.: « . . . . vere nos committimus ».

1.

(En tête ou à la fin de l'*Hist. Hierosolymitana* de Robert-le-Moine).

MANUSCRITS: 1. *Breslau*, Univ., II 3, ch. s. XVI, (1508), f. 139 b-140 a; — 2. *Breslau*, Univ., IV 191, (m. s. XIV) à la fin; — 3. *Copenhague*, 2159 (m. s. XIII), f. 2; — 4. *Giessen*, 158 (m. s. XIII), f. 173; — 5. *Hambourg*, Gm. 31 b (m. s. XIV) à la fin; — 6. *Himmerode*, perdu; — 7. *Klosterneuburg*, 722 (m. s. XV), f. 265; — 8. *Linz*, Cc. IV 10 (m. s. XIII), f. 265; — 9. *Luxembourg*, 86 (m. s. XIII), f. 114; — 10. *Milan*, Brera, A E XII (ch. s. XV, 4°); — 11. *Münich*, B. roy., lat. 5374 (ch. s. XV), f. 163; — 12. *Münich*, B. roy., lat. 17134, (m. s. XII), f. 64; — 13. *Paris*, B. nat., lat. 5508 (m. s. XII), f. 69; — 14. *Rome*, Vatic. 1795 (m. s. XIII), f. 119; — 15. *Rome*, Vat. 3901 (ch. s. XVI), f. 1; — 16. *Salzburg*, St Pet., IX 28 (ch. s. XV), f. 124; — 17. *Schaffouse*, Bibl. min. 73 (m. s. XIII), f. 138; — 18. *Trèves*, Ville 1203 (m. s. XIII), f. 2; — 19. *Versailles*, B. Madden (ch. s. XV); — 20. *Vienne*, B. imp., 3497 (m. s. XIII), f. 1; — 21. *Vienne*, B. imp., 3993 (m. s. XV), f. 96; — 22. *Vienne*, B. imp., 4790 (ch. s. XV), f. 1; — 23. *Vienne*, B. imp., 9779 (ch. s. XVII), f. 79; — 24. *Wolfenbüttel*, Aug. 14 (m. s. XII), f. 106; — 25. *Wolfenbüttel*, Helmst. 206 (m. s. XII), f. 186; — 26. *Zwetl*, 345 (m. s. XIV), f. 69; — 27. Manuscrit perdu de l'édition princeps.

ÉDITIONS: A. A la fin de l'édition princeps de Robert-le-Moine, s. l. n. d., (Cologne, Ter Hoernen, v. 1470), in-4° [cod. 27]; — B. Martène, *Ampl. coll.*, V, 535-536 [cod. 6]; — C. Pertz, *Archiv*, VI, 631 [cod. 5].

VERSIONS *allemandes* du XVe siècle à la suite de celles de Robert-le-Moine: *a*) par Peter Eschenloer de Breslau, Breslau, Univ., IV f. 105 (ch. s. XV), f. 145; — *b*) par un Anonyme, Münich, B. roy., Cgm. 224, ff. 144-145].

II.

(Dans les *Annales Corbeienses*).

MANUSCRIT: 28. *Münster*, Archiv, 1 B, 243 (m. s. XII).

ÉDITIONS: C. Pertz, *Mon Germ.*, SS., III, 14 [cod. 28]; — D. Jaffé, *Monum. Corbeiensia*, p. 65 [cod. 28].

2.e RÉDACTION.

INC.: « Jerosolimitanus patriarca . . . . Quoniam ecclesiæ incremento. . . . »; — EXPL.: « . . . . remanendi causam habeant ».

MANUSCRITS: 1. *Paris*, B. nat., lat. 5356 (m. s. XII), f. 136; — 2. *S. Évroul* (perdu).

---

10 Voir Riant, *Scand. en T. S.*, pp. 128 et s.

ÉDITIONS: A. Martène, *Thes. anecd.*, I, 272 [cod. 2]; — B. *Epistolæ II Roberti M. Hist. Hierosolymitanæ annexæ* (Genevæ, s. d., in-4º), p. 7 [éd. A].

RECENSIONS: 1) Mailly, *Esprit des crois.*, I, lxix; — 2) Sybel, *Gesch. d. I Kr.*, pp. 14-15; — 3) Peyré, II, 415, 491; — 4) *Ep. Alex.*, éd. Riant, præf., p. lx.

3.ᵉ RÉDACTION.

INC.: Jerosolimitanus patriarca . . . . . Quoniam ecclesiæ incremento . . . . . »; — EXPL.: « . . . . et vos scribite et date gloriam Deo . . . . ou « . . . . . et scribite et facite ».

MANUSCRITS:

I.

(Isolée).

1. *Paris*, B. nat., lat. 13345 (m. s. XII), f. 716.

II.

(A la fin de Robert-le-Moine).

2. *Münich*, B. roy., lat. 18624 (ch. s. XV), f. 76; — 3. *Rome*, Vatic. 3901 (ch. s. XVI), f. 43; — 4. *Vienne*, B. imp., 3497 (m. s. XV), f. 59; — 5. *Vienne*, B. imp., 3993 (m. s. XV), f. 253.

III.

(Dans Udalricus Babenbergensis, *Codex epistolaris*).

MANUSCRITS: 6. *Münich*, Bibl. roy., lat. 4594 (m. s. XII), f. 36; — 7. *Vienne*, B. Imp., 398 (m. s. XII), f. 105; — 8. *Zwetl*, 283 (m. s. XII), f. 228.

ÉDITIONS: A. Eccardus, *Corpus hist. Medii Ævi*, II, nº 236, pp. 256-257 [cod. 6]; — B. Jaffé, *Monum. Bambergensia*, nº 92, pp. 181-182 [cod. 6, 7].

VERSIONS françaises: a) Michaud, *Hist. des cr.*, 1ʳᵉ éd., I, pp. 545-547 et éd. suivantes; — b) Roger, *La noblesse de Fr. aux crois.*, 141-142; — c) Yanoski et David, *La Syrie*, p. 279; — d) Peyré, II, 492-493.

VERSIONS italiennes: a) Michaud, *Storia delle crociate*, tr. L. Rossi (Milano, 1811, in-8º) II, 229; — b) Idem, tr. Ambrosoli (Milano, 1831, in-8º), I, 554].

Les opinions, comme je viens de le dire, ont été très-partagées à l'endroit de cette pièce. Martène, qui paraît n'avoir point douté qu'elle ne fût authentique, l'a placée en 1097. Mailly n'acceptait ni cette date, ni l'assertion contenue dans l'intitulé, et voyait dans la lettre l'œuvre des chefs laïques de la croisade. Michaud, à qui elle ne présentait aucune difficulté, a trouvé cependant moyen, tantôt de la confondre avec celle que le patriarche Siméon avait soi-disant délivrée à Pierre l'Hermite[1], tantôt de l'attribuer au patriarche grec d'Antioche[2]; il la place en 1098. M. de Sybel[3] l'a regardée comme authentique, quoique sans valeur. Peyré[4] l'attribue à Arnoul de Rohes, et la fixe au mois d'août 1099. Jaffé[5] la considère comme fausse et Wattenbach[6] comme légitime.

Examinons-la de près.

Les manuscrits nous en ont conservé trois rédactions bien distinctes: la première, très-courte, la seconde[7], allongée d'un appendice homi-

---

[1] *Hist. des cr.*, 1ʳᵉ éd., VI, 704.
[2] *Ibid.*, I, 545.
[3] *Gesch. d. I Kr.*, I, 14.
[4] II, 491; M. Hagenmeyer (p. 163) paraît adopter cette opinion, que j'ai suivie dans les *Exuviæ C. P.*, (II, 204 n.), mais que la découverte de la pièce précédente m'a fait abandonner depuis.
[5] *Mon. Bamb.*, p. 181.
[6] *Deutschl. G. Quellen*, II, 125.
[7] La première s'arrête aux mots « *vere nos committimus* » (*concitantibus* dans les mnss. qui donnent la seconde rédaction).

létique sans intérêt historique: la troisième enfin, qui ne diffère de la seconde que par quelques variantes sans importance, et l'addition d'une petite phrase finale, où les croisés demandent ¡des nouvelles d'Occident.

La première rédaction accompagne *toujours*, et dans des copies fort anciennes, l'*Historia Hierosolymitana* de Robert-le-Moine [8], sauf dans le manuscrit unique des *Annales de Corvey*, qui, rédigées en 1148, ont parfaitement pu l'emprunter à une copie du récit de Robert, déjà répandu en Allemagne à cette époque [9].

De la seconde rédaction nous n'avons, au contraire, que trois manuscrits, tous isolés.

La troisième rédaction accompagne de nouveau, dans trois manuscrits l'*Historia Hierosolymitana* de Robert: mais, circonstance singulière, elle y fait double emploi avec la première rédaction, celle-ci inaugurant, celle-là terminant les manuscrits; et comme ces derniers sont très-récents, il est permis de supposer qu'ils dérivent tous d'une seule et même copie originelle - copie où le scribe, n'ayant eu connaissance de la troisième rédaction qu'après avoir inscrit la première en tête de l'*Historia Hierosolymitana*, aura voulu compléter son œuvre en y ajoutant, à la fin, un texte qu'il regardait probablement comme plus complet.

Cette troisième rédaction est d'ailleurs un remaniement très-ancien de la seconde: car, d'une part, nous en avons [10] un manuscrit isolé du commencement du XIIe siècle, et, de l'autre, elle se trouve dans le *Codex epistolaris* d'Ulrich de Bamberg, recueil formé en 1125 et dont nous avons des exemplaires remontant à cette dernière date.

Nous sommes donc en face d'une pièce, sinon connue de Robert-le-Moine, du moins ajoutée à son œuvre par des scribes contemporains, puis rallongée une première fois avant 1125, et enfin insérée dans le *Codex epistolaris* d'Ulrich de Bamberg.

Comparons-la à la lettre précédente: nous trouverons entre les deux documents une parenté surprenante; l'un nous est conservé dans un manuscrit de Reims, contemporain de Robert, moine de Reims; l'autre accompagne 27 exemplaires sur 80 de la chronique du même Robert. Je viens de montrer que le patriarche qui figure dans l'intitulé de la première lettre est le patriarche grec Siméon: celle-ci est adressée aussi au nom du patriarche de Jérusalem et des évêques *grecs* et *latins* d'Orient.

Elle est donc, comme l'autre, antérieure à l'époque où l'armée chré-

---

8 Sauf dans le manuscrit perdu d'Himmerode, où elle accompagnait un poème latin sur la 1re croisade (V. Martène *Ampl. coll.*, V, 517); mais ce poème n'était qu'une mise en vers de l'*Hist. Hierosol*.

9 Voir ma préface à l'*Epist. Al. mil. Rob.*, pp. xl et lxviij.

10 Paris, B. nat., lat. 13345.

tienne, commençant à se brouiller avec l'empereur [11], se décida à rompre avec le clergé grec et à remplacer les évêques de ce rite par des prélats latins (oct. 1098 [12]). Toutes deux racontent les mêmes faits, bien que dans des termes différents : seulement la seconde substitue à l'apparition miraculeuse, l'intervention de quatre saints guerriers [13]. Ce ne sont donc, à mon avis, que deux éditions successives d'une seule et même lettre, éditions envoyées de Cilicie à un très-court intervalle, l'une dans le Nord et l'autre en Occident. La première est la plus ancienne, car elle parle encore du départ de Nicée et ne touche qu'en passant aux villes prises sur la route, tandis que l'autre semble déjà avoir oublié Nicée pour ne s'occuper que des *onze villes* et des *deux cents châteaux* récemment conquis [14] : la première d'ailleurs ne parle que de trois batailles, et la seconde de cinq [15]. Il convient donc de placer celle-ci plus près du siège d'Antioche, quand déjà tous les environs de cette ville étaient tombés, à la suite de combats heureux, au pouvoir des croisés, et par conséquent au milieu d'octobre 1098.

Quel rôle maintenant ont joué, à l'endroit de la lettre, soit Robert-le-Moine, soit Ulrich de Bamberg ? il est plus difficile de le déterminer. L'ont-ils altérée, soit en l'abrégeant, soit en l'allongeant ? Dépouillée de son appendice jaculatoire, elle a bien le caractère populaire que je signalais dans la précédente, et qui tranche nettement sur le style soigné de Robert. Celui-ci ne serait donc point le rédacteur de la lettre et l'aurait seulement fait copier à la suite de sa chronique, sans se donner la peine de la modifier. Quant à la question de savoir s'il n'aurait pas envoyé ce document d'Orient à Reims, d'où il se serait répandu dans l'Europe entière, j'avoue qu'elle me paraît actuellement insoluble ; car il faudrait, pour y répondre utilement, reprendre à nouveau celle de la présence à la première croisade de l'abbé de S. Remi [16], ce qui me paraît parfaitement oiseux, tant que l'on n'aura pas de nouveaux éléments de discussion. Ulrich, au contraire, nous aurait transmis la lettre originale, allongée et déformée, et cela sans qu'on puisse affirmer qu'il soit coupable de

---

11 Après l'insuccès de l'ambassade de Hugues-le-Maîné (août 1098), plus loin n° CIX.

12 Pierre de Narbonne fut installé évêque d'Albara en oct. 1098 (*Gesta*, c. 22, Raim. de Ag. c. 14 [*H. occ. des cr.*, III, 153, 266]; Baldr. Dol., l. III, c. 22 [*Ibid.*, IV, 83]; Wilh. Tyr., l. VII, c. 8 [*Ibid.*, I, 288]).

13 Nous les retrouvons dans l'*Hist. b. sacri*, c. 27 et dans Bartolf, c. 9 (*Hist. occ. des cr.*, III, 183, 496); ils figurent aussi à la défaite de Kerbogha, (*Gesta*, c. 39; Tudeb., XI, 8; *Hist. belli sacri*, c. 82; Rob. Mon., l. VII, c. 13; Baldr., l. II, c. 17; Guib. de Nov., l. VI, c. 9 (*H. occ. des cr.*, III, 81, 151, 205, 832, IV, 77, 206). Ch. d'*Ant.*, VIII, 62, t. II, p. 285; *Epist. Luceusium*, plus loin App. n° IV; cf. Röhricht, *Beitr. z. Gesch. d. Kreuzz.* (Breslau, 1878).

II, pp. 11, 19, 21, et *Pilgerfahrt. v. d. Kreuzz.*, p. 378, n. 107.

14 Voir la lettre n° XCVII, plus loin App. n° III, qui mentionne aussi ces deux cents châteaux, et qui montre bien qu'il s'agit des conquêtes antérieures au siège d'Antioche, et non de celles faites plus tard en Syrie, et qui ont induit Peyré à placer la lettre en 1099. Étienne de Blois parle aussi (le 29 mars 1098) de 160 châteaux pris en Syrie (*Ep. Stephani*, d. les *H. occ. des cr.*, III, 889).

15 Il est vrai que ces *cinq* batailles ne figurent que dans l'appendice des 2ᵉ et 3ᵉ rédactions.

16 Voir la préface du tome III des *H. des cr.*, pp. xliv-xlv, et celle de l'*Epistola Alexii*, pp. xlj, n. 5, et lxj, n. 2.

cette déformation, dûe plutôt à l'auteur anonyme de la seconde rédaction.

Je termine enfin, en renvoyant à ce que j'ai dit, au commencement de ce travail [17], des rapports que la lettre aurait eus avec la *Relatio* latine de la croisade de Charlemagne — les copistes de l'*Historia* de Robert, sinon Robert lui-même, pour donner à l'œuvre du moine de S. Remi une certaine ressemblance extérieure avec un document aussi populaire que la *Relatio*, ayant cru devoir orner celle-là, comme l'était celui-ci, de deux épîtres, l'une patriarcale et l'autre impériale, prenant la première toute faite [18], et fabricant au contraire la seconde dans le style et à l'aide des lettres carolingiennes.

XCII.

1097 (après le 8 octobre)   Watten?

Charte de Clémence de Bourgogne, comtesse de Flandres, relative à un envoi de reliques fait par le comte Robert II le Hiérosolymitain, son mari, pendant son voyage à Jérusalem, et à la consécration de l'église de Watten.

[INC.: « In nomine sancte . . . . Ego Clementia . . . . Tempore quo. . . . . »; — EXPL.: « . . . in perpetuum exerint . . . aliis expresse nominatis. »

MANUSCRITS: 1. S.t Omer, n° 852, *Chart. Watinense* (ch. s. XV, in-4°); — 2. *Ibid.*, n° 851. *Ann. eccl. Watinensis* (ch. s. XVI, in-4°) t. I.

ÉDITION: Coussemaker, *Documents relatifs à la Flandre maritime* (Lille, 1860, in-8°), pp. 65-66, tirage à part des *Annales du comité flamand de France* (V, 1859-1860), pp. 359-360.

RÉCENSIONS: 1. *Bulletin de la soc. des antiq. de la Morinie*, t. I (1852), p. 26; — 2. Coussemaker, p. 10].

J'ai compris ce document parmi les lettres historiques, bien qu'il ait la forme d'une charte de donation: mais il n'en a que la *forme*, et il contient en réalité un récit curieux et jusqu'à présent inconnu aux historiens des croisades, de la première partie du voyage de Robert II et de ses rapports avec sa sœur, la duchesse de Pouille, Édla, veuve de s. Knut de Danemark et femme de Roger Bursa [1]. Robert II reçoit de ce dernier des reliques qu'il envoie à sa femme, et que celle-ci dépose dans une église construite à cet effet à Watten et dotée par elle de diverses possessions. Lambert, évêque d'Arras, est délégué par Manassès II de Châtillon, archevêque de Reims, pour consacrer le nouveau sanctuaire: la cérémonie a lieu le 8 octobre 1097,

---

[17] Plus haut p. 20; voir aussi ma préface à l'*Epist. Alexij*, p. lix-lx.

[18] L'absence de toute expression commune entre notre lettre et les épîtres carolingiennes, tandis que celle d'Alexis a plusieurs passages identiques avec ces dernières, prouve bien que la première n'a pas eu le même auteur que la seconde, et même que, si celle-ci est fausse, celle-là est par cela même authentique.

[1] V. Riant, *Scand. en T. S.*, p. 184.

et c'est probablement peu après, si ce n'est le jour même, qu'est scellé l'acte de donation, daté d'ailleurs seulement de 1097, V⁰ indiction.

XCIII.

** 1097 (commencement de novembre)   Antioche.

Bohémond à Roger: lui annonce l'investissement d'Antioche.

[Fabriquée au XVIe siècle par Donzellini.]

INC.: « Quæ a militibus . . . . . » ; — EXPL.: « . . . . obsideri Antiochia ».

ÉDITIONS: A. *Epist. princ.*, pp. 123-124; — B. *Epist. regum et princ.*, p. 120; — C. N. Reusnerus, *Ep. Turcicæ*, I, 12-13; — D. *Princ. epist.*, pp. 147-149].

Cette lettre est aussi apocryphe que l'épître soi-disant écrite par le même Bohémond après la bataille de Dorylée: cependant elle est plus difficile à expliquer que celle-ci, dont les termes vagues avaient pu être empruntés par le faussaire à n'importe quelle histoire générale. Ici, Donzellini suppose que Bohémond renvoie à une lettre précédente, où il aurait raconté à Roger une victoire remportée par les croisés près de *Murasis* (?). Est-ce là un nom de fantaisie inventé par le faussaire? a-t-il puisé à une source perdue, relatant l'une des deux batailles dont parle Anne Comnène, comme ayant été livrées entre celle de Dorylée et l'investissement d'Antioche [1], et dont j'ai dit un mot tout-à-l'heure? A-t-il au contraire mal lu quelque récit de la 1re croisade, et placé à Marésie, où il n'y eut aucun engagement, le combat de Dorylée? il est difficile de le préciser.

Le reste de la lettre est rempli par une description d'Antioche, empruntée mot à mot aux *Décades* de Flavio Biondo [2], qui l'avait prise lui-même, partie dans Accolti [3], partie dans Guillaume de Tyr [4].

XCIV.

1097 (novembre)   Mont Cassin.

Oderisio I de' Marsi, abbé du Mont Cassin, à Alexis Comnène: lui recommande les croisés.

[Mentionnée dans la réponse d'Alexis, plus loin n° CI [1]].

---

[1] Anna Comnena, l. XI, c. 3, (éd. de P., p. 318, éd. de B., II, 35, *H. gr. des cr.*, I, II, pp. 49-50); cf. Peyré, I, 387, et plus haut, p. 154.
[2] Fl. Blondus, *Decades*, D. II, l. 3.
[3] Accolti, éd. Hofsnider, p. 171.
[4] Wilh. Tyr., l. IV, c. 9-10 (*H. occ. des cr.*, I,

p. 165-169; cf. Guib. de Nov., l. VI, c. 16 (*Ibid.* IV, 211).

[1] « Ut autem adiutorium præberet (Imperium meum).... exercitui Francorum designabant vestræ prudentissimæ APICES ». (*Ep. III Alex. ad Oder.* à la suite de l'*Epist. Alex. ad Rob.*, éd. Riant. p. 44.

J'ai placé cette lettre en novembre, parce qu'il m'a paru résulter de la correspondance d'Oderisio avec Alexis que les réponses de l'abbé à l'empereur étaient confiées aux envoyés grecs eux-mêmes qui avaient apporté les chrysobulles [2]. Or la pièce actuelle me paraît être la réponse d'Oderisio à la lettre impériale du mois d'août, et avoir dû être envoyée du Mont Cassin, trois mois au moins après le départ de Constantinople des messagers porteurs de celle-ci — ce délai devant correspondre au temps exigé par le voyage des ambassadeurs et leur séjour à l'abbaye.

XCV.

1097 (novembre) Édesse.

Thoros, prince d'Édesse [aux croisés et] à Baudouin : le prie de venir occuper Édesse pour défendre cette ville contre les Infidèles.

[Mentionnée par Matthieu d'Édesse [1], la *Chanson d'Antioche* [2], et Guillaume de Tyr [3]].

Le fait d'une ambassade, envoyée par Thoros, prince d'Édesse, à Baudouin, aussitôt après les premiers succès [4] remportés par ce prince au sud du Taurus, est affirmé par des témoignages nombreux et irrécusables [5]. Elle se composait, suivant Albert d'Aix, de l'évêque de la ville et de douze des principaux habitants. Matthieu d'Édesse nous apprend que ces envoyés étaient porteurs d'une lettre, contenant, de la part de Thoros, des demandes que Baudouin dut plus tard jurer de satisfaire [6]. Je serais porté à croire que cette lettre était en même temps la réponse à celle dont j'ai parlé plus haut [7], et par laquelle les croisés avaient annoncé leur arrivée au prince d'Édesse : en effet Michel-le-Syrien [8] nous représente le message comme adressé

---

2 V. Petri Casin. *Chronicon*, l. IV, c. 17, éd. Migne, c. 844.

1 « Il (Thoros) envoya vers le comte frank pour » le prier de venir à son secours contre ses ennemis »... « Baudouin prit à témoin les archanges.... qu'il exé- » cuterait ce que Thoros lui avait demandé dans la » LETTRE qu'il lui avait adressée. » (Matth. d'Édesse, [*Hist. arm. des cr.*, I, pp. 35, 37]).

2 « Li Vius de la Montaigne l'a par LETRES mandé. » (*Ch. d'Ant.*, l. III, c. 23, t. I, p. 185).

3 « Qui (Edessene) civitati preerat.... missa lega- » tione LITTERIS et viva voce Balduinum ad se satagit » evocari. » (Wilh. Tyr., l. IV, c. 2 [*Hist. occ. des cr.*, I, 154]).

4 Albert d'Aix mentionne auparavant une lettre sans importance, écrite par l'arménien Pancrace à son fils, pour lui ordonner de livrer à Baudouin le château de Ravendel : « In manu Fer litteras filio Pan-

» cratius direxit » (Alb Aq., l. III, c. 18, [*Hist. occ. des cr.*, IV, 351]).

5 « Misit ad eum [Balduinum] legationem princeps » civitatis Edessæ » (Fulch. Carn., l. I, c. 14, [*Hist. occ. des cr.*, III, 337]); — « Princeps... Edessæ misit ad » eum legationem. » (Bartolf., c. 9 [*Ibid.*, III, p. 497]); « — Dux civitatis Rohas.... episcopum eiusdem urbis » cum duodecim prefectis maioribus civitatis ...., ad » ipsum Balduinum misit, quatenus ad urbem descen- » deret. » (Alb. Aq. l. III, c. 19, [*Ibid.*, IV, p. 352]); cf. Guib. de Nov., l. III, c. 13 [*Ibid*, IV, p. 155); — « Thoros fit dire aux croisés d'envoyer un des leurs » pour prendre possession d'Édesse. » (Michel-le-Syrien, [*Hist. arm. des cr.*, I, 328]).

6 Matth. d'Édesse, p. 37.

7 Plus haut n° LXXVI, p. 147.

8 Michel-le-Syrien, *l. c.*

à l'ensemble des chefs de l'armée. Il a dû être envoyé d'Édesse vers le mois de novembre 9.

XCVI.

1097 (décembre)   Le Caire.

Afdhal, visir du calife d'Égypte aux croisés : proteste de ses sentiments d'amitié envers eux et les encourage à combattre les Turcs : donne pouvoir à ses envoyés de conclure avec les Latins un traité d'alliance.

[Insérée en substance dans Albert d'Aix, l. III, c. 59].

INC. : « Rex ammirabilis Babyloniæ . . . . » ; — EXPL: « . . . . injuste ablata ».

ÉDITIONS : — A. Albertus Aq., éd. Reineccius, pp. 69-70 ; — B. éd. Bongars, I, p. 235 ; — C. éd. Migne, c. 472 ; — D. *Hist. occ. des cr.*, IV, 380.

VERSION *française moderne* : Guizot, *Mémoires*, XX, 178].

Si l'ambassade envoyée de Nicée en Égypte par les croisés pouvait soulever quelques doutes, il n'en est pas de même de celle qui vint d'Égypte à Antioche, au commencement de l'année 1098 [1]. Outre Ibn Khaldoun [2], tous les chroniqueurs latins, témoins oculaires de la 1re croisade, sauf Foucher de Chartres, en parlent: ceux qui n'étaient pas admis au conseil des chefs se contentent de la signaler [3] : de mieux informés ont pensé qu'Afdhal avait envoyé de lui-même des députés chargés de saluer les croisés [4], avec qui, selon d'autres, devait être conclu un traité d'alliance et d'amitié [5]. L'existence des lettres que portaient ces ambassadeurs nous est affirmée par le prince même qui présidait le conseil des croisés, Étienne de Blois : c'étaient de pleins pouvoirs en vertu desquels put être signé le traité susdit [6] : malheureusement Étienne ne nous indique pas les clauses de la convention.

---

9 En effet Baudouin se sépara des croisés un mois environ avant le commencement du siège d'Antioche (21 octobre), et était à Édesse en février 1098 (cf. Hagenmeyer, *Ekkeh.*, p. 209) ; Matthieu d'Édesse ne place l'ambassade qu'en 547 de l'ère arménienne, année qui commence le 25 février 1098.

1 Sur la date de l'arrivée de cette ambassade, v. Hagenmeyer, *Ekkeh.*, p. 168.

2 « [Khalifi Ægyti] quum Seldjukidas . . . valde » timerent, Francis nuntium ablegarunt, quo eos ad » Syriæ expugnationem excitarent. » (Ibn Khaldoun, éd. Tornberg, p. 123) ; cf. Ibn el-Athir (*Hist. or. des cr.*, I, 191), qui place l'appel de l'Égypte aux Latins avant la croisade, et Renaudot, *Hist. des patr. d'Alexandrie*, p. 478.

3 *Gesta*, IV, c. 17, 27, Tudebode, IV, 11, VII, 4, (*Hist. occ. des cr.*, III, 137, 139, 45, 49) ; Baldr. Dol., l. II, c. 17 (*Hist. occ. des cr.*, IV, 51) pour qui l'arrivée des ambassadeurs est *fortuite* ; Ord. Vit., l. IX, c. 9 (éd. Le Prévost, III, 528) ; Otto Frisingensis, l. VII, c. 3, éd. Cuspinianus, f. 75 a ; Guido de Baz., ap. Alberici *Chron.* (Pertz, *Mon. G., SS.*, XXIII, 810).

4 Raim. de Ag., c. 7 (*Hist. occ. des cr.*, III, 247). Ekkeh. Uraug., *Hierosol*, XVI, 1, éd. Hagenmeyer, p. 168.

5 *Hist. belli sacri*, c. 46 et 99. (*Hist. occ. des cr.*, III, 189-190, 212) ; cf. God. Viterb., *Pantheon*, XXIII, 38 (Pertz, *Mon. G., SS.*, XXII, 249).

6 « *Misit ad nos in exercitu nuntios* suos Sarracenos » *cum* LITTERIS *suis*, et per eos firmavit pactum et » dilectionem nobiscum. » (*Epist. Steph.* [*Hist. occ. des cr.*, III, 889]) ; cf. Anselmi *Epist.* (*Ibid.*, p. 893).

La lettre qu'Albert d'Aix nous a conservée n'est probablement, ni par le fond, ni par la forme, la reproduction de celle qu'apportait l'ambassade égyptienne : mais, dans ce morceau d'imagination, avons-nous au moins la substance du traité? je serais porté à en douter : Afdhal y assure aux Latins la possession de Jérusalem, s'ils veulent se charger de l'enlever aux Turcs ; il leur promet presque de se faire chrétien et les encourage à ne pas abandonner le siège d'Antioche. Guillaume de Tyr [7], sous une forme narrative, reproduit les mêmes offres. Robert-le-Moine [8] nous donne à la place un discours beaucoup plus fier, où les envoyés se contentent de proposer, au nom de l'émir, l'accès libre des Lieux Saints aux croisés et leur ravitaillement pendant le voyage, à condition qu'ils déposent les armes : en cas de refus, on s'opposera, à main armée, à leur expédition. A ce langage inadmissible, puisque Afdhal ne pouvait promettre le passage à travers un pays qui, à cette époque, ne lui appartenait point, je préfèrerais l'assertion de Guibert de Nogent [9], qui nous montre l'émir promettant de se faire chrétien, si on lui fait recouvrer Jérusalem et les territoires que lui ont enlevés les Turcs, et qui nous apprend plus loin que le traité n'était qu'une feinte et l'ambassade un simple espionnage.

Mais le récit évidemment le plus sûr est celui de l'auteur anonyme de l'*Historia belli sacri* [10], qui, comme je l'ai dit plus haut [11], a puisé, pour tout ce qui concerne les rapports des croisés avec l'Égypte, à une source spéciale, différente des autres chroniques, en particulier des *Gesta*, qu'ailleurs il suit de préférence ; pour cet anonyme, l'ambassade apportait d'abord les protestations d'amitié d'Afdhal ; ce dernier priait seulement les Latins de ne pas dévaster sa terre ; s'ils voulaient accepter son alliance, il leur offrait, soit de partager les conquêtes communes, soit de les tenir d'eux en fief. Comme Guibert, l'anonyme avoue que les envoyés n'étaient que des espions : quant aux croisés, ils avaient offert à l'émir, suivant Raimond d'Aiguilhe [12] (qui a dû être informé de ces détails par le comte de S.t Gilles) de s'allier avec eux contre les Turcs, pour chasser ceux-ci de la Syrie et de la Palestine : toutes les villes, possédées auparavant par l'Égypte, devaient lui être rendues, sauf Jérusalem, dont la possession aurait été assurée aux Latins : on aurait partagé par moitié le reste des conquêtes à faire.

Quoiqu'il en soit, il me paraît historiquement certain qu'il a existé

---

7 Wilh. Tyr., l. XIV, c. 24 (*Hist. occ. des cr.*, I, 191); cf. Gilo, l. III, (Migne, *Patr. lat.*, CLV, 966).

8 Robertus Mon., l. IV, c. 16, l. V, c. 1-2 (*Hist. occ. des cr.*, III, 784, 791); cf. Gilo, l. III, c. 965-967. Robert-le-Moine, qui suppose que Jérusalem avait déjà été reprise par Afdhal, a confondu avec la seconde ambassade. Voir plus loin n. CXXVII, et Wilh. Tyr., l. VII, c. 19 (*Hist. occ. des cr.* I, 305-306).

9 Guib. de Nov., l. IV, c. 13, l. VII, c. 3 (*Ibid.*, IV, 178, 224).

10 *Hist. b. sacri*, l. e.

11 Voir plus haut, p. 147.

12 Raim. de Ag., c. 16 (*H. occ. des cr.*, III, 277).

une lettre d'Afdhal aux croisés: je l'ai placée en décembre 1097, ayant supposé qu'il avait fallu six ou sept semaines aux envoyés égyptiens pour venir du Caire à Antioche, où ils étaient déjà arrivés le 9 février.

XCVII.

1098 (vers le 10 février)   Devant Antioche.

Anselme, comte de Ribemont, à Manassès II de Châtillon, archevêque de Reims: lui raconte le siège et la prise de Nicée, la bataille de Dorylée, la marche des croisés à travers l'Asie Mineure et les premiers évènements du siège d'Antioche.

[INC.: « Reverendo domino .... Quia dominus noster es .... »; — EXPL.: « .... per Remundum de Castello. Valete ».

MANUSCRIT: Paris, Bibl. Mazar., H. 1345 (S. Martin des Champs, 98) (m. s. XII, in-4°), ff. 21*b*-22*b*.

ÉDITION: Plus loin, *Appendice*, n° III.

RÉCENSION: Guibert de Nogent, l. VI, c. 8 (*Hist. occ. des cr.*, IV, 219)].

Anselme de Ribemont [1], comte d'Ostrevant et de Valenciennes, est l'une des figures les plus brillantes de la première croisade [2], et sa mort glorieuse devant Archis (commencement d'avril 1099) a été célébrée par tous les témoins oculaires de l'expédition [3].

Suivant Guibert de Nogent [4], il avait adressé d'Orient, à Manassès II de Châtillon, archevêque de Reims, son ami et son représentant en France [5], deux lettres racontant, l'une les évènements de la croisade depuis Constantinople jusqu'à Antioche, l'autre le siège et la prise d'Antioche et la défaite de Kerbogha (28 juin 1098).

La seconde seulement, dont je m'occuperai tout-à-l'heure, était

---

[1] Ribemont, arr. de S. Quentin (Aisne).

[2] Voir Robert. Mon., l. II, c. 10 (*H. occ. des cr.*, III, 475); Wilh. Tyr., l. VI, c. 18 (*Ibid.*, I, 265); Alb. Aq., l. IV, c. 49 (*Ibid.*, IV, 424); *Hist. b. s.*, c. 104; Raim. de Ag., c. 16, Rad. Cad., c. 106. (*Ibid.*, III, 215, 276, 280); *Auctaria ad Sigebertum* (Pertz, *Mon. Germ.*, SS., VI, 393-395, 471); Miræus, *Op. diplom.*, I, 348; *Gallia chr.*, II, Instr. 427, X, Instr. 190; Outreman, *Hist. de Valenciennes*, pr., p. 6; Escallier, *Hist. d'Anchin*, p. 40; P. Paris, *Chans. d'Antioche*, Index, II, 359.

[3] Wilh. Tyr., l. VII, c. 17; Tudebod., l. XIII, c. 12; *Hist. b. s.*, c. 97; Raim. de Ag., c. 12; Fulch. Carn., l. I, c. 25; Bartolfus, c. 26; Rad. Cadom., c. 106; Rob. Mon., l. IX, c. 18; Baldr. Dol., l. IV, c. 5; Guib. de Nov., l. VI, c. 23; Alb. Aq., l. V, c. 31, 36 (*Hist. occ. des cr.*, I, 303; III, 100, 158, 211, 276, 353, 507, 680, 857; IV, 93, 219, 452, 456); *Ch. d'Antioche*, VIII, 8, t. II.

297; Bern. Guidonis, *Vita Urbani II* (Murat., SS., III, 354); *Roman du Cygne*, éd. Reiffenberg, II, cxxxvj; *Chron. Andrense*, (D'Achery, *Spicileg.*, IX, 375); Outreman, *Hist. de Valenciennes*, pr., p. 114.

[4] « Qui, quum in Dominica militia fidelissime et » retractabiliter se ageret, inter cætera suæ sagaci- » tatis fideique potentis insignia, illud præclarum, » et omnibus amantissimum litteratis, exhibuit, quod » cuncta quæ in obsidione Nicææ, et quæ Romaniam » Armeniamque peragrando, quæ denique Antiochiam » aggrediendo, captam defensando, nostri egere, qua- » liter per idem tempus contra Galapiæ regem, contra » Damascenum, Iherosolimitanum quoque, quem et » adulterum vocitat, confixere, ad Manassem, Re- » morum archiepiscopum, piæ memoriæ virum, qui » ante hoc decessit ferme biennium, semel ac se- » cundo directis apicibus, clarissime patefecit ». (Guib. de Nov., l. VI, c. 23 [*Hist. occ. des cr.*, IV, 219]).

[5] Voir plus loin n° CXLVII.

parvenue jusqu'à nous, et l'on regrettait vivement la perte de la première.

J'ai eu, en 1877, la bonne fortune de retrouver celle-ci dans un manuscrit de la bibliothèque Mazarine à Paris, provenant de l'abbaye de S.ᵗ Martin des Champs [6]; je la publie à l'Appendice.

Bien qu'elle ne donne pas peut-être tout ce qu'on pouvait en attendre, elle est intéressante. Je n'ai pas l'intention de l'entourer ici de commentaires qui sortiraient des limites que je me suis tracées: je résumerai seulement les principaux faits qu'elle nous offre.

Après un préambule, dans lequel Anselme donne à Manassès diverses instructions relatives à l'administration de ses fiefs et se recommande aux prières du chapitre de Reims, le siège de Nicée et la bataille de Dorylée sont racontés par lui avec précision et sans phrases. Il n'a pu du reste assister à cette dernière victoire, n'étant revenu que le soir du combat, d'une ambassade dont les princes l'avaient chargé auprès d'Alexis.

La traversée de l'Asie Mineure n'a offert, selon lui, aucun incident notable, sauf, après Iconium, un combat de l'avant-garde, dont il faisait partie, avec quelques Turcs. La bataille du Pont-de-Fer est racontée en quelques lignes; et le récit s'arrête à celle qui suivit la prise du château de Harenc (9 février 1098). La lettre contient ensuite la liste des chevaliers morts à l'ennemi jusqu'à ce moment. Anselme termine en accusant réception d'un tapis que Manassès lui a envoyé par Raimond « *de Castello* ».

Voici les dates qu'il donne:

1097	6 mai.	Investissement de Nicée.
»	16 mai.	Défaite de Soliman.
»	19 juin.	Prise de Nicée.
»	28 juin.	Départ des croisés.
»	1ᵉʳ juillet.	Bataille de Dorylée.
»	21 octobre.	Commencement du siège d'Antioche.

Les noms de chevaliers qu'il cite sont pour la plupart nouveaux: Morts à l'ennemi:

---

[6] H. 1345, olim S. Mart. in Campis, 98. Il est composé de feuilles détachées, provenant de deux manuscrits, l'un du XIᵉ et l'autre du XIIᵉ, et mal reliés au XVIIᵉ s. Il est très-probable qu'il contenait d'autres lettres sur les croisades que celles d'Anselme et une troisième dont je vais parler plus loin: on voit encore les onglets de trois feuillets qui ont été coupés (après la reliure actuelle), et qui renfermaient probablement, avec la suite de la deuxième lettre d'Anselme d'autres documents du même genre. La 1ʳᵉ lettre d'Anselme ne figure pas dans la description que donne le catalogue manuscrit de la bibliothèque.

Devant Nicée: Baudouin de Gand [7] et Baudouin *Chalderuns* [8] — A Dorylée, *Robertus Parisiacensis* [9], *Lisiardus Flandrensis*, Hilduin de Mazingarbe [10], *Ansellus de Caium* [11], Manassès de Clermont, *Laudunensis*. Morts de maladie :

Devant Nicée: *Wido de Vitreio* [12], *Odo de Vernolio* [13], *Hugo Remensis*; — « apud *Sparnum* castellum », le vénérable abbé Roger [14], chapelain d'Anselme; — devant Antioche: *Alardus de Spiniaco*, *Hugo de Calniaco*.

---

[7] V. *Epist. I Steph. Bles.* (*Hist. occ. des cr.*, III, 886); Reiffenberg, *Op. c.*, p. cxlj et *Ch. d'Antioche*, Index, II, 334; comme Baudouin Cauderon, c'est un des héros de la *Chanson d'Antioche*. On voit que ce doit être à tort que M. Paulin Paris (*Ch. d'Ant.*, I, p. 139), a rejeté une leçon de quatre des manuscrits de ce poème, leçon qui les faisait tous deux mourir à Nicée; c'est évidemment pour la rime que plus tard (IV, 35, t. I, p. 159, et VI, 27, t. II, p. 113) la *Chanson* fait reparaître Baudouin Cauderon devant Antioche.

[8] Cf. Wilh. Tyr., l. III, c. 5; Alb. Aq., l. II, c. 27-29 (*H. occ. des cr.*, I, 117, IV, 320-321). Reiffenberg et les historiens belges en font un seigneur du Cambrésis; M. P. Paris, dans la *Chanson d'Antioche* (II, 318), un champenois. M. Vachez (*Familles du Lyonnais aux croisades*, Lyon, 1875, in-8°, p. 9) me parait établir assez bien qu'il appartenait à une famille du Berry, possessionnée dans le Morvan et le Forez ; le *Rom. de God. de B.* (éd. Reiffenberg, II, 213) le fait naitre en Brie, pour la rime.

[9] Cf. Wilh. Tyr., l. III, c. 14; Alb. Aq. l. II, c. 39-40 (*H. occ. des cr.*, I, 132, IV, 329). On a supposé que c'était le chevalier « τις εὐγενής » dont parle Anne Comnène (l. X, 10 et XI, 3, éd. de P., pp. 300, 317, éd. de Bonn, II, 58-59 et 84, *Hist. grecs des cr.*, I, II, pp. 29, 48); et, bien que Guillaume de Tyr n'en fît qu'un « *vir in armis strenuus* » et qu'Albert d'Aix (comme notre lettre) ne lui donnât aucune qualification, on a voulu, — traduisant avec le P. Poussines, le passage d'Anne Comnène : « Ἐπεὶ » καὶ ὁ ὅρκος ἤδη τετέλεστο, τολμήσας τις ἀπὸ πάντων » τῶν κομήτων εὐγενής . . . . . ἐκάθισεν », par : « *Jure* » *iurando jam concepto, unus quidam inter comites* » *sane nobilis . . . . consedit* » — en faire (Du Cange, *Not. ad Alexiadem*, ad calc. Cinnami, p. 362; v. Michaud, I, 196, Peyré, I, 264) *le plus noble parmi les comtes*, et finalement un *comte de Paris*. Or ce titre était éteint depuis la fin du Xe siècle. De plus, dans la bouche d'Anne, *comte* veut toujours dire l'un des grands chefs de la croisade; et l'épithète de *un des plus nobles parmi les comtes*, à peine convenable pour Godefroi ou Bohémond, ne pouvait s'appliquer à un chevalier aussi grossier que celui dont elle nous faisait le portrait, et sur lequel les autres chroniqueurs donnaient aussi peu de détails. C'est donc, à mon avis, avec raison que le nouvel éditeur d'Anne, M. Reifferscheid (sans paraitre, d'ailleurs se douter de l'importance de la rectification qu'il faisait) a corrigé : « Ἐπεὶ καὶ ὁ ὅρκος ἤδη τετέ » λεστο ὑπὸ πάντων τῶν κομήτων, τολμήσας τις εὐγενὴς » . . . . . ἐκάθισεν », et traduit : « *Ubi ius* » *jurandum ab omnibus comitibus iam datum est,* » *nobilis quidam ausus est, . . . sedere.* » ce qui, en admettant que le malotru de la scène du serment fût le même personnage que notre *Robertus Parisiensis*, le fait descendre du rang inexplicable de *comte de Paris* à la condition plus humble d'un *enfant de Paris*, probablement plus illustre par la bravoure que par la naissance, quelque membre de l'une des petites familles chevaleresques, fieffées alors dans l'intérieur même de Paris. Voir *Bull. des antiq. de Fr.*, 1879, 58-60, *Bull. de la soc. d'hist. de Paris*, 1880, 130-144.

[10] *Mazingarbe*, c. de Lens, arr[t] de Béthune, Pas-de-Calais.

[11] Probablement Anseau de Caïeu, ancêtre du croisé de 1204, qui ne se retrouve que dans la liste de Roger de Hoveden (éd. Stubbs, I, 152).

[12] Probablement le même que Gui de Possesse (Marne), arr[t] et à 26 kil. de Vitry, mort aussi de maladie devant Nicée (Alb. Aq., l. II, c. 29 [*Hist.*, *occ. des cr.*, IV, 322]); cf. *Ibid.* p. 315 et Rog. de Hoveden, *l. c.*; c'est l'un des héros de la *Chanson d'Antioche* (l. II, 14, 19, 31, 33, 38, 39, t. I, pp. 99, 114, 128, 130, 134-138. Index, II, 354]; cf. P. Paris, *N. étude sur la Ch. d'Ant.* (P., 1878), p. 48. Je n'ai pas rencontré les autres ailleurs.

[13] *Verneuil*, c. de Dormans, arr[t] d'Épernay, Marne ?

[14] Je n'ai pu retrouver cet abbé, ni dans les listes du *Gallia chr.*, ni dans les chroniques contemporaines; ce n'était pas un abbé d'Anchin ni de S. Jean de Valenciennes, monastères placés sous la protection des comtes de Ribemont. Haimery, abbé d'Anchin, avait bien assisté au concile de Clermont (*Gesta Lamberti Atreb.* [Baluz., *Miscell.*, V, 280]); mais il n'alla pas en T. S.; cf. Escallier, *Hist. d'Anchin*, p. 40.

XCVIII.

1098 (février, vers le 15)   Antioche.

Yaghi Sihân, émir d'Antioche, à Kerbogha, prince de Mossoul: lui demande de prompts secours contre les chrétiens qui assiègent Antioche.

[Mentionnée par Albert d'Aix, l. IV, c. 2-4 [1]].

Suivant Albert d'Aix, qui seul rapporte cette circonstance, l'ambassade chargée de porter à Kerbogha le message écrit de Yaghi-Sihân, aurait été placée sous la conduite de Kilidje-Arslan, le vaincu de Nicée. Albert d'Aix entre dans de grands détails sur cette missive. Les autres chroniqueurs, qui s'accordent tous sur le fait de secours demandés par les Infidèles assiégés dans Antioche, varient sur le nombre et l'époque de ces demandes de renforts, aussi bien que sur les personnages auxquels elles furent adressées. Il est certain que, pendant le siège, il y en eut plusieurs, et que, non seulement Kerbogha, mais le calife de Bagdad, Mosthadher, le sultan turc Barkarjok et même des princes musulmans plus éloignés en reçurent [2]. Albert d'Aix [3] parle aussi d'une circulaire adressée par Barkarjok à tous les émirs, ses sujets et ses tributaires, pour les inviter à venir au secours d'Antioche: cette invitation générale n'a rien que de très-probable.

---

[1] « Vocetur ergo nobis (Yagui-Sihân) scriptor et » notarius meus, ut LITTERAS et sigillum meum vobis- » cum deferatis (ad Kerbogha) ». (Alb. Aq., l. IV, c. 2. [*Hist. occ. des cr.*, IV, 390]). — « Acceptis » (Yaghi-Sihân) cum signo LITTERIS, terram Corruzan » legati profecti sunt ». (Alb. Aq., l. IV, c. 3, p. 390); — « Rex (Kerbogha) et omnis primatus gentilium » qui secum aderant, AGNITIS LITTERIS, consternati » sunt animo. » (Alb. Aq., l. IV, c. 4, p. 391). Cf. Wilb. Tyr., l. V, c. 11 et 14 (*Hist. occ. des cr.*, I, 214-216); Tudebod., X, 1; *Gesta*, III, c. 28; *Hist. b. sacri*, c. 51 et 65; Fulch. Carn., l. I, c. 16 et 19; Bar- tolfus, c. 15; Rob. Mon., l. VI, c. 9 (*Hist. occ. des cr.*, III, 59, 142, 191, 197, 340, 345, 500, 809); Baldr., l. III, c. 1; Guib., l. V, c. 8 (*Ibid.*, IV, 59, 189); *Ch. d'Antioche*, V, 18, t. II, p. 33; Kemâl Eddin (d. Defrémery, *Mélanges*, I, 40).

[2] Ainsi Albert d'Aix (l. III, c. 36, p. 364, l. IV, c. 2, p. 390) fait mention de l'envoi à Kerbogha d'un fils de Yagui-Sihân, dès le commencement du siège (oct. 1097). A la même époque, suivant Bartolf (c. 11, *Hist. occ. des cr.*, III, 497) un autre fils de Yaghi Sihân aurait été envoyé au sultan Barkarjok et à Rodouhân, émir d'Alep, faits confirmés par Kemâl Eddin, p. 39. Les petits émirs de Syrie, de Mésopotamie et d'Arabie avaient été aussi sollicités, d'abord au commencement du siège (Bartolf, l. c., *Ep. Steph.*, p. 889; Matth. d'Édesse [*H. arm. des cr.*, I, 39], Kemâl Eddin, p. 37). puis en janvier 1098 (Wilh. Tyr., l. V, c. 3 [*Hist. occ. des cr.*, I, 197]). D'autres lettres fabuleuses sont mentionnées par la *Chanson d'Antioche*, V, 34-39, t. II, pp. 56-62.

[3] Alb. Aq., l. IV, c. 8 (*H. occ. des cr.*, IV, 394); cf. Wilh. Tyr., l. V, c. 14 (*Ibid.*, I, 216).

XCIX.

1098 (milieu de mars) — Antioche.

Pouvoirs donnés par les princes croisés aux envoyés qu'ils adressent à Afdhal, visir du calife d'Égypte, pour la ratification du traité d'alliance et d'amitié, conclu avec les ambassadeurs égyptiens.

Raymond d'Aiguilhe [1], témoin oculaire et familier d'un des chefs de la croisade, Ekkehard d'Aura [2], Gilo [3], l'auteur anonyme de l'*Historia belli sacri* [4], Othon de Freising [5] et Guillaume de Tyr [6] nous apprennent qu'à leur retour, les gens d'Afdhal furent accompagnés d'envoyés latins, chargés de conclure définitivement une alliance avec l'Égypte; leurs textes sont si formels qu'il est impossible de les révoquer en doute: l'*Historia belli sacri* donne même plus loin un récit complet du voyage des ambassadeurs latins, qui étaient des personnages plus considérables que les deux chevaliers envoyés de Nicée [7].

Les pouvoirs qu'ils reçurent ne nous sont point parvenus, même en substance. Ils ont dû leur être délivrés au commencement de mars, époque où les envoyés d'Afdhal n'avaient point encore quitté le Port S. Siméon [8].

C.

1098 (29 mars) — Devant Antioche.

Étienne, comte de Blois et de Chartres, à Adèle d'Angleterre, sa femme: lui raconte le passage des croisés en Asie Mineure et les évènements du siège d'Antioche jusques et y compris le combat du Port S. Siméon.

[Inc.: « Stephanus . . . . . Credas certissime, carissima ! . . . . . »; — Expl.: « . . . . me certe videbis. Vale ».

Manuscrits: 1. Adrianus Valesius (perdu); — 2. Paris, B. Nat., lat. 14192 (m. s. XII, in-4°) f°s 23b-26a.

Éditions: A. D'Achery, *Spicilegium*, 1 éd., IV, 257 [cod. 1]; — B. Ibid, 2e éd., III, 430 [éd. A]; — C. *Hist. occ. des cr.*, III, pp. 887-890 [éd. A].

---

1 « Remissi sunt cum illis legati nostri, qui fœdus amicitiamque cum rege inirent ». (Raim. de Ag., c. 7, [*Hist. occ. des cr.*, III, 247]).

2 « Hac de causa, securitate accepta, non pauci lectissimorum militum Babyloniam diriguntur ». (Ekk. Ur., *Hieros*, XVI, 2, éd. Hagenmeyer, p. 169).

3 Gilo, l. III (Migne, *Patr. lat.*, CLV, 966) qui dit que l'envoi de cette seconde ambassade latine avait été demandé par Afdhal.

4 « Cum illis remandaverunt primates nostri alios meliores nuntios ». (*H. belli sacri*, c. 46 [*Hist. occ. des cr.*, III, 190]).

5 Otto Frising., l. VII, c. 3 (éd. Cuspinianus, f. 75b), et dans Albéric (Pertz, *M. G., SS.*, XXIII, p. 810).

6 Wilh. Tyr., l. VII, c. 19 (*Hist. occ. des cr.*, I, 305).

7 *H. belli sacri*, c. 99-102 (Ibid., III, 212-214): voir plus haut p. 146.

8 Cf. Hagenmeyer, *Ekkeh.*, p. 168.

VERSIONS *françaises* : *a)* Prat, pp. 223-225; — *b)* Peyré, II, pp. 475-479.

RÉCENSIONS : 1. *Hist. litt. de la France*, IX, 265-273; — 2. Mailly, I, lxij-lxiij; — 3. Michaud, *Hist. des cr.*, 1re éd., VI, 345-347; — 4. Idem, *Bibl. des cr.*, I, 445; — 5. Sybel, *Gesch. d. I Kr.*, pp. 10-11; — 6. *Hist. occ. des cr.*, III, pp. lvij-lviij].

M. de Sybel considère, avec juste raison, cette lettre comme l'un des documents les plus importants de l'histoire de la 1re croisade. Investi temporairement de la direction supérieure de l'armée, Étienne de Blois, qui l'a dictée à son chapelain Alexandre, était mieux à même que personne, de donner des renseignements exacts sur l'expédition. Aussi est-ce lui qui raconte avec le plus de détails la traversée de l'Asie Mineure et de l'Arménie : il est le seul des témoins latins à signaler un certain prince Assan, dont les croisés conquirent les états, et dont nous parle Anne Comnène [1]. M. de Sybel et les éditeurs du IIIe volume des *Historiens occidentaux des croisades* ont commenté du reste abondamment cette lettre, et je n'ai pas la prétention de la soumettre de nouveau à un examen historique minutieux. Je me contenterai de faire remarquer qu'Étienne passe rapidement sur le récit de la bataille de Dorylée, comme si Adèle en avait déjà reçu de lui tous les détails : il ne serait donc pas impossible qu'entre la lettre qu'il lui adressa le lendemain de la prise de Nicée [2] et celle-ci, il lui en ait adressé une autre, qui ne nous serait pas parvenue. Cependant les termes dont le prince se sert ne m'ont pas paru assez affirmatifs [3] pour motiver une mention spéciale de ce document hypothétique.

Il serait nécessaire de publier de nouveau cette lettre sur le manuscrit de Paris, très-ancien et plus correct que celui dont s'est servi d'Achery [4].

C'est, parmi les pièces qui nous occupent, l'une des rares qui portent une date de jour précise.

CI.

1098 (1 ou 2 juin)   Constantinople.

Alexis I Comnène au cardinal Oderisio I de' Marsi, abbé du Mont Cassin : répond à une lettre où le cardinal lui recommandait les croisés ; expose tout ce qu'il a fait pour eux.

[INC.: « Quanta imperio meo scripsistis . . . . . »; — EXPL.: « . . . . de dorso suo oxyde auratum ».
MANUSCRIT : *Mont Cassin*, Reg. Petri Cas., n° 146, f. 67 a.

[1] Anna Comn., *Alex.*, l. XI, c. 3 (éd. de P., p. 318, éd. de Bonn, II, 85, *H. grecs des cr.*, I, II, 49).
[2] Plus haut n° LXXXVII, p. 150.
[3] « Satis *audisti*, quia, post captam Niceam civitatem, non modicam pugnam cum perfidis Turcis habuimus » (*Ep. II Steph.* [*Hist. occ. des cr.*, III, p. 897]).
[4] Ainsi au lieu du mot « *tibia* » qui donnait un sens ridicule à la dernière phrase de la lettre, il donne « *terræ* ».

ÉDITIONS: A. Gattula, *Hist. abb. Casin.*, I, II, 923; — B. Muratori, *Antiq. Ital.*, V, 388; — C. *Rec. des hist. de la France*, XIV, p. 725 n; — D. Tosti, II, pp. 93-94; — E. Trinchera, *Syllabus*, n° 66, p. 83; — F. *Epist. Alexii ad Rob.*, ed. Riant, p. 44.

VERSION *italienne*: Tosti, II, 19-20.

RÉCENSION: *Epist. Alex.*, ed. Riant, præf., p. lxxiij-lxxiv.]

Cette lettre exprime parfaitement les sentiments que devait ressentir alors Alexis à l'endroit des croisés. Ses lamentations sur l'argent et les soins qu'ils lui ont coûtés, ont un caractère de franchise qu'il est impossible de ne point reconnaître. Si on les compare aux pseudo-épîtres du même prince à Pierre l'Hermite, à Godefroy, à Bohémond, à Raimond, que nous ont laissées les chroniqueurs latins [1], on constatera une si grande similitude d'expressions en ce qui concerne la question des *approvisionnements* de l'armée dans son passage à travers l'empire, que l'on sera en droit de conclure que ces documents ont fort bien pu n'être que remaniés et non inventés de toutes pièces par Albert d'Aix et Guillaume de Tyr. Les chroniqueurs auraient eu, en ce dernier cas, le mérite d'avoir deviné la pensée intime de l'empereur, telle qu'il la confie à son ami l'abbé du Mont Cassin.

Je remarquerai également que dans cette lettre, l'empereur — probablement parce qu'il écrivait à un abbé latin, dont il connaissait les opinions théologiques — s'exprime, à l'endroit des croisés morts sur le champ de bataille, dans des termes [2] que n'eût point désavoués Urbain II, mais qui sont en contradiction complète avec la doctrine de l'église grecque sur la matière [3].

Pierre Diacre [4], dans sa chronique, nous donne quelques détails sur cette lettre: elle fut apportée à l'abbaye par le curopalate Jean, qui remporta la réponse de l'abbé à Alexis, et probablement aussi des lettres adressées par Oderisio à Godefroy de Bouillon et à Bohémond, — lettres dont je parlerai plus loin [5].

Je dois dire qu'ici, comme pour les autres lettres d'Alexis à Oderisio, la date donnée par le *Registre* de Pierre Diacre « *mense junio* » *indictione sexta . . . Constantinopoli* » offre quelques difficultés.

On sait en effet que les croisés, déserteurs d'Antioche, quittèrent cette ville entre le 5 juin, jour de l'arrivée de Kerbogha, et le 14,

---

[1] Voir plus haut n°s LII, LIII, LXIII.

[2] « Horum alij interempti, alij mortui sunt ; *beati* » *quidem sunt ut in bona intentione finem mortis dantes*; » propterea minime oportet nos illos habere ut mor-» tuos, sed ut vivos, et in vitam æternam . . . trans-» migratos ».

[3] Voir plus haut, pp. 23, 102.

[4] » Alexius, imperator Constantinopolitanus, per » Johannem, choropalasium suum, transmisit beato » Benedicto vestem de dorso suo oxide auratam : quem » profecto legatum prædictus abbas honorifice satis » suscepit, eundemque imperatorem participem bonorum » quæ in Casino operantur, imperpetuum manere » constituit ; legatumque suum cum litteris ad eum » direxit, per quas christianos qui ad expugnandam » paganorum perfidiam Jerosolimam perrexerant, illi » commendare curavit, ac prælationem et curam do-» mus peregrinorum, quæ in Casino est, ad remis-» sionem omnium peccatorum ei gerendam injunxit. » Pari etiam modo litteras Goffrido, regi Jerosolimi-» tano, ac Boamundo, principi Antiocheno, ne impe-» ratorem debellarent, transmittere studuit ». (Petrus Diac., *Chron.*, l. IV, c. 17 [Migne, *Patr. lat.* CLXXIII. c. 844]).

[5] Voir plus loin n°s CXI et CXII.

époque de la découverte de la s. Lance, et plus près de cette dernière date que de la première, par conséquent vers le 11; qu'ils allèrent retrouver Étienne de Blois à Alexandrette; que là (vers le 13 ou le 14) ils apprirent qu'Alexis, en marche pour venir rejoindre les croisés, était campé à Philomelium, et qu'enfin ils décidèrent Étienne à aller avec eux au-devant de l'empereur, pour lui conseiller de rebrousser chemin. Or ils durent mettre au moins huit jours à fuir d'Alexandrette à Philomelium. Faire revenir l'empereur assez tôt à Constantinople pour écrire une lettre à Oderisio avant le 30 juin, serait supposer que ce prince goutteux eût regagné sa capitale en trois ou quatre jours à franc étrier, tandis qu'en réalité il ne s'y achemina que lentement, accompagné d'une multitude de croisés, de pèlerins et de prisonniers qu'il ramenait avec lui [6]. Comment de plus expliquer que, terrifié par les récits d'Étienne, il ait pu écrire à l'abbé du Mont Cassin *que les affaires de la croisade étaient prospères* [7]. Il faudrait donc admettre que la lettre a été écrite avant le départ de l'empereur pour Philomelium: mais alors, en la plaçant même le premier juin, il ne reste que treize jours pour transporter l'armée impériale à Philomelium, et faire parvenir à Alexandrette la nouvelle de l'arrivée d'Alexis.

Je me contente de signaler cette difficulté sans la résoudre, la lettre d'ailleurs me paraissant parfaitement authentique.

CII.

1097 (28 octobre) - 1098 (3 juin)   Devant Antioche.

Les princes croisés à Dokâk, prince de Damas: lui demandent de rester neutre entre eux et Yaghi-Sihân.

[Mentionnée par Ibn el-Athir [1]].

Cette démarche des princes croisés auprès de cet émir n'est relatée que par Ibn el-Athir: cependant, et quoiqu'il soit certain que Dokâk se joignit aux troupes de Kerbogha, quand ce dernier accourut au secours d'Antioche, les termes dans lesquels Kemâl Eddin [2] nous parle de la conduite ambigue tenue par le prince de Damas, et de ses querelles avec le prince d'Alep, Rodhouân, la veille de la grande bataille d'Antioche, permettraient de supposer qu'en réalité, il a pu y avoir quelque entente entre lui et les Latins.

---

6 Anna Comn., l. XI, c. 6 (éd. de P., p. 326, éd. de Bonn, II, 99, *Hist. grecs. des cr.*, 1, II, p. 61).
7 « Et gratia Dei bene prosperantur usque hodie ».
1 « Les Francs, pendant le siège d'Antioche, avaient écrit à Dokâk, prince de Damas, pour lui dire qu'il pouvait se rassurer; qu'eux n'en voulaient qu'au pays qui avaient appartenu aux Grecs, et qu'ils respecteraient le reste; c'était une ruse afin de le dissuader de se porter au secours d'Antioche ». (Ibn el-Athir [*Hist. or. des cr.*, I, 193]).
2 Kemâl Eddin (d. Defrémery, *Mélanges d'hist. or.*, I, 43).

CIII.

** 1098 (4 juin)   Antioche.

Bohémond à Roger Bursa : lui annonce la prise d'Antioche.

[INC.: « Arbitror te ex Tancredi . . . . »; — EXPL.: « . . . . imperator fieri solet ».

ÉDITIONS: A. *Epist. princ.*, p. 125; — B. *Epist. regum et princ.*, p. 121-122; — C. N. Reusnerus, *Epist. Turcicæ*, I, 13; — D. *Princ. epist.*, p. 149].

Cette lettre, aussi fausse que les trois premières fournies par le recueil de Donzellini, n'a aucun intérêt : je remarquerai seulement qu'il y est question d'une épître de Tancrède au même Roger — épître racontant le commencement du siège d'Antioche, et faisant ainsi transition entre celle qui nous occupe et la seconde de Bohémond [1]. Elle manque dans le petit livre du médecin véronais : faut-il conclure de cette lacune que Donzellini n'a fait que dépouiller un faussaire plus ancien que lui, et dont l'œuvre, restée manuscrite, ne lui était parvenue qu'incomplète ? cela n'est point inadmissible. Mais la question de l'origine de ces lettres n'en ferait point un pas de plus : elle reculerait simplement d'un auteur italien de la Renaissance, à un anonyme encore plus obscur, et d'âge et de nationalité impossibles à déterminer. J'ajouterai que, parlant de la fin tragique du connétable *Walo*, la lettre l'appelle *Vollus* (*Vollo* à l'ablatif); ce qui pourrait faire soupçonner que la source où ont été puisés ces documents apocryphes était italienne. Soi-disant écrite après la prise d'Antioche et avant l'arrivée de Kerbogha, la lettre doit être fixée au 4 juin.

CIV.

1098 (5-13 juin)   Devant Antioche.

Kerbogha, prince de Mossoul, à Mosthadher-Billah, calife de Bagdad, et au sultan Barkarjok : lui envoie des armes hors d'usage, prises sur de pauvres pèlerins, pour lui montrer avec quelle facilité il repoussera les croisés jusqu'en Italie.

[INC.: « Caliphæ nostro . . . . Satis sint læti; — EXPL.: « . . . . ex genere Turcorum ».

Rédaction latine dans :

A. *Gesta Francorum*, VI, c. 30 [1]; — B. *Tudebodus*, X, 4 (IV, 4) [2]; — C. *Historia belli sacri*, c. 67 [3].

---

[1] Voir plus haut, n° XCIII.
[1] *Hist. occ. des cr.*, III, 143-144.
[2] *Ibid.*, 62-63, tr. d. Michaud, *Hist. occ. des cr.*, 1ʳᵉ éd., I, 335.
[3] *Hist. occ. des cr.*, III, 199.

Remaniée par

A. Robert-le-Moine, l. VI, c. 11 [4]; — B. Baudry de Dol, l. III, c. 3 [5]; — C. Guibert de Nogent, l. V, c. 10 [6]; — D. *Chanson d'Antioche*, VII, 7 [7]].

Cette lettre, soi-disant adressée par Kerbogha au calife de Bagdad, peu de temps après l'arrivée des Latins devant Antioche, et avant la découverte de la s. Lance (14 juin), fut insérée d'abord dans les *Gesta*, puis reproduite presque littéralement par Tudebode et l'auteur anonyme de l'*Historia belli sacri*. Nous la retrouvons ensuite dans Robert-le-Moine sous la forme oratoire, mais sans autre changement, quant au fonds, qu'une allusion à la gloire que le calife recevra de la prise et de l'envoi à Bagdad du frère du roi de France, Hugues-le-Maîné: la *Chanson d'Antioche* ne s'écarte pas de cette nouvelle rédaction, tout en lui rendant l'apparence d'une lettre; tandis que Baudry de Dol et Guibert de Nogent se tiennent plus près du texte des *Gesta*, qu'ils arrangent d'ailleurs chacun à sa façon. Albert d'Aix ne parle pas de la lettre, et Guillaume de Tyr [8] ne fait que l'analyser.

La première question qui se pose en présence de ce document, c'est de savoir comment les croisés ont pu se le procurer, rien n'indiquant qu'ils aient jamais été à même, soit d'en obtenir copie, soit de l'intercepter avant qu'il fût arrivé à destination. Il n'y a donc point un instant à douter que nous n'ayons là qu'un pastiche grossier des épîtres musulmanes qui avaient pu tomber çà et là aux mains des Latins [9].

Maintenant l'envoi au calife des armes rouillées et d'un message analogue à celui dont le texte apocryphe nous a été si religieusement transmis par sept témoins différents, remontant au temps même de la croisade, doit-il être mis au rang des fables? Je ne le pense pas: il n'offre, en somme, rien d'impossible, et cadre bien avec la situation morale où devait se trouver Kerbogha, sûr alors d'écraser l'armée chrétienne, prise au piège dans l'enceinte, récemment forcée, d'Antioche.

---

4 *Hist. occ. des cr.*, III, 811, tr. d. Guizot, XXIII, 395-396, Peyré, II, 117, et Darras, III, 530.
5 *Hist. occ. des cr.*, IV, 63.
6 *Ibid.*, IV, 91, tr. d. Guizot, IX, 169-170.
7 Ed. P. Paris, II, 144-145.
8 Will. Tyr., l. IV, c. 6 (*Hist. occ. des cr.*, 1, p. 244).
9 Sur ces lettres, voir plus loin, nos CV et CXXX.

CV.

1098 (vers le 15 juin?) Philomelium?.

Alexis Comnène à Afdhal: le détourne de donner suite au traité conclu par l'Égypte avec les croisés.

[Mentionnée par Raymond d'Aiguilhe, c. 16 [1]].

Raimond d'Aiguilhe, — témoin suffisamment impartial à l'endroit d'Alexis, puisque le comte de S. Gilles, dont il n'est que l'écho, s'était fait, à la fin de la croisade et par haine de Bohémond, le champion de l'empereur auprès des croisés [2] — est pourtant le seul à parler de cette preuve écrite de la fourberie du prince grec; on l'aurait trouvée le lendemain de la bataille d'Ascalon (13-14 août 1099) dans les bagages même d'Afdhal.

En admettant l'existence [3] de ce document compromettant pour l'honneur d'Alexis, il est assez difficile de lui assigner une date même approximative. Raimond d'Aiguilhe lui attribue en partie la mesure qui frappa les ambassadeurs envoyés en Égypte. Or ceux-ci avaient quitté Antioche en mars 1098 [4]: Alexis était encore en bons termes avec les Latins, au secours desquels il marchait, quand les discours d'Étienne de Blois lui firent rebrousser chemin à Philomelium, en juin de la même année. Est-ce sous l'impression de la terreur qui lui fit alors abandonner la cause des croisés, ou plus tard, en août-septembre, sous l'empire de la colère que dut provoquer chez lui le message apporté par Hugues-le-Maîné? [5] je pencherais pour la première hypothèse, et voici pourquoi. C'est en août-septembre qu'Afdhal, traînant avec lui les malheureux ambassadeurs latins, s'en servit pour obtenir des Turcs la reddition de Jérusalem [6]. Au moment de quitter l'Égypte avec eux (juillet-août), il avait donc abandonné toute idée

---

1 « Sciebat (Afdhal) quod imperator Alexius usque » ad mortem nobis inimicabatur, unde *nos* LITTERAS » *imperatoris Alexii de nobis factas invenimus*, con- » fecto bello cum rege Babyloniorum apud Asca- » lonam, in tentoriis ejusdem regis; his de causis » detinuit legatos nostros per annum captos » (R. de Ag., c. 16, [*H. occ. des cr.*, III, 277]).

2 Voir plus loin, n° CXXII et Anna C., l. XI, c. 6, 7, (éd. de P., pp. 327, 329, éd. de B, pp. 101, 105; *Hist. gr. des cr.*, I, II, 64, 66); Alb. Aq., l. VI, c. 55 (*H. occ. des cr.* IV, 501).

3 V. Peyré (II, 268, 431), qui les traite de fable et De Smedt, (*Rob. de Jérusalem*, p. 116), qui les admet comme authentiques. Alexis avait des rapports amicaux avec l'Égypte, et en profita en 1100 et 1104 pour faire délivrer des prisonniers latins (Anna C., l. XI, c. 7 [éd. de P., p. 328; éd. de B., II, p. 104, *Hist. gr. des cr.*, I, II, 65] et l. XII, c. 1 [éd. de P., p. 346; éd. de B., II, 133; *Hist. gr. des cr.*, I, II, 96]; Ord. Vit., l. X, c. 22, éd. le Prévost, IV, 138); mais même en cette circonstance, ces rapports parurent suspects aux croisés (Anna C., l. XII, c. 1 [éd. de P., p. 348; éd. de B., II, 135]); cf. Alb. Aq., l. IX, c. 6 et l. X, c. 39 (*H. occ. des cr.*, IV, 594, 649), Bernoldus, *Chron.* (Pertz, *M. G. SS.*, V, p. 466, et *Epist. Alex.*, præf., p. lxj. Sur toutes ces dates, v. Hagenmeyer, *Ekkeh.*, 169, 171.

5 V. plus loin, n° CIX, p. 177.

6 Cf. Hagenmeyer, *Ekkeh.*, p. 171.

d'alliance avec les croisés, puisqu'il s'apprêtait à les tromper aussi grossièrement, en les prévenant dans la conquête de la Ville-Sainte. A cette époque, la lettre d'Alexis (si l'on admet avec Raimond d'Aiguilhe qu'elle fût déjà venue modifier la politique égyptienne), était donc déjà arrivée au Caire, et avait dû être expédiée, au plus tard, un mois auparavant, c'est-à-dire de Philomelium, et vers le 15 juin.

** CVI.

1098 (29 juin) Antioche.

Tancrède à Roger Bursa: lui annonce la défaite de Kerbogha.

[INC.: « Post captam Antiochiam . . . . »; — EXPL.: . . . . plurimam tibi salutem dicit ».

ÉDITIONS : A. *Epist princ.*, p. 126; — B. *Epist. regum et princ.*, p. 122; — C. N. Reusnerus, *Ep. Turcica*, I, 14; — D. *Princ. epist.*, p. 150].

Je ne m'arrêterai pas sur cette pièce, soi-disant écrite le lendemain de la bataille livrée à Kerbogha par les croisés, et qui, dans le recueil de Donzellini, suit immédiatement notre n° CIII. Dans l'intitulé, Tancrède est encore présenté comme fils de Roger Bursa et devient *Tancredus Hormanus*, au lieu de *Nortmannus*: mais ce n'est là probablement qu'une faute d'impression.

CVII.

1098 (commencement de juillet) Antioche.

Bohémond, Raimond de S. Gilles, Godefroy de Bouillon et Hugues-le-Maîné à tous les fidèles: leur annoncent le traité des croisés avec Alexis, la prise de Nicée, la victoire de Dorylée, la prise d'Antioche et la défaite de Kerbogha.

[INC.: « Boamundus . . . . Ut notum sit omnibus . . . »; — EXPL.: « . . . orationibus observetis . . . cum armis occurrere festinent ».

MANUSCRIT: 1. *Angers* (S. Aubin), n° 163, (m. s. XI, in-f.), f. 150; — 2. *Reims* $\frac{785}{795}$ (m. s. XI), f. 69 *b*; — 3. *Reims*, S. Thierry (perdu, peut-être le même que 2); — 4. *Rome*, Bibl. Vat., Reg. Chr. 1283, (anc. 481) (m. s. XII), f. 73 *b*.

ÉDITIONS: A. Martène, *Thes. anecd.*, I, 272 [cod. 1]; — B. Martène, *Ampliss. coll.*, I, 568 [cod. 5]; — C. Dumont, *Corps univ. diplomatique*, I, 369 [éd. A]; — D. Migne, *Patrol. lat.*, CLV, c. 390-391 [éd. B].

VERSIONS *françaises modernes*: *a*) d. Michaud, *Hist. des crois.*, 1ᵉ éd., 1, 548-550, et éd. suiv.; — *b*) Roger, pp. 132-139; — *c*) Yanoski et David, *La Syrie*, p. 280; — *d*) Peyré, II, pp. 479-481; — *e*) Darras, XXIII, 363-364.

VERSIONS *italiennes*: *a*) Michaud, *St. delle croc.*, tr. Rossi, II, 233-235; — *b*) Id., tr. Ambrosoli, I, 556.

RÉCENSIONS: 1) *Hist. litt. de la France*, VIII, 619, XI, 155; — *c*) Sybel, *Gesch. der I Kr.*, p. 13; — 3) Peyré, *l. c.*].

Cette lettre remonte bien au temps de la croisade: l'âge du manuscrit de Reims, qui nous l'a conservée, le prouve: elle porte d'ailleurs le vidimus de s. Hugues de Châteauneuf, évêque de Grenoble, l'un des prédicateurs de la croisade, qui l'avait reçue d'Orient et la transmet à Raoul II, archevêque de Tours. Elle a dû être écrite entre le 28 juin, date de la défaite de Kerbogha et le milieu de juillet, époque du départ pour Constantinople de Hugues-le-Maîné.

Ce n'est pas cependant une épître narrative à proprement parler: c'est encore un de ces *excitatoria*, destinés à entretenir le zèle des chrétiens d'Occident et à provoquer l'arrivée de nouveaux croisés. Les faits y sont racontés en gros et de façon à frapper l'imagination des fidèles; il y a, bien entendu, peu de dates et de noms propres: aussi la plupart des historiens ont-ils négligé cette pièce. Il convient cependant d'y noter trois points importants: l'envoi en Occident d'une ambassade spéciale pour annoncer la victoire du 28 juin: ce fait n'est raconté que là; puis les mesures prises par Alexis, une fois le traité signé avec les croisés [1], pour assurer aux Latins, se rendant en Terre Sainte, le passage libre et sûr à travers l'empire — mesures qui prouvent que cette liberté et cette sécurité n'existaient pas auparavant [2]; enfin le défi extraordinaire jeté aux croisés par le calife de Bagdad, pour une bataille générale fixée au vendredi 29 octobre suivant, et qu'il serait nécessaire d'étudier à nouveau avant de l'accepter comme authentique [3] ou de le rejeter au rang des fables.

La lettre entière a besoin du reste d'une édition nouvelle: on en croyait tous les manuscrits perdus; mais j'ai pu en signaler ci-dessus trois: le meilleur est celui de Reims.

---

[1] Il y est dit que l'empereur donna aux croisés son neveu et son gendre en otages, sans qu'il soit possible de désigner duquel des nombreux gendres ou neveux d'Alexis il peut être question. Albert d'Aix (l. II, c. 15) et Guillaume de Tyr (l. II, c. 11) (*Hist. des cr.*, I, 89 et IV, 310) ne parlent au contraire d'autre otage que de Jean Comnène, envoyé à Godefroy de Bouillon, bien avant la signature du traité.

[2] Voir l'usage que j'ai fait ailleurs de ce passage (*Epist. Al. ad. Rob.*, præf., p. xxx, n. 3).

[3] C'est l'opinion de M. de Sybel, pp. 446-447.

CVIII.

1098 (commencement de juillet)   Antioche.

Robert II le Hiérosolymitain, comte de Flandres, à Clémence de Bourgogne, sa femme: lui raconte [la prise d'Antioche], l'apparition de l'apôtre s. André, la découverte de la s. Lance et la victoire remportée sur Kerbogha: lui enjoint de fonder près de Bruges, en accomplissement du vœu qu'il vient de faire, un monastère en l'honneur de s. André.

[Mentionnée dans la pièce n° CLVIII [1] et dans Arnoul Goethals, c. IV [2]].

Cette pièce, qui offrirait aujourd'hui un grand intérêt pour la discussion de l'affaire de la s. Lance, est perdue. Il est possible qu'elle existât encore au XVIe siècle au monastère de S. André de Bruges, et qu'elle ait fourni à l'auteur de la chronique de cette abbaye, Arnoul Goethals, les détails intéressants qu'il nous donne sur les évènements de 1098 [3].

CIX.

1098 (juillet)   Antioche.

Les princes croisés à Alexis: lui annoncent la prise d'Antioche, le mettent en demeure d'exécuter le traité qu'ils ont conclu avec lui.

[Insérée en substance dans Baudri de Dol, l. III, c. 19].

ÉDITIONS: A. Baldericus Dolensis, éd. Bongars, p. 122; — B. éd. Migne, *Patr. lat.*, CLXVI, c. 1125; — C. *Hist. occ. des cr.*, IV, 79].

Après la prise d'Antioche, les croisés qui, en vertu de leur traité avec Alexis, devaient lui remettre la ville, lui envoyèrent Hugues-le-Maîné et Baudouin de Mons pour lui offrir l'exécution de cette clause, à condition que, de son côté, il remplît les engagements qu'il avait pris, et vînt finir avec eux la campagne.

Le témoignage des *Gesta* [1], bien que Baudouin de Mons n'y soit point nommé, est formel sur ce point: Foucher, Bartolf et Lisiard de

---

[1] « Dilectissime conjugi suæ, Clementiæ comitissæ... legatos direxit [Robertus] et LITTERAS » (*Charta Baldrici, episc. Tornacensis* (1100), d. A. Goethals, *Chr. S. Andreæ Brug.* [Gand, 1844, in-8°], p. 33).

[2] « [Robertus] misit quosdam nobilissimos viros ac sibi fidelissimos, datis LITTERIS, ad Flandriam ». (A. Goethals, *Chr. S. Andr. Brug.*, c. IV; éd. James Weale [Bruges, 1868, in-4°], p. 21).

[3] Voir plus loin, n° CLVIII.

[1] *Gesta*, IV, c. 41 (*Hist. occ. des cr.*, III, 152).

Tours[2] se contentent de signaler le départ de Hugues, sans parler de la mission dont il était chargé. Robert-le-Moine[3] ne mentionne que l'offre de la remise d'Antioche, sans parler de la condition à laquelle était subordonnée cette offre. Albert d'Aix[4] et Guillaume de Tyr[5], au contraire, passent Antioche sous silence et donnent l'ambassade comme chargée de mettre purement et simplement Alexis en demeure de remplir ses engagements.

C'est Baudri de Dol[6], suivi par Guibert[7] de Nogent, Orderic Vital[8] et Gui de Bazoches[9], qui nous a conservé le véritable sens, et le seul admissible, du message envoyé à l'empereur; nous trouvons même dans le récit de Baudri, plus complet que celui des trois derniers chroniqueurs, une sorte de canevas de la lettre dont Hugues et Baudouin durent être porteurs.

On sait que l'ambassade, attaquée en Asie Mineure par des pillards sarrasins, ne revint pas en Syrie, Baudouin ayant été fait prisonnier et n'ayant point reparu plus tard, et Hugues s'étant sauvé à Constantinople et, de là, sans s'arrêter, jusqu'en France[10]. Mais l'empereur n'envoya pas moins aux croisés une réponse dont je parlerai plus loin[11].

CX.

1098 (juillet)   Antioche?

Anselme, comte de Ribemont, à Manassès II de Châtillon, archevêque de Reims: récit du siège et de la prise d'Antioche et de la défaite de Kerbogha [12].

[INC.: « Domino suo . . . . . Sciat sublimitas vestra . . . . . »; — EXPL.: pro mortuis nostris Deum exorent ».

MANUSCRITS: 1. Baluze (perdu); — 2. *Paris*, Bibl. Mazar., H. 1345 (m. s. XII, in-4°), ff. 73 b-75 a (incomplet).

ÉDITIONS: — A. D'Achery, *Spicilegium*, 1re éd., VII, p. 191 [cod. 1]; — B. Idem, 2e éd., III, p. 431 [éd. A]; — C. Migne, *Patrol. lat.*, CLV, pp. 472-475 [éd. A]; — *Hist. occ. des crois.*, III, pp. 890-893 [éd. A].

VERSIONS *françaises modernes*: *a*) Michaud, *Bibl. des cr.*, I, p. 446; — *b*) Peyré, II, pp. 485-490; — *c*) Darras, XXIII, 565.

---

2 Fulch. Carnot., l. I, c. 23, l. II, c. 16; Bartolf, c. 24 et 56; Lisiardus, c. 13 (*Hist. occ. des cr.*, III, 350, 398, 506, 532, 562).
3 Rob. Mon., l. VII, c. 19-20 (*Ibid.*, III, 836).
4 Alb. Aq., l. V, c. 3 (*Ibid.*, IV, 434).
5 Wilh. Tyr., l. VII, c. 1 (*Ibid.*, I, 277).
6 Baldr. Dol., *l. c.*
7 Guib. de Nov., l. VI, c. 11 (*Hist. occ. des cr.*, IV, 208).
8 Ord. Vit., l. IX, c. 12 (éd. le Prév., III, p. 571).

9 Guido de Baz. (d. Albéric [Pertz, *Mon. G., SS.*, XXII, 810]); sur l'ambassade de Hugues, voir Hammer, *Politique des Comnènes*, d. les *Fundgruben d. Orients*, V, 404.
10 Cf. *Auctar. ad Balder.* (*Hist. occ. des cr.*, IV, 80).
11 Voir plus loin, n° CXXI, p. 189.
12 Potthast (*Bibl. hist. M. Æ.*, p. 279), reproduisant une erreur de Fabricius, a confondu cette lettre avec le pèlerinage d'Anselme de Cracovie (1508), imprimé dans Canisius, *Ant. lect.*, VI, 1287 et s. (éd. Basnage, IV, 776-794).

RECENSIONS : 1. Guibert de Nogent, l. VI, c. 23 (*Hist. occ. des cr.*, IV, 219); — 2. Michaud, *Bibl. des crois.*, I, 446; — 3. D. Ceillier, XIII, 512; — 4. Mailly, I, lxv; — 5. *Hist. litt. de la France*, VIII, 500; — 6. Sybel, *G. d. I. Kr.*, pp. 11-12; — 7. Peyré, II, 485; — 8. *Hist. occ. des cr.*, III, p. lviij].

Cette lettre est la seconde des deux épîtres signalées par Guibert de Nogent [2], comme ayant été adressées à Manassès II par Anselme de Ribemont.

Elle n'est point datée: la copie qu'en avait publiée d'Achery, d'après un manuscrit provenant de Baluze et aujourd'hui perdu, portait un intitulé évidemment étranger à la lettre elle-même : « *Epistola* » *quam transmiserunt sancti peregrini, qui amore Dei perrexerunt Hie-* » *rusalem anno ab. Inc. D. 1099, tempore Urbani papæ, indictione sep-* » *tima* [3] » M. Peyré a vu dans cette mention « *1099, ind. VII* » la date de la lettre, qu'il place par conséquent entre le premier janvier 1099 et le mois d'avril, époque de la mort d'Anselme. Mais dans l'intitulé, le chiffre 1099 s'applique évidemment à la croisade elle-même, et le ton de la lettre, écrite sous l'impression immédiate de la victoire du 28 juin, aussi bien que le silence gardé sur tous les évènements postérieurs, auxquels Anselme prit cependant une part glorieuse [4], montrent bien qu'il l'a rédigée très-peu de temps après la défaite de Kerbogha, c'est-à-dire en juillet ou août 1098.

Je ne m'occuperai point du contenu de ce document important, dont M. de Sybel [5] a si bien fait ressortir l'intérêt, et qui doit servir de guide à tout récit consciencieux du siège d'Antioche.

Il est remarquable qu'il ait été aussi peu répandu au Moyen-Age : le manuscrit de Baluze n'est même pas parvenu jusqu'à nous ; ce qui a forcé l'Académie à se contenter d'une réimpression de l'édition de d'Achery. Heureusement le manuscrit H. 1345 de la Bibliothèque Mazarine, que j'ai signalé plus haut [6], en contient une copie remontant au temps de la croisade; cette copie est dépourvue de l'intitulé dont je viens de parler, et se trouve incomplète du dernier quart [7]; mais elle offre un texte meilleur que celui que nous a transmis d'Achery [8], et — fait assez curieux — celui-là même qu'avait entre les mains Guibert de Nogent [9].

2 Guib. de Nov., l. VI, c. 23 (*Hist. occ. des cr.*, IV, 219, et plus haut, p. 164).

3 L'Académie a corrigé : « 1098 »; mais alors l'indiction ne pourrait servir que pour les quatre derniers mois.

4 Alb. Aq., l. IV, c. 49 (*Hist. occ. des cr.*, IV, 424).

5 *G. d. I. Kr.*, *l. c.*

6 Voir plus haut, p. 165, n. 6.

7 Elle s'arrête aux mots « *nobiscum muros ingrossi* » (*Hist. occ. des cr.*, III, 892, avant-dernière ligne).

8 Il ajoute la date « *xiiij kal. nov.* » à l'investissement d'Antioche, rectifie des noms propres, etc.

9 Aux mots « *contra illum ad ultimum Hierosoly-* « *mitanum* [*regem*] », (Acad., p. 891, l. 8: *illum ultimum*) il substitue le mot *adulterum*, expressément noté par Guibert.

CXI.

1098 (août)   Mont Cassin.

Oderisio de' Marsi, abbé du Mont Cassin à Alexis Comnène : répond au n° CI et lui recommande de nouveau les croisés.

[Mentionnée dans la *Chronique* de Pierre, diacre du Mont Cassin, l. IV, c. 17 [1]].

Je place cette lettre, que rapporta à Constantinople le curopalate Jean, trois mois après le départ d'Orient de celle à laquelle elle répondait, sans affirmer, bien entendu, rien de positif à cet égard.

CXII.

1098 (août)   Mont Cassin.

Oderisio de' Marsi, abbé du Mont Cassin à Godefroy de Bouillon et à Bohémond : les prie de ne point faire la guerre à l'empereur.

[Mentionnée par Pierre Diacre, *l. c.* [1]].

J'ai supposé que cette lettre avait été écrite et envoyée en même temps que la précédente, sans m'arrêter aux titres de roi et de prince que Pierre Diacre donne à Godefroy et à Bohémond, puisque, pendant son règne très-court, Godefroy est resté tout-à-fait étranger à Alexis: j'ai pensé que Pierre Diacre avait sous les yeux la minute d'une lettre adressée à Godefroy, Bohémond, etc., *comme chefs des croisés*, et que, pour renseigner ses lecteurs, il a cru devoir donner à ces princes les qualifications postérieures, sous lesquelles ils étaient généralement connus au moment même où écrivait le moine cassinien.

J'avouerai cependant que, s'il est difficile de placer une lettre d'Oderisio à Godefroy à l'époque où celui-ci fut, non pas roi de Jérusalem, mais avoué du S. Sépulcre, il est permis, en imaginant une nouvelle ambassade d'Alexis à Oderisio — ambassade dont le chrysobulle serait perdu, et qui aurait eu pour but de solliciter l'intervention d'Oderisio, au moment de la rupture entre Alexis et les chefs de la croisade

---

[1] « Legatumque suum cum LITTERIS ad eum (A- lexium) direxit (Oderisius) per quas christianos, qui ad expugnandum paganorum perfidiam Jerosolymam perrexerant, illi commendare curavit. » (Petr. Diac., *Chron.*, l. IV, c. 17 [Migne, *Patr. lat.*, CLXXIII, c. 844]). Ici *legatum suum* est évidemment mis pour *legatum ejus* et désigne le curopalate Jean qui repartait du Mont Cassin.

[1] « Pari etiam modo LITTERAS Goffrido, regi Jerosolymitano, ac Bohamundo, principi Antiocheno, ne imperatorem debellarent, transmittere studuit. » (Petrus Diac., *l. r.*)

(août 1098) — il est permis, dis-je, de reporter jusqu'en 1099 la lettre d'Oderisio aux deux princes latins. Je n'y vois d'objection sérieuse que le texte même de Pierre Diacre, qui ne laisse point de place à cette ambassade supposée et qui eût aussi bien couché sur son registre ce chrysobulle soi-disant perdu, que les autres qu'il nous a conservés.

CXIII.

1098 (septembre)   Azâz.

Omar, émir de Hazart (Azâz) à Godefroy de Bouillon : implore son secours contre Rodhouân, émir d'Alep.

[Insérée en substance dans Albert d'Aix, l. V, c. 8].

INC.: Princeps Hasart . . . . Consilio nostrorum . . . . . » ; — EXPL.: « . . . . succurrere non recuses ».

ÉDITIONS: A. Alb. Aquensis, éd. Reineccius, ff. 106-107 ; — B. Id., éd. Bongars, I, pp. 261-262 ; — C. Id., éd. Migne, c. 516-517 ; — D. Id., *Hist. occ. des cr.*, IV, p. 437 ; — E. (seule) d. N. Reusnerus, *Ep. Turcicæ*, I, 11.

VERSIONS *françaises: a)* Guizot, XX, 273 ; — *b)* Peyré, II, 196].

La lettre elle-même est probablement un produit de l'imagination d'Albert d'Aix : quant au message, il est difficile de le révoquer en doute. Sans parler de Guillaume de Tyr [1], qui n'a peut-être fait ici que suivre Albert d'Aix (en négligeant toutefois la reproduction servile de la lettre elle-même), Raimond d'Aiguilhe [2], témoin oculaire et Kemâl-Eddin [3] nous en confirment l'existence : elle a dû être envoyée au commencement de septembre.

CXIV.

1098 (11 sept.)   Antioche.

Bohémond, Raimond de S. Gilles, Godefroy de Bouillon, Robert de Normandie, Robert de Flandres et Eustache de Boulogne à Urbain II : lui racontent sommairement la croisade depuis la prise de Nicée jusqu'à la prise d'Antioche, et avec détails la campagne contre Kerbogha ; lui font part de la mort du légat Adhémar de Monteil, le supplient de venir à Antioche reprendre possession de la chaire de S. Pierre.

[INC.: « Domino sancto ac venerabili . . . . Volumus omnes et desideramus . . . . . » ; — EXPL. . . . . vivit et regnat in sæcula sæculorum. Amen. »

---

[1] Wilh. Tyr., l. VII, c. 3 (*Hist. occ. des cr.*, I ,280).

[2] Raim. de Ag., c. 13 (*Ibid.*, III, 264).

[3] Kemâl Eddin, d. Defrémery, *Mélanges*, I, 45.

I. Isolée.

MANUSCRITS: 1. *Florence*, Bibl. Laurent., Pl. LXV, n° 35 (m. s. XI), f. 3 b; — 2. *Paris*, B. Nat., lat. 2827 (m. s. XII ine.), f. 119 b; — 3. *Rome*, Bibl. Vat., Reg. Chr. 547 (m. s. XIV); — 4. *Tongres*, Augustins (perdu) [1].

ÉDITIONS: A. Reuber, *Veteres SS.*, éd. Joannis, p. 399 [sans ind. de mmss.]; — B. Baluzius, *Miscell.*, 1ᵉ éd., I, 415 [cod. 2]; — C. Idem, 2ᵉ éd., III, 60 [éd. B]; — D. *Recueil des hist. de la France*, XIV, 733 [éd. B]; — E. Migne, *Patrol. lat.*, CL, 551-555 [éd. B].

II. d. Foucher de Chartres (l. I, c. 23 [15]).

MANUSCRITS: Une partie de ceux de Foucher [2].

ÉDITIONS: F. Duchesne, *SS. RR. Gall.*, IV, 830; — G. Bongars, I, 394 (Variantes de Barthius, d. Ludewig, *Rel. mmss.*, III, 215); — H. Migne, *Patr. lat.*, CLV, 847-849; — K. *Hist. occ. des cr.*, III, 350-351.

VERSIONS *françaises*: a) Michaud, *Hist. des cr.*, 1ʳᵉ éd., I, 555-559 et éd. suiv.; — b) Guizot, XXIV, 56-61; — c) Prat, pp. 294-304; — d) Peyré, II, 201-202 (fragm.), 481-485; — e) Jäger, *Hist. de l'égl. de Fr.*, VII, 40 (fr.); — f) Darras, XXIII, 559-560.

VERSION *hollandaise*: Van Kampen, I, 807-808.

VERSIONS *italiennes*: a) Michaud, *St. delle cr.*, tr. Rossi, II, 238-242; — b) tr. Ambrosoli, I, 562.

RÉCENSIONS: 1. *Hist. litt. de la France*, VIII, 617; — 2. Sybel, *G. d. I. Kr.* pp. 13-14; — 3. Peyré, II, 481].

Cette lettre est consacrée spécialement au récit de la courte campagne contre Kerbogha, tenant les croisés enfermés dans Antioche qu'ils venaient de prendre. Rien n'autorise à mettre en doute l'authenticité de ce document, dont nous avons des manuscrits contemporains, et qui d'ailleurs est inséré dans plusieurs des copies les plus anciennes de Foucher de Chartres [3]. M. de Sybel s'en sert et le commente en plusieurs endroits de son livre [4], et après lui il reste à peine à glaner. Aussi ne ferai-je que deux remarques qui me paraissent lui avoir échappé: la première c'est que cette lettre, aussi bien du reste que l'encyclique des mêmes princes à tous les fidèles [5], ne paraît pas avoir été très-répandue, à en juger par le petit nombre des copies qui nous en sont parvenues. Était-ce parce que l'étendue plus grande, la forme plus sérieuse de ce document le réservait à un public tout différent de celui auquel s'adressait, par exemple, l'épître populaire du patriarche Siméon [6]? ne serait-ce pas plutôt parce que les récits de la prise d'Antioche et de la défaite de Kerbogha ont été assez nombreux pour se faire mutuellement concurrence, et que celui-là ne fut pas assez intéressant pour éveiller le zèle des copistes, comme le fit l'année suivante le récit, envoyé par les mêmes chefs, de la victoire d'Ascalon [7]? la question mériterait, il me semble, d'être étudiée avec soin.

J'attirerai, en second lieu, l'attention sur ce fait que, si nous avons dans cette lettre et dans l'encyclique aux fidèles, les bulletins officiels

---

[1] Sanderus, *Bibl. belg. mau.*, II, 191.
[2] Ceux, aujourd'hui perdus, dont se sont servis Du Chesne, Bongars et Barth, et les mmss. A. B. F. G. de l'Académie.
[3] Surtout les nᵒˢ A et B de l'Académie.
[4] En particulier, pp. 418, 434, 441, 444.
[5] Plus haut n° CVII.
[6] Plus haut n° XCI.
[7] Plus loin n° CXLIV.

du siège d'Antioche, et même si l'on veut de la partie de la campagne comprise entre la prise de Nicée et ce siège, nous n'en avons aucun pour la traversée de la Romanie et le passage à Constantinople; cependant, dans la lettre même qui nous occupe, les princes semblent, pour ces évènements antérieurs, renvoyer Urbain II à une ou plusieurs narrations antérieures: « *sicut audistis* ». Ces narrations n'étaient évidemment point orales. Si l'on a jugé bon d'informer d'une façon générale la chrétienté et, avec détails Urbain II, de la prise d'Antioche et plus tard de la reddition de Jérusalem et de la victoire d'Ascalon, on a dû envoyer en Europe, à la suite des évènements de Nicée, des documents analogues. Je n'ai pas cru devoir cependant les signaler comme ayant certainement existé, l'expression « *sicut audistis* » ne m'ayant pas paru assez précise pour en tenir lieu. On sait, il est vrai, d'une façon positive, que dès le 11 mai 1098 [8], Urbain II était informé des premières victoires des croisés; mais on ignore si ces informations lui étaient parvenues indirectement, ou sous la forme d'une lettre adressée au S. Siège par l'armée latine.

CXV.

1098 (sept.)   Antioche.

Godefroy de Bouillon à Omar, émir de Azâz: lui promet son secours.

[Mentionnée dans Albert d'Aix, l. V, c. 9 [1] et dans Guillaume de Tyr, l. VII, c. 3 [2]].

Godefroy n'ayant pas répondu à la première ambassade de l'émir, celui-ci lui en envoya une seconde, avec son fils Mohammed comme otage. Le duc répondit alors par une lettre où il promettait son appui, et qu'à la stupéfaction des Latins, les envoyés de l'émir attachèrent à la queue d'un pigeon. Guillaume de Tyr ne parle ni de la seconde ambassade, ni de la lettre de Godefroy: c'est un avis annonçant l'arrivée du duc que les messagers expédient par cette voie aérienne. Les témoins oculaires de la croisade sont muets sur ces faits probablement légendaires.

---

8 « Nostris si quidem diebus [Dominus] in Asia » Turcos, in Europa Mauros christianorum viribus » debellavit, et urbes, quondam famosas, religionis » suæ cultui gratia propensiore restituit » (*Epist., Urbani II ad Petrum, Oscensem ep.*, 11 mai 1098, [Migne, *Patr. lat.*, CLI, 504; Jaffé, n° 4272]).

1 « Columbas duas . . . [legati] eduxerunt a sinu » suo, et, CARTA Ducis responsis promissisque fidelibus inscripta, caudis illarum filo innodata, . . . emi-» serunt » (Alb. Aq., l. V, c. 9, [*Hist. occ. des cr.*, IV, 438]).

2 « Duas emiserunt columbas . . . . quibus LITTE-» RULAS legationis suæ seriem continentes, ad caudas » religaverunt » (Wilh. Tyr., l. VII, c. 3 [*Ibid.*, I, 281]). Sur l'usage des pigeons voyageurs en Terre Sainte, cf. *Braslas* (*Hist. occ. des cr.*, II, 261, 329); Fulch. Carn., l. III, c. 47, (*Ibid.*, III, 474), et plus loin, n°s CXXX, CXXXI.

Albert d'Aix [3] place aussi un peu plus loin un message de Godefroy à Bohémond et à Raimond de S. Gilles les invitant à venir l'aider dans cette campagne d'Azâz : il y a lieu de penser que ce message n'a jamais été envoyé ; car, suivant Raimond d'Aiguilhe [4] c'est à Antioche même que Godefroy obtint de Raimond de S. Gilles que ce dernier l'accompagnât. Guillaume de Tyr [5], qui passe sous silence la participation du comte de Toulouse, ne parle que de celle de Baudouin d'Édesse, appelé par son frère à cette occasion.

CXVI.

1098 (3-11 octobre) Lucques.

Le clergé et le peuple de Lucques à tous les fidèles: leur transmettent la narration du siège et de la prise d'Antioche et de la victoire sur Kerbogha, faite par le lucquois Bruno, témoin oculaire; leur annoncent qu'Urbain II tient un synode à Bari, et se dispose à partir pour la Terre Sainte.

[INC. : « Primatibus, archiepiscopis .... Ad laudem et gloriam Redemptoris .... »; — EXPL. « ... ... ad Jerusalem profecto tendere. Valete ».

MANUSCRIT: *Paris*, Bibl. Mazar., H. 1345 (S. Mart. in Camp., 98) (m. s. XI, in-4°), ff. 72 a-73 b.

ÉDITION : Plus loin, *Appendice*, n° IV].

On n'avait que des renseignements négatifs sur la part prise par les Lucquois à la première croisade. En dehors de la légende de Stefano Butrione, qui, se trouvant à Jérusalem avec les croisés, y aurait appris l'existence de reliques cachées dans un crucifix de bois, vénéré à Lucques sous le nom de *Volto Santo* [1], les historiens locaux eux-mêmes tenaient pour certain que les habitants de cette ville, où pourtant les corps d'armée d'Étienne de Blois et des deux Robert avaient reçu, en novembre 1096, la bénédiction d'Urbain II [2], étaient restés en dehors de l'expédition [3]. La lettre que je publie aujourd'hui, et qui gisait dans le manuscrit de la bibliothèque Mazarine dont j'ai

---

3 Alb. Aq., l. V, c. 11 (*Hist. occ. des cr.*, IV, 439); N. Reusnerus, *Epist. Turcicæ*, I, 11, trad. dans Vétault, 254.

4 Raim. de Ag., c. 13 (*Hist. occ. des cr.*, III, 264).

5 Wilh. Tyr., l. VII, c. 3 (*Ibid.*, I, 280).

1 *Narratio Stephani Butrionis* (d. Tofanelli, *Il primo ritratto di Crocifisso*, [Nap., 1644, in-4°], pp. 69-70). Cf. Baronius ad ann. 1099; Fr. Negri, *St. della I crociata* (Bologna, 1658, in-f°), p. 16; Barsocchini, *Mem. di Lucca*, V, I, 28, 384.

2 Fulch. Carnot., l. I, c. 7 (*Hist. occ. des cr.*, III, 329).

3 Voir Barsocchini, *Op. cit.* V, 1, p. 369 : Ptolémée de Lucques ne dit presque rien sur la 1re croisade : les *Gesta Lucensium*, aujourd'hui perdus, et auxquels il se réfère (Murat., *SS.*, IX, 1257) étaient mal informés, puisqu'ils plaçaient sous la même année 1100 les prises d'Antioche et de Jérusalem : et le fait que Bruno dut s'embarquer sur des vaisseaux anglais n'est pas de nature à modifier beaucoup l'opinion reçue. Je dois dire cependant qu'au camps des croisés devant Antioche, la monnaie courante paraît avoir été le denier de Lucques (Raim. de Ag., c. 16; Alb. Aq., l. III, c. 52, l. IV, c. 34, [*Hist. occ. des cr.*, III, 278, IV, 375, 413]).

parlé plus haut, inscrite au catalogue sous le titre un peu fantaisiste de : « *Epistola cleri Lucensis de victoria mirabili contra Turcos (scripta » anno 1187, quo obiit Urbanus papa III)* », vient combler cette lacune.

C'est une sorte d'encyclique adressée aux fidèles du monde entier par la ville de Lucques, au moment même où se tenait le concile de Bari (3-11 octobre 1098). Sauf la dernière ligne, où elle annonce qu'Urbain II se dispose à partir pour la Terre Sainte, projet sur lequel j'aurai à revenir [4], et l'appel obligé au zèle de nouveaux croisés, elle ne contient autre chose qu'une narration, écrite sous la dictée même du personnage dont le dire s'y trouve recueilli, et où ce personnage s'exprime toujours à la première personne. C'est un certain Bruno, bourgeois de Lucques, parti en 1097 pour l'Orient « *cum navibus* « *Anglorum* », arrivé à Antioche un peu avant le 5 mars 1098, témoin de tous les évènements du siège, de la prise de la ville, de la victoire sur Kerbogha, et qui ne quitte Antioche, pour retourner dans sa patrie, que trois semaines après cette victoire, c'est-à-dire vers le 20 juillet.

On trouvera dans la narration de ce Bruno, bien moins importante d'ailleurs que la lettre d'Anselme de Ribemont, quelques dates et quelques faits intéressants : c'est un peu avant le 5 mars qu'arrive la flotte anglaise, que nous connaissions, il est vrai, déjà par le témoignage de Raimond d'Aiguilhe [5], mais d'une façon inexacte. La visite des croisés à cette flotte, pour obtenir de ceux qui la montaient des bois pour la confection de machines de guerre, et la construction à la porte occidentale de la ville d'un château de bois qu'on appela le château de S.te Marie, me paraissent deux faits complètement nouveaux [6]. La lettre, en tous cas, donne un point de repère chronologique qui manquait dans le récit de l'investissement. Pour le reste du siège, la trahison de Firouz, la découverte de la s. Lance, Bruno concorde avec les données générales des chroniques. Au commencement de la bataille livrée à Kerbogha, il signale l'apparition de renforts miraculeux groupés autour d'une bannière blanche, et que nous retrouvons dans les *Gesta* [7], dans la *Chanson d'Antioche*, et dans Robert-le-Moine [8].

---

[4] Voir plus loin, n° CXVII, p. 186.
[5] Raim. de Ag., c. 18 (*Hist. occ. des cr.*, III, 290; cf. Rad. Cadom., c. 58 (*Ibid.*, III, 649); sur les diverses flottes venues à cette époque d'Europe en Syrie, voir mes *Scandinaves en T. S.*, p. 135.
[6] Je pense qu'il est impossible de confondre cette construction avec la mise en état de défense du monastère de S. Georges, qui eut lieu beaucoup plus tard; v. Peyré, II, 34 et s.

[7] *Gesta*, IV, c. 39 (*Hist. occ. des cr.*, III, 151); cf. Tudebod., XI, c. 8, *Hist. b. sacri*, c. 82 (*Ibid.*, III, p. 81, 205).
[8] Robertus Mon., l. VII, c. 13 (*Hist. occ. des cr.*, III, 832); *Chanson d'Antioche*, VIII, 51 et 72, t. II, pp. 262, 285; Baldr. Dol., l. III, c. 17, Guib. de Nov., l. VI, c. 9 (*Hist. occ. des cr.*, IV, 77, 206).

CXVII.

1098 (21 octobre).

[*Concile de Bari*],

On sait de source certaine qu'Urbain II, après le concile de Latran (janv. 1097) [1], continua à s'occuper des affaires d'Orient, et qu'au commencement de l'année 1098 [2], se trouvant à Chieti, il y prêcha la croisade et y tint un conseil d'évêques et de barons, au sujet de l'expédition alors occupée au siège d'Antioche [3].

Il était donc permis de supposer que, si, dans le concile très-solennel [4] qu'il tint à Bari au mois d'octobre de la même année, les questions relatives au schisme des Grecs, avaient été le principal objet des délibérations [5], la Terre Sainte n'avait point cependant été oubliée. Néanmoins, aucun des très-nombreux témoignages qui nous sont parvenus sur cette assemblée [6], n'autorisait une affirmation en ce sens [7]. C'est la lettre circulaire du clergé de Lucques à tous les fidèles [8], qui nous apprend, pour la première fois, d'une façon précise, qu'on s'occupa à Bari des affaires de la croisade, et que le pape y exprima l'intention d'aller rejoindre les combattants.

Il n'est point impossible, en effet, qu'à cette époque le pape eût déjà reçu la lettre que les chefs de l'armée lui avaient écrite d'Antioche le 11 septembre [9], et où, lui annonçant la mort de son légat Adhémar de Monteil, ils le suppliaient de venir prendre en personne possession de la chaire de S. Pierre à Antioche. Mais nous

---

1 Voir plus haut, n° LXX, p. 135.

2 Probablement au mois de mai, en allant de Rome à Capoue; cf. Jaffé, *Reg.*, p. 472.

3 « Contigit ut, hoc predicans, predictus s. pontifex » devenerit Thyetum, ibique perendinans non multis » diebus, cum episcopis et baronibus, de via Hieroso- » lymitana habuit commune colloquium. » (*Chron. Casauriense*, l. V [Murat., *SS. RR. Ital.*, II, p. II, 872]); cf. D. Ruinart, *Vita Urb. II*, c. 291, (éd. Migne, c. 225-226).

4 « Plenarium in Barensi urbe concilium celebrare » disponebamus. » (*Epist. Urb. II*, 247; [Migne, *Patr. lat.*, CLI, 516]).

5 Voir Eadmerus, *Vita Anselmi*, l. II, c. 5, n° 46 et *Hist. novorum*, l. II (Migne, *Patr. lat.*, CLVIII, 102, 103, et CLIX, 414). C'est là qu'Anselme de Cantorbéry lut son traité *De processione Spiritus Sancti contra Græcos* (Migne, *Patr. lat.*, CLVIII, 285-325); cf. Hildeberti Cenom. *Epistolæ*, II, 9, 11, 13, et Anselmi Cant. *Epistolæ*, III, 160 (Migne, *Patr. lat.* CLXXI, 216, 218, 220, CLIX, 196).

6 Les actes en sont perdus; mais les textes des chroniques y suppléent: voici les principaux: Eadmerus, *l. c.*; Wilh. Malmesb., *Gesta pont. Angl.*, (Migne, *Patr. lat.*, CLXXIX, 1492-1493); Ord. Vit., l. X, c. 3 (éd. le Prév., IV, p. 15); Lupus Protospatha, Anon. Barensis (Murat., *SS. RR. Ital.*, V, 48, 154); Simeon Dunelm., *Hist. de reg. Angl.*, (Twysden, p. 224); Rog. de Hoveden, éd. Stubbs, I, 155; cf. D. Ruinart, *Vita Urb. II*, c. 323-324 (éd. Migne, c. 241-244). Mansi (XX, 947) est très-incomplet pour ce concile qu'il place en 1097.

7 C'est par un abus formel du texte de Lupus Protospatha, que Darras, (XXIV, 157) donne pour raison de l'affluence des évêques venus à Bari (185), l'enthousiasme causé par la nouvelle de la prise d'Antioche.

8 Voir le numéro précédent.

9 Plus haut, n° CXIV, p. 181.

manquons absolument de renseignements sur ces projets, dont le triomphe de la cause d'Urbain II en Italie rendait l'exécution possible [10], mais qui n'eurent d'ailleurs aucune suite, le pape étant mort quelques mois après (29 juillet 1099). Et en supposant même que l'assertion des Lucquois ne soit pas l'écho d'un simple bruit répandu en Italie, et que les affaires de la croisade aient fait l'objet des délibérations du concile, il est permis de se demander si, soit les lettres de convocation à cette assemblée, soit les lettres synodales qui en annoncèrent le résultat, firent mention de la Terre Sainte.

Il est impossible également de conjecturer avec quelque vraisemblance, comme on l'a tenté récemment [11], qu'Alexis ait joué personnellement un rôle dans le concile, y ait été, ou convoqué, ou représenté par des légats, ou sommé d'avoir à en promulguer les décrets, ni surtout que les relations de l'empereur avec les croisés aient fait partie des discussions de l'assemblée — discussions qui, à l'endroit des Grecs, paraissent ne point être sorties du domaine de la théologie pure.

CXVIII.

1098 (après le 1er juillet) Antioche.

Baudouin du Bourg à Manassès II de Châtillon, archevêque de Reims: lui raconte [le siège d'Antioche], la découverte de la s. Lance et la défaite de Kerbogha.

[Mentionnée dans Guibert de Nogent [1]; peut-être la même que le n° CLVII].

Cette lettre a dû être écrite après la défaite de Kerbogha (28 juin 1098) et certainement avant l'épreuve faite devant Archis (8 avril 1099), épreuve à la suite de laquelle l'authenticité de la s. Lance devint douteuse aux yeux de la plupart des croisés. Je reparlerai plus loin de ce document perdu [2].

---

10 Au temps du concile de Clermont, l'état religieux de l'Europe rendait tout déplacement du pape impraticable: Urbain II avait peut-être eu alors, comme le veut son biographe Pandulphe de Pise (*Vita Urbani II*, [Muratori, III, 1, p. 352]) la pensée de prendre le commandement de la croisade ; mais il avait dû, ainsi qu'il le dit lui-même (*Sermo Urbani II*, d. Baldr. Dol., l. I, c. 4, [*Hist. occ. des cr.*, IV, 15]) se contenter du rôle de Moïse pendant le combat contre les Amalécites.

11 L. Streit, *D. Wendung d. IV Kreuzz.*, p. 38, n. 68.

1 Guib. de Nov., l. VII, c. 34 (*Hist. occ. des cr.*, IV, 252).

2 Voir plus loin, n° CLVII.

CXIX.

1098 (octobre-décembre) ?

Pleins pouvoirs donnés par Urbain II au cardinal Daimbert, archevêque de Pise, envoyé comme légat en Terre Sainte, en remplacement d'Adhémar de Monteil.

Tous les chroniqueurs s'accordent à nous apprendre que le successeur de l'évêque du Puy comme chef spirituel de la croisade fut le cardinal-archevêque de Pise, Daimbert ou Théodebert.

Assista-t-il au concile de Bari avec les cent-quatre-vingt-cinq évêques qui formèrent cette assemblée? tout porte à le croire, puisqu'il avait accompagné Urbain II, pendant tout le séjour de ce pape en France [1], et qu'il était uni à lui par les liens d'une étroite amitié [2]. Est-ce pendant la tenue même, ou à la suite des délibérations du concile qu'il reçut l'ordre de partir pour la Terre Sainte? on ne peut que le supposer; mais ce qu'il y a de certain, c'est qu'il ne quitta pas l'Europe sans emporter des pleins pouvoirs [3], et probablement la réponse à la lettre adressée par les croisés au pape.

Il se mit à la tête d'une flotte de cent-vingt navires pisans qui abordèrent à Laodicée en septembre 1099 [4].

CXX.

1099 (commencement de janvier) Marra.

Raimond de S. Gilles convoque Godefroy de Bouillon, Bohémond et les autres princes restés à Antioche, à une conférence à Rugia pour mettre fin à leurs dissensions et fixer le départ général pour Jérusalem.

[Mentionnée par la plupart des chroniqueurs de la 1re croisade [1]].

---

1 Il figure en particulier comme témoin de la charte de Raimond de S. Gilles pour' S. Gilles (12 juillet 1096) dans D. Vaissète, V, 744.

2 Voir Wilken, *G. der Kr.*, II, 50-51.

3 « Unde dominus papa ad eamdem multitudinem » suam legationem direxit, videlicet venerabilem Theo- » debertum, Pisane ecclesie archiepiscopum, qui illis » in omnibus apostolica vice adesset » (Bernoldus, *Chron.* [Pertz, *Mon. Germ. SS.*, V, 466]).

4 *Gesta triumph. Pis., Brev. hist. Pis.* (Murat., VI, 101, 168); Wilh. Tyr., l. IX, c. 14, Guib. de Nov., l. VII, c. 15 (*Hist. occ. des cr.*, I, 386, IV, 233); cf. Hagenmeyer, *Ekkeh.*, pp. 183, 185. Tout ce que Darras (XXIV, 230 et s.) raconte de l'hostilité d'Alexis contre Daimbert et de cette flotte, est de pure fantaisie. Guillaume de Tyr, qu'il cite, ne parle que de refus de vivres, éprouvés par les Pisans *sur les côtes de Syrie*, et le récit d'Anne Comnène, que Darras commente et amplifie, s'applique à des évènements postérieurs de quatre ou cinq ans. Voir plus loin, n° CXXII.

1 Wilh. Tyr., l. VII, c. 11 (*Hist. occ. des cr.*, I, 295); *Gesta*, IV, c. 46, Tudebodus, XIII, c. 6, *Hist. b. sacri*, c. 93, R. de Ag., c. 14, Rob. Mon., l. VIII, c. 8 (*Ibid.*, III, pp. 156, 94, 209, 271, 850); Baldr. Dol., l. IV, c. 1; Guib. Nov., l. VI, c. 18 (*Ibid.*, IV, 89, 214).

Aucun des textes qui parlent du message envoyé par Raimond ne dit formellement qu'il ait donné lieu à un ou plusieurs documents écrits : on ne peut que le conjecturer avec quelque vraisemblance.

CXXI.

1099 (janvier)   Constantinople.

Alexis I Comnène aux princes croisés : leur réclame la possession d'Antioche.

[Mentionnée par Raimond d'Aiguilhe [1] c. 18, et Guillaume de Tyr [2] l. VII, c. 20].

Alexis, ayant reçu le message envoyé par les croisés [3], se disait prêt à remplir les engagements qu'il avait pris envers eux, et annonçait son arrivée pour la S. Jean suivante. Il demandait, en échange, conformément à la lettre du traité conclu avec lui, la remise d'Antioche.

Raimond d'Aiguilhe est le seul témoin oculaire qui nous parle de cette ambassade, longuement racontée du reste par Guillaume de Tyr : la cause de ce silence des autres chroniqueurs doit être évidemment l'embarras où ils se sont trouvés pour expliquer la réponse assez peu loyale, que les croisés firent au message d'Alexis, et dont je parle plus loin [4].

La lettre impériale ne nous est point parvenue : elle devait se rapprocher beaucoup d'une autre qu'Alexis adressa plus tard à Bohémond, et qu'Anne Comnène nous a transmise en substance [5] ; elle avait dû être écrite vers le mois de janvier, les envoyés qui la portaient n'ayant rejoint les croisés qu'au commencement de la Semaine Sainte, c'est-à-dire vers le 3 avril.

CXXII.

1099 (janvier)   Constantinople.

Alexis Comnène à Raimond de S. Gilles : lui ordonne de remettre Laodicée aux mains d'Andronic Tzintzilucas.

[Mentionnée par Anne Comnène, l. X, c. 7 [1]].

---

1 Raim. de Ag., c. 18 (*Hist. occ. des cr.*, III, 286).
2 Wilh. Tyr., l. VII, c. 20 (*Ibid.*, I, 307).
3 Voir plus haut, n. CIX, p. 177.
4 Plus loin, p. 192.
5 Anna Comn., l. XI, c. 9 (éd. de P., p. 332, éd. de Bonn, II, pp. 111-112, *Hist. gr. des cr.*, I, II, 74). Voir la lettre suivante.

1 « Τότε δὴ καὶ ὁ αὐτοκράτωρ τῷ Ἰσαγγέλῃ ἐπέσκηψε
» τὴν Λαοδίκειαν Ἀνδρονίκῳ τῷ Τζιντζιλούκῃ ἀναθέσ-
» θαι ; . . . . ὅπερ δὴ καὶ πεποίηκε τοῦ γράμμασι
» τοῦ βασιλέως πεισθείς ». (Anna C., l. X, c. 7, éd. de P., p. 329, éd. de B., II, 105, *Hist. grecs des cr.*, I, II, 66).

Je place cette lettre aussitôt après la précédente, supposant qu'elle a pu être envoyée en même temps, et peut-être secrétement apportée par la même ambassade.

On sait que rien n'est embrouillé comme la chronologie d'Anne Comnène, qui, non seulement ne donne jamais une date précise, mais paraît avoir tenu à honneur de grouper les faits en dehors de l'ordre des temps: or, de toute l'*Alexiade*, le chapitre 7 du XIe livre, consacré aux faits accessoires de la première croisade, est peut-être le plus difficile de tous à commenter, en raison des nombreuses sources latines avec lesquelles il faut le concilier — sources au premier rang desquelles figure Orderic Vital, un autre ennemi de la chronologie.

Je crois pourtant qu'il serait possible de mettre de l'ordre, aussi bien dans le récit d'Anne que dans celui de ses contemporains occidentaux, et de refaire l'histoire de tous les évènements, la plupart maritimes, qui gravitent autour de Laodicée, de 1096 à 1104, et cela sans supprimer — méthode plus aisée que rationnelle [2] — aucun des témoignages si explicites qui nous sont parvenus sur ces faits compliqués. Mais il faudrait, pour apporter la lumière dans ce chaos, une veritable dissertation, qui sortirait des limites du présent travail.

Je me contenterai donc de renvoyer le lecteur à ce que j'ai dit ailleurs [3] de Laodicée et des flottes qui y abordèrent successivement pendant la croisade, et de rappeler qu'il résulte de témoignages latins: — qu'au temps de l'investissement d'Antioche (octobre 1097), Laodicée, alors tenue au nom de l'empereur par une garnison de Turcopoles [4], tomba au pouvoir d'une flotte de pirates du Nord [5], qui s'était formée sur les côtes de Languedoc [6] et qui reconnaissait la suzeraineté, au moins nominale, du comte de S. Gilles — qu'au commencement de 1099, cette flotte fut expulsée par les Grecs [7], probablement unis à des vaisseaux anglais [8] — et que, par conséquent, *rien dans les chroniqueurs occidentaux, ne nous donne le droit de suspecter* ici l'exactitude d'Anne Comnène. Laodicée était, au moins nominalement, au pouvoir de Raimond: ce dernier, depuis la prise d'An-

---

[2] C'est ainsi que Du Cange (*Notæ ad Alex.*, éd. de Bonn II, 628), Wilken (*Comneni*, 372), l'éditeur d'Orderic Vital (IV, 71 n.), M. de Sybel (*G. der I Kr.*, 508-510) et récemment M. Hagenmeyer (*Ekk.*, pp. 182-183) ont amputé, tantôt Albert d'Aix, tantôt Anne C. et tantôt Orderic. Quant à Darras (XXIV, pp. 230-242) il a bâti, sur tous ces textes, un véritable roman. M. de Muralt, dans sa *Chron. Byzantine*, a évité de toucher à ce sujet difficile.

[3] *Scandinaves en Terre Sainte*, pp. 134-139 et surtout, p. 137, n. 2. Voir aussi Kugler, *Boemund und Tankred*, p. 60.

[4] Caffaro (éd. de Gênes, p. 35); Wilh. Tyr., l. V, c. 23 (*Hist. occ. des cr.*, I, 145).

[5] Rad. Cad., c. 58, Alb. Aq., l. III, c. 59 (*Hist. occ. des cr.*, II, 649, IV, 380). Anselme de Ribemont, dans sa première lettre, (plus loin, App., n° III) place aussi la prise de Laodicée au moment de l'investissement d'Antioche.

[6] « In terra S. Egidij, de potestate comitis Ray-» mundi, associati » (Alb. Aq., l. VI, c. 55 [*Hist. occ. des cr.*, IV, 500]).

[7] Alb. Aq., l. III, c. 59, p. 380.

[8] Ord. Vit., l. X, c. 2 (t. IV, p. 70); Wilh. Malm., l. III, c. 251, p. 425.

tioche, et sa querelle avec Bohémond, se séparait des autres princes pour se rapprocher d'Alexis 9. C'est à lui, suivant Anne, que l'empereur s'adresse pour reprendre Laodicée: il n'y a rien là que de tout-à-fait plausible. Maintenant cette restitution a-t-elle eu lieu, comme le dit la princesse, à la suite d'un ordre direct de Raimond, ou, comme le veulent les récits occidentaux, à la suite de quelque incident auquel il serait resté étranger? ce point secondaire a beaucoup moins d'importance. Ce qu'il est bien plus difficile d'établir solidement, c'est l'époque où put se produire la réclamation d'Alexis: j'ai supposé qu'elle n'avait été faite qu'au commencement de 1099, c'est-à-dire assez tard pour que le rapprochement dont je viens de parler, ait pu déjà avoir eu lieu entre l'empereur et le comte. Je reconnais cependant qu'on pourrait assigner à la lettre dont je viens de m'occuper, une date de quelques mois antérieure.

CXXIII.

1099 (15 janvier)   Césarée-sur-l'Oronte.

Abu Salem Morschad, émir de Césarée-sur-l'Oronte à ses sujets: leur ordonne de faire le vide devant l'armée des croisés.

[Mentionnée par Raimond d'Aiguilhe, c. 14 [1]].

Cette lettre, ainsi qu'un grand nombre de celles qui vont suivre, ne sont mentionnées que par un ou deux des témoins de la croisade: les documents de ce genre ont dû être extrêmement nombreux.

CXXIV.

1099 (vers le 15 mars)   Archis.

Raimond de S. Gilles à Godefroy de Bouillon et à Robert de Flandres occupés au siège de Gibel (Gabala): les prie de venir à son aide.

[Mentionnée dans Guillaume de Tyr, l. VII, c, 17 [1]].

Cette lettre qui annonçait faussement un retour offensif de Kerbogha, n'était qu'une ruse de Raimond pour amener Godefroy et Robert à venir l'aider à s'emparer d'Archis qu'il assiègeait.

---

9 Voir plus loin, n° CXXV.

1 « Raymundus de Insula, cum sociis ejus, unum » Sarracenum ea die (15 jan.) ceperunt, cum LITTERIS » regis [Cesareæ] quas deferebat ad omnes de regione » illa ut fugerent ante nos ». (Raim. de Ag., c. 14 [*Hist. occ. des cr.*, III, 272]).

1 « Missa legatione per virum venerabilem dominum [Petrum de Narbona], Albariensem episcopum, » et directis EPISTOLIS, dominum ducem et comitem » Flandriæ anxie nimis sollicitat. » (Wilh. Tyr., l. VII, c. 17 [*Hist. occ. des cr.*, l. 302]; cf. Tudebod. XIII, c. 11, R. de Ag., c. 17 [*Ibid.*, III, 99, 277]; Alb. Aq., l. V, c. 33 [*Ibid.*, IV, 453]).

CXXV.

1099 (vers le 10 avril) Archis.

Les princes croisés à Alexis Comnène: refusent de lui rendre Antioche, se fondant sur l'inexécution des engagements qu'il avait pris envers eux.

[Mentionnée (?) dans Guillaume de Tyr, l. VII, c. 20 [1]].

Raimond d'Aiguilhe [2], dans le récit qu'ils nous fait de la réception par les croisés de l'ambassade grecque chargée de réclamer Antioche, prétend que le conseil des barons se divisa sur la réponse à faire à l'empereur. Raimond de S. Gilles (dont Raimond d'Aiguilhe n'est ici que l'écho), désireux de voir Antioche échapper à Bohémond, fit tous ses efforts pour réconcilier les croisés avec Alexis, et obtenir d'eux qu'ils attendissent l'empereur. Il échoua, et la majorité, regardant le traité comme forclos par suite de la non-exécution des engagements d'Alexis, refusa de croire aux nouvelles promesses de ce dernier, et par conséquent de l'attendre et de lui remettre Antioche.

La réponse fut-elle verbale ou écrite? bien que ni Raimond d'Aiguilhe, ni Guillaume de Tyr ne fournissent les éléments nécessaires pour répondre à cette question, on peut supposer que cette réponse devait être à peu près semblable à celle que Bohémond fit plus tard à une autre lettre d'Alexis (1100), dont j'ai parlé plus haut [3]. Elle fut donnée vers Pâques (10 avril).

CXXVI.

1099 (24-30 avril)

[*Concile de Rome*].

La dernière pensée d'Urbain II devait être pour la croisade, l'œuvre la plus illustre de son pontificat, celle dont le succès entoura, comme d'une auréole ses derniers jours. Trois mois avant sa mort, il convoquait à Rome, un dernier concile, où se trouvaient rassemblés cent-cinquante évêques et un nombre considérable d'abbés [1]. La cour ro-

---

[1] Wilh. Tyr., l. VII, c. 20 (*Hist. occ. des cr.*, I, 307).

[2] Raim. de Ag., c. 18 (*Ibid.*, III, 286).

[3] Anna Comn., l. XI, c. 9 (éd. de Bonn, II, 112, *Hist. gr. des cr.*, I, II, 75). Voir plus haut, p. 189.

[1] « Romæ d. papa generale n synodum cl. episco- » porum, abbatumque et clericorum innumerabilium » in tercia epdomada post pascha collegit. » (Bernoldus, *Chron*. {Pertz, *Mon. Germ. SS.*, V, 466}).

maine avait reçu depuis longtemps les nouvelles des victoires des croisés: mais ceux-ci demandaient de nouveaux renforts [2], et il est naturel que leurs affaires, si importantes pour l'Église, fussent encore une fois soumises à ses délibérations.

Nous savons que la croisade tint, à côté des négociations toujours pendantes avec les Grecs [3], une grande place dans les discussions de l'assemblée [4], et que le pape prêcha une dernière fois en faveur de la guerre sainte [5]. Cependant aucune des lettres [6] auxquelles dut donner lieu le concile de Rome n'est parvenue jusqu'à nous [7].

CXXVII.

1099 (avril)   Jérusalem.

Afdhal aux croisés : leur renvoie leurs ambassadeurs avec des présents; leur offre l'accès pacifique *dans Jérusalem.*

[Mentionnée par Raimond d'Aiguilhe, c. 16 [1], et Guillaume de Tyr, l. VII, c. 19 [2]].

L'*Historia belli sacri*, qui contient, comme je l'ai dit plus haut, un récit complet et spécial des aventures des ambassadeurs envoyés par les croisés en Égypte pour la ratification du traité avec Afdhal [3], nous apprend qu'après avoir passé les fêtes de Pâques (10 avril) à Jérusalem, ils revinrent au bout d'un an retrouver l'armée qui assiégeait alors Archis. Ils étaient accompagnés d'un envoyé d'Afdhal, porteur de présents somptueux pour Bohémond, Godefroy et les autres chefs. L'*Historia* ne dit point que cet envoyé fût chargé d'un message quelconque pour les croisés.

C'est encore Raimond d'Aiguilhe, mieux informé de ce qui se passait au conseil des barons, qui nous renseigne sur la partie poli-

---

2 Voir plus haut, n° CXIV, p. 182.
3 *Gesta Atrebat.* (Migne, *Patr. lat.*, CLXII, 64.).
4 « Eo anno fuit factum Romæ concilium, quod » novissime tenuit papa vij kal. maij, *in quo con-* » *firmavit viam S. Sepulchri D. N. J. Christi.* » (*Chron. Mallene.* [Labbe, B. *nova mussi.,* II, 196]).
5 « De Jerosolimitano itinere multum rogavit, ut » irent, et fratribus suis laborantibus succurrerent. » (Bernoldus, *l. c.*).
6 Nous savons seulement par Bernold qu'il fut envoyé des lettres de convocation: « Synodum quoque » suum, in tercia epdomada Romæ celebrandam post » pascha, *missis* LITTERIS usquequaque denunciavit. » (Bernoldus, *l. c.*). Mais tous les actes du concile sont perdus, sauf des canons incomplets (Labbe, *Concilia*, X, 625, Mansi, XX, 961) dont aucun n'a trait à la croisade.

7 Sur ce concile, que les grandes collections placent à tort en 1098, voir Eadmerus, *Vita Ans. Cant.*, l. II, c. 49 et *Hist. novorum*, l. II (Migne, *Patr. lat.*, CLVIII, 104 et CLIX, 410): Wilh. Malmesb., *Gesta pontif. Angl.*, l. I (Migne, *Patr. lat.*, CLXXIX c. 1493); Bernoldus, *l. c.*; *Gesta Atreb., l. c.*; Simeon Dunelm. (Twysden, 224) ; Rog. de Hoveden, éd. Stubbs, I, 155; D. Ruinart, *Vita Urbani II*, c. 336-337 (éd. Migne, pp. 249-255); Darras, XXIV, 177-190.
1 « Mandavit nobis ut, sine armis, ducenti vel tre- » centi, iremus]herosolymam, et adorato Domino, » reverteremur » (R. de Ag., c. 16, *Hist. occ. des cr.*, III, 277]).
2 Wilh. Tyr., l. VII. c. 19 (*Ibid.*, I, 305-306).
3 *Hist. belli sacri*, c. 99 (*Ibid.*, III, 212). V. plus haut, pp. 146, 163.

tique de la mission dont était chargé le représentant de l'Émir. Ce dernier, maître de Jérusalem [4] et rassuré à l'endroit des Turcs, ses ennemis ordinaires, par les victoires des chrétiens, ne parlait plus d'alliance, et se contentait d'autoriser les croisés à venir, sans armes et par groupes de deux cents, faire leurs dévotions aux Lieux Saints.

On lui répondit, probablement de vive voix, que s'il ne rendait Jérusalem, on irait s'emparer du Caire [5]; la rupture fut immédiate, et Afdhal voulut même aussitôt barrer le chemin aux croisés, et les arrêter de vive force; car c'est sur le bruit de ses préparatifs qu'ils levèrent le siège d'Archis [6] (2 ou 12 mai).

CXXVIII.

1099 (janvier-mai)   En Syrie.

[*Soumissions des émirs de Syrie sur le passage des croisés*].

Sans mentionner, ni la teneur, ni même l'existence de pièces écrites, tous les historiens de la première croisade s'accordent à montrer les émirs des villes, auprès desquelles passèrent les croisés, s'empressant, pour éviter le sort des habitants d'Antioche et de Marra, d'acheter par d'énormes tributs la neutralité des Latins: la négociation de ces traités donnait lieu à l'envoi de nombreuses ambassades, tantôt spontanées, tantôt provoquées par les croisés eux-mêmes [1].

Voici les principales:

1099 (fin janvier). Abu Salem Morschad, émir de Césarée-sur-l'Oronte envoie des messagers à Raimond de S. Gilles [2].

1099 (2 février). Djenah Eddaulah, prince d'Émèse, sollicite la paix [3].

1099 (comm.ᵗ de mai). Fackr el-Molk, émir de Tripoli, demande à traiter avec les croisés [4].

---

4 Jérusalem avait été prise par Afdhal, grâce à leur présence, le 26 août 1098, après 40 jours de siège. (Ibn-Khallicân, éd. de Slane, I, p. 84) : voir Defrémery, *Mém. sur la prise de Irlm*. (*Journal asiat*., 1872, extr. VI, p. 9).

5 Raim. de Ag., l. c.; Wilh. Tyr., l. c.

6 Guib. de Nov., l. VII, c. 1 (*Hist. occ. des cr*., IV, 222).

1 « Mittebant quisque de principibus nostris ad civitates Sarracenorum legatos cum LITTERIS. » (R. de Ag., c. 16; [*Hist. occ. des cr*., III, 278]).

2 *Gesta*, c. IV, 46; Tudeb., XIII, 7; *Hist. b. sacri*, c. 93; Raim. de Ag., c. 14; Rob. Mon., l. VIII, c. 9 (*Hist. occ. des cr*., III, 156, 95, 209, 272, 851); Baldr. Dol., l. IV, c. 1 ; Guib. de Nov., l. VI, c. 19 (*Ibid*., IV, 90, 214).

3 *Gesta*, IV, c. 49, Tudeb., XIII, c. 10, *H. b. sacri*, c. 96, Raim. de Ag., c. 14, Rob. Mon., l. VIII, c. 11 (*Hist. occ. des cr*., III, 158, 97, 210, 275, 853); Baldr. Dol., l. IV, c. 2 (*Ibid*., IV, 91); Wilh. Tyr., l. VII, c. 12 (*Ibid*., I, 295).

4 *Gesta*, l. c.; Tudeb., *H. b. sacri*, l. c.; R. de Ag. l. c. et c. 16, p. 278; Rob. Mon., l. VIII, c. 19, p. 857; Baldr., l. IV, c. 2 et 3, Guib. de Nov., l. VII, c. 1; Alb. Aq., l. V, c. 38 (*H. occ. des cr*., IV, 90, 91, 221, 857); Wilh. Tyr., l. c.

CXXIX.

1099 (janvier - 14 mai)   Rome.

Urbain II à Anselme de Buis (Borisio) archevêque, et aux habitants de Milan: les exhorte à prendre la croix.

[Mentionnée dans Landulphe de S. Paul [1], c. 2, et dans Galvaneo della Flamma [2], c. 153].

Les Milanais durent être, dès le temps des conciles de Clermont et de Nîmes, invités à prendre la croix, puisque Pierre l'Hermite, à son arrivée à Constantinople, y trouva des Lombards qui l'y avaient précédé [3]; mais ils ne paraissent s'être ébranlés en masse que sur une seconde invitation d'Urbain II, et à la suite de leur archevêque Anselme.

La lettre d'Urbain II à ce dernier est perdue: le pape ayant cessé d'écrire le 14 mai, peu de temps avant sa mort, elle a dû être envoyée dans les quatre premiers mois de 1099.

CXXX.

1099 (28 mai)   Acre.

L'émir d'Acre à l'émir de Césarée de Palestine: l'avertit de l'arrivée des croisés.

[Insérée en substance dans Raimond d'Aiguilhe, c. 19 (33), et dans Thomas le Toscan].

INC.: « Generatio canina . . . . . »; — EXPL.: . . . . castra mandabis »,

ÉDITIONS: A. Raimundus de Ag., éd. Bongars, p. 173; — B. Idem, éd. Migne, *Patr. lat.*, CLV, c. 650; — C. *Hist. occ. des cr.*, III, 291; — D. Florentinus minorita, d. Böhmer, *Fontes*, IV, 658; — E. Thomas Tuscus, *Gesta imp.*, d. Pertz, *Monum. Germ.*, SS., XXII, 502.

VERSIONS *françaises*: a) Guizot, XXI, p. 358; — b) Prat, 329; — c) Peyré, II, 292.

RÉCENSION: Jean d'Outremeuse, *Ly myreur des histors*, l. II, t. IV, p. 293].

Raimond d'Aiguilhe est le seul à parler de cette lettre, trouvée aux environs de Césarée pendant le séjour que les croisés firent près de cette ville: elle avait été confiée à un pigeon voyageur [1].

---

1 « Anselmus de Buis, archiepiscopus Mediolanensis, monitus apostolica auctoritate . . . . studuit congregare exercitum, cum quo caperet Babylonense regnum. » (Landulphi *Chron.*, c. 2, [Muratori, V, 473]).

2 « Anno 1099, cives Mediolanenses per LITTERAS Urbani II . . . . . assumpserunt crucem » (Galv. de Flamma, *Manipulus florum*, c. 153 [Muratori, IX, 527]).

3 *Gesta*, c. 2; Tudeb., I, c. 2; *Hist. b. sacri*, c. 3 (*Hist. occ. des cr.*, III, 121, 11, 174). Voir plus haut, p. 106-107.

1 Voir les lettres suivantes et plus haut pp. 111 et 183. Reiffenberg (*Rom. de God. de B.*, II, cxxj, clxxxj) a réuni un grand nombre de textes sur ces missives aériennes; voir aussi Drapeyron, *Héraclius*, p. 376.

CXXXI-CXXXV.

1099 (commencement de juillet)   Jérusalem.

Demandes de secours des Égyptiens assiégés dans Jérusalem, interceptées par les croisés qui y substituent de fausses lettres.

[Mentionnées dans la *Chanson de Jérusalem*, III, 18-23, le *Roman de Godefroi de Bouillon* et la *Conquista de Ultramàr*, l. III, c. 25-28].

La *Chanson de Jérusalem*, répétée par la *Conquista de Ultramàr* [1], suppose que les Sarrasins enfermés dans la Ville Sainte, eurent l'idée, après avoir tenu conseil, de demander du secours aux émirs de Tyr et de Damas et au sultan de Perse, au moyen de lettres portées par des pigeons [2], — que les croisés, s'en étant aperçus, effrayèrent ces oiseaux avec leurs faucons et s'emparèrent des lettres [3] — puis qu'ils y substituèrent d'autres missives rassurantes [4]. Celles-ci sont reçues par les destinataires, qui y répondent par la même voie aérienne [5]. Nouvelle substitution de lettres [6] pour décourager les assiégés, qui apprennent avec stupeur que leurs coreligionnaires du dehors ne veulent pas venir à leur secours

Le *Roman de Godefroi* offre un récit beaucoup plus long [7], mais moins compliqué et plus naturel : il ne parle que de la première substitution [8], et passe sous silence la réponse des destinataires; les fausses lettres [9] envoyées par les croisés à Jérusalem n'y sont pas portées par les mêmes pigeons, ce qui était invraisemblable, mais par d'autres oiseaux apportés à cet effet d'Antioche. Il nous raconte [10], en échange, comment plus tard le stratagême se découvrit, circonstance sur laquelle se tait la *Chanson de Jérusalem*. Il est très-probable que ce long épisode n'est que la paraphrase de la lettre précédente, la tradition du pigeon tué devant Césarée ayant servi pour ainsi dire de noyau à la légende plus développée que nous offrent les trouvères.

---

1 *Conquista de Ultramàr*, l. III, c. 25-28, éd. de Salam., II, ff. viij b, ix a et b, éd. Gayangos, pp. 334-335.

2 (n° CXXXI) Inc. : « Que on secours li face . . . . » ; — Expl.: « . . . tot et isuelement » (*Ch. de Jérus.*, III. 19, éd. Hippeau, 102-103).

3 *Ibid.*, III, 20-21, pp. 103-105.

4 (N° CXXXII). Inc. « Que bien gardent la tere . . . . . » ; — Expl. « . . . totes lor volontés » (*Ibid.*, III, 21, p. 105).

5 (N° CXXXIII). Inc.: « Anchois que la quinsaine . . . . » ; — Expl.: « . . . et Mahons aleves » (*Ibid.* III. 21, p. 106).

6 (N° CXXXIV). Inc.: « Sodans est corechiés . .

. . . » ; — Expl.: « . . lendemain renvoiés « (*Ibid.*, III, 21, p. 107).

7 Il occupe les vers 17532-17811 (t. II, pp. 497-506) et 18505-18550 [pp. 528-530).

8 Le *Roman* ne donne pas le texte des lettres des assiégés et se contente de les résumer (v. 17540-17582, pp. 497-499); mais il donne celui de la missive substituée par les croisés (n° CXXXII). Inc.: « Seignours, soiés ioiant . . . . » ; — Expl.: « . . . . leur revenra devant » (v. 17625-17644, pp. 500-501).

9 (N° CXXXIV). Inc.: « Jou, soudans de Perse . . . . » ; — Expl.: « . . . . ne d'esté ne d'ivier » (*Rom. de God.*, v. 17710-17731, pp. 503-504).

10 *Ibid.*, v. 18505-18550, pp. 528-530.

La *Chanson de Jérusalem*, sans dire que le stratagème des croisés ait été découvert, paraît supposer qu'il n'eut qu'un succès passager, puisque les assiégés renouvellent leurs demandes de secours par des voies plus sûres [11] et les étendent à l'Islamisme tout entier. Dans le *Roman de Godefroi*, au contraire ce n'est qu'une fois le stratagème découvert, que le sultan de Perse convoque par lettres le ban et l'arrière-ban des Infidèles [12].

CXXXVI.

** 1099 (commencement de juillet)   Alep.

Lettre fabuleuse de Florie, sœur de Corbarant, à Godefroy de Bouillon: lui offre de lui livrer Alep.

[Insérée en substance dans le *Roman de Godefroi de Bouillon*.

INC.: « Jou Flourie, la seur Corbarant le princier . . . . »; — EXPL.: « . . . Si me ferai en fons laver et baptiser ».

ÉDITION: *Roman de God. de B.*, v. 18420-18440, éd. Reiffenberg, II, 526].

Cette lettre, plus fabuleuse que les précédentes, n'en a même pas l'antiquité: comme le personnage même de Florie, elle appartient aux additions très-postérieures qu'a subies la *Chanson de Jérusalem*, additions où elle joue un certain rôle. Livrée aux chefs Sarrasins, elle leur sert à faire tomber Godefroy dans une embuscade où il est fait prisonnier [1].

CXXXVII.

** 1099 (fin de juillet)   Jérusalem.

Godefroy de Bouillon à Bohémond: lui annonce la prise de Jérusalem et son élection.

[INC.: « Maximis itineribus . . . . . »; — EXPL.: « . . . me, quod facis, ama ».

ÉDITIONS: A. *Epist. princ.*, pp. 126-127; — B. *Epist. regum et princ.*, pp. 123-127; — C. N. Reusnerus, *Ep. Turcicæ*, I, 14; — D. *Princ. epist.*, pp. 151-152].

Cette lettre appartient au recueil de Donzellini; elle contient une courte description de Jérusalem et de la Palestine, et un récit banal

---

11 (N° CXXXV)
« Ses messagers envoie par tote la berie;
« Dodequin de Damas a sa CHARTRE envoie ».
Ch. de Jér., III, 32. p. 157.

12 (N° CXXXVI)
« Et li soudans a fait mil BRIÉS saieler »
(*R. de God. de B.*, v. 18571, II, p. 530).
1 *Rom. de Godefr. de B.*, v. 18485-18495, 18545-18570, 18685-18708 (II, pp. 528, 530, 534).

de la prise de la Ville Sainte. Baudouin, qui était alors à Édesse, y figure à côté de son frère Godefroy: celui-ci annonce qu'il a accepté le titre de roi de Jérusalem — titre que, comme on sait, il n'a jamais voulu porter.

CXXXVIII.

1099 (commencement d'août)   Jérusalem.

Godefroy de Bouillon, avoué du S. Sépulcre, [au clergé d'Occident? et en particulier] à Manassès II de Châtillon, archevêque de Reims: [leur notifie son élection?]; leur demande de prier pour le succès de ses armes, et de presser le départ des croisés retardataires.

[Mentionnée dans le n° CXLVII [1]].

J'ai pensé d'abord que cette lettre, aujourd'hui perdue, n'était autre que la lettre circulaire des croisés restés en Orient (plus loin n° CXLIV), lettre adressée au nom de Godefroy et de Raimond de S. Gilles: mais celle-ci ne contient absolument rien des points énumérés par Manassès. Je crois donc plus probable qu'auparavant, et aussitôt après son élection (23 juillet), c'est-à-dire dans les premiers jours d'août, Godefroy notifia son avènement par une lettre personnelle à l'Église d'Occident, ou tout au moins au primat de la Gaule Belgique, duquel relevaient ses états au spirituel.

La lettre suivante a dû être envoyée à la même époque et parvenir à Reims en même temps que celle-ci, c'est-à-dire à la fin de novembre. Pascal II a dû en recevoir de semblables: outre la notification d'élection, elles devaient contenir l'annonce du retour prochain des croisés et demander l'envoi de renforts destinés à les remplacer [2].

CXXXIX.

1099 (commencement d'août)   Jérusalem.

Arnoul de Rohes, patriarche de Jérusalem, [au clergé de l'Occident? et en particulier] à Manassès II de Châtillon, archevêque de Reims [leur notifie son élection (1ᵉʳ août)?], leur demande de prier pour que Dieu

[1] « Commoniti .... per preces humillimas Godefridi ducis, quem exercitus Christi divina ordinatione in regem sublimavit » (*Epistola Manasses ad Lambertum Atreb.* [Hagenmeyer, *Ekkeh.*, p. 353]).

[2] Valère André (*Bibl. Belgica*, II, 292) cite, comme se trouvant de son temps à Tongres, une *Epistola Godefridi ad Romanum pontificem*, qui paraît perdue: c'était peut-être celle-ci.

accorde la victoire aux croisés et pour la conversion des hérétiques de Terre Sainte.

[Mentionnée dans le n° CXLVII [1]].

Tout ce que je viens de dire de la lettre précédente doit s'appliquer à celle-ci.

CXL.

* 1099 (commencement d'août)   Ascalon.

Défi d'Afdhal à Godefroy de Bouillon.

[Mentionnée par Ibn-Khaldoun [1]].

Les chroniqueurs latins ne parlent pas de ce défi, très-probablement imaginaire: c'est par la rumeur publique [2] que Godefroy apprit dans Jérusalem l'arrivée de l'armée égyptienne qu'il allait anéantir à Ascalon: il se hâta alors de rappeler, par des messages, Tancrède et Eustache de Boulogne, qu'il avait envoyés conquérir Naplouse [3].

CXLI.

** 1099 (commencement d'août)   Jérusalem.

Godefroy de Bouillon à quelques-uns des princes croisés en route pour regagner l'Occident: les rappelle à son secours à la nouvelle de l'arrivée des troupes égyptiennes.

[Mentionnée par la *Chanson de Jérusalem* [1], le *Roman de Godefroi de Bouillon* [2] et la *Conquista de Ultramar*, l. III, c. 59-60 [3]].

C'est probablement le rappel de Tancrède et d'Eustache de Boulogne à la veille de la bataille d'Ascalon [4] qui a donné lieu à l'in-

---

1 « Commonitus per domini Arnulphi supplicationes » mellifluas, quem in patriarchatum Jerosolimitanæ » sedis [exercitus Christi] unanimiter elegit. » (*Epist. Manasses ad Lambertum Atrebatensem* [Hagenmeyer, *Ekkehardus*, p. 353]).

1 « Hinc Francis misit *legatos* . . . . qui suo no- » mine nimis eos terrerent. » (Ibn-Khaldoun, tr. Tornberg, p. 54).

2 V. Wilh. Tyr., l. IV, c. 10 (*Hist. occ. des cr.*, I, 377); Robert-le-Moine parle d'un message chrétien (*Ibid.*, III, 871).

3 Wilh. Tyr., l. IX, c. 11 (*H. occ. des cr.*, I, 380); *Gesta*, IV, 52, Tudebod., XVI, 1, R. de Ag.,

app., Robertus Mon., l. IX, c, 14 (*Ibid.*, III, 161, 111, 305, 872).

1 » Quant i colon lor fu de par Deu envoiés »
» 1 BRIEF lor aporta qui fut estroit loiés. »
(*Ch. de Jér.*, l. V, c. 32; cf. c. 33, éd. Hippeau, pp. 197-198).

2 » Au saint sacre sacret, li vot Diex envoier
» Un BRIEF de sur l'autel . . . . »
(*Rom. de God. de B.*, v. 21665-21666 et s., t. II, pp. 92-93).

3 Éd. de Salamanque, II, f. xxj a, éd. Gayaugos, p. 353.

4 Voir le n° précédent, n. 3.

sertion dans la *Chanson de Jérusalem* du récit d'un faux départ des princes croisés aussitôt après la prise de Jérusalem. Un pigeon expédié par Godefroy, qui a appris le retour offensif d'une innombrable armée d'Infidèles, les rejoint à Naplouse, suivant la *Chanson*, au bord de la mer, suivant le *Roman*. Le pigeon porte une lettre qui est lue, dans la *Chanson* par l'évêque du Puy, dans le *Roman* par celui de Materano. Les croisés reviennent et prennent part à la défaite d'Afdhal, qui est dédoublée en deux batailles par les trouvères.

CXLII.

* 1099 (fin d'août)   Devant Ascalon.

Raimond de S. Gilles empêche les habitants d'Ascalon de se rendre à Godefroy de Bouillon.

[Mentionnée dans Albert d' Aix, l. VI, c. 51 [1]].

CXLIII.

** 1099 (fin d'août)   Devant Ascalon.

Tancrède à Roger Bursa: lui annonce la victoire d'Ascalon.

[Inc.: « Cum plane sciam . . . . »; — Expl.: « . . . . . diligentissime perscripseris. Vale ».

Éditions : A. *Epist. princ.*, p. 128 ; — B. *Epist. regum et princ.*, p. 124 ; — C. N. Reusnerus, *Ep. Turcicæ*, I, 15 ; — D. *Princ. epist.*, pp. 152-153].

Cette lettre est encore plus insignifiante et plus mal fabriquée que les cinq autres que j'ai empruntées à Donzellini. Le calife d'Égypte y est appelé Soliman, et Afdhal, Clément: c'est Tancrède et Eustache de Boulogne qui sont envoyés seuls par Godefroy « avec » deux légions » pour combattre à Ascalon 1,500,000 égyptiens, dont ils tuent 100,000.

---

1 Alb. Aq., l. VI, c. 51 (*Hist. occ. des cr.*, IV, 497); Raim. de Ag., c. 21 (*Ibid.*, III, 305); cf. *Hist. b. s.*, c. 132; Rad. Cad., c. 138 (*Ibid.*, III, 225, 703); Baldr. Dol., app. (*Ibid.*, IV, 111).

CXLIV.

1099 (septembre) Laodicée.

Le cardinal-légat Daimbert, archevêque de Pise, les évêques latins de Terre Sainte, Godefroy de Bouillon, avoué du S. Sépulcre, et Raimond de S. Gilles, au pape: racontent la croisade, sommairement de Nicée à Antioche, avec détails d'Antioche à Jérusalem, la prise de la Ville Sainte et la victoire d'Ascalon.

[INC.: « Domino papæ ... Multiplicare preces .... Quoniam Deus magnificavit .... »; — EXPL.: « partem vobis Deus concedat ».

I. Isolée.

MANUSCRITS: 1. *Amiens*, Lescalopier 5174 (m. s. XII); — 2. *Bruxelles*, 2699 (m. s. XIV), ff. 17b-18a; — 3. *Bruxelles*, 4801 (m. s. XIV), ff. 161a-164b; — 4. *Bruxelles*, 5652 (m. s. XIII), ff. 8-9; — 5. *Francfort*, S. Barth. 41 (m. s. XII) ad calc.; — 6. *Milan*, Brera, A E XII (ch. s. XV, in-4°), ad calc.; — 7. *Münich*, Bibl. roy., lat. 14430 (m. s. XII), f. 17b; — 8. *Paris*, Bibl. nat., lat. 5507 (*Signy*) (m. s. XII), ff. 107-110; — 9. *Tournay*, (perdu [1]); — 10. *Vienne*, Bibl. imp., 427 (m. s. XII). f. 1; — 11. *Vienne*, Bibl. imp., 701 (m. s. XII), f. 148a et b; — 12. *Vienne*, Bibl. imp., 2373 (m. s. XIII), ff. 160b-161b — 13. *Vienne*, Bibl. imp., 9779 [2] (ch. s. XVI), f. 1.

ÉDITIONS: A. *Centuriæ hist. eccl.*, 1ª ed. (Basil., 1567, in-f°) cent. XI, c. 16, pp. 763-766; — B. N. Reusnerus, *Ep. Turcicæ*, I, 19-21 [sans ind. de ms.]; — C. Baronius, *Annales* ad ann. 1100, n° 8, XII, 5 [éd. A]; — D. *Centuriæ eccl.* (1624), III, p. 425-426 [éd. A]; — E. L. Cozza a S. Laurentio, *Hist. polemica de Græcorum schism.*, II, 229-230 [éd. C]; — F. Dal Borgo, *Diplomi Pisani*, 80-81 [éd. C]; — G. Martène, *Thes. Anecd.*, I, 281 [cod. 8]; — H. Baronius, *Ann.*, éd. Mansi, XVIII, 115 [éd. C.]; — I. Bzovius, *Hist. eccl.*, II, 273 [éd. C]; — K. Fejer, *Cod. dipl. Hung.*, II, 26, 36 [éd. C]; — L. Migne, *Patr. lat.* CLXIII, 448-451 [éd. G].

VERSIONS *françaises*: a) Michaud, *Hist. des crois.*, 1ʳᵉ éd., I, 550-555 et éd. suiv.; — b) Peyré, II, 494-498.

VERSION *allemande* du XVᵉ s., par Peter Eschenloer de Breslau: *Breslau*, Univ., IV f. 105 (ch. s. XV), ff. 143-145a.

VERSIONS *italiennes*: a) Michaud, *St. delle crociate*, tr. Rossi, II, 233-258; — b) Idem, tr. Ambrosoli, I, 558.

II. dans Ulrich de Bamberg, *Codex epistolaris*.

MANUSCRITS: 14. *Münich*, Bibl. roy., lat. 4594 (m. s. XII), f. 36; — 15. *Vienne*, Bibl. imp., 398 (m. s. XII), f. 104; — 16. *Wolfenbüttel*, 1924 (m. s. XII), f. 53; — 17. *Zwettl*, 283 (m. s. XII), p. 225.

ÉDITIONS: M. Eccardus, *Corpus hist. M. Æ.*, II, pp. 253-256 [cod. 14]; — N. Jaffé, *Mon. Bambergensia*, n° 92, p. 176 [cod. 14-17].

III. dans les *Annales de S. Disibode* (Pseudo-Dodechinus).

ÉDITIONS: O. A la suite de Marianus Scotus, éd. Herold, p. 457-460; — P. Pistorius, *SS. RR. Germ.*, 1ª et 2ª éd., I, 463; — Q. *Ibid.*, éd. Struve, I, 664; — R. Pertz, *Mon. Germ., SS.*, XVII, p. 17.

Extrait fait par Ekkehard d'Aura.

A. dans Ekkehardus, *Chronicon*.

a) Pertz, *Mon. Germ., SS.*, VI, 209.

---

1 Sanderus, *Bibl. belg. ms.*, I, 213.
2 Dans les cod. 6, 8, 10, 13 et dans la version allemande, elle accompagne l'*Hist. Hieros.* de Robert-le-Moine.

B. dans Ekkehardus, *Hierosolymita*.

b) Martène, *Ampl. coll.*, V, p. 520-522 ; — *c*) Pertz, *Mon. Germ.*, SS., VI, 266 ; — *d*) éd. Hagenmeyer. pp. 147-167, 172-182.

C. dans Burcardus Biberacensis (Conradus de Lichtenau), *Chronicon*.

e) éd. Peutinger (1515), f. Q iij et s. ; (1537), p. 246-248 ; (1540), p. 247-250 ; — *f*) éd. Melanchton (1569), p. 230-231 ; (1609) p. 179-180 [3].

RÉCENSIONS : 1. *Hist. litt. de la France*, VIII, 620 ; — 2. Sybel, *Gesch., d. I Kr.*, pp. 14-65 ; — 3. Peyré, II, 494 ; — 4. Kugler, *Boëmund und Tancred*, p. 61 ; — 5. Hagenmeyer, les d. *Forsch. z. d. d. Gesch.*, XIII, 400-412 ; — 6. Kugler, *Ibid.*, XIV, 157-158 ; — 7. Hagenmeyer, *Ekkehardus*, pp. 28, 146].

Cette lettre, une des plus importantes de toutes celles qui ont été écrites d'Orient dans le cours de la première croisade, et qui fut aussi l'une des plus répandues, à en juger par le nombre des copies isolées qui nous en sont parvenues, ou des chroniqueurs contemporains qui l'ont reproduite, a donné lieu, surtout dans ces derniers temps, à des discussions intéressantes, portant, soit sur son authenticité, soit sur sa date. Martène, et après lui l'*Histoire littéraire de la France*, Michaud et Peyré la regardaient comme légitime, mais la plaçaient à tort en 1100; Wilken [4], et, après lui Jaffé [5], l'ont, sans aucun fondement, tenue en suspicion ; Sybel [6] a rectifié-Wilken et Wattenbach [7], Jaffé.

M. Kugler [8], tout en reconnaissant la lettre comme authentique, contestait l'exactitude du titre, par la raison que Daimbert, Raimond et Godefroy ne se trouvèrent jamais ensemble en Orient.

C'est M. Hagenmeyer [9] qui, le premier, reprenant la question avec soin, a prouvé, d'une manière à peu près irréfutable, que Godefroy avait dû autoriser Raimond, en le quittant, à se servir de son nom [10] — que la lettre a donc été écrite à Laodicée, au moment du départ pour l'Occident des croisés qui regagnaient leur patrie, c'est-à-dire en septembre 1099 [11], — qu'elle a dû être rédigée par Raimond d'Aiguilhe, chapelain et secrétaire de Raimond de S. Gilles, avec la chronique duquel elle offre de nombreux points de contact — qu'elle était adressée au successeur, encore inconnu en Orient,

3 Reproduite en partie dans l'Annaliste saxon (Pertz, *Mon. Germ.*, SS., VI, 730-732).
4 Wilken, *Gesch. d. Kreuz.*, II, 10, n. 23.
5 *Mon. Bamberg.*, 176.
6 *Gesch. d. I Kreuz.*, p. 65.
7 Wattenbach, *Deutschl. Geschichtsquellen*, II, 125.
8 Kugler, *Boëmund und Tancred*, 61 ; *Forsch.*, XIV, 157.
9 *Forsch.*, XIII, 400-412.
10 C'est surtout sur le témoignage de la lettre elle-même que l'on s'appuie pour affirmer que Godefroy quitta les croisés à Jérusalem : ne pourrait-on point supposer que Godefroy, plus tard, alla leur faire, avec une suite peu nombreuse, de nouveaux adieux : une lettre dont je parlerai plus loin (n° CLVII), montre qu'au commencement d'octobre il revenait à Jérusalem : la lettre actuelle, rédigée avant cette réapparition inattendue de Godefroy au camp des croisés, n'aurait pas fait mention de ce fait, en somme sans importance.
11 Fabroni (*Uomini illustri Pisani*, III, 37, art. *Daimberto*) la place entre le 21 et le 26 décembre, parce qu'il suppose à tort qu'elle a été envoyée de Jérusalem.

d'Urbain II, mort le 29 juillet — qu'enfin elle a été apportée et répandue en Europe par Robert, comte de Flandres [12].

Il n'y a, dans toute l'argumentation de M. Hagenmeyer qu'un point obscur, sur lequel a insisté M. Kugler: c'est la question de savoir pourquoi, dans l'intitulé d'une circulaire envoyée par les croisés — intitulé qui eût pu n'être libellé qu'au nom de Godefroy, nouveau chef temporel et de Daimbert, chef spirituel de l'armée latine, le nom de Bohémond, qui restait en Terre Sainte aussi bien que le comte de S. Gilles, a été omis à l'avantage de ce dernier. M. Kugler y voit la preuve que la lettre n'émanait pas, comme le veut l'intitulé, de l'armée latine tout entière, mais de la fraction provençale seulement. J'avoue ne pas comprendre l'intérêt de cette distinction un peu subtile.

Rédigée sous les yeux de Raimond de S. Gilles, la lettre a pu omettre les noms de Bohémond, de Baudouin d'Édesse et des autres princes, sans pour cela cesser de représenter l'opinion de la majorité des croisés, du *gros de l'armée*, dont les deux tiers au moins repartaient pour l'Occident. Les chefs de ceux-ci, qui ont eux-mêmes apporté la lettre, auraient pu aussi figurer dans l'intitulé, puisqu'ils avaient assisté à la rédaction du document; ils n'y sont point mentionnés. Je dirai même qu'ils y auraient figuré à plus de titres que Bohémond, qui avait déjà envoyé *sa circulaire* en Occident [13], et, qui n'ayant figuré, ni au siège de Jérusalem, ni à la bataille d'Ascalon, n'avait point à faire part de ces évènements. Il est probable, du reste, que, comme une foule d'autres lettres écrites dans des circonstances analogues [14], celle-ci a vu son intitulé varier suivant les copies qui en ont été faites, et faites en Orient même. Nous avons, en effet, une preuve que, quoique adressée au pape, elle a été, *directement et sans passer par Rome*, envoyée de Terre Sainte à plusieurs exemplaires, et en différents pays de la chrétienté : cette preuve est le témoignage de Caffaro qui a échappé à MM. Hagenmeyer et Kugler. Suivant le chroniqueur génois, Guillelmo et Primo Embriaco, quittant Joppé chargés du butin de la bataille d'Ascalon, rapportèrent à Gênes des lettres émanées de Daimbert et de Godefroy, et de contenu semblable à la nôtre [15]. Caffaro donne bien là à Daimbert le titre de patriarche, que celui-ci ne put prendre que le 25 décembre (ce qui pourrait faire supposer qu'il s'agit d'une missive postérieure

---

[12] « A Ruotbertho comite delata ». (Ekk., *Hieros.*, éd. Hagenmeyer, p. 147).

[13] Plus haut, n° CVII.

[14] Les lettres des chefs de la IVe croisade, par exemple, offrent presque autant d'intitulés qu'il nous en est parvenu d'exemplaires.

[15] « Guilhermus Embriacus et Primus, frater ejus, » . . . mare transierunt, et Janue in vigilia Nati-» vitatis Domini venerunt, et LITTERAS *de captione* » *Ihernsalem*, et de succursu necessario, a Ierosoli-» mitana curia, videlicet *a patriarca Daimberto*, et a » *Gotofredo, regni Ihernsalem domino, detulerunt*. » (Caffarus, éd. de Gênes, pp. 33-34 ; éd. Pertz, *Mon. germ. SS.*, XXVIII, pp. 44-45).

à celle de Laodicée); mais comme il donne la date exacte (24 déc.) du retour des Embriaco à Gênes, il est certain qu'il s'est seulement trompé sur le véritable titre de l'archevêque de Pise. Il y eut donc là un exemplaire de notre lettre envoyé simplement au nom du légat et de Godefroy : il put y en avoir d'autres portant ceux des deux Robert, de Bohémond, de Baudouin.

Il faut d'ailleurs répéter que ce n'est là qu'une question tout-à-fait secondaire, qui n'a rien à voir à celle de l'authenticité de la lettre elle-même. M. Hagenmeyer, soit dans un article des *Forschungen*, soit dans son édition du *Hierosolymita* d'Ekkehard, où le document se trouve presque intégralement reproduit, a traité avec tant de détails tous les points de discussion qu'il peut offrir, que je ne puis que renvoyer à ce double travail [16].

Je dirai seulement qu'il me semblerait nécessaire qu'une édition nouvelle du texte isolé fût donnée d'après les manuscrits.

CXLV.

1099 (vers le 1er novembre). Rhodes.

Henri Contarini, évêque de Torcello, et Jean Michiel, chefs de la flotte vénitienne, à Godefroy de Bouillon, Raimond de S. Gilles, Bohémond et Arnoul de Rohes, patriarche de Jérusalem : les informent de leur heureuse traversée et de leur arrivée en Terre Sainte pour le printemps prochain.

[Mentionnée dans la *Translatio s. Nicolai* [1]].

Cette lettre était probablement collective, les Vénitiens devant encore ignorer la séparation des princes.

---

16 Voir surtout les *Forschungen* (XIII, 400) où M. Hagenmeyer montre qu'il y a eu comme deux rédactions la de lettre, l'une commune à Ekkehard et à Ulrich de Bamberg, l'autre comprenant les copies isolées et le texte inséré dans les *Annales de S. Disibode*.

1 « Inde legatos cum LITTERIS, patriarche Ierosolimi- » tano, regi Godefrido, comiti Raymundo, Baimundo, » aliisque principibus transmiserunt » (*Transl. s. Nicolai*, d. Cornelius, *Eccl. Ven. ant. mon.*, IX, 8); cf. Hagenmeyer (p. 375), qui, après Heyd et Simonsfeld, a parfaitement fait ressortir l'importance extrême de la *Translatio s. Nicolai*, dont le texte, revu sur les manuscrits, doit forcément prendre place au nombre des chroniques de la 1re croisade.

CXLVI.

1099 (décembre?) Rome.

Pascal II aux archevêques, évêques et abbés de France: leur annonce les victoires remportées en Terre Sainte, leur ordonne de continuer la prédication de la croisade, et de presser le départ, soit des croisés retardataires, soit des déserteurs d'Antioche; leur recommande de veiller à ce que les croisés qui vont revenir en France, rentrent sans contestation dans leurs biens, conformément à une définition synodale d'Urbain II.

[INC.: « Paschalis .... Omnipotentis Dei .... »; — EXPL.: « .... studiis reformetur ».

MANUSCRITS: 1. *Paris*, Bibl. nat., 1944 (m. s. XII), f. 1; — 2. *Ibid.*, Baluze, Arm. II, paq. 5, n° 2 (vol. 57) (ch. s. XVII), p. 424.

ÉDITIONS; A. *Recueil des hist. de la France*, XV, p. 20 [cod. 1]; — B. Migne, *Patr. lat.*, t. CLXIII, 43-44 [éd. A]; [Jaffé, n° 4364].

VERSION *française*: Michaud, *Bibl. des crois.*, II, 472 (fragm.).

RÉCENSION: Orderic Vital, l. X, c. 17, éd. Le Prévost, IV, p. 118].

Les éditeurs du *Recueil des historiens de la France* ont placé arbitrairement cette lettre, en 1100, et plus arbitrairement encore Jaffé au 4 mai. Je la crois de décembre 1099, et voici la raison que je me permets d'en donner. Dans une lettre que je vais examiner, et que Manassès II, archevêque de Reims, adresse à Lambert, évêque d'Arras [1], il communique à ce dernier des prescriptions absolument semblables à celles que Pascal II adresse au clergé de France, prescriptions qu'il dit tenir d'une lettre de ce pape. Il avait donc reçu le document en question avant d'écrire à Lambert d'Arras. Mais il mentionne, immédiatement après la missive pontificale, et comme tendant au même but, deux lettres, l'une de Godefroy de Bouillon [2], l'autre du patriarche de Jérusalem, Arnoul de Rohes [3]; or ces lettres comme je l'ai montré plus haut [4], auraient été écrites vers le commencement d'août 1099, et seraient arrivées à Reims au commencement de novembre. Tout porte donc à croire [5] que le pape aura reçu de Jérusalem, environ un mois auparavant, des lettres analogues à ces dernières — lettres lui annonçant le prochain retour des croisés et lui exposant la nécessité de combler, par l'arrivée de nouveaux contingents, les vides faits par ce départ, et qu'il aura

---

[1] Plus loin, n° CXLVII.
[2] Plus haut, n° CXXXVIII.
[3] Plus haut, n° CXXXIX.
[4] Voir le numéro suivant, et plus haut, p. 198.
[5] V. plus haut, p. 196.

écrit en conséquence au clergé de France, auquel sa missive aura pu parvenir en même temps que celles de Godefroy et d'Arnoul.

C'est cette missive du pape qui détermina le second départ d'Étienne de Blois [6] et l'arrière-croisade de 1100-1101, dont la fin fut si lamentable [7].

CXLVII.

1099 (fin de décembre)   Reims?

Manassès II de Châtillon, archevêque de Reims, à Lambert, évêque d'Arras : ordonne des prières pour les croisés récemment établis en Palestine; ceux qui ont pris la croix et n'ont point encore accompli leurs vœux doivent partir sans délai.

[INC.: « Manasses . . . . . Notum vobis sit . . . . . »; — EXPL. : . . . . . in pace defuncti sunt ».

MANUSCRITS : 1. Arras (perdu); — 2. Arras, 140 (m. s. XVII, in-f°); — 3. Arras, 222 (ch. s. XVIII, in-f°).

ÉDITIONS: A. *Epist. Lamberti Atreb.*, n° 56 (Baluzius, *Miscellanea*, 1ᵉ éd., V, pp. 316-317) [cod. 1]; — B. Idem, 2ᵉ éd., II, 144 [éd. A]; — C. *Recueil des hist. de la Fr.*, XV, 189 [éd. A]; — D. Gousset, *Actes de la province de Reims*, II, 145-146 [éd. A]; — F. Migne, *Patr. lat.*, CLXII, 668-669 [éd. A]; — Ekkehardus, *Hierosol.*, éd. Hagenmeyer, pp. 352-353 [éd. A].

RÉCENSIONS : 1. *Hist. litt. de la France*, IX, 301; — 2. Michaud, *Bibl. des cr.*, II, 473; — 3. Hagenmeyer, *Op. c.*, 352.]

Bien que cette lettre fût connue depuis longtemps, les historiens des croisades avaient négligé de s'en servir. Le premier, M. Hagenmeyer [1] vient d'en faire ressortir l'importance. Manassès paraît avoir été, pour ainsi dire, le correspondant attitré des croisés : la lettre actuelle nous l'apprend par la mention qu'elle fait de plusieurs autres qui ne sont pas parvenues jusqu'à nous [2]. Il s'était chargé de réchauffer le zèle de l'Occident en faveur des Lieux Saints, et d'obtenir le départ d'une foule de retardataires, trop prompts à considérer la campagne comme terminée avec la prise de Jérusalem, ou de fuyards qui avaient regagné l'Europe sans avoir entièrement accompli leur vœu [3]. La mort des évêques du Puy et d'Orange et d'Anselme de Ribemont est mentionnée à la fin de la lettre.

Ce document est, à mon sens, très-difficile à dater avec quelque

---

6 Ord. Vit., l. X, c. 11, éd. le Prév., IV, 68.

7 V. *Rec. des hist. de Fr.*, XV, 20*n*.

1 Hagenmeyer, p. 352 : je dois dire qu'il m'est impossible d'admettre avec M. H., que cette lettre soit une des sources d'Ekkehard; les rapprochements qu'il indique n'ont rien de littéral et sont de ces rencontres fortuites, comme en présentent tous les passages homilétiques des textes contemporains.

2 Nᵒˢ CXXXVIII, CXXXIX.

3 « Urbanus generali sanxerat auctoritate, et apostolico jussu inviolabiliter teneri coegerat in omni » Latinitate, ut universi qui Christi crucem acceperant » nec iter in Jerusalem pro defectione voluntatis pere- » gerant, in nomine Domini reciprocum callem ini- » rent, aut anathemate percussi extra ecclesiam poenas » luerent ». (Ord. Vit., l. X. c. 11; éd. le Prév. IV. p. 68).

précision: M. Hagenmeyer le place un peu instinctivement, je crois, à l'automne de 1099: un seul point est certain, c'est qu'il est postérieur au moins d'un mois au 14 août, date de la consécration de Pascal II, dont il mentionne une missive. Cependant en l'examinant de plus près on voit qu'il relate une lettre écrite par le patriarche Arnoul de Rohes, qui ne jouit de ce titre que du 1er août au 25 décembre: en donnant trois mois à celle-ci pour parvenir de Jérusalem à Reims, et un mois à Manassès pour la communiquer à Lambert d'Arras, on arrive comme date inférieure à la fin d'avril 1100: le document doit donc être placé entre les dates extrêmes 15 septembre 1099 - 30 avril 1100.

Je serais porté à préciser encore davantage: Manassès écrit évidemment sous l'impression immédiate de trois lettres [4] dont il communique le contenu à Lambert d'Arras, *comme* s'il les avait reçues en même temps: or les deux premières, envoyées par Godefroy de Bouillon et Arnoul, récemment élus, l'un avoué et l'autre patriarche de Jérusalem, devaient être, comme nous l'avons vu plus haut [5], des notifications d'avènement; Godefroy avait été nommé le 23 juillet et Arnoul le 1er août; leurs lettres, parties dans les premiers jours d'août, ont dû arriver à Reims au commencement de novembre [6]: c'est également un peu après que la lettre de Pascal II, provoquée probablement d'Orient par les mêmes notifications, a dû parvenir à Manassès. C'est donc à la fin de décembre 1099 qu'il conviendrait de placer la missive de l'archevêque à Lambert d'Arras.

CXLVIII.

1099 (29 décembre ?)   Latran.

Pascal II à Alphonse VI, roi de Castille: défend aux croisés espagnols de partir pour la Terre Sainte; leur ordonne de retourner dans leur pays.

[Mentionnée dans le n° CLIX [1]].

---

4 N°s CXXXVIII, CXXXIX, CXLVI.
5 Plus haut, p. 198.
6 On trouvera peut-être ces délais bien courts: car l'on sait, par une note inscrite sur la copie d'une lettre adressée en 1104 à Lambert d'Arras, par Èvremar, patriarche de Jérusalem, que cette lettre, partie de Jérusalem, le 3 avril ne fût reçue à Arras que le 19 novembre (Lamberti *Epist.*, 77; d. Migne, *Patr. lat.*, CLXII, 677), ce qui donne un peu plus de sept mois pour la durée du trajet: mais rien ne dit que l'envoi d'Évremar ait été direct, et les premières notifications parties de Terre-Sainte ont dû voyager beaucoup plus rapidement.

1 « Milites tuos (Alphonsi VI), quos vidimus ire » Ierosolymam, prohibuimus, LITTERAS insuper, hoc » ipsum prohibentes, in regna vestra comitatusque » mandavimus. » (*Epist. Paschalis II ad Alphonsum VI*, 14 oct. 1100 (Jaffé, n° 4368), plus loin, n° CLIX). — « SCRIPSIMUS enim vobis (Hispanis) *præterito tempore* » ne Jerosolymitanæ expeditionis occasione partes » vestras deserceritis. » (*Ep. Pasch. II ad cler. et laic. Hisp.*, 25 mars 1101, Jaffé, n° 4386).

Je pense que cette lettre, aujourd'hui perdue, à dû être envoyée à Alphonse VI, en même temps qu'une autre relative aux affaires de Compostelle ², que Pascal II paraît avoir toujours traitées en même temps que celle de la croisade.

Urbain II avait probablement déjà dispensé, bien avant 1096, les Espagnols de tout vœu de Terre Sainte ³. Bernard, archevêque de Tolède, qui avait pris la croix au concile de Clermont, avait été relevé de son vœu par le même pape ⁴. Si en effet, l'idée de faire, par une expédition en Syrie, une diversion puissante aux progrès des Almoravides en Espagne, avait été, comme nous l'avons vu ⁵, l'une des causes déterminantes des prédications du pape, il était naturellement indispensable, pour rendre cette diversion efficace, que la guerre contre les Almoravides, croisade perpétuelle, ne vit pas détourner vers l'Orient ses meilleures ressources en argent et en hommes: et, comme il est probable que la nouvelle des hauts faits des Latins en Syrie avait surexcité l'enthousiasme des Espagnols, Pascal II renouvela, dès les premiers jours de son pontificat, les défenses d'Urbain II; nous allons le voir y revenir encore plusieurs fois.

CXLIX.

1100 (vers janvier) ?

Alphonse VI, roi de Castille, à Pascal II: lui demande de renouveler l'interdiction, déjà signifiée aux Espagnols, de ne point prendre part à la croisade de Terre Sainte.

[Mentionnée dans le n° CLIX ¹].

CL.

1100 (vers janvier) Compostelle.

Pierre II, évêque de Lugo, Alphonse II, évêque de Tuy, Gonzalo, évêque de Mondoñedo, et le clergé de Compostelle, à Pascal II: même teneur que la précédente.

[Mentionnée dans le n° CLIX ¹].

---

2 Jaffé, n° 4346.
3 *Ep. Urb. II*, 1ᵉʳ juil. 1089, *Rome*, (*R. des hist. de la Fr.*, XIV, 691; [Jaffé, n° 4035]), plus haut, n° XXX.
4 V. plus haut, pp. 69, 128-130, et D. Ruinart, *Vita Urb. II*, c. 225 (éd. Migne, c. 181) Sur la part que, malgré cela, les Espagnols, surtout ceux de Catalogne et de Navarre, prirent à la 1ʳᵉ croisade, voir Navarrete, *Diss. sobre las cruzadas*, pp. 39-43, 49 et Piferrer, *Recuerdos de España* (Cataluña), II, p. 121.
5 V. plus haut, p. 103.
1 *Ep. Paschalis II ad Alphonsum VI* (14 oct. 1100) (Jaffé, n° 4368), plus loin, n. CLIX, pag. 217.
1 *Ep. Paschalis II ad clerum Compost.* (14 oct. 1100) (Jaffé, n° 4367), plus loin, n. CLX, pag. 218.

Compostelle venait d'être ravagée (par les Infidèles?) et un grand nombre de ses habitants avaient été emmenés en captivité [2]. Le clergé de Galice et le roi Alphonse VI informèrent séparément le pape de ce désastre, et sollicitèrent de lui le renouvellement de l'interdiction faite par le S. Siège aux Espagnols de prendre part à la croisade d'Orient. Je place arbitrairement ces deux lettres, aujourd'hui perdues, au commencement de l'année 1100.

CLI.

1100 (janvier)   Lyon?

Hugues de Romans, archevêque de Lyon, à Pascal II; l'informe de son désir de partir pour la croisade.

[Mentionnée par Hugues de Flavigny [1]].

L'archevêque de Lyon avait dû prendre la croix au concile de Clermont, auquel il assista; son vœu n'ayant pas été accompli, il se trouvait sous le coup des censures prononcées par le concile: il est probable qu'au reçu de la lettre de Pascal II aux évêques de France [2], lettre qui renouvelait ces censures, il se décida à partir; mais ce ne fut pas sans demander au pape l'absolution des peines canoniques qu'il avait pu encourir. Hugues de Flavigny, qui seul nous parle de ce message de l'archevêque de Lyon à Pascal II, a, dans l'analyse qu'il nous donne ensuite de la réponse de ce dernier [3], deux mots qui pourraient faire croire que la lettre de Hugues de Romans a été adressée à Urbain II et non à Pascal II, et devrait par conséquent être placée à une date plus reculée de quelques mois: « Le pape » dit-il, lui donna en Asie sa légation qu'il avait bien gérée en Bour- » gogne [4] ». Hugues n'ayant point été le légat de Pascal II, mais celui d'Urbain II en Bourgogne, on pourrait donc penser que le chroniqueur a eu en vue ce dernier pape: mais, comme il ne le nomme pas personnellement, on peut supposer qu'il a compris sous la dénomination anonyme de *Romanus pontifex* l'un et l'autre pape.

---

2 Je n'ai trouvé sur ce désastre, qui était peut-être le fait de quelque flotte scandinave (voir mes *Scand. en T. S.*, p. 74), aucun autre témoignage que celui de la lettre de Pascal II. Le P. Gams (*Kirchengesch. v. Spanien*, III, 82) paraît n'avoir pas été plus heureux que moi.

1 « Miserat autem Lugdunensis archiepiscopus le- » gatos Romam, per quos velle suum papæ osten- » derat de via eadem, ut, cum sua benedictione et » absolutione, illuc deberet ire » (Hug. Flaviniacensis, *Chron.* [Pertz, *Mon. Germ. SS.*, VIII, 487]).

2 Plus haut, n° CXLVI.

3 Plus loin, n° CLIII.

4 « Ut legacionem suam ei committeret in Asia, » quam bene rexerat in Burgundia » (Hugo Flav., *l. c.*).

CLII.

1100 (commencement de février)   Jérusalem.

Godefroy de Bouillon à Henri Contarini, évêque de Torcello, et à Jean Michiel, chefs de la flotte vénitienne: répond au n° CXLV.

[Mentionnée dans la *Translatio s. Nicolai* [1]].

La lettre des chefs [2] de la flotte vénitienne étant collective, a dû être remise d'abord à Godefroy: c'est de lui et peut-être du nouveau patriarche qu'a dû émaner la réponse, qui ne devait être qu'une expression de bienvenue.

Cette réponse arriva vers le milieu de mai 1100 à Rhodes, que les croisés vénitiens quittèrent le 27: elle dut donc partir de Jérusalem au commencement de février.

CLIII.

1100 (février ?)   Rome.

Pascal II à Hugues de Romans, archevêque de Lyon; répond au n° CLI; le nomme son légat en Orient, et l'absout des censures qu'il avait encourues en raison de l'inexécution de son vœu de croisade.

[Mentionnée par Hugues de Flavigny [1]].

Cette lettre, qui répondait à celle dont j'ai parlé plus haut [2], est perdue: on ne peut que le regretter, car elle eût peut-être jeté quelque jour sur l'organisation de cette arrière-croisade de 1101, encore si mal connue, faute de témoignages suffisamment explicites.

Elle a dû être écrite au printemps de 1100.

---

[1] « Ibique (Rhodo) legatos eorum et LITTERAS priusquam discederent, receperunt » (*Transl. s. Nicolai*, d. Fl. Cornelius, *Eccl. Venet. aut. mon.*, IX, 8); cf. Hagenmeyer, *Ekkeh.*, 375.

[2] Plus haut, n° CXLV.

[1] « Romanus pontifex annuerat, ammonens ut per per se iret, ut legationem suam ei committeret in Asia, quam bene rexerat in Burgundia, et interim legatos a latere suo mittendos pro posse instrueret, qui vices pape exequerentur: et ideo illud colloquium quam maxime statutum fuerat, ut reversis missis suis, cum LITTERIS *absolutoriis*, ibi quoque a suffraganeis et diocesi sua viaticum acciperet » (Hugonis Flaviniacensis *Chron.* [Pertz, *Mon. Germ.. SS.*, VIII, 487]).

[2] Voir plus haut, n° CLI.

CLIV.

1100 (4 mai)   Rome.

Pascal II aux croisés: les félicite de leurs victoires, accrédite auprès d'eux le cardinal-légat Maurice, évêque de Porto.

[INC.: « Quod per prophetam . . . . . » ; — EXPL.: « . . . æternam tribuat »,
MANUSCRIT : 1. Antonius Augustinus (perdu); — 2. *Rome*, Vatican, 3832 (m. s. XII, in-f.), f. 199.
ÉDITIONS : A. Bosio, *Istoria della mil. di S. Giov.*, éd. de 1594, I, 20 et les éd. de 1621, 1678 et 1684; — B. Baronius, *Ann.*, ad ann. 1100, n° 28, 1re éd., XII, p. 12 [cod. 1]; — C. Idem, éd. Mansi, XVIII, p. 124 [éd. B]; — D. Labbe, *Concilia*, X, 622 [éd. B]; — E. Mansi, *Concilia*, XX, 979 [éd. B]: — F. L. Cozza a S. Laurentio, *Hist. polem. de Græcorum schismate*, II, 230 [éd. B]; — G. Migne, *Patr. lat.*, CLXIII, pp. 42-43 [éd. B]; — H. Watterich, *Vitæ pontif.*, II, 18-19 [éd. B]; [Jaffé, n° 4363].
RECENSIONS : 1. *H. litt. de la Fr.*, X, 227 ; — 2. Michaud, *Hist. des cr.*, VII, 9 [1] ; — 3. Montalembert, *Moines d'Occident*, VII, 265].

Cette lettre est la réponse au n° CXLIV, que le pape avait reçu dès le mois de janvier, et probablement aussi à une autre lettre, aujourd'hui perdue, où Daimbert, postérieurement au 25 décembre 1099, date de son intronisation comme patriarche de Jérusalem, en informait le pape. Pascal II le remplace dans ses fonctions de légat par Maurice, évêque de Porto: celui-ci ne partit pas immédiatement pour la Terre Sainte: il était encore à Gênes le 20 juillet [2], et ne mit à la voile que le 1er août [3], sur une flotte génoise qui aborda à Laodicée en octobre. De là il dut gagner Jérusalem en compagnie de Baudouin I, qui s'y rendait pour recueillir la succession de Godefroy [4], et qui y arriva le 11 novembre. Le nouveau légat assista l'année suivante, le jour de Pâques (20 avril 1101) au miracle du feu sacré [5].

Il est impossible d'admettre, avec Albert d'Aix [6], que l'envoi de Maurice comme légat, ait été déterminé par des plaintes que le nouveau roi aurait adressées au pape contre Daimbert — plaintes motivées par les intrigues de ce dernier, qui, après la mort de Godefroy, avait offert la couronne à Bohémond [7]. En effet, ces réclamations n'auraient pu être envoyées à Rome par Baudouin plus tôt que le mois d'octobre, époque de son passage à Laodicée, et c'est précisément là qu'il rencontra Maurice.

---

1 Voici quel intitulé Michaud donne à la lettre : « *A tous les peuples chrétiens d'Orient et d'Occident pour ranimer leur zèle pour le succès de la croisade* ».
2 Caffarus, éd. de Gênes, notes, p. 68.
3 Caffarus, *Ann. Gen.*, [Pertz, *Mon. G. SS.*, XVIII, p. 12].
4 Je ne puis admettre avec M. Hagenmeyer (*Ekkeh.*, pp. 218-219) que Maurice, accrédité comme légat à Jérusalem, se soit attardé six mois à Laodicée avec les Génois, et ne soit arrivé à Jaffa qu'avec eux, le mercredi saint (17 avril 1101) : Caffaro et Foucher de Chartres auxquels il renvoie, ne disent rien de pareil.
5 Caffarus (d. Pertz, *M. G., SS.*, XVIII, p. 13); cf. Fulch.l. III, c. 8 (*Hist. occ. des cr.*, III, pp. 387-389); Matt. d'Édesse (*Hist. arm. des cr.*, I, 55).
6 Alb. Aq., l. VII, c. 49-51 (*Hist. occ. des cr.*, IV, 538-541); cf. Hagenmeyer, *Ekkeh*, p. 214. Albert d'Aix place d'ailleurs lui-même la lettre en 1101.
7 Voir plus loin, n° CLVI.

Ce qu'on peut admettre, c'est que Maurice était, comme le veut Albert, chargé de juger le différent pendant entre Daimbert et Arnoul, et aussi de régler les limites des pouvoirs du roi et du patriarche dans la ville de Jérusalem, et que c'était là la mission secrète à laquelle le pape fait allusion dans sa lettre.

Mais les deux affaires avaient dû être portées longtemps auparavant en cour de Rome, et probablement par les deux lettres perdues de Godefroy et d'Arnoul que j'ai analysées plus haut [8].

CLV.

1100 (printemps [1]).

[*Synode d'Anse*].

Au printemps de l'année 1100, sous la présidence de Hugues de Romans, archevêque de Lyon, Anselme de Cantorbéry [2], les archevêques de Sens, de Tours et de Bourges et neuf évêques, se réunirent à Anse, dans le dessein unique d'imprimer une dernière et plus vive impulsion au départ des croisés de l'arrière-garde [3]. Les anathèmes de Pascal II [4] contre ces retardataires y furent renouvelés, et l'on y donna lecture des lettres pontificales qui investissaient Hugues de la charge de légat auprès des nouveaux croisés [5]. L'archevêque demanda, et paraît avoir obtenu de ses suffragants et du clergé de son diocèse, les subsides nécessaires à son voyage [6]. Mais il est probable que la levée de ces subsides prit un certain temps: car Hugues ne put partir qu'en 1101 [7]. Il ne paraît pas avoir usé en Orient de l'autorité spirituelle qui lui avait été confiée: car un silence à peu près complet règne sur ses faits et gestes pendant l'expédition [8]. On sait seulement qu'il était de retour en 1103 [9].

---

8 Nos CXXXVII et CXXXIX.

1 Au printemps et non à la fin de 1100, comme le veut l'*Art. de vérifier les dates*: car s. Anselme quitta la France le 23 septembre 1100 (Eadmerus, *Hist. nov.*, l. III [Migne, *Patr. lat.*, CLIX, 423]).

2 C'est arbitrairement que l'*Histoire littéraire de la France* (IX, 313) révoque en doute la présence d'Anselme à cette assemblée. Mansi (XX, 112) ne fait qu'insérer le texte de Hugues de Flavigny.

3 Hugo Flavin. *Chron.*, (Pertz, *Mon. Germ.*, SS, VIII, 487).

4 Plus haut. n° CXLVI.

5 Plus haut n° CLIII.

6 Hugo Flav., *l. c.*; voir plus haut, p. 210, n. 1.

7 Cette date exacte résulte d'une charte de donation à l'abbaye de Savigny, publiée par La Mure, *Hist. eccl. de Lyon* (Lyon, 1671, in-4°), p. 392; cf. *Gallia chr.*, IV, 107.

8 Il ne figure que dans une anecdote de l'*Appendice* de Raimond d'Aiguilhe (*Hist. occ. des cr.*, III, 307).

9 Anselmi Cant. *Epist.* III, 64 (Migne, *Patr. lat.*, CLIX, 101); voir l'*Hist. litt. de la Fr.*, l. c.

CLVI.

1100 (fin de juillet).   Jérusalem.

Le cardinal Daimbert de Pise, patriarche de Jérusalem, à Bohémond, prince d'Antioche: l'appelle au secours de l'église de Jérusalem, opprimée, après la mort de Godefroy, par les gens de Garnier de Gray.

[INC.: « Scis fili carissime . . . . » ! — EXPL.: « . . . . mihi carissime, manifesta ».

ÉDITIONS: A. d. Guillaume de Tyr, l. X, c. 4, éd. Herold, p. 161; — B. éd. Poyssenot, pp. 210-211; — C. éd. Bongars, pp. 778-779; — D. éd. Migne, c. 457-458; — E. *Hist. occ. des cr.*, I, pp. 405-406; — F. *Eracles*, l. X, c. 4, éd. P. Paris, I, pp. 334-336; — G. (seule) dans Baronius, *Annales*, ad ann. 1100, n° 20, 1e éd., XII, p. 13; — H. Idem, éd. Mansi, XVIII, p. 125.

VERSIONS modernes: I. *Françaises*: [1] *a*) Du Préau, p. 209; *b*) Guizot, *Mémoires*, XVII, pp. 52-56 — II. *Italienne*: Horologgi, pp. 261-262. — III. *Allemande*: Kausler, pp. 230-233.

RÉCENSIONS: 1. Michaud, *Bibl. des cr.*, I, 138; — 2. Wilken, II, 75; — 3. Kugler, *Boem. und Tankred*, p. 63; — 4. Hagenmeyer, *Ekkeh.*, p. 214].

Je ne fais que signaler cette lettre, qui appartient plutôt à l'histoire du royaume de Jérusalem qu'à celle de la première croisade. Portée par Moret, chapelain du patriarche, à Bohémond, tombé à cette époque aux mains de l'émir Ibn-Danischmend, elle fut interceptée à Laodicée par des gens à Raimond de S. Gilles [2], et montrée à Baudouin; ce dernier en conçut une grande haine contre Daimbert, et aussi contre Tancrède, sur le conseil duquel le patriarche l'avait écrite. Le texte que Guillaume de Tyr nous en donne est à la vérité fort innocent; il n'y est question ni que Bohémond vienne s'emparer de la couronne, ni qu'il fasse tomber Baudouin dans quelque piège, comme le veut Albert d'Aix [3]. Mais on doit croire que le fait seul d'avoir appelé Bohémond à Jérusalem, a suffi pour irriter Baudouin, et que le caractère de la lettre a été mal jugé par Albert, qui n'en avait probablement point de copie sous les yeux.

CLVII.

1100 (août-septembre).   Antioche.

Baudouin du Bourg [à Manassès II de Châtillon, archevêque de Reims?]: lui raconte [la fin de la croisade?] et les exploits de Godefroy de Bouillon.

[Fragments dans Guibert de Nogent, l. VII, c. 38 (35).]

---

[1] Cette lettre manque dans toutes les versions anciennes de Guillaume de Tyr.

[2] Alb. Aq., l. VII, c. 27 (*Hist. occ. des cr.*, IV, 524).

[3] Idem, l. VII, c. 48 (*Ibid.*, IV, 539).

ÉDITIONS: A. dans Guibertus de Novigento, *Opera omnia*, éd. d'Achery (P., 1651, in-f°), p. 449; — B. *Ibid.*, éd. Migne (*Patr. lat.*, CLVI), c. 826; — C. Bongars, I, p. 554; — D. *Hist. occ. des crois.*, IV, p. 254.

VERSION *française*: Guizot, *Mémoires*, IX, p. 322].

Guibert de Nogent, qui a eu connaissance de plusieurs des lettres envoyées d'Orient par les croisés, et en particulier de celles que reçut Manassès II de Châtillon[1], mentionne deux fois à un intervalle très-court, Baudouin du Bourg[2] comme l'auteur d'un ou deux de ces documents. D'abord, à propos de l'authenticité de la s. Lance[3], il invoque le témoignage d'une lettre de ce prince à Manassès; puis, faisant l'éloge de Godefroy de Bouillon, il se réfère aux paroles du même Baudouin, racontant en témoin oculaire une aventure arrivée à Godefroy le jour de la S. Denis, au retour d'une ville nommée *Morocoria*; enfin, un peu plus loin, il est censé reproduire ce que le futur comte d'Édesse écrivait en Occident des dix châteaux de son fief et de la guerre qu'il allait faire à l'émir d'Alep (Rodouhân).

Des termes du passage cité par Guibert résulte le fait que Godefroy était déjà — sinon roi de Jérusalem comme le qualifie plus haut l'abbé de Nogent[4] — du moins avoué du S. Sépulcre, quand l'aventure en question lui arriva: or son court règne (22 juillet 1099-18 juillet 1100) ne comporte qu'une fois la date de la S. Denis (9 octobre 1099).

A cette époque, Baudouin du Bourg, qui avait assisté au siège de Jérusalem, pouvait très-bien se trouver encore auprès de Godefroy; car rien dans les chroniques n'indique le contraire, tandis que d'autre part, il est très-probable qu'il ne quitta Jérusalem que ramené par son oncle, Baudouin d'Édesse, lorsque ce dernier (janvier 1100) revint dans ses états après avoir fait le pèlerinage des Lieux Saints[5].

En septembre 1099, Godefroy paraît avoir accompagné jusqu'à Cesarée[6] les princes qui regagnaient l'Occident: est-ce au retour qu'eut lieu l'aventure? est-ce au contraire, une fois Godefroy déjà réinstallé à Jérusalem, et à la suite d'une petite expédition isolée?

1 Plus haut, n°s XCVII et CX; cf. Sybel, *G. d. I Kr.*, 34.

2 L. VII, c. 34 et 38 (*Hist. occ. des cr.*, IV, 252, 254). Gibbon (tr. Buchon, II, 647) qui, seul à ma connaissance, s'est servi de ce passage de Guibert, l'a mal lu; il confond Baudouin du Bourg avec son père, le comte de Rèthel et l'appelle Hugues de *Reitesto*.

3 Plus haut, n° CXVIII.

4 Comme Manassès dans sa lettre à Lambert d'Arras (plus haut n° CXVII), Guibert traite de *roi* Godefroy, qui ne prit jamais ce titre. En Occident on ne tint pas compte des scrupules qui avaient motivé à cet égard le refus du duc de Lorraine. Je remarquerai ici que la qualification de *rex* est bien de Guibert et n'appartient pas à la lettre dont il va citer des fragments: les guillemets de l'édition académique (p. 254, l. 18) n'auraient dû commencer que deux lignes plus loin au mot *Festum*; j'insiste sur ce point, parce que le passage de Guibert est obscur et qu'on pourrait être tenté, si le mot *rex* faisait partie intégrante des fragments, de penser qu'il s'applique à Baudouin Ier, premier *roi* de Jérusalem, et que Guibert a mal à propos appliqué à Godefroy, un exploit de son frère; ce qui modifierait et la date de l'aventure et celle de la lettre.

5 (1er janvier) Fulch. Carn., l. 1, c. 34 (*H. occ. des Cr.*, III, 367). Ils étaient le 5 au Jourdain (Alb. Aq., l. VII, c. 8, 35 [*Ibid.*, IV, 512, 527]).

6 Alb. Aq., l. VI, c. 53 (*Hist. occ. des crois.*, IV, 499); voir plus haut, n° CXLIV, n. 9.

l'impossibilité à peu près complète d'identifier Morocoria avec une localité quelconque de la Palestine actuelle [7] empêche de décider la question. Mais la conclusion est la même: la lettre, dont Guibert ne nous a transmis que deux fragments, racontait une aventure arrivée le 9 octobre 1099 à Godefroy et à Baudouin du Bourg dans les environs de Jérusalem.

Elle a donc été écrite après cette date: d'autre part, elle l'a été avant le 2 octobre 1100, époque où Baudouin du Bourg fut investi du comté d'Édesse: ce point résulte d'abord du texte de Guibert, qui parle du prince comme écrivant *avant* qu'il n'eût succédé à son oncle, puis du second fragment de la lettre, où Baudouin parle de ses dix châteaux, nombre très-inférieur à celui des places fortes du grand comté. Au moment où il écrivait, Baudouin ne possédait donc encore que le fief de Mélitène, qu'il ne garda que deux mois, de la fin de juillet à la fin de septembre 1100.

C'est donc pendant cette courte période que la lettre a été rédigée: j'ajouterai qu'elle a dû être envoyée d'Antioche, où Baudouin du Bourg paraît avoir séjourné à cette époque [8]. Comme celles de Godefroy et d'Arnoul [9], c'était une invitation à presser le départ des croisés retardataires.

Maintenant les fragments en question appartiennent-ils à la lettre mentionnée un peu plus haut par Guibert, et où Baudouin parlait à Manassès de la découverte de la s. Lance? Je ne le crois pas: Baudouin, qui était au fait de l'envoi en Occident des nombreuses lettres relatives aux évènements d'Antioche, n'aurait pas attendu aussi longtemps pour venir raconter à l'archevêque de Reims, ce qu'il savait parfaitement avoir été narré par écrit à ce prélat, deux ans auparavant. Je crois donc qu'il y a eu deux lettres de Baudouin du Bourg: la première, certainement adressée à Manassès et probablement envoyée après le mois de juillet 1098: c'est celle que j'ai mentionnée plus haut [10]; elle est complètement perdue; la seconde, probablement adressée au même, et certainement d'août en septembre 1100: c'est celle dont Guibert nous a conservé deux fragments.

Il serait à désirer que des recherches minutieuses dans les bibliothèques de Champagne permissent de retrouver le texte intégral de ces deux documents, qui offriraient, sans aucun doute, un intérêt de premier ordre, d'autant plus que Guibert avoue avoir altéré à sa guise les quelques lignes qu'il a empruntées au second d'entre eux.

---

7 Ce nom de *Morocoria* fait penser immédiatement à une appellation grecque, comme Μαυροχώρα; mais aucune ville de Terre Sainte ne paraît avoir porté ce nom. Si Guibert ne traitait pas ce lieu de *civitas*, on pourrait y voir quelque église ou couvent de S. Zacharie, *Mâr-Zakharia* (?)

8 Alb. Aq., l. VII, c. 31 (*Hist. occ. des crois.*, IV, 527).

9 Plus haut, n° CXXXVIII, CXXXIX.

10 Plus haut, n° CXVIII: elle a dû être écrite peu après la défaite de Kerbogha.

CLVIII.

1100 (1ᵉʳ avril - 24 sept.) Bruges.

Charte, par laquelle Baudri de Sarcinivilla, évêque de Tournai et de Noyon, autorise la fondation par Robert, comte de Flandres, d'un monastère à Bethferkerke (Straten) près de Bruges, sous le vocable de S. André, en mémoire de l'apparition de ce saint à Antioche.

[INC.: « In nomine Patris . . . . Ego Baldricus . . . . . »; — EXPL.: « . . . uxore sua Clementia ».
MANUSCRITS : 1. *Bruges*, n° 18, ch. s. XVI; — 2. *Bruges*, Arch. du Roy., Cart. de S. André.

ÉDITIONS : A. Miræus, *Diplomata Belg.* (1627), p. 307; — B. Idem, *Notitia eccl. Belgii* (Antw. 1644, in-4°), p. 282; — C. Idem, *Opera diplomatica*, I, (1723), p. 272; — D. *Gallia christiana*, V (1731), instr., p. 355 [éd. B]; — E. A. Goethals, *Chronique de S. André*, éd. Octave Delepierre (Bruges, 1839, in-8°), pp. 82-84 [cod. 1]; — F. Dans Arnulphus Goethals, *Chronicon S. Andreæ Brugensis*, c. IV (Soc. d'Émul. de Bruges, 1844, in-4°), pp. 14-15 [cod. 1]; — G. Idem, éd. James Weale (Bruges, 1868, in-4°), pp. 13-14 [cod. 1].

VERSION *française*: A. Goethals, *Chronique de S. André*, pp. 22-24].

Cette pièce est un document *administratif* qui sort du cadre du présent travail; je ne l'y ai admis qu'au même titre qu'une autre charte flamande mentionnée plus haut [1], et parce que, comme cette dernière, il contient des renseignements historiques sur la première croisade.

Le siège d'Antioche y est raconté avec de certains détails qui assignent au comte de Flandres, dans l'affaire de la s. Lance, un rôle différent de celui qu'on lui donne généralement [2]. C'est à ce prince en personne et non au prêtre Barthélemy que l'apôtre serait apparu et aurait révélé l'existence de la s. Lance. Robert, en reconnaissance de la victoire obtenue sur Kerbogha à la suite de l'invention miraculeuse de la relique, aurait envoyé en Occident à Clémence, sa femme, des lettres [3] lui ordonnant d'ériger, en l'honneur de S. André, un monastère à Bethferkerke, près de Bruges, et, à peine revenu dans ses états, aurait mené à bonne fin cette fondation. Aubert Le Mire avait publié cette charte en 1627 dans ses *Diplomata Belgica*. Mais, dès le commencement du XVIᵉ siècle, Arnoul Goethals, moine de l'abbaye de S. André, l'avait insérée dans la chronique qu'il consacra à ce monastère et conduisit jusqu'en 1504 [4]; il l'avait fait suivre d'une autre pièce de même date [5], émanée de Robert

---

[1] Plus haut n° XCII.
[2] Raoul de Caen, c. 102 (*Hist. occ. des cr.*, III, 678) le range formellement au nombre des adversaires de l'authenticité de la relique.
[3] Plus haut, n° CVIII.
[4] Il l'a dédiée à Jean Asset, abbé de S. André de 1534 à 1554.
[5] A. Goethals, *Chr. de S. André*, éd. O. Delepierre, pp. 84-85.

lui-même, et assurant la création projetée à Antioche par le comte de Flandres. Goethals, qui probablement n'a fait que reproduire quelque document ancien, conservé à S. André et aujourd'hui perdu [6], consacre les trois premiers chapitres de sa chronique [7] à un récit de la première croisade, jusqu'au 28 juin 1098 — récit qui mériterait d'être étudié; car l'affaire de la s. Lance y est racontée d'une façon très-circonstanciée et différente de ce que nous rapportent sur ce point les chroniqueurs contemporains.

La charte de Baudri offre une petite difficulté de date. Le Mire qui la publiait en 1627, sans indication de manuscrit, donne la date « anno 1105, indict. VIII »; les auteurs du *Gallia* crurent devoir corriger l'indiction qui était fautive, et lurent: « anno 1105, ind. XIII ». Goethals donne: « anno 1100, indict. VIII »; a-t-il, à l'opposé des auteurs du *Gallia*, corrigé la date en respectant l'indiction?

CLIX.

1100 (14 oct.) Amalfi.

Pascal II à Alphonse VI, roi de Castille: réitère la défense qu'il a faite aux Espagnols de partir pour la Terre Sainte.

[Inc.: « Paschalis . . . . Sicut de tua . . . . . »; — Expl.: « . . . victoriam largiatur ».

Manuscrits: 1. *Madrid*; — 2. *Salamanque*; — 3. *Santiago*.

Éditions: A. d. l'*Historia Compostellana* (Florez, *Esp. sagrada*, XX, 29): — B. Migne, *Patr. lat.*, CLXIII, 45; [Jaffé, 4368]].

A la suite d'une défaite, où les Musulmans lui avaient enlevé de nombreux prisonniers, et sur laquelle on ne connait point d'autres détails [1], Alphonse VI s'était encore plaint au pape de la concurrence que lui faisait l'expédition de Syrie [2] Pascal réitère ses défenses aux Espagnols de quitter leur pays pour aller rejoindre les croisés; et, sa lettre n'étant point parvenue au roi, il la renouvelle l'année suivante, en y ajoutant une admonition générale aux fidèles d'Espagne, rédigée dans les termes les plus précis [3].

---

6 Peut-être la lettre même de Robert.
7 *Chr. S. Andreæ Brugensis*, c. I-III, éd. de 1844, pp. 1-12, éd. de 1868, pp. 1-11, dans la trad. Delepierre, pp. 7-20.
1 Les chroniques espagnoles sont muettes sur cet évènement, auquel fait aussi allusion la lettre suivante : c'est à cette époque que le Cid mourut devant Valence.

2 Plus haut n°s CXLVIII-CL.
3 Florez, *Esp. sagrada*, XX, 88; Salazar, *Ananuesis*, II, 475; Migne, *Patr. lat.*, CLXIII, 64-65; (Jaffé, n° 4386) (25 mars 1101, *Latran*). Dans cette lettre, le pape annonce qu'il renvoie en Espagne trois chevaliers, Muñoz, Diego et Nuñez, qu'il a fait arrêter avec leur suite et empêché de poursuivre leur chemin vers la Terre Sainte.

CLX.

1100 (14 oct.)   Amalfi.

Pascal II à Pierre II, évêque de Lugo, à Alphonse II, évêque de Tuy, à Gonzalo, évêque de Mondoñedo, et au clergé de Compostelle: interdit aux chevaliers et aux fidèles de Galice de partir pour Jérusalem.

[INC.: « Paschalis . . . . Destructio ecclesiæ Compostellanæ . . . . »; — EXPL.: « . . . . tam frequenter impugnat ».

MANUSCRITS: Les mêmes que pour la précédente.

ÉDITIONS: A. d. l'*Hist. Compostellana* (Florez, *España sagrada*, XX, 28); — B. Migne, *Patr. lat.*, CLXIII, 45; [Jaffé, n° 4367]].

Compostelle, qui partageait avec Rome et Jérusalem l'honneur d'être l'un des trois lieux principaux de pèlerinage du monde chrétien, était mieux informée encore que le reste de l'Espagne des évènements de Terre Sainte, et la Galice [1] avait été, malgré les nécessités d'une défense de chaque jour contre les Normands, le centre d'un mouvement considérable de croisés. Sur les plaintes du clergé local, Pascal II met un terme à ces départs, et sa lettre n'étant pas parvenue en temps utile, il la réitère le 25 mars suivant, et plus tard en 1105 [2] et le 8 avril 1109 [3].

CLXI.

1100 (14 août) - 1001 (14 août)   Rome.

Pascal II aux consuls de Pise: les félicite du concours qu'ils ont donné à la croisade; leur promet de soutenir Daimbert contre les prétentions d'Arnoul au patriarcat de Jérusalem.

[INC.: « Paschalis . . . . Gloria in Altissimo . . . . »; — EXPL.: « . . . . defuturum pollicentes ».

MANUSCRIT: 1. Paris, Bibl. Nationale (perdu?) [1].

ÉDITIONS: A. Martinus, *Theat. basil. Pis.* (Romæ, 1723); App. pag. 141 [cod. 1]; — B. Dal Borgo, *Diplomi Pisani*, 83-84 [éd. A]; [Jaffé, 4365]].

Cette lettre n'offre pas un sens parfaitement clair [2]. Les Pisans avaient envoyé au pape une ambassade chargée d'une mission qui

---

1 Cf. Baldr. Dol., l. I, c. 8 (*Hist. occ. des cr.*, IV, 18); Ekkeh., *Hierosol.*, éd. Hagenmeyer, pp. 92, 224.

2 Florez, *Esp. sagrada*, XX, 30; Migne, *Patr. lat.*, CLXIII, 63 (Jaffé, 4384).

3 Cf. Navarrete, *Diss. sobre las cruzadas*, p. 58. L'exemption des Espagnols fut solennellement renouvelée par Calixte II, le 2 avril 1123-1124 (*Epist. Calixti II*, d. Martène, *Ampl. coll.*, I, 650; [Jaffé, n° 5160]).

1 « Ex magna bibl. mss. Galliæ regis » et d'après une copie envoyée par P. A. de Melly (Martinus, *l. c.*). Je n'ai pu l'y retrouver.

2 Elle est mal publiée et paraît offrir des lacunes.

n'est pas suffisamment spécifiée. Il est probable qu'ils venaient intercéder en faveur de leur ancien archevêque, Daimbert, et prier le pape de le soutenir contre Arnoul.

Pascal, après avoir remercié longuement les Pisans de la part qu'ils ont prise à la conquête de la Terre Sainte, se déclare tout disposé à satisfaire à leur requête, et promet d'écrire à Godefroy de Bouillon, pour soutenir Daimbert contre Arnoul, qu'il traite de simoniaque et de réprouvé [3].

Datée seulement de la deuxième année de Pascal II, cette lettre doit être placée entre le 14 août 1100 et le 14 août 1101. C'est tout-à-fait arbitrairement que Jaffé l'a fixée au 4 mai 1100.

[3] Sur cette querelle voir Hagenmeyer, *Ekkeh.*, pp. 185, 198, 214, 264.

APPENDICE

I.

1096 (6-12 février). Angers ?

Urbain II aux princes de Flandres et à leurs sujets.

[*a*) *Arras*, 140, f. 55; — *b*) *Arras*, 222, f. 24; — *c*) *Paris*, B. Nat., lat. 16990, f. 70] [1].

Urbanus episcopus, servus servorum Dei, universis fidelibus, tam principibus quam subditis, in Flandria commorantibus, salutem et gratiam et apostolicam benedictionem.

Fraternitatem vestram iampridem multorum relatione didicisse credimus barbaricam [2] rabiem ecclesias Dei, in Orientis partibus, miserabili infestatione devastasse. Insuper etiam sanctam civitatem Christi, passione et resurreccione illustratam, sue intolerabili servituti, cum suis ecclesiis, quod dici nefas est, mancipasse. Cui calamitati pio contuitu condolentes, Gallicanas partes visitavimus, eiusque terre principes et subditos ad liberationem Orientalium ecclesiarum, ex magna parte sollicitavimus, et hujusmodi procinctum pro remissione omnium peccatorum suorum, in Arvernensi concilio, celebriter eis injunximus, et carissimum filium Ademarum, Podiensem episcopum, huius itineris ac laboris ducem, vice nostra, constituimus, ut quibus hanc viam forte suscipere placuerit, eius iussionibus tamquam nostris pareant, atque eius solutionibus seu ligationibus, quantum ad hoc negotium pertinere videbitur, omnino subiaceant. Si quibus autem vestrum Deus hoc votum inspiraverit [3], sciant eum in beatæ Mariæ Assumptione, cum Dei adiutorio, profecturum, eiusque comitatui [4] tunc se adherere posse.

---

[1] Voir plus haut, n° XLIX, p. 113
[2] Barbariam (c).
[3] Si quibus . . . . inspiraverit *om.* (a, b).
[4] Comitatus (b).

II.

1097 (fin de septembre).

[Siméon], patriarche de Jérusalem, et Adhémar de Monteil aux fidèles du Nord

[Reims, K. $\frac{785}{795}$, f. 209|b] [1].

D[ominus] patriarcha Hierosolymitanus, et H[aymarus], de Podio Sancte Marie episcopus, et ille precipue qui ab Urbano papa suscepit curam christiani exercitus, gratia vobis et pax salusque eterna a Deo nostro et Domino Jhesu Christo!
Communi consilio mittimus ad vos, tam clerici cum episcopis, ac monachi, quam duces et comites, ceterique boni laïci, orantes valde pro vestrarum animarum salute. Ut omnes vos qui habitatis versus Aquilonem in partibus Septentrionis, ad nos venire non differatis, omnes monemus; sed de omnibus veniant illi qui pro sua salute voluerint venire, et qui corporis habent sospitatem, aut veniendi viaticam facultatem. Cum paucis siquidem ad nos potestis venire, sed deinceps de vestro Deus omnipotens providebit vivere. In Romania, fratres dilectissimi, sumus nos christiani; Niceam magnam civitatem, licet cum magna difficultate, tamen devicimus et nostre dicioni subegimus; tria bella fecimus. De Nicea versus Antiochiam motum fecit noster exercitus, pluresque urbes alias et Turcorum castella expugnavimus. Centum milia equestris militie et loricatorum habemus: sed quid hoc? pauci enim sumus ad comparationem paganorum. Verum et vere pro nobis pugnat Deus. Ad hoc quoque, fratres, miraculum audite, quod idem patriarcha sanctissimus mandat christianis omnibus: quomodo ei apparuerit in visu ipse Dominus, et promiserit in hac expeditione laborantibus quod ante se in tremenda et extrema iudicii die quisque procedet coronatus. Vos igitur, quia bene scitis quod vere sint excommunicati, quicumque fuerint sancta cruce signati et remanserint apostate facti, per eandem crucem sanctam et Sepulchrum Domini monemus, obsecramus, quatinus eos omnes anathematis gladio percutiatis, nisi nos sequantur, et festinent ut, ubi nos sumus n Romania, sint et illi in futurum et proximum Pasca.
Valete, et qui sumus in labore nocte et die, nostri mementote, pro nobis orate.

III.

1098 (vers le 10 février). Antioche?

Anselme, comte de Ribemont, à Manassès II de Châtillon, archevêque de Reims.

[Paris, Bibl. Maz., H. 1345, ff. 21-22 [1]].

Reverendo domino suo, M[anassi] Dei gratia Remorum archiepiscopo, A[nselmus] f. 2 de Ribodimonte, suus homo et humilis servus in Dominum, salutem.
Quia dominus noster es et quia totius Francie regnum tua maxime ex cura pen-

---

[1] Voir plus haut, n° XC, p. 152   [1] Voir plus haut, n° XCVII, p. 164

det, paternitati tue notificamus nostros eventus, qualiter videlicet exercitus Domini se habeat. In primis tamen, non licet ignoremus quia non est discipulus super magistrum, nec servus super dominum suum, monemus et obsecramus, in Domino Jhesu, ut videatis quid sitis, quid sit etiam sacerdotale atque pontificale onus. Providere igitur terre nostre, ut et magnates inter se concordiam habeant, minores, in eo quod suum est, cum securitate laborent, ministri Christi, quietam et tranquillam vitam agentes, Domino vacent. Precor etiam vos et canonicos sancte matris ecclesie Remensis, patres et dominos meos, ut memores nostri sitis, nec solummodo mei vel eorum, qui in servitio Dei adhuc desudant, set et illorum qui de exercitu Domini armis corruerunt, aut in pace quieverunt. His autem omissis, ad promissa redeamus. Postquam igitur apud Nicomediam exercitus pervenit, in ianuis terre Turcorum positi, tam maiores quam minores, per confessionem mundati, perceptione corporis et sanguinis Domini, nos ipsos munivimus, et inde castra moventes Niceam ij nonas maji obsedimus. Cum vero per aliquot dies civitatem, multis machinis atque variis bellicis instrumentis, aggressi fuissemus, calliditas Turcorum, sicut sepe fecerat, multum nos fefellit. Nam una die qua se reddituros spoponderant, Solemannus et omnes Turci, ex vicinis et longinquis regionibus coadunati, ex improviso castra nostra invadere cupientes, nos obvios habuerunt. Comes autem Sancti Egidij, cum aliquibus Francorum, impetum faciens in eos, innumeros illorum occidit; ceteri omnes confusi fugati sunt. Nostri autem, cum victoria regressi, et multa capita, palis et hastis infixa, portantes, xvij kalendas iunij, letum in populo Dei spectaculum reddiderunt. Obsessi autem diurno atque nocturno impetu fugati, vellent nollent, civitatem xiij kalendas iulij reddiderunt. Tunc per muros cum crucibus et signis imperialibus christiani incedentes, civitatem Domino reconciliaverunt, Grecis ac Latinis intus ac foris conclamantibus : « Gloria tibi Domine ! » His patratis, principes exercitus, imperatori, qui ad reddendas gratias advenerat, occurrerunt, acceptisque ab eo inestimabilis precii donis, alij cum benivolentia, alii aliter recesserunt. A Nicea autem iiij kalendas iulij, castra moventes, tribus diebus iter carpentes, quarto die iterum Turci, collectis undique copiis, partem minoris nostri exercitus aggrediuntur; multos autem nostrorum occiderunt, reliquos omnes in ipsis castris reppulerunt. Preerant autem huic parti Boimundus, comes Romanorum, Stephanus comes atque comes Flandrensis. His ita timore correptis, subito signa maioris exercitus apparuerunt; equitabant autem in primis Hugo Magnus et dux Lotariensis; sequebantur vero comes Sancti Egidij, nec non et venerandus Podiensis episcopus. Audierant enim de bello, et in auxilium festinabant. Estimati sunt autem cc mille et lx Turci, quos omnes nostri aggredientes, multos eorum occiderunt, reliquos fugaverunt. Ea die regressus sum ab imperatore ad quem me miserant principes pro communi utilitate. Ab ea die principes nostri in unum commanentes, ab invicem non sunt separati. Peragratis itaque Romanie atque Armenie partibus, obstaculum nullum invenimus, excepto quod, Iconia postposita, qui exercitum antecedebamus, paucos Turcorum obvios habuimus. Hisque fugatis, xij kalendas novembris Antiochiam obsedimus, iamque vicinas civitatem Tharsum et Laodiciam multasque alias vi cepimus. Una autem die, antequam civitatem obsedissemus, ad Pontem Ferreum, Turcos, qui ad devastandam regionem exierant, fugavimus, et multos christianos eripuimus; equos autem et camelos cum maxima preda reduximus. Cum vero civitatem obsedissemus, intrantes et exeuntes de exercitu Turci, de proximo castello, cotidie occidebant; quibus principes de exercitu obviantes, cccc ex eis insidiantes occiderunt, alios vero in quodam flumine precipitaverunt, quosdam autem secum adduxerunt. Scitote quia obsedimus Antiochiam, cum omni alacritate, in proximo ut putamus capiendam, habundantes frumento, vino, et oleo, et omnibus bonis, supra quam credi potest. Rogo autem vos et omnes ad quos hec epistola pervenerit ut pro nobis et pro defunctis nostris Deum exoretis. Isti sunt qui in armis corruerunt: Apud Niceam, *Balduinus de Gant*, *Balduinus Chalderuns*, qui primus in Turcos militiam fecit, kalendas iulij in prelio, *Rotbertus Parisiacensis*, *Lisiardus Flandrensis*, *Hilduinus de Mansgarbio*, *Ansellus de Caium*, *Manases de Claromonte*, Laudunensis. Isti sunt qui in pace quieverunt apud Niceam: *Wido de Vitreio*, *Odo de Vernoilo*, *Hugo Remensis*; apud Sparnum castellum, venerandus abbas *Rotgerius*, capellanus meus; apud Antiochiam, *Alardus de Spiniaco*, *Hugo de Calniaco*. Iterum atque iterum moneo vos, istius epistole lectores, ut pro nobis oretis, et te, domine archiepiscope, ut id ipsum episcopis tuis insinuare non pigriteris. Et scitote pro certo, quia cc civitatum et castellorum, Domino adquisivimus. Gaudeat mater Occidentalis Ecclesia! que tales genuit, qui et sibi tam gloriosum nomen adquirerent et Orientali Ecclesie tam mirabiliter succurrerent. Et ut hoc credas scito quia tapetium misisti mihi per *Remundum de Castello*. Valete.

IV.

1098 (2-11 octobre).   Lucques.

Le clergé et le peuple de Lucques à tous les fidèles.

[Paris, Bibl. Mazar., H. 1345, ff. 72 a-73 a [1]].

Primatibus, archiepiscopis, episcopis, ceterisque rectoribus ac universis ubique terrarum Christi fidelibus, Lucensis clerus et universus populus, pacis plenam et gaudij salutem in Domino.

Ad laudem et gloriam redemptoris Domini nostri Ihesu Christi, que ab ipsis rei actoribus vere et fideliter accepimus, cunctis vere et fideliter notificamus, quo tempore, quanto cum triumpho, fratribus nostris, propugnatoribus suis, potentissima Christi dextera, post laborem et pericula, de paganis plenam dedit victoriam. Civis quidam noster, Brunus nomine, cunctis nobis notus, cunctis carissimus, anno ante hunc preterito, cum Anglorum navibus, ad ipsam usque pervenit Antiochiam, ubi laboris comes et periculi, triumphi particeps et gaudij, pugnavit cum pugnantibus, esuriit cum esurientibus, vicit quoque cum vincentibus, et, post iam peractam ex toto victoriam, cum omnibus ibi per tres septimanas conletatus, ad nos felici cursu rediit. Quem statuentes in medio puram simplicemque rei veritatem, hac ecce ipsius narratione accepimus:

« Cum pervenissemus Antiochiam, nos qui per mare navigabamus, exercitus qui
» per terram undique confluxerat vix bene civitatem iam circumsederat. Sequenti
» die, principes nostri procedunt ad mare, visitandi nos gratia. Hortantur nos ut ad
» construendas belli machinas copiosam lignorum conferamus materiam; quod
» factum magnum nobis fuit dispendium. Tertio autem nonas martij, id est prima
» die veneris, statuunt nostri in occidentali porta civitatis castellum erigere, iactu
» baliste proximum, *quod nunc Beate Marie dicitur*. Ubi ipsa die, Turcis insur-
» gentibus, ex nostris duo milia lv, ex inimicis vero ceciderunt dccc numero.
» Tertia autem die erecto castello, nostri usque iij nonas iunij, multa perpessi,
» fame deficientes et gladio, multa ibi exsudaverunt constantia. Ea autem die hoc
» ordine capta est civitas. Quatuor germani viri nobiles de Antiochia, secunda die
» iunij, Boimundo et Rotberto Curtose et Rotberto Flandrensi comiti, ipsis tantum

[1] Voir plus haut, n° CXVI p. 184.

» civitatem promittunt se reddere. Hi vero communi omnium nostrorum consilio,
» nocte proxima, nescientibus Turcis, ad murum civitatis totum conduxere exercitum.
» Cumque mane Antiocenses aperuissent portas, ut secundum promissum solos
» nominatos tres principes reciperent, repente omnes nostri ingrediuntur commu-
» niter. Fit clamor maximus; fortia queque loca nostri, excepta summa arce, ob-
» tinent; Turcos, hos trucidant gladio, hos ruinant precipicio. Postera autem die
» innumerabilis adest Turcorum exercitus. Statim portas civitatis omnes obsident;
» introitum et exitum nostris omnino prohibent; illos autem, qui ex nostris ad
» mare consederant, gladio et igne perimunt. Ea autem vivendi miseria, et exeundi
» angustia, magna fames nostros vehementer cepit affligere. Hoc autem timore per-
» territi, comes Stephanus et Guilermus, cognatus Boimundi, et ceteri quamplurimi
» descenderunt Constantinopolim. Inde quicumque hos ita discessisse audiebat,
» omnem exercitum perisse existimans, inceptam etiam dimittebat viam. Eis autem,
» quos in civitate fames attenuabat maxima, iam panis, iam etiam asinorum et
» equorum carnes, et omne iam vivendi deerat subsidium. Dominus vero pius et
» misericors, ad horum gemitus, ululatus et lacrimas, hac benignitate misertus est.
» Erat namque quidam pauperrimus et omnium fere abiectissimus, Provincialis ge-
» nere, cui sanctus Andreas manifestissime apparuit, cumque tenens per dexteram
» ad ecclesiam Sancti Petri perduxit, et locum ostendens digito, ait: « Hic sepulta
» est Lancea, qua vulneratus est in Cruce pendens Dominus; vade ad principes exer-
» citus Domini, et dic eis que vidisti ». Trepidavit pauper iste, et ire noluit. Se-
» cundo quoque commonitus ivit, et visum prodidit. Cavant fideles et inveniunt;
» gaudent, et, certi de Dei misericordia, Christum magnificant. Indicto autem tri-
» duano ieiunio, instant orationibus, confitentur que male fecerant, et ecclesias dis-
» calciatis circumeunt pedibus. Quo facto, uterque ad bellum adarmatur exercitus.
» In vigilia autem apostolorum Petri et Pauli, invocato Christi nomine, nostri de
» civitate exeunt. Precedit episcopus de Podio Sancte Marie, portans crucem et
» triumphalem Salvatoris Lanceam; subsequuntur sacerdotes et multi clerici, albis
» induti vestibus. Cumque sic ad campum processissent, ad tria fere milia, ecce
» vexillum admirabile excelsum valde et candidum, et cum eo multitudo militum
» innumera, ac ventus pariter et pulvis nimis, et in tantam fugam Turcos vertit,
» ut ipsa arma, ipsas etiam vestes fugitivi proicerent; et sic omnes, Deo disper-
» gente, dilapsi sunt, ut nusquam nostris apparerent amplius: res mira! Neque
» enim unde vexillum, vel qui cum eo fuerint, alicui certum est. Nostri itaque,
» colligentes exuvias et infinitam predam fugientium, ingressi urbem, magno exul-
» tant gaudio. Ipsa autem die, tantam Dominus dedit eis alimentorum et ceterorum
» bonorum copiam, ut autumno apud nos nec tanta sit habundantia. Nunc vero
» arcem civitatis, et omnem circa regionem libere possident, usque ad superiorem
» Niceam ».

Hec coram omnibus Brunus fideliter explicuit. Nos autem, fratres karissimi, omnes vos, qui preestis populis, oramus et obsecramus in Domino, ut Christi victoriam,
vestris enarretis et explanetis filiis, admonentes et ad remissionem peccatorum
iniungentes, ut quoscunque decet, exceptis pauperibus et mulieribus, et ire prevaleant,
fratres adeant. Vos quoque devote et assidue psalmis et vigiliis instate et orationibus, ut, quam acturi sunt viam per nationes barbaras, muniti tam bellatorum
armis quam intercessorum meritis, tutam tranquillamque vitam agant. Notum quoque
vobis facimus, quod domnus papa Urbanus apud Barum tenet concilium, tractans
et disponens, cum multis terre senatoribus, ad Ierusalem profecto tendere.

Valete.

INDEX

I. — AUTEURS DES LETTRES.

Abu Salem Morschad, CXXIII.
Adhémar de Monteil, XC.
Afdhal, XCV, CX.I, CXXVII.
Alcuin, V.
Alexis I Comnène, XXXI, XXXV, LI, LXI, LXII, LXIII, LXXI, LXXII, LXXIII, LXXIX, LXXXVI, LXXXIX, CI, CV, CXXI, CXXII.
Alphonse II, év. de *Tuy*, CL.
Alphonse VI, roi de *Castille*, CXLIX.
Anselme, comte de *Ribemont*, XCVII, CX. - App. III.
Arnoul de Rohes, CXXXIX.
Arsénius, patr. de *Irlm*, X.
Baudouin du Bourg, CXVIII, CLVII.
Baudri, évêque de Tournai, CLVIII.
Benoît IV, IX.
Bohémond, LXV, LXXXVIII, XCIII, CIII, CVII, CXIV.
Butumite, LXXX, LXXXIV.
Clémence de *Flandres*, XCII.
Clergé de *Compostelle*, CL; — C. de *Lucques*, CXVI.
Coloman, roi de *Hongrie*, LII, LIX.
Concile de *Bari*, CXVII; — de *Clermont*, XXXVII, XLII, XLIII; — de *Guastalla*, XXXII; — de *Latran*, LXX; — de *Limoges*, XLIV; — de *Nîmes*, LIII; — de *Plaisance*, XXXVI; — de *Rome*, CXXVI; — de *Tours*, XVI, L.
Constantin V Copronyme I, II.
Croisés (Les) LXXV, C, CXXXII-CXXXIV.
Daimbert, archevêque de *Pise*, CXLIV, CLVI.
Église de *Jérusalem* (L') XI.
Émir d'*Acre* (l') CXXX; — É. d'*Açaç*, CXIII; — É. de *Césarée*, CXXIII; — É. de *Syrie*, CXXVIII; — É. de *Tyr* et d'*Acre*, CXXXI.
Étienne, comte de Blois, LXXIV, LXXXVII, C.
Eustache de Boulogne, CXIV.
Évêques grecs de *Syrie*, XCI; — É. latins, XCI, CXLIV.

Fidèles de *Jérusalem* (Les) XXXIII.
Florje, CXXXVI.
Foucher, archichap. de l'Empire, XV.
Gérard, abbé de *S. Troud*, XXXIV.
Godefroy de Bouillon, LVIII, LXVI, CVII, CXIV, CXV, CXXXVII, CXXXVIII, CXLI, CXLIV, CLII.
Gonzalo, évêque de *Mondoñedo*, CL.
Grégoire VII, XXII-XXIX.
Günther, év. de *Bamberg*, XX.
Habitants de *Gênes*, *Venise*, etc., XIII.
Hélie III, patr. de *Jérusalem*, IV-X.
Henri IV, XXVIII-XXIX.
Henri Contarini, CXLV.
Hiérosolymitains, LXXXI-CXXXV, CXXXV.
Hugues de Romans, CLI.
Hugues-le-Mainé, LVI, CVII.
Jean VIII, III, VII.
Jean, patr. de *Irlm.*, I, II.
Jean Michiel, CXLV.
Juifs de *France*, XLVI; — J. de *Mayence*, XLVII; — J. d'*Orléans*, XII.
Kerbogha, prince de *Mossoul*, CIV.
Kilidje Arslam, LXXVIII-LXXXI.
Laurent, év. de *Milko*, LXVIII.
Léon IV Khazare, I II.
Lucques (Clergé et peuple de) CXVI — (Append. IV).
Manassès II de Châtillon, CXLVII.
Meinhard, écolâtre de *Bamberg*, XXI.
Métropolitains, XXXIX.
Nicéens (Les) LXXXII, LXXXIII.
Oderisio I de' Marsi, LX, XCIV, CXI, CXII.
Omar, émir de *Haçart* (Azaz), CXII.
Pascal II, CXLVI, CXLVIII, CLIII, CLIV, CLIX, CLX, CLXI.
Pierre II, év. de *Lugo*, CL.
Pierre l'Hermite (Lettre colportée par) XLV.
Prévôt de *Passau* (Le) XIX.

PRINCES CROISÉS, LV, XLVIII, LXXV, LXXVI, LXXVII, XCIX, CII, CIX, CXXV.
RAIMOND DE S. GILLES, CVII, CXIV, CXX, CXXIV, CXLII, CXLIV.
ROBERT DE FLANDRES, CVIII, CXIV.
ROBERT DE NORMANDIE, CXIV.
SERGIUS IV, XIV.
SIEGFRIED, arch. de *Mayence*, XVIII.
SIMÉON, patr. de *Jrlm*, XXXIII, XC, XCI — (Append. II).
SULTAN des *Turcs*, LXIX.

Synode d'*Anse*, CLV.
TANCRÈDE, CVI, CXLIII.
THOMAS, patr. de *Jrlm*, VI.
THOROS, prince d'*Édesse*, XCV.
URBAIN II, XXX, XXXVII, XXXVIII, XLI, XLVIII, XLIX, LIV, LVII, LXIV, LXVII, CXIX, CXXIX — (Append. I).
VICTOR II, XVII.
VILLES d'*Italie*, XIII.
YAGHI-SIHAN XCVIII.

II. — DESTINATAIRES DES LETTRES.

Abbés de *France*, CXLVI.
Adèle d'Angleterre, LXXIV, LXXXVII, C.
Afdhal, LXXV, XCIX, CV.
Alexandre II, XVIII.
Alexis I Comnène, XLVIII, LVI, LX, LXIV, LXXXIII, LXXXV, XCIV, CIX, CXI, CXXV.
Ami de Meinhard de *Bamberg*, XXI.
Anselme de Buis, CXXIX.
Alphonse II, év. de *Tuy*, CLX.
Alphonse VI, roi de *Castille*, CXLVIII, CLIX.
Archevêques de *France*, CXLVI.
Arnoul de Rohes, CXLV.
Ascalon (Habitants d'), CXLII.
Bamberg (Diocésains de), XX.
Barkarjok, sultan, CIV.
Baudouin d'Édesse, XCV.
Bérenger, comte de Barcelone, XXX.
Bernard, arch. de *Tolède*, LXVII.
Bernard, comte de Besalu, XXX.
Boëmond, LXVI, LXXII, CXII, CXX, CXXXVII, CXLV, CLVI.
Bologne (Habitants de), LVII.
Césarée-sur-l'Oronte (Habitants de), CXXXIII.
Ceux qui veulent défendre la foi (Tous), XXIII.
Charlemagne, I, II.
Charles-le-Gros, IV-X.
Clémence de Flandres, CVIII.
Clergé de *Compostelle*, CLX ; — C. d'*Occident*, VIII, CXXXVIII-CXXXIX.
Coloman, roi de *Hongrie*, LVIII.
Constantin, fils de *Roupên*, LXXVI-LXXVII.
Consuls de *Pise*, CLXI.
Croisés (Les), LXXXII, LXXXVI, XCV, XCVI, CXXVII, CLIV.
Daimbert, arch. de *Pise*, CXIX.
Dignitaires ecclésiastiques et féodataires, XI.

Dokak, prince de *Damas*, CII.
Église romaine, XI, XXXI ; — É. de l'*Occident*, XCI.
Émir de *Césarée de Palestine*, CXXX ; — É. de *Tyr* et de *Damas* CXXXI-CXXXII.
Ermengaud, comte d'Urgel, XXX.
Évêques, XXXVIII, XXXIX ; — É. de *France*, III, CXLVI ; — É. de *Tarragone* et de *Barcelone*, XXX.
Fidèles (Tous les), CVII, CXVI ; — F. de *S. Pierre* XXVI ; — F. d'*Occident* VIII, XXXV ; — F. du *Nord* XC.
Génois, LIV.
Georges, patr. de *Irlm.*, V.
Godefroy de Bouillon, XXXIV, LIX, LXIII, LXV, CXII, CXIII, CXX, CXXIV, CXXXVI, CXL, CXLII, CXLV.
Gonzalo, évêque de *Mondoñedo* CLX.
Gottschalk et ses compagnons, LII.
Guillaume I, comte de Bourgogne, XXII.
Guillaume VI, comte de Poitiers, XXIV.
Günther, év. de *Bamberg*, XIX.
Hakem Biamrillah, calife, XII.
Henri III, empereur, XV.
Henri IV, empereur, XXV.
Henri Contarini, CLII.
Hiérosolymitains, CXXXIII.
Hugues de Romans, CLIII.
Jean Comnène, duc, LXI-LXII.
Jean Michiel, CLII.
Juifs de *France*, XLVII ; — J. des villes du *Rhin*, XLVI.
Kerbogua, prince de *Mossoul*, XCVIII.
Lambert, év. d'*Arras*, CXLVII.
Léon III, VI.
Manassès II de Châtillon, XCVII, CX, CXVIII, CXXXVIII, CXXXIX, CLVII.
Mathilde (La comtesse), XXVII.

MÉTROPOLITAINS, XXXVII.
Milan (Habitants de), CXXIX.
MOSTHADHER BILLAH, CIV.
Nicéens (les), LXXVIII, LXXIX, LXXX, LXXXI.
NICOLAS MAVROKATAKALON, LXI-LXII.
ODERISIO I DE' MARSI, LXXI, LXXXIX, CI.
OMAR, émir d'*Azáz*, CXV.
PASCAL II, CXLIX, CL, CLI.
Perse (sultan de), CXXXI-CXXXII.
PIERRE II, év. de *Lugo*, CLX.
PRÊTRES des *Szecklers*, LXVIII.
PRINCES CROISÉS, CXXI, CXLI; — P. de *Flandres* XLIX; — P. de l'Islam, CXXXV; — P. de l'Occident, XXXIII; — P. restés à *Antioche*, CXX.
RAIMOND DE S. GILLES, LXXIII, CXXII, CXLV.
ROBERT I LE FRISON, XXXI.
ROBERT II *de Flandres*, CXXIV.
ROGER BURSA, LXXXVIII, XCIII, CIII, CVI, CXLIII.
ROIS CATHOLIQUES (Tous les), XIV; — R. de la race de Charlemagne, IV-X.
SERGIUS IV, XIII.
SULTAN de *Perse*, CXXXI-CXXXII.
SUJETS de l'émir de *Césarée*, CXXIII; — S. du prince de *Flandres*, XLIX.
SVINIMIR, krâl de *Croatie*, XXVIII-XXIX.
TATICE, LXXXIV.
THÉODORA, imp. d'*Orient*, XVII.
THÉODOSE, patr. de *Jrlm.*, VII.
THOROS, prince d'*Édesse*, LXXVI-LXXVII.
URBAIN II, XXXIII, XXXV, XLII, LI, LXIX, CXIV, CXLVI.

III. — INCIPIT DES LETTRES.

Ad laudem et gloriam Redemptoris, CV.
Ad vos jam pervenisse, XXVI.
Adventum in hujus felicis, LXXVIII.
Aias Anna, I.
Alexandro, XVIII.
Alexius, imperator Constantinopolitanus, LXIII.
Anchois que la quinsaine, CXXIII.
Apostolicæ sedis compellimur, XVII.
Arbitror te ex Tancredi, CIII.
Audivimus de te, LIX.
Audivimus sane, LIX.
Benedictus, IX.
Benedictus Deus, V.
Boamundus, CVII.
Bonitati vestræ, LVII.
Brata nasega, XXIX.
Caliphæ nostro, CIV.
Caput nostrum, XVIII.
Communi consilio, XC.
Compertum habet, LXXII.
Cousilio nostrorum, CXIII.
Constantinus, II.
Credas certissime, carissime, C.
Cum bene vigeas, XI.
Cum enim redeo, XV.
Cum has litteras, II.
Cum nos precioso, XIV.
Cum plane sciam, CXLIII.
Cum statutum fuisset, LXIV.
D. patriarcha, XC.
Destructio ecclesiæ Compostellanæ, CLX.
Dilectissimis et reverendissimis, XXX.
Dimidio anima, XV.
Dodequin de Damas, CXXXV.
Domino et glorioso comiti, XXXI.
Domino papæ, CXLIV.

Domino sancto ac venerabili, CXIV.
Domino suo, CX.
Ea quæ est Hierosolymis, XI.
Ego Arsenius, X.
Ego Balduinus, CLVIII.
Ego Clementia, XCII.
Et ab omnibus, LXXXIX.
Etsi tuam, XXII.
Favoralis apostolicæ, I.
Fraternitatem vestram jampridem, XLIX.
Generatio canina, CXXX.
Gloria in altissimo, CLXI.
Gregorius XXII-XXVI.
Hoc exemplar epistolæ, XXXI.
In nomine Domini, X.
In nomine Patris, CLVIII.
In nomine sancte, XCII.
Jamdudum, comes dilectissime, LXXIII.
Jerosolymitanus patriarca, XCI.
Jocundum valde, XIX.
Johannes, VII.
Jou, Florie, CXXXVI.
Jou, soudans de Perse, CXXXIV.
Laurentius, in Dei nomine, LXVIII.
Magno sacerdoti Romano, LXIX.
Manasses, CXLVII.
Maximis itineribus, CXXXVII.
Meminisse valet, XXII.
Mirantur domini, LVIII.
Multiplicare preces, CXLIV.
Notum esse, VII.
Notum sit dilectioni vestræ Romam, LXXXVII.
Notum vobis esse, XXIII.
Notum vobis sit, CXLVII.
Noveris virorum optime, LXV.
Novi, dilectissime frater, LXVI.

Nuntiatum est mihi, LXXII.
Nuper profecto auribus nostris, LXIX.
Ὦ βασιλεῦ ! LVI.
O inclitissime comes, XXXI.
Omnibus magnificentissimis, IV.
Omnibus reverendissimis, III.
Omnipotenti Deo, XXIV.
Omnipotentis Dei, CXLVI.
Oto te molimo, XXVIII.
Paschalis, CXLVI, CLIX, CLX, CLXI.
Pervenit ad dominum, LII.
Post captam Antiochiam, CVI.
Posteaquam Niceam urbem, LXXXVIII.
Precor autem, X.
Primatibus, archiepiscopis, CXVI.
Princeps Hesart, CXIII.
Quæ a militibus, XCIII.
Quæ per presentes nuntios, LXXI.
Quanta imperio meo scripsistis, CI.
Quanta sit mihi, XXVII.
Que bien gardent la tere, CXXXII.
Que on secours li face, CXXXI.
Quia dominus noster es, XCVII.
Quia veneranda, III.
Quod per prophetam, CLIV.
Quoniam Deus magnificavit, CXLIV.

Quoniam ecclesiæ incremento, XCI.
Reverendo domino, XCVII.
Rex ammirabilis Babyloniæ, XCVI.
Rogo te, dux Christianorum, LXIII.
Sanctæ urbis cives ac Christi conterranei, XXXIII.
Sanctitati, IX.
Satis sint læti, CIV.
Sciat sublimitas vestra, CX.
Scis, fili carissime, CLVI.
Seignors, soiés ioïant, CXXXII.
Sergius, XIV.
Servus servorum Dei, I.
Ses messagers envoie, CXXXVI.
Sicut de tua, CLIX.
Sicut fraternitatibus vestris, LXVIII.
Si Deus modo, XXV.
Sodans est corechiés, CXXXIV.
Stephanus, LXXXVII, C.
Tempore quo, XCII.
Tempus adjutorij, VIII.
Τὴν ἄγραν, LXXXIV.
Tribulationes multas, IV.
Urbanus, XXX, XLIX, LVII, LXIV.
Ut notum sit omnibus, CVII.
Victor, XVII.
Volumus omnes et desideramus, CXIV.

IV. — EXPLICIT DES LETTRES.

ab hostibus expediti, LXXVIII.
ab inferna rabie defenderetis. XXXIII.
ab istis nuntiis nostris, LXXXIX.
ad Jerusalem profecto tendere, CXVI.
æternam perducat. XXV.
æternam tribuat, CLIV.
aliis expresse nominatis, XCII.
animas vestras ponere, XXVI.
ἀποτειρᾶσ θαι, LXXXIV.
apostolorum donabunt, XXII.
avitam prosapiam tuam veneratur, XVII.
carissime frater. VII.
castra mandabis, CXXX.
commissum sit, LVIII.
congruum adhibere consensum, LIX.
copia prosequatur, LXXII.
cum armis occurrere festinent, CVII
de dorso suo oxyde auratum, CI.
de te possit gaudere, XXVII.
defecturum pollicentes, CLXI.
diligentissime perscripseris. Vale, CXLIII.
Domini precepta secundum, I.
dominicæ incarnationis MXCVI, LXVIII.
dominorum Zion. Valete, XIX.
eius agat, XV.
et li, soudans a fait mil briés saieler, CXXXVI.
et Mahons a levés, CXXXIII.
et proximum Pasca. Valete, XC.
et scribite et facite, XCI.
et vos scribite et date gloriam Deo. XCI.
ex genere Turcorum, CIV.
exinde habebitis, IX.
existit fiducia, XXIV.
expectat exercitus. LXVI.
faciant exhiberi, LXXIII.
fugiendi habeatis potestatem, LII.

gospodstva tvoga, XXVIII.
Græcorum principem ministraturus, LXV.
imperator fieri solet, CIII.
in Christo bene valere, III.
in pace defuncti sunt CXLVII.
in perpetuum exerint, XCII.
injuste ablata, XCVI.
Jesu Christi in æternum, V.
jucundissimum fore. Vale, Rome, LXIV.
leur revenra devant, CXXXII.
lendemain renvoies, CXXXIV.
me certe videbis. Vale, C.
me quod facis. Amen, CXXXVII.
mercedem habeatis in cœlum. Amen, XVI.
mihi, carissime, manifesta, CLVI.
mihi fecistis, VIII.
ne d'esté, ne d'ivier CXXXIV.
negocio revertantur, XXI.
nisi Antiochia obstiterit nobis. Valete, LXXXVII.
non dubitantibus, LXVIII.
obedientiam exhibere curate, XXX.
obsideri Antiochia, XCIII.
omnibus vobis, VIII.
orationibus observetis, CVII.
partem vobis Deus concedat, CXLIV.
per Remundum de Castello, Valete, XCVII.
perducat intuitum, LVII.
pereat in æternum, X.
plurimam tibi salutem dicit, CVI.
pro mortuis nostris Deum exorent, CX.
pro nobis orate, XC.
quandoque perducat. Amen, IV.
referre valeamus, XIV.
remanendi causam habeant, XCI
renunciare studete XXIII.
reos arbitraris, LIX.

sanctissimi sanguine iunctum, LXIX.
se adhærere posse, XL'X.
sed mercedem habeatis in celum. Amen, XXXI.
segnior carpenda est, LXXII.
si me ferai en fous laver et baptiser, CXXXVI.
sine fine beatus, I.
studiis reformetur, CXLVI.
succurrere non recuses, CXIII.
super altare vestræ ecclesiæ, LXXI.
tam frequenter impugnat, CLX.
Tancredus filius, plurimam salutem dicit, LXXXVIII.

τῆς ἐμῆς ἐυγενείας, LVI.
tilo gniegovo, XXIX.
tot et isuellement, CXXXI.
totes lor volontés, CXXXII.
ut cedrum Libani, XVIII.
ut secum regnando vivas, XI.
uxore sua clementia, CLVIII.
vendendo tui reperiant, LXIII.
vere nos committimus, XCI.
victoriam largiatur, CLIX.
vivit et regnat in sæcula sæculorum. Amen. CXIV.

ADDITIONS

P. 18, n. 34. — Vincent de Beauvais (*Spec. hist.*, l. XXV, c. 103, éd. Duac., p. 1038) parle aussi de l'hospice de Charlemagne à Jérusalem, d'après « Guillelmus (?) in chronicis ».

P. 24, *notes*, 2.ª *col.*, *l. 5*. — *Supprimez* : sur celui.

P. 28, n. 9. — Le *Læce boc*, recueil anglo-saxon de remèdes, qui nous a été conservé dans un manuscrit de la fin du IXᵉ siècle, contient (l. II, c. 59, éd. Cockaine, II, 289-291) une liste de médicaments (thériaque, baume, pétrole etc.) avec leur emploi, liste envoyée par Hélie III au roi Alfred-le-Grand : c'est une nouvelle preuve des rapports de Jérusalem avec l'Occident à cette époque.

P. 31, l. 29. — La fausse lettre de Silvestre II est traduite dans Guizot, *Hist. de France*, I, 359.

P. 59, n. 1, l. 7, *ajoutez* : Guizot, *Hist. de France*, I, 359.

P. 72, l. 4. — Une 40ᵉ copie de l'*Epistola Alexii*, sans prologue, vient d'être trouvée en tête d'un 81ᵉ exemplaire de Robert-le-Moine, dans un manuscrit du XIIᵉ siècle, provenant de l'abbaye d'Ochsenhausen, et conservé aujourd'hui dans la bibliothèque de S. A. le prince de Metternich à Königswart. Elle y occupe le f. 23 ; elle se rapproche beaucoup de la copie de S. Gall.

P. 72, l. 24 et p. 74, n., l. 21. — Le manuscrit 1 de la bibliothèque des princes de Löwenstein-Rosenberg à Klein-Heubach (ch. s. XV, in-f°) contient, en effet, en tête d'un Robert-le-Moine, en allemand, une version de l'*Epistola Alexii*, dans la même langue, dialecte bavarois. (Renseignement dû à Mʳ Hagenmeyer).

P. 89, n. 42. — L'*Epistola Alexii* n'a pas le monopole de l'association des Turcs aux Petchénègues ; cette association se retrouve dans Robert-le-Moine (l. II, c. 8 et 14 [*Hist. occ. des cr.*, III, 743, 746] ; cf. *Neues Archiv*, II, 417), qui nous les montre attaquant ensemble les croisés à leur passage en Romanie. Ce rapprochement, que je n'ai fait que récemment, pourrait aussi servir d'argument en faveur de l'hypothèse qui attribue à Robert la confection de la lettre.

Pp. 105-107. — *Concile de Plaisance*. Des actes, qui seront publiés au tome I des *Archives de l'O. Latin*, - et qui établissent que les habitants de Plaisance et leur évêque Aldo ne firent partie de l'arrière - croisade de 1101 - apportent un nouvel argument contre le témoignage de Bernold. Si, en effet, la croisade avait été réellement prêchée à Plaisance en mars 1095, les Plaisançais n'eussent pas attendu six ans pour rejoindre l'expédition.

P. 111, n. 5, *ajoutez* : Le manuscrit VI, 30 de la Marciana (m. s. XIV, ff. 80-83) contient une *Epistola quam Dominus misit super altare S. Petri in Irlm* ; une autre lettre céleste a été publiée par Amadutius (*Anecdota*, Romæ, 1773, I, 69-74).

GÊNES

IMPRIMERIE
DE
L'INSTITUT ROYAL DES SOUDS-MUETS

M.DCCC.LXXX

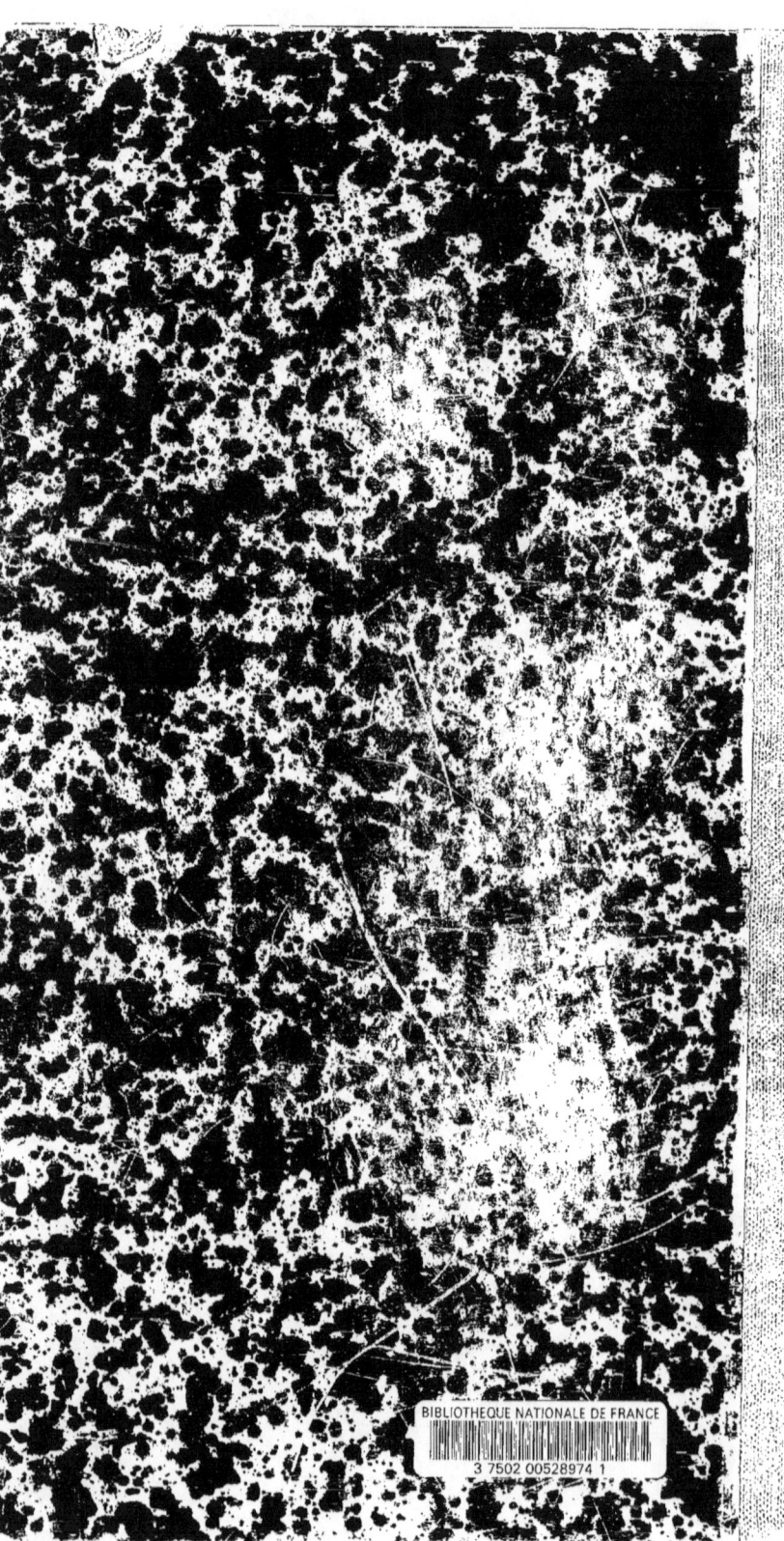

www.ingramcontent.com/pod-product-compliance
Lightning Source LLC
Chambersburg PA
CBHW070633170426
43200CB00010B/2011